谨以此书献给我的父母

献给生我养我的平遥

寻找母亲的平遥

XUNZHAOMUQINDEPINGYAO

郝岳才 著

山西出版集团
山西人民出版社

图书在版编目（CIP）数据

寻找母亲的平遥／郝岳才著 . —太原：山西人民出版社，
2011.1
ISBN 978 - 7 - 203 - 07131 - 0

Ⅰ.①寻… Ⅱ.①郝… Ⅲ.①平遥县 - 概况 Ⅳ.① K 922.54

中国版本图书馆 CIP 数据核字（2010）第 262692 号

寻找母亲的平遥

著 者：郝岳才
策 划：姚 军 樊 中
责任编辑：樊 中
装帧设计：王聚金

出 版 者：山西出版集团·山西人民出版社
地 址：太原市建设南路 21 号
邮 编：030012
发行营销：0351 - 4922220 4955996 4956039
　　　　　0351 - 4922127（传真） 4956038（邮购）
E - mail：sxskcb@ 163. com 发行部
　　　　　sxskcb@ 126. com 总编室
网 址：www. sxskcb. com

经 销 者：山西出版集团·山西人民出版社
承 印 者：山西出版集团·山西新华印业有限公司

开 本：787mm×1092mm 1/16
印 张：25.5
字 数：390 千字
印 数：1 - 4 000 册
版 次：2011 年 1 月第 1 版
印 次：2011 年 1 月第 1 次印刷
书 号：ISBN 978 - 7 - 203 - 07131 - 0
定 价：46.00 元

如有印装质量问题请与本社联系调换

序

　　山西是一个极具文化特色的古老省份。左太行、右吕梁，自北而南由东西横亘的山脉分割为若干盆地，西南黄河绕带，中有汾水长流，路当孔道，"表里山河"。南部乃中华文明的重要发祥地，尧、舜、禹都曾长期据此为华夏政治中心，是中华先祖最早开发的地区之一；北部则是农耕与游牧各民族文化碰撞、交流、融合的重要舞台，形成了有着诸多特色的地域文化。独特的地理造就了悠久的历史、灿烂的文化与繁荣的经济，使山西沉积了许许多多的文物实体。仅以木构建筑这一特殊文物为例，山西现存元代以前的木构建筑就占到全国的70%以上。遗憾的是，许多年来，由于人们对山西的种种误解，贫穷与落后一度成为山西最显眼的标识。

　　幸哉，云冈石窟、平遥古城、五台山被陆续戴上了世界文化遗产的桂冠，全国乃至全世界都把目光聚焦到山西，一时间，旅游者、观光者纷至沓来，研究者、探秘者接踵而至。他们为山西拥有如此多的国宝级文物而惊讶、震撼，为山西保存如此多的精美建筑而动容、忘返。然而，人们看到的终究是一个个不能动不能言语的物体，对于山西，对于山西的文化历史，更多的人依然无法真正了解。

　　这本书，不同于一般意义上的志书、史话，也有别于旅游指南，而是对平遥一方水土历史文化的解析与解读，从平遥各类留存的地方史料、建筑实体与民间习俗中，还原出一个有形与无形、物质与非物质融为一体的平遥。平遥是山西的平遥，她的根深扎于黄土大地。由此可以说，这本书是以平遥为特例的对整个山西文化的一个探索性解析与解读。这些年来，山西在文物保护上投入了大量的人力、财力与物力，保护性修缮、出版书籍等始终不断，然而在出版的书籍中，给大家说是什么的多，说为什么的少。郝岳才同志生于平遥、长于平遥，虽一直工作在太原，却始终心系平遥，在工作忙碌之余，怀着一份对故土的热爱，10余年孜孜以求，走村过乡田野采风，苦苦求索潜心钻研，写出洋洋数十万文字。尽管还不是尽善尽美，有诸多观点也属一家之言，但难能可贵，令人感慨。

这本书同时也给我们以启示，保护文物是社会的责任，但不能为保护而保护，只有不断挖掘文化内涵，才更加有利于对文物的保护，也是开发性保护文物的应有之意。研究山西的文化历史，做大山西这个让我们为之骄傲的文化品牌，这本书作了有益的探索，是一个好的开端。

是为序。

2010 年 10 月于太原

目录

缘　起 ……………………………………………………… 1

壹　平遥与平遥古城 ……………………………………… 1

　1　古代的县与县城 …………………………………… 6

　　　县的由来 / 城与县级城池

　2　作为县的平遥 ……………………………………… 11

　3　作为城池的平遥 …………………………………… 15

　　　平遥古城的创建时代 / 有史可考的平遥古城

　4　平遥古城的现状 …………………………………… 23

　　　作为县级城池的城墙系列 / 城区道路与布局 / 公署类公共建筑 /

　　　城池公共类建筑 / 商铺作坊类建筑 / 民居类建筑

　5　平遥古城厢坊里都村堡演变 ……………………… 50

　　　清代平遥的坊、里 / 近三百年来平遥村落演变 / 构成村落的基

　　　本单元——堡寨

贰　平遥古城与尧文化 …………………………………… 55

　1　从考古发掘及遗址论平遥古城与尧文化 ………… 58

　　　晋中盆地夏代以前的地貌特征 / 围绕昭余祁薮的史前遗址 / 仰

　　　韶文化与红山文化碰撞后南下陶寺的路径

2　从星野划分论平遥古城与尧文化 ·················· 70

　　史书记载的几种分野体系 / 星象分野内涵的远古信息 / 星野分析

　　的初步结论

3　从文献资料论平遥古城与尧文化 ·················· 85

　　有关史书记载的尧帝 / 帝尧所居的古籍记述 / 文献印证的初步结

　　论

4　从传说及历法论平遥古城与尧文化 ················ 89

　　平遥有关尧帝的传说 / 清徐有关尧帝的传说 / 平遥、清徐有关尧

　　帝传说中透视的远古信息

5　从民俗信仰论平遥古城与尧文化 ·················· 94

　　从居住习俗看平遥古城与尧文化 / 从生产生活习俗看平遥古城

　　与尧文化 / 从图腾与民间信仰习俗看平遥古城与尧文化 / 从民间

　　游戏、竞技习俗看平遥古城与尧文化 / 从方言习俗看平遥古城

　　与尧文化

叁　平遥古城建筑文化内涵 ···························· 109

1　平遥古城池体现的礼制文化 ······················ 112

　　中国城池文化的礼制规范 / 平遥古城作为县级城池的一般性礼

　　制特征 / 平遥古城独特的礼制特征 / 平遥古城唯一逾制建筑——

　　侯殿元"七间七檩"住宅 / 平遥堡寨实例及其基本特征

2　平遥古城衙署寺庙大型木构建筑特色 ·············· 131

　　不同时代的几处典型木构建筑 / 几处木构建筑反映的时代特征 /

　　平遥古城乃中国建筑的博物馆

3　平遥古城民居商铺建筑特色 ……………………………… 150

　　平遥民居商铺建筑范例 / 平遥民居商铺建筑文化解析 / 平遥民
　　居商铺锢窑特点及建筑方法

4　平遥古城体现的风水学思想 ……………………………… 164

　　平遥古城选址依据的风水学原则 / 平遥古城布局的风水学内涵
　　/ 平遥古城民居店铺风水特色 / 用于人文目的的风水补救

5　平遥古城建筑文化所尊之"道" ………………………… 125

　　易学思想的顺天应地模式 / 立人之道，曰仁与义——以礼为核
　　心顺应天地 /《易》者象也，象也者像也——视物取象，借像
　　寓意 / 平遥古城乃"天人合一"思想的产物

肆　平遥古城儒家文化与货殖文化 ………………… 195

1　平遥古城的儒家文化 ……………………………………… 199

　　保存至今的两处文庙遗存 / 超山书院与股份制 / 徐继畬与超山
　　书院课程

2　平遥古城的货殖文化 ……………………………………… 212

　　平遥古城乃明清重要商业与金融都会 / 平遥古城发展出中国最
　　早的职业经理人市场 / 平遥古城职业经理人的六位典型代表

3　平遥古城独具特色的儒商文化 …………………………… 227

　　店铺字号、人名字号的文化内涵 / 注解着商人行为的文化生活
　　/ 武术、饮食与服饰

伍 平遥古城宗教文化与民俗文化 ················· 245

1 平遥古城多元的宗教文化 ················· 249

平遥古城宗教文化遗存与信仰 / 平遥古城多元信仰崇拜 / 与

平遥古城相关的几位宗教人物

2 平遥古城纷繁的民俗文化 ················· 292

平遥古城生日习俗 / 平遥古城婚姻文化礼俗 / 平遥古城丧葬

文化礼俗 / 平遥民俗图案及其象征文化 / 平遥古城方术文化

习俗 / 平遥古城民间游戏、竞技习俗 / 平遥古城方言文化习

俗

3 宗教信仰与民间习俗的融合 ················· 356

佛道二教与俗神信仰融合的几个实例 / 宗教信仰的民俗

化——平遥民间俗节文化 / 儒家思想直接影响了宗教与民俗

文化

后 记 ················· 370

缘　起

在每个人的成长过程中，文化的熏陶极为重要，实际是对一个人的格式化，使其归属于某一文化类型。而在这一格式化的过程中，母亲的熏陶又尤为关键。狭义的母亲即自己的生身母亲，教自己说话、走路，养育自己长大成人；广义的母亲则是指养育自己的一方水土。笔者出生在1963年初夏荞麦成熟季节的山西省平遥县北汪湛村，父亲一直在省城太原工作，由母亲一手带大，直到1980年中学毕业后离开平遥。在17年的孩童、少年、青年，小学、中学生涯中，由于父亲在外工作，作为家中长子，不仅耳濡目染间接受了传统文化习俗，更为重要的是，母亲本身对传统文化习俗的特殊性偏好，潜移默化间塑造了自己的性格与为人，而且有意无意间继承了许许多多的礼仪习俗。听着母亲用方言逐字逐句教授的传统儿歌、"黑国语"，听着母亲讲述的一个个民间传说、故事；跟着母亲过时过节习礼，诸如供神主、献土地、祭星辰等，跟着母亲看天空中的参星"辘辘把"辨时辰、学农谚；看着母亲为即将出嫁的姑娘"开脸"、为十三虚岁的孩童"打枷儿"、为受到惊吓的幼童"拖魂"，看着母亲做针线、纳鞋底、绣枕顶、剪窗花。乃至母亲指点着如何以家中长子身份参加婚宴、葬礼等各种礼仪场合，待人接物，如何尊老爱幼、呵护动植物……有意无意间，潜移默化间，大事小情中，不知不觉中，我一天天长大，成了一个满口平遥方言，身体力行平遥习俗的平遥人。

记得儿时曾问及母亲怎么会知道那么多的故事，回答是听姥姥讲的。又问姥姥是怎么知道的，回答是从姥姥的母亲那里听来的……其实与笔者成长的轨迹一样，平遥土生土长的每个人，祖祖辈辈都延续了一脉相承的文化习俗，传承着平遥大地独特的地域文化。在这一传承过程中，往往不是通过笔墨纸砚，而是口耳相授、身体力行礼仪习俗。通过一个个、一代代普普通通的母亲，使传统文化习俗得以代代薪火相传。这样的体味与感受，在自己身处平遥时还不曾感受，而是在离开家乡进入城市，学会了普通话，过上了都市生活后，经过东西南北的万里行路，经过各种不同文化特色的比较，特别是与日俱增的岁月打磨，才越发觉得平遥这片土地的亘古与厚重。

那是在上世纪80年代末期，自己还在太原市北城区委工作，也仅仅是看到平遥古城的建筑文化价值，便向县里写了一封开发旅游文化的信函。再后来平遥古城被列为国家历史文化名城，平遥古城成为焦点受到广泛关注。1997 年 12 月 3 日，联合国教科文组织世界遗产委员会在意大利那不勒斯城举行第 21 届大会，正式表决通过将平遥古城列入《世界遗产名录》，至此平遥古城由山西省内一座普普通通的明清城池成为"全人类的利益"，平遥走出山西走向了世界。12 月 6 日，联合国教科文组织总干事马约尔签发了《关于保护世界文化和自然遗产公约》，明确指出："世界遗产委员会已将平遥古城列入《世界遗产名录》，列入该名录即确认一个文化或自然区域的特殊与普遍价值，并且要求为了全人类的利益对其进行保护。"平遥古城被列入《世界遗产名录》包括有三个部分：一是以古城墙为界向外延伸 30 米绝对保护范围之内的整个老城区；二是距县城西南 12 里处的双林寺；三是距县城东北 24 里处的镇国寺。三个部分合而为一统称平遥古城。联合国教科文组织世界遗产委员会对平遥古城的总体评价是："平遥古城是中国汉民族城市在明清时期的杰出范例，平遥古城保存了其所有特征，而且在中国历史的发展中为人们展示了一幅非同寻常的文化、社会、经济及宗教发展的完整画卷。"除了自豪与骄傲之外，作为土生土长又身居他乡的平遥人，总想着为家乡做些实事。平遥古城被列入《世界遗产名录》，打破了几千年来固有的自然延续与宁静，引起世界关注，成为旅游和媒体的焦点与热点。与此同时，研究平遥各个不同文化侧面的书籍也应运而生。从建筑角度探索者有之，从金融角度探索者有之，从地方文化角度探索者有之，但从整体上探索其非同寻常的文化、社会、经济、宗教、历史等诸多方面的文章、书籍甚少。1998年7月，一份刊物上刊载了一篇名为《晋商的历史教训》的所谓学术札记，不顾历史事实与当时的社会历史状况，回避敏感的政治因素，简单地将晋商衰败的原因归结为思想的保守。面对这样一篇不符合历史事实的札记，作为一个平遥人，一个晋商的后人，就在陪侍妻子住院的病床上，在一个中药袋子的正反两面，写下了题为《为〈晋商的历史教训〉说几句不同意见》的两千余字小文，后来发表于山西省社会科学联合会《学术论丛》杂志上。也就是从那时开始，我走上了一条探索平遥、解读平遥、把脉平遥历史文化的漫漫长路。十余年来，从东到西，从南到北，从田野调查、实地采访到搜集实物资料、文献资料，从一个个传说入手，从一处处建筑着眼，从一段段鼓书、谚语入手，从方言土语、游戏俗节中求真。一点一滴地比较、研究，寻找母亲的平遥，寻找母亲的母亲的平遥，寻找那个承载传统文化历史，物质的与非物质的融为一体的母亲——平遥。

　　平遥古城保存至今意义重大，她确实是中国古代县级城池的代表，但又不是一座一般意义上的古代县城，研究她必须探讨与其连带的厚重历史。比如就县的产生而言，晋国较早分祁氏、羊舌氏之地所分的十县中就有平陵，根据杨深秀考证①，平陵之地即后来的大陵、京陵与平陶三地，可见平遥立县之早。平遥世传为古尧地，尧风尧俗至今延续，足见其历史久远。平遥城池的历史，可以追溯到西周宣王时期，大将尹吉甫北伐猃狁人时即在平遥城址驻扎，最早筑起了城池（当然当时也许不应叫城，而仅仅是一个军营或堡寨）。不仅如此，平遥古城规模亦为县级城池之冠，县级城池所有的一般特征均可找到，一般县城所没有的特殊内涵也尽含其中。由之，本书的研究首先从平遥古城连带的历史入手，进而解析形而下之"器"的平遥古城——有形的固化建筑，探究形而上之"道"的平遥古城——无形的文化内涵。

目前，平遥为全国仅存的较为完好的县级城池孤例，研究她必须依赖于可资比较的参照物。本书立足平遥，以周边县为参照，运用地方志书等资料比较、研究，进而探究平遥古城作为县级城池的普遍性特征，以及平遥古城独有的特色。研究过程中，平遥与平遥古城不免有同用现象，这既在所难免，也属于客观必然。平遥古城是平遥的行政中心，又是平遥一方水土

① （清）光绪八年《平遥县志》序。

的代表。正如古人所云："中国失礼，求之四夷。"在城市化、社会化的历史进程中，平遥大地的古风古俗又往往珍藏于村舍百姓之中，县城没有的民俗却可以在乡村找到，故而将平遥民俗文化作为一个重点予以解读。

此外，作者生长于30年前的平遥乡村，深受传统文化、民俗影响，近十余年来又以第三者的角度无数次深入到平遥的百姓中、田野里走访调查，对搜集到的一些其他材料也将在篇目中列出，旨在保存历史资料，供同道研究之用。

壹

平

PINGYAO YU PINGYAO GUCHENG

遥与平遥古城

儿時听母亲讲述过平遥古城的许多传说，其中记忆最为深刻的便是有关平遥古城与城东北近 16 里处冀郭村冀郭塔的故事。据传，平遥古城之所以修筑成一只硕大的乌龟形状，除了与尧帝的传说相关外，还具有镇河治水的作用。因为平遥古城处于汾河南岸，也就是古晋阳湖（昭余祁）的边缘，东南又有若干河流经过，古人认为修筑一座乌龟形的城池即可镇河治水，防范水患。但乌龟为游动之物，为将其长久留在平遥，便将神龟的后腿拖拽在冀郭村的冀郭塔（即麓台塔）上，由此，平遥古城的下东门（也就是神龟的左后腿）不像其他东、西三道城门那样左右弯曲开向南面，而是直直地开向东面。

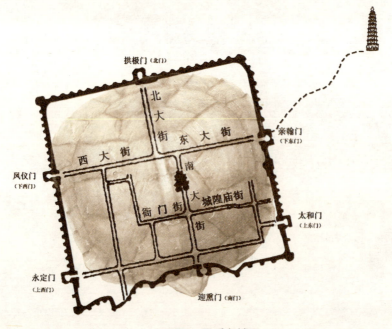

图 1　平遥龟城图

　　不仅如此，民间还盛传平遥古城中心市楼下的金井与冀郭村冀郭塔下的井相通，经常有金马驹出没其间。在平遥城中曾有人发现金马驹出没，但追赶围堵到市楼下面时没了踪迹，据此传言金马驹跳入了市楼下的金井中；同样在冀郭村冀郭塔北的婴江边，洗衣的妇女也撞到过一只饮水的金马驹，围到冀郭塔下后踪迹皆无，据此也传言金马驹跳到了塔下的井中。两个传说合二为一便形成了市楼下与冀郭塔下两井相通、金马驹经常出没的故事。

　　儿时曾经背诵过许多的方言儿歌，概括平遥古城的儿歌至今难忘：

"平遥城，乌龟城，

东西南北六道门。

出了东门西郭村，

出了南门北干坑，

出了西门东达蒲，

出了北门南政村。"

"四大街，八小街，七十二条蚰蜒巷。

走走龟背背，好活一辈辈。"

　　大概在四五岁的时候，我第一次被驻村的建筑工人带进城去，留下的记忆只有高大的城墙、城门与商店，以及街巷中熙熙攘攘的百姓，商店里琳琅满目的糖果。第二次进城时，我已经是十三岁的少年，为的是到县城南大街的电影院里观看电影《决裂》。那也是我第一次坐在电影院里，而且是在白天看电影。一路不是骑车，更不是坐车，而是滚着"铁环"。几个伙伴早早就起了身，穿着满是补丁但却干干净净的衣服，连玩带耍直奔县城。在离城还有两三里的西郭村村边上，城池渐渐进入视野。离城越来越近，城池也越来越大。在我的脑海里，城市固化为城池的象形——城墙拱围，垛口交错，瓮城城楼，方方正正；城内则街道纵横，将城市划分为诸多区域，房屋鳞次栉比，或门面店铺，或住户门窗。这便是城池给我留下的永久记忆。进了县城，顾不上东张西望，大伙儿打问着赶到了电影院。在先期到达的老师招呼下，我们走进影院，工作人员导引着找到座位。还没等仔细端详四周，灯已被关上，电影已经开演。电影反映的是什么思想当时根本没有体会，思维也没有被吸引在银幕上，而是在路上的见闻中。电影结束后，已经日过正午，伙伴们一个个掏出家里带的窝头干啃。那次我是比较阔绰的，进城时母亲给了两毛钱，花五分钱买了一碗"豆腐脑"。当然品尝的不只我一个人，而是所有的伙伴。大伙儿你一小口我一小口，到最后一个伙伴居然还舔了一下碗沿上粘着的海带丝。吃过的好东西不少，但到今天始终留有余香的却是那一小口一小口的豆腐脑。大伙不敢乱跑，而是沿着原来的路径往回走。在鸡市口拐弯处，一个同学建议过去看看市楼。取得一致意见后，大家一个个身背铁环，张着小嘴，呆呆地仰望高高耸立的市楼和周围的一座座店铺。那情景简直就是"山佬儿进城"，心境着实难以形容。在城隍庙街的平遥一中旁，我们驻足于九龙壁前，那是我第一次正眼打量"龙"的整体形象，发现与村里老爷庙上若隐若现的龙形壁画没多大区别。虽说面目有些狰狞，但气势磅礴，具有一种超乎自然的神奇。有一个同学是属龙的，此时大伙儿才看到了龙的整体形象。这次进城给我留下了深刻的印象，县城繁华而富丽，从市楼到城隍庙、九龙壁，处处皆琉璃，简直就是金碧辉煌。第三次进城是 1979 年 9 月 1 日，我已经是一名高中生，而且是骑着自行车，前后还带了两个小孩，大一点的男孩比我小三岁，是个初中生，坐在后座上；小一点的女孩七八岁，才小学二三年级，坐在前梁上。我带着两个小同学，不，应该说是带着整个朱坑学区师生的寄托，进城去参加全国体育运动会"新长征火炬接力"活动路经平遥的引火仪式。因为我们三人是学区出席县里高中、初中和小学的"三好学生"。在县政府大门（即平遥县衙）前大家齐声宣誓，当手举熊熊火炬在大街穿行时，我感到一种自豪，一种责任。那次进城，心里已不再是稀奇，更多的是激动。我暗下决心，要好好读书，争取将来能到县城工作。第四次进城是 1980 年 7 月 7 日，在第五小学参加全国高考。和其他考生一样，我起初就住在一座小学的教室，砖地上面铺了一层厚厚的麦秆，吃的则是从家里带着的几十个白面"火烧"。

后来同学阎平安把我叫到他父亲工作的县剧团办公室（也就是现在城隍庙旁财神庙的古戏台上）去住。就这样我参加了 1980 年的高考。高考结束后，我并没有马上离开，而是观看了县剧团的排练，还细细参观了城隍庙、灶君庙和财神庙，并上了城墙，逛了大街，在政府大院前踌躇满志，在城墙上作打油诗抒发理想。第五次进城已经是 1980 年 9 月间，这次我是被母亲逼着去的。由于高考名落孙山，只能跟着村里的后生们到城里的市场集卖黑豆。那市场就在平遥一中对面的北操场前，其实就是 1977 年 8 月 5 日被大水冲塌的九龙壁对面。当时我既不敢喊叫，更不会吆喝，别的人早已将手中的黑豆卖掉了，我却像一口袋黑豆一样蹲在那里。最终还是比自己大几岁的三姐把黑豆卖掉了。后来我还曾进入一中补习，但再没有逛过大街，也没有上过城墙。再次登上城墙，已经是离开古城八九年以后的事了。我带着妻子从太原回到古城，从上东门旁登上城墙。俯视平遥一中、城隍庙，远眺高高耸立的市楼，在阳光的照射下，琉璃瓦反射出各种色彩。在古城的上空，一群带着尾哨的信鸽嗡嗡飞过，又嗡嗡飞来。

"不识庐山真面目，只缘身在此山中"，离开古城多年，我才开始了解了古城。平遥古城，她不是一般意义上的城市，而是一座活生生的博物馆，是中国古城的归宿。作为世界文化遗产，平遥古城不仅仅属于我，属于我们这些土生土长的平遥人，她更属于全世界和整个人类。

1 古代的县与县城

县，其原始含义为"系"。《说文》曰："县（縣），系也。"乃悬挂之意。唐颜师古考证："古籍'县'、'邑'等皆为'寰'，以'县'为悬挂之意，后人转用为郡县的'县'，又在下面加'心'以别之'悬'。"《周礼》释曰："距王城三百里以外至四百里曰'县'，亦作'寰'。称'寰'者，或为环于王城之意；称县者，或因距王城三四百里，距离不远，有悬挂于王城之意。"后逐渐演化定型为国家的一级行政区划单位，从春秋时代产生，到目前已经经历了2200多年的历史。中国古来历朝历代地方行政体制曾屡屡变化，从秦、汉、隋的郡、县二级制，到魏晋（州、郡、县）、唐（道、州、县）、宋（路、州、县）、明（省、府、县）、民国（省、行政区、县）的三级制，或元（省、道、府、县）、清（省、路、府、县）的四级制，"县"作为国家政权中一级重要的地方政权组织，其性质、地位与作用始终未变。

县的由来

按照一般的通说，县与郡是从春秋战国到秦代逐渐形成的地方政权组织。春秋以后，各诸侯把新兼并得来的土地建设为县，楚国是最早设县的国家之一。具体的事例记载于《左传》庄公六年"楚文王伐申"，十四年"楚子如息，以食入享，遂灭息"。哀公十七年记载楚太师子穀追述当年楚灭申、息两国时云："彭仲爽，申俘也，文王以为令尹，实县申、息。"然而县作为一级地方政权，它的产生并非如此简单，而是经历了一个较为曲折的历史过程，或者说从县名的产生到完全具备一级地方政权组织的性质，经过了一个名而虚、名而实的历史过程。最能体现这一过程的恐怕就是春秋晋国的县。晋国当时的县，不仅具有一般意义上"君主直辖地"性质，更多的则具有双重性，即县大夫既有中央任命地方长官的性质，又有六卿私属的性质，而且后者为重。由之县的性质往往决定于君主的控制力，控制力强则地方长官性质得以发挥，控制力弱则作为旧族私属的性质明显。更明了地说，春秋晋国的县尽管由诸侯任命县大夫，但这些县大夫往往依附于六卿中的某一势力。像晋文公那样控制力强的君主执政时，县作为君主直辖地的性质突出，相反到三家分晋时，由于君主控制能力减弱，县则转化为韩、赵、魏三卿的直辖地性质。《左传》昭公二十八年记载："晋韩宣子卒，魏献子为政。分祁氏之田以为七县，分羊舌氏之田以为三县。司马弥牟为邬大夫，贾辛为祁大夫，司马乌为平陵大夫，魏戊为梗阳大夫，知徐吾为涂水大夫，韩固为马首大夫，孟丙为盂大夫，乐霄为铜鞮大夫，赵朝为平阳大夫，僚安为杨氏大夫。"邬大夫、祁大夫、平陵大夫、梗阳大夫、涂水大夫、马首大夫、盂大夫、铜鞮大夫、平阳大夫、杨氏大夫，都是大夫之上冠以邑名。仅从制度上就可以看出，派遣县大夫的目的之一便是为了强化中央对各县的统治与管理。据考，这十县也确实具有"君主直辖地"性质，梗阳大夫魏戊曾将一件难以判断的诉讼事件上交中央执政者魏献子便是明证。但事实上在这十县之中，梗阳、涂水、马首、平阳四县分别给了魏氏、赵氏、韩氏、知氏四旧族子弟，祁和平陵二县给了对王室有功者，邬、盂、杨三县给了异姓有能力者，这些大夫都处于掌握政治权力的旧族中某一族的势力范围之内。当然，晋国之外的楚、秦乃至齐，县基本是控制在君主手中的直辖地，并不像晋国那样具有双重性质。其中的原因很多，但很重要的一点就是晋国的国家基础与他国不同，缺少构成支配者核心的公族势力，晋国固有统治权力的构成基础在军制上，也就是晋文公创立的三军组织。中军、上军、下军三军多置有将佐，各率一军，三军将佐共六人称卿，中军将领称元帅，为六卿之长。六卿成为晋国政治权力的核心，其地位在晋旧族世代代相承，而自古以来旧族在晋地的大部分异姓氏族，与晋君主结成了君臣主从的关系。这一特点与以宗法秩序构成的，以君主一族即公族为国家统治核心的其他诸侯国截然不同。因此，晋国县的产生很早，通过驱除周边蛮族掠取新邑而设置为具有强烈个体支配性质的新制县邑，但又曲曲折折，体现出明显的双重性特点。当然，不管县的发展轨迹如何曲折，经过春秋、战国到秦一统天下的时候，作为一级地方行政组织，县的历史地位已经牢牢确立，郡县制正式形成，郡下设县，天下被分为 36 郡。

这里之所以要把晋国县的演变重重写上一笔，不仅仅因为晋县的特殊性，还在于祁氏之田被分为邬、祁、平陵、梗阳、涂水、马首、盂七县，其中邬与平陵二县与本书研究的平遥有关，这七县实际就是晋中大地上的诸县，盂乃阳曲，马首乃寿阳，涂水乃榆次，梗阳乃清徐，祁乃祁县，邬乃介休与平遥一部，平陵乃交城、文水与平遥之一部，均属于晋国控制后不久的地域。据考，古大陵邑即今交城大陵城，邬即介休邬城店。也就是说此七县皆在汾河一线的古昭余祁一带，而在当时的邬县东北，即现平遥桥头村一带还设有中都古邑。到了西汉时期，这一区域原七县中的涂水、梗阳已降为乡，平陵也演变为大陵、平陶、京陵三县，环昭余祁（即九泽）改设为九县，分别是大陵、平陶、兹氏、平周、界休、邬县、中都、京陵、祁县。

城与县级城池

城的产生十分久远，从目前的考古发掘看，最早的城池可以追溯到唐尧时代或更早。城池发端于古人聚居。《汉书·食货志（上）》载，神农之教曰："有石城十仞，汤池百步，带甲百万，而亡粟，弗能守也。"《汉书·郊祀志（下）》记载："黄帝时为五城十二楼。"《世本》则直指："鲧作城郭。"《公羊传·定公十二年》载："五版而堵，五堵而雉，百雉而城。"《左传·庄公二十八年》载："筑郿，非都也。凡邑有宗庙先君之主曰都，无曰邑。邑曰筑，都曰城。"《说文》曰："城，以盛民也。𩫏从土，从成，成亦声，氏征切。𩫖：籀文城，从𩫏。"金文作𩫖（班簋），象戍守城郭之形。可见，起初城之名还不是城池的泛指，百雉之高方为城，筑都才能称城，后渐渐泛指四周有防守墙垣的都邑，内而称城，外而称郭。也就是《墨子·七患》"城者，所以自守也。"在古国与方国时代，城与国往往合而为一，一城即一国，一城在一定的半径之内统辖一片土地；再往后局部联合体及同一共同体形成之后，众国之上又有了统领者，城逐渐成为国的组成部分。随着历史进入周代，周代实行分封制，倡导大聚，在王都及诸侯国纷纷兴筑大城，并在此基础上形成方九里、七里、五里及三里的内城外郭制度。春秋时期各诸侯国之间以及各诸侯国与周围民族之间征战兼并，面对卿大夫等领有的采邑日益强大，县作为君主的直辖地应运而生，而这些君主直接委任官吏的县往往处于边地，作为军事据点和赋税的提供源接受君主的严格控制，晋、楚、秦、齐之县大都如此。而作为军事据点的城池自然必不可少。在这样的发展过程中，《考工记》一书应运而生，并成为建筑城池的蓝本，对城池的形状、城门的数量、道路的设计、宫廷的安排等都有所要求。被补入《周礼》使后人以礼遵循，成为建城的原则。到秦统一六国实行郡县制度，汉兴则郡国并存，王国比郡，侯国比县，城制基本统一于《周礼》的规范。一直到南北朝城池建筑都基本以《考工记》王城图为依据。到隋唐以后，这一筑城原则始终未变，虽然自北宋时城池大街上出现了大量的商店、酒店、各类货栈、旅馆以及店铺，发达的商业改变了以前的封闭状态，但始终保持着《周礼·考工记》的基本规范。对唐代长安城和北宋东京城以及明清北京城的研究表明，平面上看，城池不论大小、贵贱，基本保持方形的布局，四面城墙拱围，东西南北若干城门沟通城郭内外，城内道路成棋盘状，纵横相交。宫室署衙等位居正中，左祖右社，前朝后市，公共类建筑居于重要位置，民居则居于次要位置，而且有里坊制度规范，城内曰坊，每坊都设有坊墙，坊墙门朝开夕闭，有专人把守。城池建筑均遵循天人合一思想与风水堪舆理论，建有文化类坛、庙、楼、阁等各类建筑。环绕一周的城墙则垛口林立，敌楼呼应，城之四角有角楼，城门之上有城楼，城门外往往有瓮城相附，城之四周有护城河环绕，城门外有吊桥沟通。但城池又有不同的等级，严格规范于礼制，京城、州、府、县城各有不同的规模，城墙高矮、长短，城门大小、多少，城楼、衙署、庙宇、民居等都有严格规定，而且纳入礼的范畴。

县级城池是随着县的产生而形成的，产生的历史过程决定了它的规制。县令官封七品，城池的规模自然不会高于府、州、国都，城池不能居于正位，此外对城墙、墙高、墙门、城楼等都有严格的礼制规范。但作为一座城池，县城具有所有城的特征，是京城的微缩，解剖一座县城便可以全面了解中国古代城池。也就是说，县城是集军事防御、广聚市肆、礼仪教化、文化娱乐等于一体的场所或载体。她是一座城池，又是一个微缩的古代中国社会。如果从县的角度来看，县城是居于一县之中的都邑，管辖一县之地，护守一县之民，治理一县之事。在城内曰坊，城外曰里或都，里、都辖村，村则自然成堡，有堡墙拱围，百姓耕织生产于周边的田野土地，生活于堡墙拱卫的村落中。日出而作，日落而息，耕织纳税，繁衍生息。应该说，从县制产生到清末封建制度解体，县级城池基本维持了她的使命。

2 作为县的平遥

平遥作为县的历史，首先要从历史文献记载中考察，但又不能仅仅局限于对平遥作为县的历史文献记载，而应该围绕汾河与昭余祁薮的演变，以及周边各县的设置，从一个大的历史背景与过程中研究。

从历史文献记载看，平遥作为县的历史始自于北魏始光元年（424年）。一般说法是，因避太武帝拓跋焘名讳，改平陶县为平遥县，后为避羌人袭扰，从现文水平陶村迁置京陵县西南今平遥城址，京陵废入平遥县。北魏太平真君九年（448年），中都县治所迁至榆次县境，中都故城废入邬县。北齐天保年间（550年—559年），邬县废置，境东、西两部分分别划归平遥、介休两县。隋开皇十六年（596年），平遥县析置清世县于县南境，即现东青村，大业二年（606年）遂废入平遥县。

北魏始光元年（424年）之前，在现平遥大片土地上曾设县若干。公元前540年的春秋时代，就已有中都城邑。晋平公娶齐少姜，嫌陪送的齐使者陈无宇身份低下，非卿级官职，遂将其押于中都。中都此时是否为县不知，但到战国时已为县治无疑。晋顷公十二年（前514年）祁氏之地被分割为七县的平陵与邬，现平遥地域分别属于这两个县。秦朝一统天下后，平遥却并未"统一"，其地域大部属太原郡中都县，南则为邬县一部分，在西北设平陶县。汉兴太原郡设二十一县，在现平遥城东数里又设京陵县。按照杨深秀考证，京陵、平陶与大陵（文水）为春秋平陵地。而平遥的疆域，历朝历代相差甚大，尤其是在北魏以前，平陵、平陶、京陵、中都、邬县，地域区划都包含有北魏后平遥的一大部分，但都不是其全部。这里特别要指出的是平陶故地的现文水县平陶村，隋唐之前仍为平遥县界，直到隋唐方割平遥县西北境入文水县。对此，戴东原纂修乾隆《汾州府志》①沿革中有精到考证。

平遥县，汉为京陵、中都二县，及邬县地。北魏徙汉平陶到此，以庙讳，改为平遥，而中都徙置于榆次。隋开皇十六年，析置清世县。大业初废入焉。此后，仍立。

《汉书·地理志》："太原郡中都、京陵。"《魏书·地形志》："太原郡平遥，二汉、晋为平陶；后改，有京陵城、平遥城。"《隋书·地理志》："西河郡平遥，开皇十六年析置清世县。大业初废入焉。"《元和郡县图志》："汾州平遥县，本汉平陶县地，魏改平陶为'平遥'。京陵故城，在县东七里。中都故城，在县西十二里。"《旧唐书·地理志》："后魏庙讳，改'陶'为'遥'。"今案：汉平陶故城，在今文水县西南二十五里。魏虽徙置，而西北境犹汉平陶县故地。《地形志》所云"有平遥城"，即汉平陶城也。《元和志》："文水县，平陶城在县西南二十五里。"与今不殊，则隋唐已割魏平遥县之西北境入文水县矣。

但如果围绕汾河与昭余祁薮的演变，以及周边各县的设置这一大背景研究，便可以看到平陶南迁现平遥城址的原因不是简单的羌人侵入，也不是民间传说的大水为患，一夜便将平陶县城冲至现平遥城址。真正的原因还在于汾河自北向南的不断改道，昭余祁薮的不断缩小。顺应这一变化，周边各县从县治到所辖疆域均发生了根本性变化。

汾阳，作为县名，始于明万历二十三年（1595 年）。《明史·地理志》汾州府：汾阳县，"元曰西河，洪武初省入州，万历二十三年复置，更名"。汾阳城址为城，起码是北魏孝昌以后的事，汾州由蒲子城徙来西河，北齐为南朔州，北周改为介州，隋大业（605 年—617 年）改为西河郡，唐武德元年（618 年）改为浩州，三年复名汾州，天宝元年（742 年）改为西河郡。

交城，隋开皇十六年（596 年）置，故治初在今古交市，唐天授二年（691 年）后在今交城县。《隋书·地理志》太原郡："交城，开皇十六年属。"《元

---

①马夏民点校.（清乾隆）汾州府志.太原：山西人民出版社，1994 年.31.

和郡县志》太原府：交城县，"本汉晋阳地，开皇十六年分晋阳县置交城县，取古交城为名，属并州，皇朝因之。天授二年长史王及善，自山北故交城县移就却波村置。"《旧唐书·地理志》太原府：交城，"初治交山，天授元年移治却波村。"

文水，唐代前城址在现旧城庄村。隋开皇十年（590 年）改受阳县为文水县。天授元年（690 年）改名武兴，神龙元年（705 年）复名文水。宋元符后方移至今文水城址。洪武《太原志》："（文水）故县城，在县东十里，周二十里，唐天授二年修，宋元丰七年废。"（据《永乐大典》卷五二〇四）光绪《山西通志》卷二十三文水县："宋元符中徙治于县西十里章多里，即今城也。"

祁县，历史可追溯到春秋时期，西汉复置祁县，属太原郡。故治初在今祁县东南十五里古县镇，汉武帝后在今祁县东南五里祁城村，北魏太和中年以后在今祁县城址。《山西郡县释名》："祁县，在春秋晋大夫祁奚食邑，因以祁名。即《周礼》所载并州泽薮昭余祁之地也。鲁昭公二十八年晋灭祁氏，分其地为七，以祁封大夫贾辛。其城今上、下故县二村。汉武帝封李善为祁侯，乃徙筑西北。即昭余祁既涸之地，今为祁城村北。元魏太和中又徙筑于西北，即今县治。"

介休，西汉置界休县，属太原郡，《清一统志》汾州府："介休故城，在介休县东南。汉置界休，晋曰介休。后魏徙治，故城废……在县东南十五里。"

邬县，春秋时晋置，故址在现介休城址东北近三十里邬城店。《清一统志》汾州府："邬县故城，在介休县东北，春秋晋邬邑……《魏书·地形志》介休县有邬城，邬县亦有邬城，盖邬城本汉故城，前属介休，后属邬县也。邬县至北齐时废。旧志，故邬城，在县东北二十七里，今为邬城店。"

中都、京陵不再赘述。

从上述围绕汾河和昭余祁数置县与县治变迁可以看出，现文水县平陶村的平陶故城所以要在北魏始光元年南迁现平遥城址，真正的原因在于围绕汾河向南改道，古昭余祁薮的萎缩。伴随这一南迁的是，京陵同时废入平遥；北魏孝昌以后汾州由蒲子城徙治西河即现汾阳城址；北魏太平真君九年中都县治迁至榆次，故城废入邬县；北齐天宝年间邬县废置，分别划归平遥、介休；后魏介休则从现址东南十五里故城，迁至现址；祁县于元魏太和中又从现祁城村徙至现址。再到唐天授初年，交城从交山移至现址（却波村）。文水则在稍后的宋元符年间西移今址。到宋以后，围绕汾河一线的县治再无变化，一直延续至今。

从这一变化中可以看出，由于汾河的南移和古昭余祁薮的萎缩，原有的县治也发生了一定变化，并进行了新的疆域划分。这其中，平陶从故址南迁平遥时间最早，变化最大。而平陶移址后的疆域至迟到宋元符文水城西移现址，故城平陶一带始终为平遥疆域，之后才划入文水。

可见戴东原的考证是有相当道理的，隋唐已割平遥县西北境入文水县是基本确当的，更准确一些讲是在隋唐至宋元符间平遥县西北境划入文水县域。

明代以后平遥疆域基本没有大变。明万历《汾州府志》疆域记载："平遥县，在府治东八十里。东至祁县界二十五里，西至汾阳县界四十五里，南至沁源县界六十里，北至文水县界二十五里。""介休县……东至平遥县界六十里……""孝义县……东至平遥县界三十里……"①乾隆《汾州府志》疆域记载：平遥县"县境东西百一十五里，南北六十里。北至太原府文水县界二十里，东北至太原府祁县界三十里，东北麓台山祁县界七十里，东南至沁州武乡县界六十里，南至沁州沁源县界四十里，西南至介休县界三十里，西至孝义界万户堡四十五里，西北到汾阳县界四十里。"②也就是说，自明代以来，平遥疆域未有大改，至多是个别村落小变而已，基本维持了旧有格局。

① 李裕民点校. (明万历) 汾州府志. 太原：山西人民出版社，1994 年. 2.
② 马夏民点校. (清乾隆) 汾州府志. 太原：山西人民出版社，1994 年. 44.

3 作为城池的平遥

　　民间传说平遥古城筑自西周宣王时期，周宣王命大将尹吉甫直抵太原讨伐狁人，并在路当孔道的现平遥城址筑起了用于防御的城池。后来尹吉甫即葬于东城门外。此外，还有两句关于平遥古城发端的古谚语，一为"先有京陵城，后有平遥城"；二为"先有胡邨柏，后有平遥城"。胡邨即现城南9里达蒲乡西胡村，村北坐北向南有一座柏仙观，院内有古柏一棵，高15米，树干周长7米以上，上分五枝，枝态如苍龙盘踞，向西伸长的一枝粗壮奇特，直冲庙宇西厢房顶。柏树中还寄生一株直径20厘米的笔直槐树，奇特绝佳，为县内古十二景之"仙观古柏"（见图24），多有名人咏叹，惜哉1965年动力电线失火而毁于火灾。古柏树龄已无从考定，至今百姓中盛传胡邨柏为周柏。

　　前面已经述及作为县的平遥的历史概况，城与县从其发展过程看，城在前县在后，最早的县实际也主要是指一座城或一座城及其周围辐射的一片区域，之后才渐渐形成县城领辖某些里坊或都里的县。但县城本身始终是一县之龙头，也往往是一县之代称。平遥县域历史上曾设县治所四处，曰中都、京陵、平陶（平遥）、清世。关于中都，春秋时为晋之中都邑，战国属赵。《史记·秦本纪》曾记有秦惠文王九年（前316年）"伐赵取中都"事。西汉置县，汉文帝刘恒为代王时（前179年—前157年）都中都，汉武帝刘彻元封四年（前107年）幸中都，赦中都囚犯死罪以下者。《水经·汾水注》："侯甲水又西北径中都县古城南……春秋昭公二年，晋侯执陈无宇于中都者也。汉文帝为代王都此。"《元和郡县图志》记载："中都故城，在县西十二里。"《括地志》也载："中都故城在汾州平遥县西南十二里。"北魏之前之中都故治即在今平遥县西南12里的桥头村北，北魏太平真君九年（448年），中都县治方迁至今榆次东境。平遥西南桥头村，现村北有双林寺，古称中都寺，村东北有中都桥。

关于京陵城，《读史方舆纪要》汾州府平遥县："京陵城，县东七里。"《城冢记》："周宣王北伐猃狁时所筑，汉置京陵县。"《水经·汾水注》："（太谷水）又西径京陵县故城北，王莽更名曰致城矣。"《元和郡县志》汾州平遥县："京陵故城，在县东七里，汉京陵县，晋九原地也。"根据县文化管理部门考察，京陵城治遗址在今县城东7里阎良庄村东，遗址方圆2.1平方公里，现为耕地。耕地间常有汉代砖瓦等出土。关于平陶，秦始皇统一中国后废封国，立郡县，置县平陶，故治在今平遥西北、文水西南之平陶村，一直到北魏始光元年（424年）避太武帝名讳改称平遥后徙治京陵的600余年间，现文水平陶村一直为平遥县辖。至今平陶村民深挖地窖仍能挖得一些汉代砖瓦，百姓中仍流传着一场大水将平陶城冲至平遥的传说。平陶改称平遥徙置京陵后，京陵废入平遥，县治历经各代始终未变。但在县辖的演变过程中，平陶故地到隋唐至宋元符间划入文水地域。关于清世，由于立县时间较短，记载较少，《隋书·地理志》西河郡："平遥，开皇十六年析置清世县，大业初废入焉。"《清一统志》汾州府："清世废县，在平遥县东……有青城在县东二十里，疑是。"清世县在隋开皇十六年（596年）置，大业（605年—617年）即废入平遥县，满打满算也不过二十年。故治在今平遥县东南20里东青村一带。史载所谓"清世县"应为"清城县"，"城"平遥方言读"世"音，由之清城被演变为清世。

平遥古城的创建时代

传说不是历史，但可以折射出一些真实的历史信息。综合分析平遥古城的有关史料，可以得出这样的结论：现平遥古城城址至迟在北魏始光年间即已筑城，有着确切的文献记载，依此，平遥古城已有1500余年的历史。而根据府州县志及相关地理著作记述考证及传说印证，平遥古城城址的筑城历史可以上溯到西周宣王时期。清光绪《平遥县志》卷之二《建置志》中载："旧城狭小，东西二面俱低，周宣王时，尹吉甫北伐猃狁，驻兵于此，筑西北二面。"光绪版《平遥县志》出自全省设立志局，名流学者纷纷参与志书纂修的时代，由两任超山书院山长武达材（文水子栋）和王舒萼（灵石韡堂）编辑，省志局

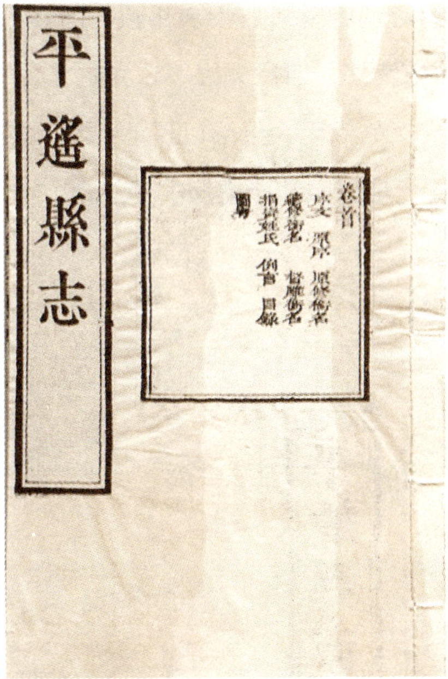

名儒王轩（洪洞霞举）、张于铸（赵城铁生）、杨笃（乡宁秋湄）和杨深秀（闻喜月存）订正，作为王舒萼好友同道的杨深秀还应邀专门作序。王轩、张于铸、杨笃、杨深秀自不需说，武达材、王舒萼也俱为进士出身，应该说光绪版《平遥县志》的考订是较为可靠的。那也就是说，县志所考周宣王时期尹吉甫驻兵于平遥并筑城也是较为可信的。可以提供的旁证是，不仅平遥古城有尹吉甫庙、高真庙以及尹吉甫墓，在平遥东北百余里的榆次与太谷间有一村呼"南社村"，也有尹吉甫庙。在平遥城东偏北五里的"五里庄"与"京陵城村"间有村名"尹村"，传为西周宣王大将尹吉甫曾带兵屯扎于此，故名"尹村"；在平遥城东南六里有村名"尹回"，相传本名桃村，因西周宣王时期大将尹吉甫之由遂更名"尹回"。依此推理，平遥古城的筑城确应有2700余年的历史。

图2　光绪版《平遥县志》

更进一步分析，从平遥大地上置县之中都、京陵、平陶（平遥）和清世可以看出，平陶位居汾河西北岸，而中都、京陵与平遥古城均在汾河南岸，战略地位和经济地位显赫，在这一条线上前后筑城置县具有一定的必然性。但再进一步考察，从中都城到平遥城再到京陵城，三地距离仅19里，即中都城距平遥城12里，平遥城距京陵城7里，何况中都之南不足20里又有邬城，平遥城西北20余里又是原平陶城。以平遥城为半径方圆20里内置平陶、中都、京陵乃至邬城、清世，既反映了平遥城址的重要地位，同时也说明秦汉乃至西周，县城的管理半径甚小，广大的山区或交通不发达地域还远未纳入政府的统一管理。随着生产的进步，一隅而置数城或数县已显重复，由之中都移置榆次，平陶移置现平遥城址，京陵、清世废入平遥，邬城废入介休皆成为必然。此外在整个县治的演变过程中，昭余祁薮的逐渐收缩，汾河的反复改道起到了十分重要的作用，比如平陶故地现文水平陶村，西周时期曾经紧临昭余祁薮，但到南北朝时期，昭余祁也缩之为"邬泽"，汾河河道南移，自然失去了置县的条件，移置平陶城址也便成为必然，何况还有羌人侵扰的外因，县治设置的依据也渐渐由远水而渐变为近河，平遥替代平陶成为这一地域城池历史演变的必然。

有史可考的平遥古城

历史上平遥古城具体是什么样子现在已无从考究，明洪武以来的城池则有详细的历史记载。目前的平遥古城即大体保留了洪武年间平遥城的大貌，明、清两朝各代也都只是在原来规模的基础上作了一些修葺或完善、美化、固化的工作。

据明万历《汾州府志》，清康熙、光绪《平遥县志》等记载：明洪武三年（1370 年）之前平遥古城城墙周长"九里十有八步"[①]，在此基础上重新拓建为"周围十二里八分四厘，崇三丈二尺、濠深广各一丈，门六座，东西各二，南北各一"[②]的城池，后又以砖石包墙。在明清五百余年间，历经 26 次修葺增补，形成了现存城池的形制与规模。

图 3　康熙版《平遥县志》

一、从三次大仗窥看平遥古城规模

在平遥古城的历史上，记之于史料的大战事有三起，一为唐武德二年（619 年）刘武周引突厥兵攻陷平遥城；二为北宋建隆元年（960 年）九月，宋

---

① （清康熙十二年）平遥县志.
② （清光绪八年）平遥县志.

太祖遣将李继勋率军进攻北汉，焚烧平遥城；三为北宋靖康元年（1126年），金太宗命左副元帅粘罕率军6万，经9个多月围攻占领太原城后进兵平遥古城，宋军5000援兵与县城民众千余人与金兵长时间对抗后，农历九月二十一日城池被金将鹘沙虎攻陷，死伤官兵4550余名。平遥小小一座县城居然能以区区五六千人与数万敌军抗衡，足以说明城池的坚固和军民的英勇。再从明霍冀《张侯修城碑记》、明梁明翰《孟侯新甃砖城记》、清冀唐封《平遥县修城开濠记》等文献分析，明代以前，上溯到唐宋乃至北魏，平遥城池一直为军事、贸易重镇。可以看出，其城池规模在北魏以降至明洪武三年，基本保持了"九里十有八步"的规模。

二、明洪武三年前平遥古城的规模

平遥古城在明洪武三年扩建前为九里十八步，当时是如何扩建的，之前的九里十八步又是怎样的形制。这一问题的讨论可以从平遥古城的街巷、建筑等方面入手。

据城内一户冀姓住户先祖遗言得知，元朝至正九年（1349年）时，现城内沙巷街以西还属于城外，为"桑园成林，百鸟争鸣"的林园。明洪武二年（1369年），大水成灾，西城墙倒塌，滞留了大量的红色泥沙，次年扩建城池时，城墙西迁，遂有沙巷街。现城内北窑场街则来自于洪武年间烧造城砖的窑场，窑场理当居于城池之外，则当时的北城墙在窑场之南不远处。也就是说，明洪武三年扩建前的城池，东、南城墙位置未改，西、北城墙则分别位于现沙巷和窑场街一线。如图4。

按照目前实测的各街道距离，大体可以求证其周长。

原南城墙 ≤ 现南城墙 − 上西门街 = 1713.8 − 452.5 = 1261.3（米）。

原东城墙 = 现南大街 + 鹦鹉巷 + 东水道巷 = 738 + 162 + 186 = 1086（米）。

原北城墙 = 东大街 + 衙门街 + 井巷 = 571 + 174 + 292.5 = 1037.5（米）。

原西城墙 = 原东城墙 = 1086（米）。

原城周长 = 原东城墙 × 2 + 原北城墙 + 原南城墙 = 1086 × 2 + 1037.5 + 1261.3 = 4470.8（米）= 4.471公里 = 8.95里。

图 4　明代以前平遥县城区域（图中粗线内）

　　8.95 里的周长与记载的九里十八步仅差 0.25 里，应与南城墙蜿蜒有关。可见明洪武三年扩建前的城池基本为正方形，东、西、北三城墙为直线，南城墙则依河而建，蜿蜒曲折为 4554－1037.5－1086×2＝1344.5（米），直线距离仍为 1037.5 米。

　　如此看来，原平遥古城确实为九里十八步之方形龟城，市楼基本居于城池的几何中心。

　　同时，还可以印证县志"旧城狭小，东、西二面俱低，周宣王时，尹吉甫北伐猃狁，驻兵于此，筑西北二面"的记载。平遥城自尹吉甫时代始，东、南城墙即基本未改，大概是围于中都河水的缘由，每每拓城均向西北发展，城池也逐渐由小到大，直到明洪武三年再次扩建时已经发展到九里十八步的规模。

　　另外，从城内建筑分析，较为古老的城内建筑有隋代太子寺、唐代太平观（即清虚观）、金代文庙大成殿、元代县署大仙楼、元代武庙、元代梁万户廉访家佛堂（吉祥寺）等，均在洪武三年扩建城池前的九里十八步范围内，也反证了原城的规模。

可见，平遥古城池有过一个从小到大的历史过程，城东南为老城，城西北为新城，洪武三年扩建前已经是九里十八步的泱泱大城，而且如此规模可以上溯到隋唐，太子寺与清虚观即是有力的证据。

三、明洪武三年以后的平遥古城

自明洪武三年扩建平遥城池为十二里八分四厘以来，志书记载十分详细可靠，城池的规模一直未变，受礼制限制也不可能再变，一直延续至今。其准确的表述为："周围十二里八分四厘，崇三丈二尺，濠深广各一丈，门六座，东西各二，南北各一。"①主要变化在附属设施的建设，如，明正德四年（1509年），"知县田登修下东门瓮城，又筑附郭关城一面；嘉靖十三年（1534年）因河冲城角，十九年（1540年）举人雷法、监生任良翰督率筑完，得免冠患；三十一年（1552年），知县沈振又修西北二面，厚七尺，高六尺，筑北门瓮城；四十年（1561年），沁州同知吕尧卿署县，又加高南城六尺；四十一年（1562年），知县张稽古因寇犯边，急砌砖墙，更新门楼。"②自此平遥城才包以砖墙。"万历五年（1577年），知县董九仞广植树木于四濠，修葺圮坏，万历二十三年（1595年），知县周之度申请抚安，动本县民壮，修筑东西瓮城者三，皆以砖石。"③这便是明代平遥古城的基本概况。进入清代，康熙二十三年七八月间，"因霪雨损坏，知县奉天黄汝钰捐俸补修，屹然完固，共计城墙二十五丈，城垛一百二十三垛"。④嗣后连年补筑修缮，到康熙四十二年（1703年），"补修南外城二十四余丈。四十三年（1704年）正月，补修南外城三十五丈，四十四年（1705年）四月，补修上东门大门楼并门洞，四十五年（1706年）二月，沿城植槐柳"。⑤之后的道光、咸丰年间，城池又多次维护补修，一直持续至咸丰六年（1856年）后。最终平遥古城形成了六道城门上各建一座重楼，城垣四隅

---

① （清光绪八年）平遥县志.

② 同上.

③ 同上.

④ 同上.

⑤ 同上.

各筑一座角楼，四周建有71座敌楼，城东南隅独立一魁星楼，三千垛口的规模。而且在东南城墙上还建有文昌阁。城垣外围护城河"深广各一丈"，"复掘堑深阔三丈"。六座城门各悬吊桥沟通内外，昼放夜起。真正形成了冷兵器时代"固若金汤"的城池。

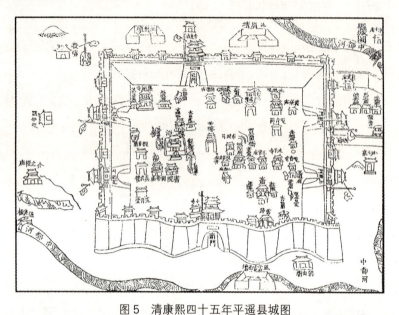

图5　清康熙四十五年平遥县城图

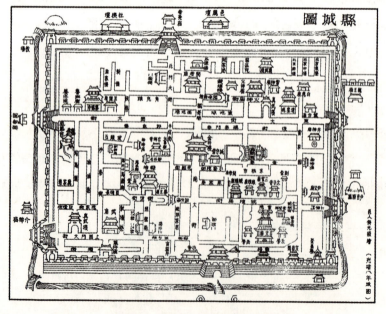

图6　清光绪八年平遥县城图

4 平遥古城的现状

衡量一座古代县城，除了城墙之外，更重要的是街巷、公共建筑、民居建筑和商铺作坊。平遥古城上列要素一应俱全，虽历经自然与战乱、动乱等因素影响，受到相当破坏，但到目前为止，表证古代县级城池的主要要素仍得到全面保存和保护。在全国所有的县

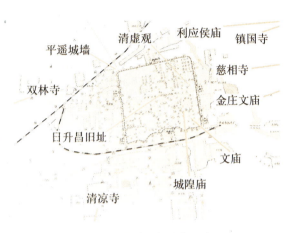

图7 平遥国保单位分布图

中，从文物角度而论，国家级重点文物保护单位超过十处者不多，均为古建筑则更为鲜见。平遥的国保单位则达11处之多，位居全国县级城市之首。分别是：平遥城墙、双林寺、镇国寺、文庙、慈相寺、金庄文庙、日升昌旧址、清虚观、利应侯庙、清凉寺和城隍庙。

平遥古城现存国保级文物不仅多，而且相互关联，形成体系。从建筑学角度而论，有五代、宋（金）、元、明、清各代建筑，大小木作、石作、瓦作（琉璃作）应有尽有，而且厅、堂、楼、阁、塔、城墙、牌坊等品种齐全。从文化民俗学角度而论，宗教、礼仪、民俗等融于各类建筑之中，较为完整地体现了中国传统文化特色。从经济货殖角度而论，商铺林立，商贾云集，商业文化十分发达，是一幅鲜活的"清明上河图"。从不同侧面与角度着眼，综合研究，可以还原中国古代城市及其文化，平遥古城是封建时代城市的活体标本，是一座开放的博物馆。

作为县级城池的城墙系列

　　城池所以为城，主要特征是有高高的城墙，以及城墙附属或城墙组成部分的城门、城楼、马面、敌楼、城壕、吊桥系列。

　　现在的平遥古城保持了明清规模，城墙周长 6162.68 米，东墙 1478.48 米，南墙 1713.80 米（东西两端直线距离 1500 米），西墙 1494.35 米，北墙 1476.05 米，东、西、北三城墙俱直，唯有南墙随中都河蜿蜒。整个城池平面呈方形，坐北向南，偏东 15°，完全与明初"周围十二里八分四厘"吻合。城墙高 6 到 10 米，上窄下宽，断面呈梯形，下宽 8 到 12 米，上宽 3 到 6 米，墙体土夯而成，外包砖块，是典型的砖城，与"三丈二尺"吻合。城墙内为环形马道，东西南北所有阶梯式马道直通城墙顶端。6162.68 米的城墙上有可供隐身射箭的垛口三千，每隔 60 到 100 米一个马面（墩台），马面之上均建有敌楼，计 71 座。城墙四角均建有角楼，在东南角城墙上建有魁星楼，东城墙中部还建有纪念意义与军事目的合而为一的尹吉甫将台，周长 180 米，高 12 米，平面呈"凸"字形，上建高真庙，现已不存。

图 9　城墙及马面、垛口、敌楼

全城有六道砖石围成的圆形城门，券龛上刻有门匾，上有城楼。明代六门，东门一曰械□，一曰□顺；西门一曰刺□，一曰威敌；南门曰焚□，北门曰洗戎。现存为清代六门，上东门曰"太和"，下东门曰"亲翰"，南门曰"迎薰"，北门曰"拱极"，上西门曰"永定"，下西门曰"凤仪"。六道城门皆有瓮城，瓮城门均开向南或东。不仅符合瓮城门与主城门不能相对、不能直通，以达到缓解攻城力度的一般军事意义，还遵循风水学上东南开门祥和、西北开门气煞的原则，确保了西门向南开，北门向东开，可以回避西北风及其寒气。整个城池南高北低，原南有中都河，四面护城河环绕，六道城门各悬吊桥与外沟通。目前护城河均已不存（仅有部分修复），自然也谈不上吊桥。原下东门外"附郭关城"已遭拆毁，踪影难觅。

1986 年 12 月 8 日，平遥古城被国务院公布为第二批国家历史文化名城。1988 年 1 月 13 日，城墙、双林寺和镇国寺被国务院公布为全国重点文物保护单位，是全国唯一一处保存完整的古城墙。

城区道路与布局

平遥古城街巷有"四大街，八小街，七十二条蚰蜒巷"。这些街巷得到了完整保存，其巷名依旧，其宽、其长一如明清。"四大街"分别是东大街、西大街、南大街与北大街。"八小街"分别是上东门街—文庙街—东南门头街、上西门街—书院街—西南门头街、城隍庙街、衙门街、砖圈门巷—仁义街、郭家巷、关帝庙街—火神庙街、海子街。"七十二条蚰蜒巷"分别是小察院街、花园街、米家巷、小巷巷、鹦鹉巷、东西圪垛巷、东水道巷、西水道巷、路吉巷、窑场街、豆芽街、皮坊街、旗杆街、举人街、三眼井街、板门底、甜水巷、窑楼底、草纸巷、真武庙街、堡外街、西壁景堡、中壁景堡、东壁景堡、炭市巷、观道、观巷、北新道街、邵家巷、马家巷、沙院巷、贺兰桥街、兴盛街、雷家园街、高庙底街、东安家巷、米粮市街、仓巷、安家街、新道街、赵家巷、云路巷、文昌巷、后街、南巷、佛教会巷、阎家巷、北巷、二合木厂巷、段巷、五道庙巷、新堡、孟家堡、沙巷街、站马道街、西石头坡、马圈巷、照壁南街、西湖景街、井巷、西巷、范家街、新民巷、教场巷、罗汉庙街、南街、灰渣坡巷、冀家巷、麻家街、雷家街、凤凰台街、马道街。全城大街小巷共计84条。其中四大街、八小街沟通城门与各公共建筑,七十二条蚰蜒巷则贯通大街、小巷、集市与坊,把整个城区划分为若干公共建筑、商铺宅院、民居街坊等区域,进而形成一张轴线突出、主从分明、经纬交织的街巷网络。

图9 平遥古城街巷图

公署类公共建筑

平遥古城从产生以来一直为县级建制,明朝在县城设"布政分司"、"大察院"等布政司和按察司驻县机构,分设于县衙东北和县衙南偏西。清代中期明布政司旧址所在地称"小察院",位于现小察院街中段路北,坐北向南。现仍存有面阔五间、进深五椽、硬山卷棚顶、六檩通檐式大厅堂,以及厅后由硬山顶后堂三间和硬山卷棚顶东西厢房各三间组成的晚清建筑遗构。

平遥县衙署,位于衙门街中段路北,坐北向南。明成化十年《山西通志》记载:"平遥县治在城内西南宣化坊,元至正六年建,国朝洪武三年主簿孙在明重建。"清光绪《平遥县志》卷之二《建置志·县治》记载："县治在城中之西,旧制大门三间,万历十九年知县何其智更为砖洞,上建谯楼三间。门内东寅宾馆三间。万历二十五年知县周之度于大门外东修观风楼。万历四十七年知县杨廷谟以无仪门复建大门二门后,土地祠三间,仪门三间,东西角门各一间。仪门内中观政亭,西重狱,北女狱,又西北轻狱。公堂五间,东一为钱粮库,西一为武备库堂,东赞政厅一间,西銮驾库一间,东吏户礼三房十一间,西兵刑工三房十一间,公廨在西三房后,县仓在公廨北,县宅在正堂后,县丞宅在正堂东,典史宅在正堂西。万历四十八年,复改筑监墙砌以砖石。仪门外两旁修赋役房七所,以便里老收粮,大门外东修彰瘅亭、阴阳医学各一间,西修申明亭一间。县门前路西空处修管支马户轿夫房,总铺司共九间。顺治十二年知县汪丽日衙门东修钟楼。""光绪五年夏,知县恩端整修花厅正房三间。七年知县锡良整修二堂五间,耳房一间,东西门房各三间,宅门东西耳房二间,花厅南房三间,向南二间,东房三间。"

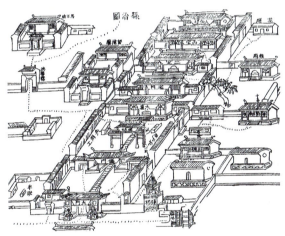

图 10　清代县治图（清光绪《平遥县志》）

建筑群主从有序,布局对称,前堂后寝,左文右武。衙门外,左有观风楼,右有乐楼,前有照壁。衙门内,沿中轴线自南而北为仪门三间、牌坊一座、大堂五间、宅门三间、二堂五间、内宅五间、大仙楼三间。仪门外东西厢房各七间,为赋税房。大堂前东西厢各十一间,为吏、户、礼、

图 11　平遥县衙二堂

兵、刑、工房。大堂两旁设赞政厅、銮驾库各三间。衙署东部有彰瘅厅，自南而北又有钟楼、土地祠、寅宾馆、酂侯祠、粮厅和花园。西部有申明厅、监牢、洪善驿、督捕房和马号。

民国年间，县公署、县政府以及日伪县政府均先后在县衙设立。1948年7月平遥城解放后，县衙长期为县委、县政府所在地。期间，衙署西部的原建筑物拆旧建新为大厅、排房，东部、南部建筑也大受影响。到"文革"结束后，大仙楼、内堂、二堂、主簿房、赋役房、土地祠和寅宾馆均得以保存，酂侯祠背后与宅门内古槐幸存，明清及民国时期碑碣也基本保留。

1996年县政府着手修复县衙署，依照传统规制复原歇山顶，前檐中拱三踩衙门三间；重建申明亭；重建面阔五间，进深六椽，单檐悬山顶、前檐中拱五踩，补间一攒，栅栏门，直棂窗，灰瓦顶，前有月台的大堂，翌年县委、县政府腾出县衙旧址。1999年年底，重修了吏、户、礼、兵、刑、工六房和仪门、二堂、县丞主簿房、内宅等中轴线房舍，后又逐步重修了东轴线的花园、粮厅、酂侯祠、彰瘅亭、钟楼和西轴线督捕房。重建了衙门外照壁和观风楼。目前，作为县衙博物馆的"平遥县衙"完整再现了作为封建王朝基层统治机构的建筑形制。

城池公共类建筑

城池公共类建筑主要有三类：一为景观类或风水类建筑；二为坛壝、庙宇、祠祀类建筑；三为学宫、试院、书院类建筑。

一、景观建筑

平遥古城历来"乃并汾之胜地"①，山清奇、水秀丽，清代即有"平遥古十二景"的记载，分别为贺兰仙桥、市楼金井、凤鸟栖台、于仙药迹、源池泉涌、婴溪晚照、照峰晓月、麓台叠翠、清虚仙迹、书院弦歌、河桥野望、仙观古柏。以下是清光绪八年《平遥县志》中所录景观图：

---

① （清康熙十二年）平遥县志.

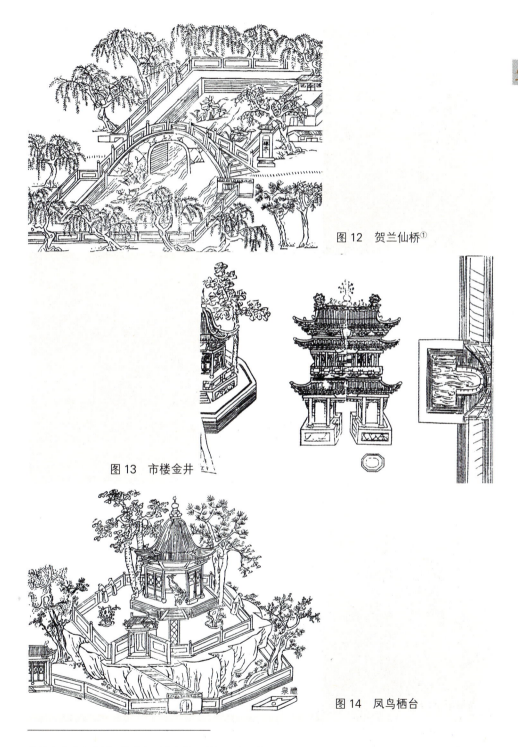

图 12 贺兰仙桥①

图 13 市楼金井

图 14 凤鸟栖台

①书中所引古书图，均引自（清光绪八年）平遥县志.

图 15　于仙药迹

祠源

图 16　源池泉涌

图 17　婴溪晚照

图 18　超峰晓月（照峰晓月）

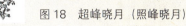

图 19　麓台叠翠

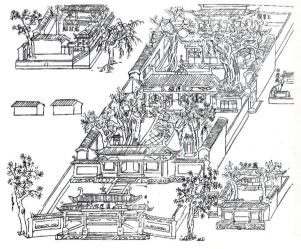

图 20　清虚仙迹

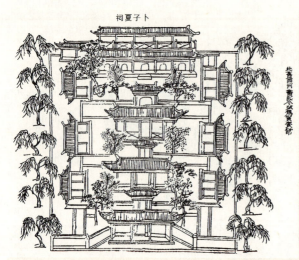

图 21　书院弦歌

图 22　河桥野望

图 23　仙观古柏

此外，东城墙两城门间有尹吉甫将台，城东冀郭村有麓镜宝塔，均为一方名胜。

图 24　尹吉甫将台

图 25　麓镜宝塔

二、风水类建筑

平遥古城的中心位置建有市楼、东南城墙有魁星楼和文昌阁，城东 16 里有麓台塔（如图 25），城南 110 里超山之巅，有高六丈许六角锥体三重檐实心文峰塔（见图 29），城南梁赵邨东南有文星塔。

（一）平遥古城市楼

为平遥古"八景"、"十二景"之一（见图 13），历史久远，其肇建已远无可稽，现存碑刻和县志《艺文》记述，明代已有诗文咏叹。嘉庆十八年《市楼重修碑志》曰："崇盈百尺，椽迭四重，周列四面，面广约有三檐。基址巩固，规模堂皇。楼内向离，奉关圣大帝，向坎祀观音大士。更上一层，有魁光阁，绘魁斗像，以为人文焕兴之瑞。斯楼之肇建，屡葺，远无可稽。"清康熙二十七年（1688年）曾重修市楼。清代有据可查的补葺为乾隆二十二年（1757年）、嘉庆十八年（1813年）、同治九年（1870年）、光绪三十一年（1905年）、宣统三年（1911年）。解放后政府也曾多次落架修葺。1990年—1995年间，曾揭瓦翻修，替换糟朽构件，重新彩绘。可见，市楼肇始久远，从其市的特征，以及与"井"的关联可以判定，市楼建筑至迟应与城池并存。而目前尚存的市楼最迟也是明代的建筑，只不过清朝各代多次修葺罢了。

市楼为三重檐木构架楼阁，高18.5米，歇山顶，黄绿琉璃瓦，嵌镶成南"囍"北"寿"图案。底层面阔进深各三间，占地133.4平方米。平面呈方形，南北向为通道，东西两边砖筑石台基，四角立通柱，外包砖墙。东西台基上各有券门一道。二层平座筑廊，前后有隔扇门装修，内设神龛，南向供关圣大帝，北向祀观音大士，面东有魁星真君像。两壁间，满布三国演义故事壁画。顶施天花板。再上一层，北向檐际又龛魁斗星君像。楼内有铁钟一口、"纱阁戏人"36橱；楼下有11通清代碑刻。1963年，为方便交通，将楼之下层楼板移高1米余。1980年，将仅存的28橱"纱阁戏人"和铁钟收藏于清虚观即县博物馆内。

图26　市楼北寿

图27　市楼南囍

(二) 魁星楼

位于城东南隅的南城墙墙顶。魁星，是北斗星七星中形成斗形的四颗星(天枢、天璇、天玑、天权)的总称，也称璇玑。据说魁星是主宰文章兴衰的神，科举时代人们奉祀魁星，乞求文教事业蒸蒸日上。平

图 28　魁星楼

遥南城墙的魁星楼，旧在南楼上，创建于清康熙三十五年（1696年），同治十二年（1873年)移建于东南隅。新中国建立后，楼已经残缺不全，仅留有砖台。1987年—1990年，在平遥城墙的维修工程中，将魁星楼全面修复。楼设双层，通高24米，底层筑八角形砖台，东西向辟拱券式通道，旁设砖阶可盘曲而上。中层是仿木构八角形砖雕楼台，坐乾向巽。顶层建木构八角形攒尖亭，楼顶满施琉璃。清朝年间，魁星楼以西尚有文昌阁，"双阁璀璨以连云，建楼环拱以映日"，城上的楼阁同城下庞大的文庙建筑群遥相呼应，文化氛围异常浓郁，堪称一方胜境。

(三) 文昌阁

即文昌帝君之阁。文昌帝君又称梓童帝君，本名张亚子，道教尊为掌管人间功名禄籍的神。南城墙文昌阁于清康熙年间创建，乾隆年间改修。塑文昌帝君像，坐震向兑，并建乐楼于里城墙下坎位。咸丰年间补筑修缮，并新建南房以奉祀仓颉，又建东西游廊、耳房、照壁等，东北隅置焚纸炉一座。日本侵略军占据期间，文昌阁遭毁，城墙向里首凸出的一个墩台乃其遗址。

(四) 宝塔山文峰塔

位于县城东南110里孟山乡杨家岭宝塔山顶。据清光绪八年《平遥县志》卷之十《古迹志》记载，光绪元年（1875年），知县令乡绅冀日章等整修庙塔，"堪舆家以塔为文笔，装为红黄色，焕然有光"。并饰以红黄二色。塔高9米，

图 29　百福禅院(左上角为文峰塔)

七层密檐砖结构实心塔，基座八角形，塔身塔刹皆圆锥状。1938 年日军炮火毁坏西南部。

(五) 梁赵村文星塔

位于县城南 18 里达蒲乡梁赵村。清光绪八年《平遥县志》卷之十《古迹志》亦有记载。建于清嘉庆年间 (1796 年—1820 年)。砖砌六角椎体三重实心塔，通高约 16 米。基座边长 1.88 米。每层檐下皆无门窗、斗拱，最上层檐下镶石碣，上刻"文星高照"四字。铁质宝珠、宝瓶，圆光式塔刹。"日夕望之，俨若大笔"。

三、坛壝、祠祀、庙宇类建筑

坛壝主要有社稷坛、风云雷雨坛和厉坛。"社稷坛在城西北，周围九十步，春秋上戊日知县致祭。"即二月、八月上旬戊日知县致祭。始建年代无考，20 世纪 30 年代废。"风云雷雨坛在城南，周围一百六十步，春秋上戊日知县致祭。中列风云雷雨之神，左列本境山川之神，右列本县城隍之神。"即二月、八月之上旬戊日致祭，始建年代无考，20 世纪 30 年代废。"厉坛在城北，周围六十步，每岁清明日，孟秋望日，孟冬朔日知县致祭。"即清明节、七月十五、十月初一致祭。始建无考，民国初年废。

祠祀类建筑主要有文庙、帝尧庙、文昌庙、魁星楼、卜夫子子夏祠、关帝庙、城隍庙、八蜡庙、源神庙、周卿士庙、二郎庙、高真庙、财神庙、介子推庙、应润侯庙、汤王庙、子夏庙、灌婴庙、王浚庙、河神庙、龙王庙、真武庙、马王庙、牛王庙、子孙娘娘庙、三官庙、王公祠、鲁班庙、麓台庙、灵显真君庙、玉皇庙、超山庙、五道庙、北关帝庙、贞义祠等。这些祠庙可以分为

"法施于民"者、"以死勤事"者、"以劳定国"者、"能御天灾"者和"能捍大患"者五类。这些祀庙，除了文庙、关帝庙、城隍庙、财神庙、灶君庙等大庙之外，多数已废毁。如子孙娘娘庙，原在城隍庙街路北，城隍庙东侧。旧时每年二月十五祭赛，20世纪50年代占作校舍，80年代建成宿舍。如真武庙，原在真武庙街北端，坐北向南，始建年代不详，清嘉庆、道光、光绪间补葺，20世纪50年代拆平，所拆建筑属于元明时期。如牛王庙，原在照壁南街

北端路东，始建年代不详，规模难以确考，民国间为女子学校，但庙内牛王神像仍存，至今已仅剩砖窑五间，改为民宅。

关帝庙，位于书院街西口路北，坐北向南，始建年代不晚于元代，曾名关侯庙。庙内"中祀帝，旁并祀张桓侯飞，赵顺平云，马平西超，黄刚侯忠，亦名五虎庙"①。明万历四十二年（1614年），敕封关羽为"三界伏魔大帝神威远镇天尊关圣帝君"，遂于万历四十七年（1619年）加奉冕旒，殿顶施琉璃，更名关帝庙。明清两代，关羽成为人神之首，与文圣孔子齐肩为

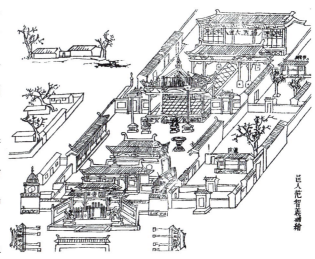

图30 关帝庙（武庙）图

图31 关帝庙（武庙）乐楼

① （清康熙四十五年）平遥县志.

武圣, 关帝庙也称武庙。每岁五月十三致祭。清乾隆、道光和同治间曾多次复修补葺。庙内中轴线依次为山门、乐楼、献殿、中殿和正殿。乐楼两旁有钟鼓楼, 正殿两旁有廊庑。庙门外有木构过街牌坊, 左为"忠昭日月", 右为"义贯古今"。目前过街牌坊已不存在, 殿中偶像在"文革"中遭劫, 中殿和抱厦式献殿拆毁于 1978 年。幸存者仅有乐楼、正殿。乐楼为歇山卷棚顶, 前出歇山抱厦, 四周斗拱五踩, 台中设太师壁, 上悬"水镜台"匾额。正殿面阔五间, 悬山顶, 屋顶施琉璃方心。

五道庙, 今窑场街中段路北, 面对东水道巷, 为县城内众多的五道庙之一, 清代建筑。面阔三间, 硬山五檩卷棚顶前出廊式, 后接砖磡窑洞三间, 虽早已没有了塑像, 但建筑物完整。如图 145。

文昌庙, 位于二合木厂巷南端路西, 面对北巷, 建于明代, 中轴线建筑完整保存, 庙门三间, 硬山顶; 文昌宫三间, 悬山顶, 斗拱五踩, 单杪单昂; 后殿三间, 硬山顶。偶像不存, 建筑物完整。

八蜡庙、龙王庙, 位于下东门外 170 米路北, 坐北向南, 原只有八蜡庙, 后城东郊龙王庙与之合祀。前院为八蜡庙, 有硬山顶正殿三间带前廊, 接硬山顶献殿三间, 东、西游廊各四间, 对面为献神乐台、两傍门, 并有牌坊。后院建硬山顶正殿三间, 祀龙王, 并修东、西殿各三间, 风伯、雨师配享。建筑毁坏严重, 只保留了古建筑基本格局。

庙宇类建筑主要为太子寺、吉祥寺、集福寺、慈相寺、显庆寺、藏经殿、七佛殿、百福寺、洪济寺、兴隆寺、石佛寺、金相寺、知觉寺、福智禅院、梵业寺、铁佛寺、普恩寺、圣寿院、惠日寺、法镫寺、昭庆寺、隆福寺、兴国寺、罗山寺、西方寺、清凉寺、洪福寺、妙法寺、普音寺、冀壁寺、慈胜寺、隆兴寺、清霄寺、净梵王太子母太子妃庙、太平崇圣宫、柏仙观、瑞云观、太上庵、上清观、洞元观、惠济桥庵、栖真庵等。这些寺观是规模较大并记之于清光绪《平遥县志》卷之十《古迹志》者, 未曾罗列者甚多。这些寺观, 有的位居城内, 有的位居城外。城内重要的寺观有太子寺、清虚观、吉祥寺、集福寺、藏经殿、兴国寺; 城外重要寺观有双林寺、镇国寺、慈相寺、清凉寺、白云寺等。惜哉太子寺、集福寺、藏经殿、兴国寺、昭庆寺、七佛殿等均已损毁不存，吉祥寺也毁损严重。兹将城中部分寺观列于下：

太子寺，原在斌隍庙街东段、雷家园街南口西侧，坐北向南，志载是以释迦牟尼成佛前为迦毗罗卫国净梵王太子而名之佛寺。"在平遥县治东敬义坊，初名宝昌寺，隋开皇中建，后改名修念寺。中有净梵王太子像，气韵如生，世传安生所塑。唐武宗大毁佛寺，颍上人匿像南河坎崖，元至大中修寺，移像寺中，改名太子寺。明洪武中置僧会司，并集福小太子寺入焉。"①民国 6 年（1917 年），有军队驻扎，遭火灾后只存山门、前殿各一座，前殿左右耳殿各三间，山门琉璃照壁一座，壁上浮雕九龙，即九龙壁。山门上匾额书"坛花现瑞"，门前有石雕卧狮一对，为唐代遗物。前殿廊下匾额曰"大觉金仙"，为清乾隆年间所竖。寺中有遗留大铁佛一尊、自在观音铜像一尊、准提菩萨铜像一尊，其他铜、木造像数尊。藏经殿藏有明万历初年木版书 10 余箱，但到 1967 年，这座平遥古城最早的佛寺已片瓦无存。后只在遗址中出土少量文物。1977 年 8 月 5 日，门前的那座中国最早的琉璃九龙壁也被洪水冲塌。

吉祥寺，明清志书都有记载，位于花园街西段路北，坐北向南，东与文昌庙毗邻。清光绪《平遥县志》卷之十《古迹志·寺观》载："吉祥寺在县治后东，元梁万户廉访家佛堂也。"明洪武、清道光间重修，寺南端曾有倒座的戏

图 32　残存的吉祥寺天王殿

①马夏民点校.（清乾隆）汾州府志. 太原：山西人民出版社，1994 年. 521.

台和坐西向东的观音堂，寺院由南向北由天王殿、春秋楼、正殿以及左右配殿等组成。清同治六年（1867年）寺院内曾设"团练总局"，民国直至今日一直为学校占用。期间，于1956年拆毁正殿及东西配殿各五间，1958年又拆除面阔、进深各三间的重檐歇山顶春秋楼。1973年11月5日被列为县级重点文物保护单位，但又于1982年被学校拆除东、西厢房各五间，西厢窑洞七间。寺庙内现存完整的单体建筑系元、明、清三代遗作。天王殿面阔三间，悬山顶，四架椽前后搭牵用四柱，前后檐斗拱五铺作，单杪单昂，仍有残碑1通。

集福寺，"在县下西门内"，即西大街西段路北，站马道街斜对面，规模与东大街清虚观相类，俗称西寺庙。寺内僧人一直到民国14年（1925年）方被迫全部迁至县南白云寺。先后被"巡警营"、兵营、"伤兵收容所"占据。日军占领平遥后，被接连拆毁，以至解放后已拆毁殆尽。上世纪60年代遗址上建起工厂，施工中出土有隋代佛像造型的石雕经塔座和具有盛唐风格的铁铸佛像头。

藏经殿，"在县治东北，内有大藏经二十箱，不大全"。现已不存。

兴国寺，俗称小寺庙。在南城门里西侧，坐南向北，直面南大街，呈两进院，西跨禅院。创建年代不详，道光年间曾重修，"文革"间毁为平地，遗址成为新开南门的马路。

昭庆寺，"在南门外，一名南圆道场。层台高阁，可望南山，相生和尚创建。与玉皇阁、栖真庵俱为一方胜地，仙客骚人以时游观，多题咏"[1]。民国初年既废。

七佛殿，"在城东北隅真武庙后殿"[2]。

四、学宫、书院类建筑

古之学校有三类，曰庙学、社学与义学。三类之外又有私塾。"学者教化所由起，人才所由兴也。而范之必有其地，诲之必有其方。严之科条，以束其身心。定之额数，以广其登进。多士泽躬尔雅，可不自爱与！"[3]清顺治九年（1652年）清世祖章皇帝《训饬士子卧碑文》曰："朝廷建立学校，选取生员，免其

---

① （清光绪八年）平遥县志.
② 同上.
③ （清光绪八年）太平县志.

丁粮，厚以廪膳，设学院、学道、学宫以教之。"学宫之设立宗在培养人才，以供朝廷之用。其设置往往与文庙合为一体，包括有明伦堂、敬一亭、尊经阁以及讲堂、射圃等。

平遥古城之学宫同样与文庙融为一体。文庙为祀祠"至圣先师孔子"及后儒之所，由大成殿、东庑、西庑以及名宦祠、乡贤祠、大成门、泮池、棂星门等组成。学宫在文庙大成殿之后，依次向北为明伦堂、敬一亭与尊经阁，为本邑生员就读之所。总的来说平遥古城文庙、学宫体系的总体布局展现了元明以来的规制。明伦堂有五间，堂东贤侯祠三间，堂西忠孝祠三间。时习斋七间在东，日新斋七间在西，斋南各有门通往东、西学，名"社门"与"义路"。明伦堂后之敬一亭建成于明嘉靖二十年（1541年），敬一亭后之尊经阁建成于明隆庆四到六年（1570年—1572年）。清光

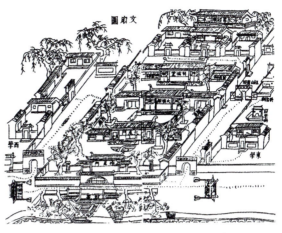

图33　文庙图（清光绪《平遥县志》）

图34　文庙大成门

图35　文庙明伦堂

绪三十年（1904 年），在文庙内成立平遥县高等小学堂，民国十年（1921 年）占用"西学"成立励志中学。抗战期间，整个建筑群沦为日军军营，大成门外以及西学古建筑大量拆改，西学古建筑全然不存。解放后，整个建筑区为平遥一中占用，又不断拆除、添建，对古建筑普加前檐墙，1958 年废泮桥，拆除敬一亭、尊经阁等重要建筑。2003 年平遥一中迁出后整个建筑区重新整治，对保存下来的大成殿以及东西庑、崇圣祠、节孝祠等普加修葺，并恢复了敬一亭、尊经阁、棂星门、泮桥、大成门等建筑。

书院及其遗迹、建筑。自宋代以后方有书院，为生员、童生参加科举考试前研习之所。平遥古城书院起自于明，兴自于清，几百年间采取个人私办和社会集资捐办两种形式，前后曾有五所书院，分别是卿士书院、西河书院、古陶书院、超山书院和鸣凤书院，为平遥一邑培养了大批人才。

卿士书院

"卿士书院，在上东门内路北，即卿士庙也，士子旧多读书其内。"[1]景泰元年（1450 年），知县石钰曾主持扩建，明末毁于战事。

西河书院

"西河书院，在县治西南，康熙四十二年（1703 年）县令王绥奉中丞噶公命捐俸创建。礼聘名贤教训其中，合邑之青衿俊秀数十余人晨夕讲诵，弦歌之声闻于户外。书院为三进，前堂后阁制，极崇闳堂祀卜夫子子夏，以其教授西河，故也。堂额曰'文学阁'五间，起层台额曰'抱经'，中一亭额曰'言诗'，树以松柏槐柳楸，为陶邑数百年文教首善开辟之地。"[2]现旧址在今书院街东端路北，公安局办公楼为书院旧址南半部，院中奉祀孔子高足门徒，位尊七十二贤人第四之子夏，即卜商，也言卜子夏。孔子过世后，子夏到魏国西河设教办学，授徒育人，师承孔学道统，弘扬儒家学说。也有说魏之西河即后之汾州，包括平遥，因而以西河名书院，旨在发扬光大儒学正统。西河书院曾为县十二景之一，但到乾隆末嘉庆初已改为寅宾馆。现存遗址，自北而南有硬山顶"后阁"五间，名"文学阁"；东西厢房各三间；前有一歇山卷棚顶"方

---

[1]（清光绪八年）平遥县志.
[2] 同上.

亭"，名"言诗亭"，面阔三间，原祀子夏；两廊各有厢房三间。惜中门、甬道、大门等建筑 20 世纪 70 年代拆除。见图 21。

古陶书院

"道光初年，武昌杨公霖川涖兹上访书院旧址，则已改为公馆，入交代无从追复，会省垣修贡院，平遥合县摊捐银三千二百两有奇，贡院工程止用银二千两，发回银一千二百两有奇。杨公邀集绅士，议以此项已捐之银创建书院。又从城内铺户募捐银七百两有奇，乃于学宫明伦堂后，尊经阁前建讲堂三间，楹无门窗后壁，于是书院始有其地。"[①] 此即"古陶书院"。后因"膏火无所出不能延师，生童亦无住院肄业"，书院遂停办，但将书院与学宫融为一体即始自于斯。

在平遥古城，持续时间最长，影响最大的书院便是道光十九年（1839 年）由古陶书院扩建而成，并注入新办学机制的超山书院。后文将有专门论述，此处从略。

商铺作坊类建筑

谈货殖必言市楼。市楼不仅是城池的中心，也是平遥最早最大的市场。就市集而论，仅康熙四十五年《平遥县志》卷之二《建置志》中，就记有城内 15 处之多，分别是"衙巷二市，十字街一市，市楼街二市，东街二市，西街二市，大西城二市，小西城二市，南门街二市"。清嘉庆十八年（1813 年）《市楼重修碑志》记载，捐银店铺和人名共 924 个，其中捐银店铺 700 余家，包括 25 家金融字号。除此之外，城内商铺作坊不计其数。

又据 1933 年《山西统计年鉴》记载：平遥商号有 585 家，店员 3015 人。在平遥城的四大街八小街，商铺作坊林立，尤以南大街、西大街、东大街、城隍庙街、衙门街为最。经营行业涉及颜料、货栈旅店、绸缎、布庄、医药、茶叶、烟业、洋货、京货、古玩等。金融类则有典当、钱庄、银号、印局、账局、票号等多种。曾有人对平遥商业鼎盛时期的行业门类做过分类统计，计有

---

① （清光绪八年） 平遥县志.

54 种之多。解放前的 1948 年商铺分布及经营行当分类完全可以证明这一点。南大街两端的所有临街建筑几乎都是商铺，西大街、东大街、衙门街和城隍庙街也基本如此。构成了平遥商铺的"土"字形商业街结构。

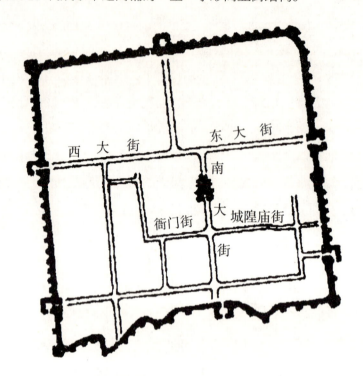

图 36 平遥城内"土"字形商业街示意图[①]

一、现存各类商铺作坊的代表性建筑

到目前为止，在平遥的五条商业大街上，多数商铺作坊都得到保存，而且始终发挥着商铺作坊的作用，特别是南街上的商铺作坊，保存得更加完好。

现存较为完好的绸缎铺旧址有位于南大街 57 号的永隆号旧址，位于南大街 68 号的长泰永旧址等多处。

现存较为完好的炉食铺旧址有位于南大街 41 号的长升源炉食铺旧址等多

① 晋中市史志研究院编.平遥古城志.北京：中华书局，2005 年 5 月．164．

处。

现存较为完好的金店旧址有位于鹦鹉巷 5 号的德义昌金店旧址等多处。

现存较为完好的铜匠铺旧址有衙门街 36 号、38 号和城隍庙街 64 号等多处。

现存较为完好的票号旧址有位于西大街 38 号的日升昌票号旧址，位于南大街 109 号的百川通票号旧址等多处。

现存较为完好的当铺旧址有马圈巷 27 号、北大街 18 号、鹦鹉巷 11 号、米家巷 17 号等多处。

现存较为完好的粮店旧址较多，城内米粮市街计有 28 处之多，分别是 4 号、6 号、9 号、11 号、12 号、13 号、15 号、16 号、17 号、18 号、19 号、20 号、21 号、22 号、23 号、25 号、27 号、28 号、29 号、30 号、31 号、32 号、33 号、36 号、40 号、41 号、43 号、44 号等。其中 17、20、28、29、44 五院基本保持了历史原貌。

二、商贸与市肆

平遥古城商业贸易十分悠久，可上溯到建城之始的西周时期。唐宋以后，特别是明代以降，持续五百年长盛不衰，一度发展为全国的商业金融中心，成为中国银行的摇篮。在平遥古城十二里八分四厘的城墙内，除了大的店铺作坊外，各行各业发展迅速。乾隆二十三年（1758 年）《重修金井楼记》碑载：城内捐银行业和店铺 80 余家。主要行业有钱行、当行、油行、粮行、木器行、货栈旅店行、麻布行、颜料行、肉行、烟行、鞋帽行、漆行、花店等。较大者有元盛烟铺、日升烟铺、日新烟铺、广裕烟铺、丰盛烟铺、四顺烟铺、万全烟铺、天成烟铺、六合烟铺等烟铺，存仁店、信成店、天元店、和盛店、恒裕店等货栈旅店，永兴铁铺、协盛帽铺、永恒漆铺等商铺。乾隆三十一年（1766 年），《建木行祖祠碑》捐银名录记：大木厂有元盛、富东、德盛、乾雍、东义、合盛等六家，另有木器店铺和木匠人名 81 个。业务涉及皮箱铺与车铺等。嘉庆十八年（1813 年），有雄厚实力的货栈旅店猛增到 56 家，《市楼重修碑志》记有捐银店铺和人名共 924 个，其中捐银店铺 700 余家。嘉庆二十四年

（1819 年），平遥西裕成、永裕、长茂、公泰、永信、如松、永隆等 7 家颜料商在城内设立总号，在外阜设立分号，外国洋货店铺随之出现，"行"作为一种新的名称也是新的意义上的经营组织风行开来，发展到吴悦来行、聚和行、吴□大行、王华瑞行、章义聚行、孟昌行、添锡行、恒升行、义元行、松茂行、潘元吉行、曾怡昌行、裕兴行等 13 家，到光绪八年（1882 年）纂修《平遥县志》，捐银店铺与个人达 153 个。1948 年《平遥县商会会员登记表》记载：当时全县商行 42 种，共 461 家，其中钱业 6 家、粮业 18 家、油面业 29 家、鞋业 14 家、缝纫业 19 家、京货业 52 家、丝线业 1 家、金银首饰业 9 家、当质业 4 家、古玩业 4 家、粗瓷业 6 家、钟表业 6 家、照相业 5 家、药材业 18 家、杂货业 7 家、烟叶业 3 家、杂物业 1 家、镶牙业 2 家、信托 1 家、皮毛 3 家、点食 5 家、醋酱业 1 家、粉条业 1 家、饧业 4 家、梨果业 4 家、文具业 8 家、理发业 8 家、铁器业 5 家、洋铁活业 1 家、废物业 1 家、木器业 3 家、麻业 2 家、笼床业 10 家、胰皂业 3 家、物品修理业 6 家、色染业 3 家、眼镜业 1 家、棉织业 6 家、肉业 7 家、转运业 3 家、饭店业 46 家、果菜烟业 125 家。

同时市肆作为原始商业或店铺等商业的补充同样得到长足发展，仅城内，康熙四十五年（1706 年）时就有十五个市场区域。按嘉庆十八年（1813 年）《市楼重修碑志》记载，以市楼为中心的南北两市，"壮一邑之规，通四方之货"，每日三市，"大市"、"朝市"、"夕市"，"大市于日昃，百族为主；朝市于朝时，商贾为主；夕市于夕时，贩夫贩妇为主"。城内十五个市集一直到光绪年间一直是车水马龙。除此之外，城外大的集镇均有集市，一般性村落则有庙会补充。到解放后，平遥仍有 18 个集市，乡村庙会有 135 个之多。见表 29。

民居类建筑

平遥古城现存有古民居 3797 处，得到完好保存的达到 387 处。清代遗构居多，明代次之，元代遗存的单体建筑也有少许。这些民居建筑分布于大街小巷，最集中的地方主要是南大街两侧，东、西大街中段两侧，衙门街—城隍庙街两侧，沙巷两侧，上西门—书院街—西南门头街—东南门头街两侧，壁景堡一带。城西北隅,即西大街—北大街与城墙所围区域分布极少。

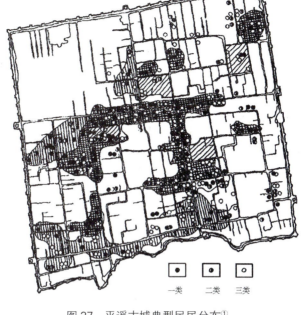

图 37　平遥古城典型民居分布①

目前城内典型民居有 40 余处,主要分布在范家巷街、仓巷街、关帝庙街、火神庙街、西石头坡街等处。对于平遥古城的众多民居,《平遥古城志》根据原居住者身份,作了书香门庭、商人故居、绅士宅第、小康家园四大类型的划分。后文中将详述。

表 1　古城内典型民宅一览表②

序号	街道	门牌	原房主	现住户数	现住人数	面积（平方米）		建筑类型
						数型	占地	
1	关帝庙街	1		6	24	400	237.5	Ⅲ-3
2	关帝庙街	3	程家兄弟	8	30	350	222	Ⅱ-2
3	关帝庙街	5	程家兄弟	6	20	420	240	Ⅲ-3
4	关帝庙街	9	程遵濂	4	18	480	320	Ⅱ-2
5	仁义街	37	王金源	8	36	198	450	Ⅲ-2

① 宋昆主编.平遥古城与民居.天津:天津大学出版社,2000 年 11 月,30.
② 宋昆主编.平遥古城与民居.天津:天津大学出版社,2000 年 11 月,136.

寻找母亲的平遥

序号	街道	门牌	原房主	现住户数	现住人数	面积（平方米）数型	占地	建筑类型
6	火神庙街	3	王诸德	6	24	430	250	Ⅲ-2
7	火神庙街	5	王文魁	3	18	300	200	Ⅱ-2
8	火神庙街	9		4	10	520	340	Ⅱ-2
9	火神庙街	11		8	30	700	450	Ⅱ-2
10	仓巷街	35	王邑中	9	32	1105	815	Ⅲ-3
11	仓巷街	37		9		900	726	Ⅲ-2
12	仓巷街	39				900	620	Ⅲ-2
13	仓巷街	41		10	40	1700	720	Ⅳ-2
14	仓巷街	49	赵大第	4	9	352	220	Ⅰ-1
15	仓巷街	45		5	21	350	210	Ⅱ-2
16	北葫芦肚	5		8	19	440	300	Ⅲ-2
17	北葫芦肚	1	阴从厚	3	10	210	134	Ⅰ-2
18	西巷	14	范治四小学	1000	1040	800		Ⅳ-1
19	南大街	41	郭怀仁	2	9	650	346	Ⅱ-1
20	衙门街	56		1	50			Ⅱ-1
21	书院街	11	雷履泰	9	38	920	790	Ⅲ-3
22	范家街	4	高凤盛	9	38	1200	450	Ⅳ-2
23	范家街	3		5	18	420	260	Ⅱ-1
24	范家街	5		3	13	400	220	Ⅰ-2
25	范家街	7		5	14	420	270	Ⅰ-2
26	范家街	9		6	20	400	250	Ⅱ-2
27	范家街	11		8	25	600	420	Ⅲ-2
28	范家街	26		4	14	350	210	Ⅱ-1
29	南街	38	姓雷	4	20	1170	600	Ⅱ-2
30	南街	39		3	110	340	190	Ⅱ-1
31	衙门街	69		1	30	510	350	Ⅱ-1

序号	街道	门牌	原房主	现住户数	现住人数	面积（平方米）		建筑类型
						数型	占地	
32	衙门街	54		1	20	504	320	Ⅲ-3
33	葫芦肚巷	7	雷仁民			1200	860	Ⅲ-3
34	宋梦槐巷	69	宋梦槐			800	520	Ⅱ-1
35	沙巷街	14	侯俊弼	5	30	720	520	Ⅱ-2
36	沙巷街	16		6	30	520	370	Ⅱ-1
37	西石头坡街	21		7	28	829	452	Ⅲ-2
38	西石头坡街	23		4	28	627	327	Ⅱ-1
39	西石头坡街	25	张兴邦	3	15	750	550	Ⅱ-2
40	西石头坡街	27		4	18	782	446	Ⅱ-1

"类"为几进院：Ⅰ类为一进院，Ⅱ类为二进院，依此类推。

"型"为院门位置:1型为院门在中,2型为院门在东南,3型为三进二院过道厅。

平遥古城厢坊里都村堡演变

作为县的平遥，其行政组织关系存留资料甚少，只能在府、县二志中了解其大概。在金明昌五年《汾州平遥县慈相寺修造记》碑阴文中，记有太平乡冀郭里、钦贤里、善信里、德义里、西安里、东安里、西张里、东张里、都乡里、温义里、修善里、襄垣里、麓台里、白域里、朱坑里、下王里、长寿里、大王里、永城里、西郭里、崇福里等21里，东梁郝、西梁郝、新村、郝村、涧村等5村。可见早在金代，县制之下就已经设为乡、里、村三级。这21里5村中，冀郭、钦贤、善信、东梁郝、西梁郝、襄垣、白域、朱坑、下王、郝村、长寿、大王、涧村、永城、西郭等里村，均可以与现在的村名一一对应，也可以说明这些村名的久远。按明制，城内曰坊，近城曰厢，乡鄙曰里。但明代平遥县志已不可得，清制则坊厢联为一体，城乡相维，难以区分。现将清康熙与光绪间坊、里、村、堡作一些对比分析。

清代平遥的坊、里

据清康熙、光绪两种版本的《平遥县志》记载，清代平遥始终为十坊，里则由三十增加到三十一。十坊分别是：县治东北之文会坊，县治西北之武安坊，城中东之里仁坊，城中西之积善坊，县治东南之余庆坊，县治南之宣化坊，县治东南之宣教坊，县治西南之宣德坊，县治东之忠孝坊，县治南之德盛坊。

三十里分别是：永泉里、泉乐里、长泰里、和顺里、永安里、嘉庆里、丰盛里、吉昌里、兆康里、臻祥里、集福里、佳瑞里、普净里、居仁里、由义里、遵化里、正道里、东安里、西宁里、北清里、公平里、行善里、襄城里、康阜里、庞公里、仁和里、靖乐里、明信里、和同里、独半里。光绪时增三屯里，计三十一里。

三十一里与村落对应关系见附表 1 "平遥村落沿袭对照表"。

近三百年来平遥村落演变

康熙四十六年（1707 年）时，平遥全县有行政村（大村）206 个，自然村未有记载，到光绪九年（1883 年）时，行政村（大村）就有 224 个，自然村（代管村）56 个。为便于比较研究，现分康熙四十六年、光绪八年、1984 年三个时点，对近三百年来平遥村落演变列表详尽比较研究。

从康熙、乾隆到 1984 年平遥村落的演变情况上体现出以下三个特点：

一是数量上，康熙年间平遥只有 206 个村（大村），光绪年间大村即有 224 个，自然村即代管村 56 个，合计多出 74 村。新增村落较多的区域在东南与西南丘陵山区。（当然，光绪八年《平遥县志》所录村庄也存在遗漏、错讹之处，比如现花堡村，在该志书卷之十《古迹志》中就有明确记载："石鱼滩，在东南四十里花堡邨，滩宽二丈有余，两岸连山，石上有二鱼形，约三尺长，首尾鳞甲宛然可观，故名为石鱼滩。"但卷之二《建置志·邨落》中却无有花堡邨记录。）大村落总数增加 18 个，新增有：双井邨、上千庄、东郭邨、南庞庄、东善信、东坡邨、路牛邨、石城邨、东堡邨、西堡邨、曹家堡则邨、普洞邨、郝温邨、蒋家堡、薛贤邨等 15 个；一分为二有东西青邨（东青邨、西青邨）、南良庄（东南良庄、西南良庄）、北侯邨（东北侯邨、西北侯邨）、赵邨（东赵邨、西赵邨）、南北姚邨（南姚、北姚）、东西丰依邨（东丰依邨、西丰依邨），新增 6 村；另外减少贾窑东邨、东堡邨、西堡邨等三个村庄。

总计 15+6-3=18 村。

二是与 1984 年村落比较，总的村落数量又有增加，增加到了 346 个，代管自然村 78 个，比清光绪八年大村多出 122 个，自然村即代管村多出 22 个，合计多出 144 个村落，而且从分布上看，新增村落依然集中在东南与西南丘陵山区。"1984 年平遥行政村、自然村一览表"见附表 3。

三是除 1956 年门世村划入文水上曲，民国间李世村划入介休万户堡，

1951年冬招贤村划入汾阳演武,宋仁堡从汾阳划入平遥合并于薛贤村,小徐村从文水划入平遥,1959年马壁从介休划入平遥外,平遥区域内村落无根本性变化。

从上述清初康熙四十六年（1707年）到1984年平遥的村落演变可以看出,277年间,除了人口膨胀导致村落一分为二或一分为三外,便是大量的移民涌入东南与西南丘陵山地,伐木为田,开垦荒地而新增村落。这一趋势从康熙四十六年到光绪八年如此,从光绪八年到1984年也是如此。更为重要的是,这些村落的村名中还保留了大量方言土名以及村庄来历的种种传说,尽管村庄历史有长有短,但几乎都关联了一片片独特的历史信息。目前这些处于东南与西南丘陵山区的村落,由于经济发展滞后,村落的原貌保存较好,堡寨、庙宇等公共建筑都得以保留。尤其是近十几年来,随着国家城市化政策,退耕还林、还草政策的实施,东南与西南丘陵山区的一些村落已成为空壳,多数已经无人居住。笔者曾经实地考察过平遥不少山区村落,以平遥与祁县、武乡三县交界处麓台山巅,也是晋商古道重镇的上店镇为例,1984年有209口人,到2007年年底,全村只有三户6口老人。整个村落的原始风貌基本保留,但长期无人居住,这些屋舍将会很快消失。

笔者又偶于民间发现一幅平遥县地图,如下图38。

根据图例及图中铁路、公路,特别是图中77乡437村的记录,无有马壁村（在介休）、宋仁堡与薛贤并列中官地乡、无有招贤村（划汾阳）、青王头等村归武乡、门世村仍在平遥、小徐村归文水等,该地图制于1955年7月前无疑。因为在平遥,1956年除平遥中学外,又新建了第二初级中学和王郭中学、东泉中学、襄垣中学四所中学,而图中仅标有一所中学;在乡村建制中,1953年12月改为乡村制,1954年城外设有6个集镇乡、13个乡,只有1959年年初至7月划为83个乡,其中城内有沙巷街乡、市楼街乡、南大街乡、下东门乡、北门街乡、南门头街乡6乡。所以说该图印制于1955年年初至7月间无疑。"1955年平遥地图乡村一览表"见附表2。

图 38　1955 年平遥地图

构成村落的基本单元——堡寨

在平遥的村落中，称村者多，称堡寨也不少。但从村落的构成分析，村大而堡寨小。一村往往由若干相互关联的堡寨构成，应该说堡或寨是村落的最小单位。这是平遥村落的一个显著特征。"堡"本指防御性建筑，军事上"碉堡"即其本义，本字为保卫之"保"，大约汉代以后"保"专写为"堡"。平遥方言中，堡不读 [pɔ³⁵] ①，而读作 [pu³⁵]，而且几乎所有的堡都有堡墙拱围，设一门或两门，集居住与防御于一体。用于居住性质，堡中不仅有宅院、水井，还有祠寺庙宇等公共类建筑；用于防御性质，堡墙高筑，往往依地势而建，堡门则建有防御设施。类似于一座微缩的城池。至今，平遥仍保留了不少的堡寨，尽管多数已经十分破败，甚至因无人居住成为遗存，但堡寨的基本特征大都得到保存，为研究堡寨文化提供了鲜活的实例。具体的堡寨实例在后文中专门讨论。

---

①书中注音带方括号者为国际音标.

PINGYAO GUCHENG YU YAO WENHUA

平遥古城与尧文化

八时在村中，每当失物，孩童都会施一种巫术，以掐算失物是否
能够找到。其方法是：先确定失物的阴历时间，然后以临近初
五、十五、二十五为起点，
在左手模拟的龟体上掐算，
起点为龟嘴即手托下中间，
顺时针依次为左眼（大拇
指下）、前蹄（大拇指）、
后蹄（食指）、尾巴（中
指）、后蹄（无名指）、前
蹄（小指）、右眼（小指

图39　掐算手势图

下）、嘴巴（手托下中间）。如此循环，数到失物之日为止。落到龟嘴、
两后蹄即无法找到失物，落到眼睛、两前蹄和尾巴则可以找回失物。口
诀为：口中吃掉，眼睛看到，尾巴拔来（"摆"意），前蹄不出门，后蹄
寻煞人。

对此巫术，自己曾向大人们求证，为什么要用龟形掐算，大人们说
龟灵验，古人占卜都用龟，还说平遥城也是一只乌龟，所以才会几千年
保存至今。天真的孩童总爱打破砂锅问到底，我向母亲一连询问了好多
问题，其中最集中的问题是平遥怎么会修成个乌龟形。对此，母亲讲述了
一个平遥人代代相传的传说：平遥古城历史久远，可以上溯到尧帝时代。
当时洪水滔天，晋阳湖（昭余祁）水猛涨，百姓苦不堪言。怎样才能治
服洪水，使百姓安居乐业，成为尧帝必须面对的一大难题。在鲧筑堰治
水无效的情况下，尧帝任用大禹，采用疏导的办法，凿开灵石口，空出

晋阳湖，滔滔洪水得以驯服后最终汇入黄河。洪水退去百姓又过上了安居乐业的好日子，但就在治水后不久，尧帝归天，婿舜继承帝位。尧帝两女娥皇、女英决定在父亲封地也是治水之地修筑一座城池。得到从汾河中爬出的一只金龟的启示后，便在乌龟产卵之地，也就是现在的平遥城址筑起了仿效乌龟八卦的平遥古城。

平遥古城是否与尧帝相关，是否如志书所载为帝尧始封之地，这些究竟是史实还是附会？这个问题多少年来一直困扰着我，我当然也从未停止过探寻的步履。

下面拟从考古发掘、星象分野、文献记述、传说与历法以及民风民俗等五个方面，就平遥古城连带的上古历史作一番探究。

1 从考古发掘及遗址论平遥古城与尧文化

苏秉琦先生在《中国文明起源新探》一书中指出："距今七千至五千年间，源于华山脚下的仰韶文化庙底沟类型，通过一条呈'S'型的西南—东北向通道，沿黄河、汾河和太行山山麓上溯，在山西、河北桑干河上游至内蒙古河曲地带，同源于燕山北侧的大凌河的红山文化碰撞，实现了花与龙的结合，又同河曲文化结合产生三袋足器。这一系列新文化因素在距今五千至四千年间又沿汾河南下，在晋南同来自四方（主要是东方、东南方）的其他文化再次结合，这就是陶寺。或者说，华山一个根、泰山一个根、北方一个根，三个根在晋南结合。这很像车辐聚于车毂，而不像光、热等向四周放射。考古发现正日渐清晰地揭示出古史传说中'五帝'活动的背景。五帝时代以五千年为界可以分为前后两大阶段，以黄帝为代表的前半段主要活动中心在燕山南北，红山文化的时空框架，可以与之对应。五帝时代后半期的代表是尧舜禹，是洪水与治水。史书记载，夏以前的尧舜禹，活动中心在晋南一带，'中国'一词的出现也正在此时。尧舜时代万邦林立，各邦的'诉讼'、'朝贺'，由四面八方'之中国'，出现了最初的'中国'概念……仰韶文化庙底沟类型与龙山文化南北汇合产生了一系列新文化因素和组合成新的族群，他们在距今五千至四千年间在晋南同来自四方（主要是东方、东南方）的其他文化因素再次组合，遂以《禹贡》九州之首的冀州为重心奠定了'华夏'族群的根基。"[1]

苏秉琦先生的上述论断表明，距今五千至四千年间，来自四方其他文化因素在山西晋南再次组合，产生了陶寺文化，而且与五帝时代后半期的尧舜禹时代的时空相对应。近年来，随着研究的不断深入，"从对陶寺文化在这一地区

---

[1] 苏秉琦. 中国文明起源新探. 北京：生活·读书·新知三联书店，1999年6月. 160.

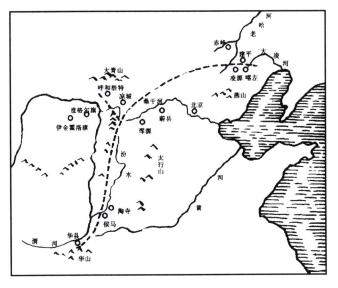

图 40　北方——中原文化连接示意图

的成果聚落形态的分布以及文化的考古学年代和中国历史学编年，就明显地表现出陶寺文化的人们共同体（即族属）。其早期当属于陶唐氏部落，中期便应当属于有虞氏舜的部落，其晚期当自然落到夏后氏部落"[1]。即"陶寺龙山文化在年代和地域上与唐尧虞舜相当"[2]。

但沿着"S"型线，龙山文化与仰韶文化是如何碰撞交融的呢？从桑干河流域到"汾河湾"经过的路径怎样？经过多长的历程？在哪些区域做过停顿？这些问题显然还没有引起学术界的高度关注。

晋中盆地夏代以前的地貌特征

《尔雅·释地第九》载："鲁有大野，晋有大陆，秦有杨纡，宋有孟诸，楚有云梦，吴越之间有具区，齐有海隅，燕有昭余祁，郑有甫田，周有焦获，谓之十薮。"《周礼·职方》载："并州薮曰昭余祁。"《水经注》："（侯甲水）经祁县故城南，自县连延，西接邬泽，是为祁薮也，即《尔雅》所谓昭余祁矣。"《汉书·地理志》载："正北曰并州，其山曰恒山，薮曰昭余祁。"根据历代史家考证，昭余祁位于晋中盆地，不同的时代称谓有别。《吕氏春秋》称

---

① 苏秉琦.中国文明起源新探.北京：生活·读书·新知三联书店，1999 年 6 月.160.
② 王克林.黄河文化论刊第三辑：陶寺文化与唐尧虞舜.太原：山西古籍出版社，1999 年 12 月.11.

- - - - - - - - - - - - - - - - 59

贰

平遥古城与尧文化

其为大昭，《淮南子》称为昭余，汉代称昭余祁，魏晋称九泽，隋代称嵩泽，唐代称邬城泊。顾祖禹《读史方舆纪要》记载，在明末清初，山西的湖泊已名存实亡，邬城泊、小桥泊、张赵泊、胜水陂、汾陂、文湖、台骀泽等均已成为低浅平洼。对《汉书·地理志》"九泽在北，是为昭余祁，并州薮"，清人王先谦有这样的解释："陂泽连接，其薮有九，故谓之九泽，总名曰昭余祁。"

从上述昭余祁的相关记述看，其经历了一个由全国九大（或十大）湖薮、若干小湖，到最后消亡的历史过程。但湖薮在每个时代有多大的面积，历史记载中找不到答案。上世纪九十年代初期，曾有人用红外线遥感技术对晋中昭余祁及其流入河流做过研究，科学的实证结果表明，在公元前二十一世纪的夏代前，昭余薮"北至清徐南境，南至介休、孝义，东至榆次、太谷、祁县、平遥西境，西至清徐、交城、文水东境，呈烟斗形，面积约 1150km²"[①]。到元代时已缩为"北至平遥西王智，南至文峪河与汾河交汇处，东至净化，西至香乐"[②] 约 50 余平方公里的邬城泊洼地。昭余祁薮除汾河北东—南西贯通全湖外，流入昭余祁薮的主要河流情

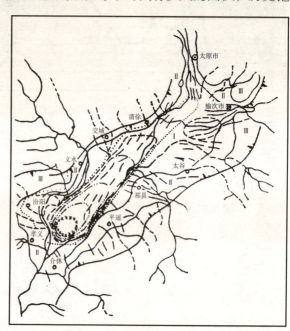

Ⅰ 冲积平原；Ⅱ 冲洪积倾斜平原；Ⅲ 丘陵台地

⌐	水系；古河道
......	原始社会末湖泊界限
-------	西周——东汉湖泊界线；
—·—·—	北朝——魏湖泊界线；
—··—··—	隋唐时代湖泊界线；
—···—···—	唐宋时代湖泊界线；
×××××	元朝后湖泊洼界线

图 41　太原盆地古湖泊、古河道分布示意图

---

① 桑志达，李乾太．水利史研究会第二次会员代表大会暨学术讨论会论文集：利用卫星遥感、地质、历史资料相结合方法研究太原断陷盆地古湖泊古河道分布及演变规律的初步探讨．37．

② 同上，38．

况是：汾河东侧诸河古河道多成树枝状展布，最多的昌源河、潇河达 5 条。象
峪河在太谷南庄以西有两条规模不大的古河道。乌马河有三条古河道，一条由
太谷阳邑经在象至北洸，第二条经太谷城北至晓义，第三条由阳邑经水秀至晓
义。昌源河由子洪以下有 5 条古河道，均在祁县固邑至李村之间，基本上是现
代河道左右摆动。惠济河有两条古河道。汾河西侧诸河流古道分布情况，除文
峪河有 5 条以外，其他一般多为一条。文峪河流经峪口进入盆地，从北向南有
5 条古河道，均为弧形，成帚状古河道群。磁窑河、瓦窑河、峪道河、虢义河、
阳城河、孝河、白石河，均为一条古河道①。

表 2　太原盆地古湖泊面积推测表

| 项目名称 | 编号 | 历史记载时代 | | 当时湖泊形状 | 面积(km²) | 范　　围 |
		朝　　代	公元(年)			
晋阳湖	1	原始社会末	公元前	烟斗形	1150	北至北格，南至介休孝义；东至榆次、太谷、祁县、平遥西境，西至清徐、交城
昭余祁薮	2	西周—东汉	前1162—420	长带形	700	北至清徐，南至文峪河、汾河交汇口，东至太谷、祁县、平遥西境，西至交城、文水
邬　泽	3	北朝—魏	420—618	长带形	500	北至南庄，南至文峪河与汾河交汇处，东至平遥西境，西至文水、汾阳
蒿　泽	4	隋　朝	539—618	椭圆形	300	北至上下曲，南至文峪河与汾河交汇处，东至平遥西境、西至文水、汾阳
邬城泊	5	唐—宋	618—1229	椭圆形	200	北至杜家庄，南至文峪河与汾河交汇处，东至净化，西至香乐
邬城泊洼	6	元　朝	1279—1664	圆形	50	北至西王智，南至文峪河与汾河交汇处，东至净化
文　湖	7	西周—东汉	前1100—420	椭圆形	130	北至太平村，南至康宁堡，东至演武，西至汾阳县城
洞过泽	8	西周—东汉	前1100—420	椭圆形	120	北至永康，东至修文，南至陈侃，西至刘村

---

① 桑志达，李乾太.水利史研究会第二次会员代表大会暨学术讨论会论文集：利用卫星遥感、地质、
　历史资料相结合方法研究太原断陷盆地古湖泊古河道分布及演变规律的初步探讨.39～40.

可见，文献记载是准确的，历史上晋中盆地确曾是一片汪洋的湖薮，尤其是夏代以前，昭余祁几乎覆盖了现在晋中盆地的全部。四周除汾河外，主要有磁窑河、瓦窑河、文峪河、峪道河、潇河、象峪河、乌马河、昌源河、惠济河等十余条河流。这便是晋中盆地夏代以前的地貌特征。

围绕昭余祁薮的史前遗址

既然科学已经证明晋中盆地历史上为昭余祁水所占据，那么史前人类活动的区域只能是在昭余祁的四周。考古的结果也证明，在晋中盆地一带，各个不同时期的史前遗址就主要分布在昭余祁四周的河畔。主要遗址大体可以分为以古平陶城为中心的西北片，包括交城的瓦窑堡、广兴、南堡、洪湘、坡底、磁窑、罩村、会立、东坡底遗址，文水的上贤、西峪口遗址，汾阳的峪道河、杏花村、北垣底、段家庄、任家堡、巩村遗址，孝义的小垣村、小王营一号、小王村二号、张家庄、贾家庄、临水村、下吐京、席家会、杜村遗址。主要分布于磁窑河、瓦窑河、文峪河、孝河等沿岸。以太谷为中心的东南片，包括太谷白燕、东里、阳邑、郭里、沙子地、下土河、大白遗址，祁县梁村、峪口、北团柏、鲁村、梁家堡、温曲、祁城遗址，主要分布于乌马河、象峪河、昌源河沿岸。以太原为中心的东北片包括义井、矿机厂、马家坡、都沟、西马峪、方山、许坦、狄村和东太堡遗址，主要分布于汾河两岸。实际汾河西岸的遗址与以平陶为中心的西北片为一个大的区域，汾河东岸的遗址与以太谷为中心的东南片为一个大的区域。以现平遥城为中心的南片，包括郭休、婴溪、北依涧、东泉、乔家山、卜宜、梁坡底、下沟西、罗鸣、希尧、旭庄、段村等遗址，主要集中分布于惠济河沿岸。（这些遗址均未经过科学发掘，更无发掘报告，只有零星的调查报告。）

表3 环昭余祁薮的史前遗址表

所属县	遗址名称	地理位置	时　　代	器　　物
交城①	瓦窑遗址	瓦窑河两岸的斜坡及台地上	仰韶文化、龙山文化、夏文化时期	灰、黑陶有鬲、盂等炊具，三足瓮甑等残片
	广兴遗址	广兴村西	仰韶晚期文化、龙山初期文化	绳纹、篮纹红陶残片，骨针、蚌壳
	南堡遗址	南堡村文峪河东岸武元城	仰韶晚期文化、龙山文化、夏文化时期	彩陶、黑陶、灰陶，甑鬲等炊具，盆罐等盛器。
	洪相遗址	洪相村东石壁沟口两侧	龙山文化时期	钵、盆、双耳罐、鬲等炊、盛器。
	坡底遗址	坡底村东杨家洞山坡，东至磁窑河西岸	龙山文化时期	陶刀、鼎、钵、罐、盆等炊器具
	磁窑遗址	磁窑村南黄土坡，西至磁窑河东岸	龙山文化时期	少量磨光石器及篮纹灰陶残片
	覃村遗址	覃村村北山坡上，东至黄土冲沟，西到小河沟	龙山文化时期	罐、甑、鬲、杯等炊具、储器残片
	水峪贯遗址	水峪贯村，南段地处村南河滩东	龙山文化时期	鬲、甑等三足器，盆罐等平底器残片
	会立遗址	位于会立村，东临文峪河	龙山文化时期	三足器及平底器的口沿耳腹等残片
	东坡底遗址	东坡底村南西葫芦川道，东至东葫芦河	龙山文化时期	三足器、平底器口沿耳足部分残片
文水②	上贤遗址	城南上贤村	龙山文化时期	陶器有灰陶片、红陶片、夹沙红陶片
	西峪口遗址	西峪口村，分布于曹家崖山腰东西两面		石器、陶器、鹿角、兽骨、白灰面等。
汾阳③	峪道河遗址	峪道河镇，面涉李家沟、田褚、水泉、崖头、峪口等自然村	仰韶文化、龙山文化时期	小口尖底瓶、弦纹罐、泥制盆等，陶制蛋形三足瓮、鬲、尊、甑、罐、豆等
	杏花村遗址	杏花村镇东堡村东北向	仰韶文化、龙山文化、夏、商文化时期	彩陶盆、彩陶碗，泥质陶壶、盆、尊、瓮、壶、粗柄、甑等

① 交城县志编纂委员会. 交城县志. 太原：山西古籍出版社，1994年9月. 685~688.

② 李培信主编. 文水县志. 太原：山西人民出版社，1994年5月. 627.

③ 汾阳县志编纂委员会. 汾阳县志. 北京：海潮出版社，1998年12月. 812~813.

寻找母亲的平遥

所属县	遗址名称	地理位置	时代	器物
	北垣底遗址	栗家庄乡北垣底村西南		地表可采集到陶片等
	段家庄遗址	三泉镇段家庄村东、南距虢义河近百米	仰韶时代中期成熟的庙底沟文化类型	陶器
	任家堡遗址	三泉镇任家堡村村北	仰韶文化中晚期	泥质、夹砂陶器，小口侈领罐、折沿盆、折腹钵等
	巩村遗址	三泉镇巩村村西今聂生村境内		豆、罐等绳纹陶器
太原①	义井遗址		仰韶文化时期	罐、壶钵、盆、甑、碗等
	矿机厂遗址	太原矿山机器厂	仰韶文化晚期	夹砂罐、泥质钵、盆等
	马家坡遗址	清　徐	仰韶文化晚期	罐、盆、钵、壶、碗等
	都沟遗址	清　徐	仰韶文化晚期	罐、盆、钵、壶、碗等
	西马峪遗址	清徐东	龙山文化早期	夹砂罐、高领罐、盆、钵、碗、杯等
	方山遗址	清　徐	龙山文化晚期	多大平底器
	许坦遗存	太原许坦	夏代早期	鬲、甗、豆、盆、罐、杯等
	狄村遗存	太原狄村	夏代中期	鬲、甗、斝、豆、盆、鼎等
	东太堡遗存	太原东太堡	夏代晚期	甗、斝、鼎爵、豆、盆、壶等
祁县②	梁村遗址	城东南梁村	新石器时代仰韶文化	陶鬲、石斧、骨镞、蚌刀
	峪口遗址	峪口村西	龙山文化	灰陶残片
	鲁村遗址	鲁村东昌源河滨	龙山文化	灰坑、灰陶残片
	温曲遗址	城东南温曲村	龙山文化到商	三足瓮，灰陶片
	祁城遗址	城东南祁城村	商到东周	灰陶罐、钵、豆、盘等
	北团柏遗址	北团柏村北	龙山文化	泥质灰陶、夹砂灰陶、红陶、彩陶、磨光黑陶等残片
	梁家堡遗址	梁家堡村西南	商代	绳纹灰陶片，陶盘、罐、豆、鬲等

① 太原文史资料 19 期：太原名胜古迹集萃. 太原：太原市政协文史资料委员会，1993 年 11 月.
113~121.

② 祁县地方志编纂委员会. 祁县志. 北京：中华书局，1999 年 10 月. 747.

贰 平遥古城与尧文化

所属县	遗址名称	地理位置	时代	器物
太谷①	白燕遗址	村西北，南临乌马河	自新石器时代中期，至西周早期	房屋、窑址、灰坑、墓葬
	东里遗址	村南，临象峪河支流	汉代	
	阳邑遗址	北临乌马河	新石器、商周时期	
	郭里遗址		商周	
	沙子地遗址	村北桥底	夏商之际	鬲、蛋形瓮、盆、缸、盂
	下土河遗址	南临乌马河		
	大白遗址	南临乌马河	春秋	
孝义②	小垣村遗址	小垣村西南隅孝河北岸	仰韶、龙山	陶鬲、陶斝、陶纺轮
	小王营一号遗址	村西北河坡顶部	不明	鬲足、盆沿、罐耳等
	小王营二号遗址	西圪塄原半山腰		灰陶、夹砂陶片、粗细绳纹
	张家庄遗址	村东南圪堎地内		兰纹、线纹灰陶和红陶陶片
	贾家庄遗址	村南孝河北岸		夹砂陶、粗红陶陶片、石斧、石铲、石球
	临水村遗址	村东北川河畔	仰韶、龙山	彩陶盆、陶瓷
	下吐京遗址	村东南川河北岸		刮削器、石镰、胎料、彩陶盆
	席家会遗址	村南川河、北川河交汇处		鬲足、盆底、罐耳、瓶颈及口沿
	杜村遗址	村北山上		绳纹、篮纹、陶片、石斧
平遥③	郭休遗址	郭休村西，惠济河谷地阶梯台地上		鬲、罐、甑、小口尖底瓶
	婴溪遗址	婴溪村东，婴涧河两岸		篮纹、绳纹灰陶片和素面陶片
	北依涧遗址	北依涧村东，婴涧河两岸		篮纹、素面灰陶片
	东泉遗址	东泉镇，惠济河岸	仰韶文化半坡类型、龙山文化时期	红陶、彩陶残片甚多，绳纹、篮纹的灰、黑陶片

---

① 太谷县志编纂委员会.太谷县志.太原：山西人民出版社，1993年9月.524.

② 孝义县地方志编纂委员会.孝义县志.北京：海潮出版社，1992年6月.741~742.

③ 平遥县地方志编纂委员会.平遥县志.北京：中华书局，1999年8月.745~747.

寻找
母亲的平遥

所属县	遗址名称	地理位置	时　代	器　物
	卜宜遗址	西卜宜村东，青沙河西岸		篮纹灰、黑陶片和纹饰不规整的褐色陶片、灰陶鬲、钵、双耳底瓶
	乔家山遗址	乔家山村北，惠济河南岸		素面红陶片、绳纹、篮纹灰陶片
	梁坡底遗址	梁坡底村北惠济河支流东岸	龙山文化早期遗址	篮纹灰陶片、附加堆纹的蛋壳陶片、黑陶片
	下沟西遗址	下沟西村北、柳根河东、惠济河支流西		石锛、石铲、陶片
	罗鸣遗址	襄垣乡罗鸣村	新石器时代	绳纹、篮纹灰陶片及素面黑衣灰陶片
	希尧遗址	希尧村北，官沟河支流的两河交汇处		鬲、罐、钵、盆、鼎的陶片，刀、铲、纺轮等石器残件
	旭庄遗址	旭庄村北，东邻官沟河支流		绳纹泥制灰陶鬲、青铜
	段村遗址	段村镇村西，后官沟河岸畔素		面陶片、方鼎足、陶瓿（甑残片）
	东侯壁遗址	东侯壁村北、北惠济河畔	商周文化遗址	泥制绳纹灰陶片、绳纹鬲足、鼎足
	北堡遗址	北堡村东，惠济河北岸		绳纹、篮纹细泥灰陶片

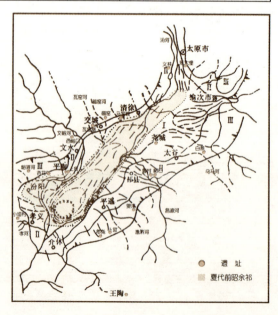

图 42　环昭余祁薮
的史前遗址分布图

仰韶文化与红山文化碰撞后南下陶寺的路径

对环昭余祁众多遗址分类可知，这些遗址既有旧石器时代的，又有新石器时代仰韶文化各期的，还有龙山文化及夏商文化时期的，而最集中或主流遗址当属龙山文化时期。除以平遥城为中心的南片由于未经科学发掘难以定性外，以平陶为中心的西北片瓦窑堡、上贤、杏花村、峪道河遗址，以太原为中心的义井、东太堡遗址，以太谷为中心的白燕遗址，主流均属龙山文化。对太原义井、东太堡，太谷白燕，交城瓦窑堡，文水上贤和汾阳杏花村等代表性遗址，考古界已确定为龙山文化——晋中类型。目前，考古界已经对环昭余祁龙山文化的上述遗存形成几种成说：王克林先生推断"汾河流域中上游和吕梁山一线及以北地区，与中原当是一个不同的族系……可能是属狄族及其先世"。"滹沱河和晋中两个类型，多半是以狩猎、畜牧为主而兼营农业……""可能是代表我国北方一个大的族类，这个族系则当是……属于狄（翟）族及其先世。"①田建文先生推断"过去对唐尧或晋史研究都牵扯到太原一带北唐国的问题，周穆王时献过宝马，它与晋南陶寺一带的唐尧之唐及晋灭之唐肯定有关系，何时建国而传递至周，会不会在龙山晚期唐尧部族因其南虞舜、夏禹部族之逼而一支北走晋中建立一'城邦'？不无可能。清徐有'尧王城'，平遥原名'平陶'，因避拓跋焘讳而易名及祁县之名都与之有关，虽然这是较晚的事情。晋祠一带'叔虞封唐'之说由此而生而传"。②杨晓国先生通过对篇首所引苏秉琦先生对龙山与仰韶文化沿"S"型线碰撞而形成陶寺文化的论述，得出"来自中原仰韶文化庙底沟类型和源于北方燕山北侧红山文化的相互碰撞，之后又与河曲文化结合所产生的新的氏族酋邦时代，就极有可能是帝喾高辛氏时代"③的结论，并认为雁同盆地便是帝喾与高辛氏"合户"的发生之地。帝喾高辛氏酋邦时代

---

① 王克林. 山西省考古学会、山西省考古研究所合编山西省考古学会论文集：山西考古工作的回顾与展望. 太原：山西人民出版社，1992 年. 5~8.
② 田建文. 汾河湾：山西考古学文化的区系类型问题. 太原：山西高校联合出版社，1996 年. 130.
③ 杨晓国. 学术论丛 5~6 期：从辛·辛庄·高辛氏谈起. 2002 年.

在桑干河上游的雁同盆地一带形成后，随之就又越过恒山山脉，进入滹沱河中、上游，亦即今天我们称为忻定盆地的地方，而且有游邀、唐昌、杨白等遗址为证。之后不久，帝喾高辛氏化为一个中心酋邦进入晋中平原，并以尧契分迁而使这一中心酋邦解体。进而分裂出尧契两支，汾阳为尧契分迁前尧的活动区域，即在晋中平原西南一隅，以汾阳为中心，南至孝义，北达清徐一线。"在距今五千至四千年间又沿汾河南下"，进入临汾盆地，创造了陶寺文明，即尧舜禹夏的辉煌；太谷、祁县一带则为尧契分迁前契的活动区域，契则沿漳河缓慢向华北平原东迁，其后代诸王在逐渐扩张中，于夏王朝东部最终形成了商王朝。

综合分析上述三种成说，我们认为在仰韶文化与红山文化、河曲文化在桑干河流域碰撞后，过勾注，入滹沱，出石岭关，之晋中昭余祁畔，最后在陶寺创建"城邦"的历程中，晋中昭余祁一带举足轻重，不仅仅是南迁的必然路径，而且在这里驻足、停留了较长时间，并完成新文明的整合（或分裂），沿汾河与漳河西南、东南两个方向传播。这一驻足、停留与整合（或分裂），在昭余祁周边留下了以太原为中心的义井、东太堡、马峪等龙山文化遗址；以古平陶为中心的交城瓦窑堡、文水上贤、汾阳杏花村等诸多龙山文化遗址；以太谷为中心的白燕遗址；以及以平遥城为中心的南片龙山文化遗址。而南迁陶寺的路线似应在昭余祁西北一线，即太原（义井）—交城（瓦窑堡）—文水（平陶、上贤）—汾阳（杏花村）—孝义（小垣村），翻过吕梁山介休、霍州段，进入临汾盆地，建立城邦，定都陶寺。当然沿汾河东岸南迁陶寺的路径可能也不是没有，即太原（东太堡）—太谷（白燕）—祁县（峪口、鲁村）—平遥（婴溪、卜宜、希尧）—沁源（王陶）—临汾（平阳）—襄汾（陶寺）。

据明天启《文水县志》①记载："平陶城，在县西南二十五里，尧为唐侯时都于此。汉为县，属太原郡。后魏改名平遥县，后以西羌内侵，徙居京陵，今平陶都是。"清乾隆《汾州府志》卷一《沿革》记述："《地形志》所云'有

---

① 李裕民点校.(明天启)文水县志. 太原：山西古籍出版社，1996年11月. 187.

平遥城'，即汉平陶城也。《元和志》：'文水县，平陶城在县西南二十五里'，与今不殊，则隋唐已割魏平遥县之西北境入文水县矣。"① 这是平陶城的来历，也是迁徙与改名的原因。古平陶城就在现在文水、汾阳、孝义、平遥四县交界处的孝义镇平陶村，也是上古的昭余祁畔，龙山文化的交城瓦窑堡、汾阳杏花村遗址就在其周围，上贤遗址则近在不足十里的地方。

可见平遥的确曾为古尧地，而且是尧帝部落南迁路径上的重要居处。考古的结论印证了志书的相关记载。

---

① 马夏民点校.（清乾隆）汾州府志.太原：山西人民出版社，1994 年 6 月.31.

2 从星野划分论平遥古城与尧文化

《周礼·春官·保章氏》记载，周初将诸侯分封于九州，所封地域都有主星相配，凡是地下的土地，天上各有主星。保章氏的职责就是详细观察这些主星的动态，以判别妖祥，以便及时报告国君防备不测，随之形成了星野学说。

星野学说起初属于占星术语，也是古人天人感应思想的具体体现，即将天空划分为若干区域，天空某一区域与地上某个区域相互对应、互相影响。某一天区出现异常天象，将预示着与其对应的某一地域有大事发生，从而断定某一区域的吉凶祸福。将地上的州、国、郡、县与天上的星空区域一一对应的占星法即称之为分野。继之，天上的某一部分星宿只与地上的某个区域相对应，故而把天上的星宿对应于地上区域的分配方法广泛地用之于地理坐标的标定，形成了中国古代独特的天文地理分野。

史书记载的几种分野体系

《史记·天官书》记载的两种分野体系：

表4　《史记》所载分野体系之一

北　斗	区　域
斗　杓	自华以西南
斗　衡	中州河、济之间
斗　魁	海岱以东北

表5　《史记》所载分野体系之二

列　国	行　星	星　宿
秦	太　白	狼、弧（井、鬼）
吴、楚	荧　惑	鸟衡（柳）
宋、郑	岁　星	房、心
燕、齐	辰　星	虚、危
晋	辰　星	**参、罚**

《吕氏春秋》记载的分野体系：

表6 《吕氏春秋》所载分野体系

星　宿	区　域
角、亢、氐	兖　州
房、心	豫　州
尾、箕	幽　州
南　斗	江、湖
牵牛、婺女	扬　州
虚、危	青　州
营室、东壁	并　州
奎、娄、胃	徐　州
昴、毕	冀　州
觜觽、参	**益　州**
东井、舆鬼	雍　州
柳、七星、张	三　河
翼、轸	荆　州

《淮南子·天文训》记载的分野体系：

表7 《淮南子》所载分野体系

二十八宿	周与列国
角、亢	郑
氐、房、心	宋
尾、箕	燕
斗、牛	越
女	吴
虚、危	齐
室、壁	卫
奎、娄	鲁
胃、昴、毕	魏
觜、参	**赵**
井、鬼	秦
柳、星、张	周
翼、轸	楚

郑玄《周礼·保章氏注》记载的分野体系：

表 8　《周礼》所载分野体系

十二星次	二十八宿	周与列国
星纪	斗、牛	吴、越
玄枵	女、虚、危	齐
娵訾	室、壁	卫
降娄	奎、娄	鲁
大梁	胃、昴、毕	赵
实沈	觜、**参**	**晋**
鹑首	井、鬼	秦
鹑火	柳、星、张	周
鹑尾	翼、轸	楚
寿星	角、亢	郑
大火	氐、房、心	宋
析木	尾、箕	燕

《汉书·地理志》记载的分野体系：

表 9　《汉书》所载分野体系

二十八宿	列国区域
角、亢、氐	韩
房、心	宋
尾、箕	燕
斗	吴
牛、女	粤
虚、危	齐
室、壁	卫
奎、娄、胃	鲁
昴、毕	赵
觜、参	**魏**
井、鬼	秦
柳、星、张	周
翼、轸	楚

上述种种分野体系，尽管存在局部的矛盾，但总的来说可以分为三类，即依北斗对应大地某一区域，依二十八宿（恒星）对应大地某一区域，依五行星对应大地某一区域，最后发展定型为依二十八宿对应大地某一区域，而且二十八宿与列国或州、国、郡、县的对应关系基本固定。以参宿为例，不同的分野体系虽小有差异，但参宿基本与晋国或继承晋国土地的赵、魏对应，即与现在的山西中南部对应。

两汉以降，星野渐渐从一种占星法演变为地理坐标法，即通过上天二十八宿对应大地州、府、郡、县，以某宿或某几宿划分大地九州。这种坐标法首先使用于志书编纂。有史记载，自宋元以来，方志首列星野，元贞二年（1296年）十一月初二日，著作郎制订的《大一统志凡例》，《建制·沿革》中开列"天象分野"，以坐标某州、府、郡、县。最为典型的是明洪武十七年刘伯温编纂的《大明清类天文分野书》，以十二分野星次分配郡县，又与二十八宿相联系分配宇区，以为地上各州郡与宇区相对应。具体分野如下：

表10　二十八宿、十二星次与州郡对应表

二十八宿	十二星次	省府州县所属
牛 斗—女	星纪	直隶所属之应天、太平、宁国、镇江、池州、徽州、常州、苏州、松江九府暨广德州，属斗分。
		凤阳府寿、滁、六安三州，泗州之盱眙、天长二县，扬州府高邮、通、泰三州，庐州府无为州，安庆府和州，皆斗分。
		淮安府，斗、牛分。
		浙江布政司所属之杭州、湖州、嘉兴、严州、绍兴、金华、衢州、处州、宁波九府皆牛、女分。
		台州、温州二府，斗、牛、须、女分。
		江西布政司所属皆斗分。
		福建布政司所属皆牛、女分。
		广东布政司所属之广州府亦牛、女分。
		惠州，女分。
		肇庆、南雄二府，德庆州，皆牛、女分。
		潮州府，牛分。
		雷州、琼州二府，崖、儋、万三州，高州府化州，广西布政司所属梧州府之苍梧、藤、岑溪、容四县，皆牛、女分。

二十八宿	十二星次	省府州县所属
虚女—危	玄枵	山东布政司所属之济南府乐安、德、滨三州，皆危分。
		泰安州、青州府，皆虚、危分。
		莱州府胶州、登州府宁海州、东昌府高塘州，皆危分。
		东平州之阳谷、东阿、平阴三县，北平布政司所属之沧州，皆须、女、虚、危分。
室、壁危—奎	娵訾	河南布政司所属之卫辉、彰德、怀庆三府，北平之大名府开州，山东东昌之濮州，馆陶、冠、临清三县，东平州之汶上、寿张二县，皆室、壁分。
娄奎—胃	降娄	山东济宁府之兖州滕、峄二县，青州府之莒州、安丘、诸城、蒙阴三县，济南府之沂州，直隶凤阳府之泗、邳二州，五河、虹、怀远三县，淮安府之海州，桃源、清河、沭阳三县，皆奎、娄分。
昴胃—毕	大梁	北平之真定府，昴、毕分。
		定、冀二州，皆昴分。
		晋、深、赵三州，皆毕分。
		广平、顺德二府，皆昴分。
		祁州，昴、毕分。
		河南彰德府之磁州，山东高唐州之恩县，山西布政司所属之大同府应、朔、浑源、蔚四州，皆昴、毕分。
觜、参毕—井	实沈	**山西之太原府石、忻、代、平定、保德、岢岚六州，平阳府，皆参分。**
		绛、蒲、吉、隰、解、霍六州皆觜、参分。
		泽、汾二州，皆参分。
		潞、沁、辽三州，皆参、井分。
鬼井—柳	鹑首	陕西布政司所属之西安府同、华、乾、耀、邠五州，凤翔府陇州，延安府鄜、绥德、葭三州，汉中府金州，临洮、平凉二府，静宁州，皆井、鬼分。
		泾州，鬼分。庆阳府宁州，巩昌府阶、徽、秦三州，皆井、鬼分。
		四川布政司所属惟绵州觜分，合州参、井分，余皆井、鬼分。
		云南布政司所属皆井、鬼分。

二十八宿	十二星次	省府州县所属
星 柳—张	鹑火	河南之河南府陕州，皆柳分。
		南阳府邓、汝、裕三州，汝宁府之信阳、罗山二县，开封府之均、许二州，陕西西安府之商县，华州之洛南县，湖广布政司所属德安府之随州，襄阳府之均州、光化县，皆张分。
翼 张—轸	鹑尾	湖广之武昌府兴国州，荆州府归、夷陵、荆门三州，黄州府蕲州，襄阳、德安二府，安陆、沔阳二州，皆翼、轸分。
		长沙府轸旁小星曰长沙，应其地。衡州府桂阳州，永州府全、道二州，岳州、常德二府，澧州，辰州府沅州，汉阳府靖、郴二州，宝庆府武冈、镇远二州，皆翼、轸分。
		广西所属除梧州府之苍梧、藤、容、岑溪四县属牛、女分，余皆翼、轸分。
		广东之连州、廉州府钦州、韶州府，皆翼、轸分。
角、亢 轸—氐	寿星	河南之开封府，角、亢分。
		郑州，氐分。
		陈州，亢分。
		汝宁府光州，怀庆府之孟、济源、温三县，直隶寿州之霍丘县，皆角、亢、氐分。
房、心 氐—尾	大火	河南开封府之杞、太康、仪封、兰阳四县，归德、睢二州，山东之济宁府，皆房、心分。
		直隶凤阳府之颍州，房分。徐、宿二州，寿州之蒙城县，颍州之亳县，皆房、心分。
箕 尾—斗	析木	北平之北平府，尾、箕分。涿、通、蓟三州，皆尾分。
		霸州、保定府，皆尾、箕分。
		易、安二州，皆尾分。
		河间府、景州，皆尾、箕分。
		永平府，尾分。
		滦州，尾、箕分。
		辽东都指挥司，尾、箕分。
		朝鲜，箕分。

明清两朝，纂修志书凡例，无不将"分野"列入，直到民国以后才将"分野"一节删除，改用经纬线坐标一邑之地理。

星象分野内涵的远古信息

从各种分野记载中可以看出，凡属东方七宿的地理分野大都在东部，例如韩、宋、燕在中国的东部；属西方七宿的地理分野大都在中国的西部，例如魏、赵、益州等；属南方七宿的地理分野大都在中国的南部，例如楚和东周；属北方七宿的地理分野大都在中国的北部，例如并州和齐等。天文地理分野在黄道星象的方位和地理分布的方位存在着某种对应关系。但北方七宿里的分野有江、湖、扬州和粤，西方七宿中的分野有鲁，南方七宿中分野有秦，说明分野的分配并不是单纯只从地理方位考虑，有着深刻的历史原因。星象分野体现的不仅仅是天人合一思想，同时也正是中国古代各民族迁移历史的另类记录。同样的分野必然存在同样的族源。

《左传·昭公元年》记载了这样一则远古传说：

"昔高辛氏有二子，伯曰阏伯，季曰实沈，居于旷林，不相能也，日寻干戈，以相征讨。后帝不臧，迁阏伯于商丘，主辰，商人是因，故辰为商星。迁实沈于大夏，主参，唐人是因，以服事夏、商。其季世，曰唐叔虞。当武王邑姜方震大叔，梦帝谓己：余命而子曰虞，将与之唐，属诸参而蕃育其子孙。及生，有文在其手曰虞，遂以命之。及成王灭唐，而封大叔焉，故参为晋星。由是观之，则实沈，参神也。"

这一记载的天文学含义是：辰星所以主商，参星所以主夏，全源于此。进而论之，商星即东宫心宿二——大火星，参星即参宿参星。两个星座正好位于黄道的东西两端，每当商星从东方升起，参星便没入西方地平线，当参星从东方升起，商星则没入西方地平线，二星在天空中绝不会同时出现。

由于商、参二星的特殊意义，二星一度成为古人观象授时的星座。这一记载的历史内涵在于，高辛氏有两个儿子，长曰阏伯，季曰实沈，在旷林相处，日寻干戈，于是高辛氏迁阏伯于商丘，迁实沈于大夏，分别观察商星（大火星）

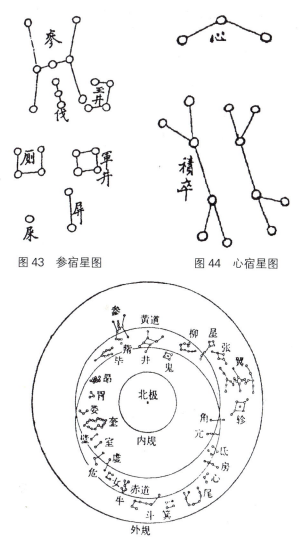

图43　参宿星图　　　　　　　图44　心宿星图

图45　东汉二十八星宿图

和参星以定季节，分别服事夏商。周成王所灭之唐即夏之季世，后成王之弟叔虞封于古唐地，叔虞子燮父改唐为晋，参便由夏星变为唐星、晋星，实沈也成为参神。可见，商、参二星的分野不是偶然的，而有其必然性，反映的应该是夏商两族的历史，以及夏商两族观象授时的历法，即夏人以参星观察为主，为参历，商人以大火星观察为主，为火历。反过来，我们完全可以从商、参分野的具体对应中找寻夏、商乃至尧帝的历史。在清乾隆雅德、汪本直修纂的《山西志辑要》① 中，详细记载了当时山西所属州、府、县分野情况，列表如下：

表11　山西所属州、府、县分野情况表

区　域	分　野
山西省	天文昴、毕及觜觿、**参**分野，大梁、**实沈**之次
太原府	天文昴、毕分野，大梁之次
阳曲县	属昴、毕
太原县	属**参**、井
榆次县	属**参**、井
祁　县	属**参**、井
太谷县	属**参**、井
徐沟县	属**参**、井
交城县	属**参**
文水县	属**参**、井
岢岚州	属昴、毕
岚　县	属昴、毕
兴　县	属觜、**参**
平阳府	天文觜、**参**分野，**实沈**之次
临汾县	属觜、**参**
襄陵县	属觜、**参**
洪洞县	属觜、**参**
浮山县	属觜、**参**
太平县	属觜、**参**
岳阳县	属觜、**参**
曲沃县	属觜、**参**
翼城县	属觜、**参**
汾西县	属觜、**参**
乡宁县	属觜、**参**
吉　州	属觜、**参**
潞安府	天文觜觿、**参**、井分野，**实沈**之次
长治县	属**参**、井
长子县	属**参**、井
屯留县	属觜、**参**
襄垣县	属昴、毕
潞城县	属鬼宿
黎城县	属毕
壶关县	属**参**、井

区　域	分　野
汾州府	天文觜、**参**分野，**实沈**之次
汾阳县	属觜、**参**
平遥县	属**参**
介休县	属**参**
孝义县	属**参**
临　县	属**参**
石楼县	属**参**
永宁州	属昴、毕
宁乡县	属**参**
大同府	天文昴、毕分野，大梁之次
大同县	属昴、毕
怀仁县	属昴、毕
山阴县	属昴、毕
应　州	属昴、毕
浑源县	属昴、毕
灵丘县	属昴、毕
广灵县	属昴、毕
阳高县	属昴、毕
天镇县	属昴、毕
朔平府	天文昴、毕分野，大梁之次
右玉县	属昴、毕
朔　州	属昴、毕
马邑县	属昴、毕
左云县	属昴、毕
平鲁县	属昴、毕
归化城	分野（无考）
宁武府	天文**参**、井分野，**实沈**之次
宁武县	属**参**、井
偏关县	属**参**、井
神池县	属**参**、井

区　域	分　野
五寨县	属**参**、井
泽州府	天文觜、**参**、井分野，**实沈**之次
凤台县	属觜、**参**、井
高平县	属觜、**参**
阳城县	属觜、**参**
陵川县	属觜、**参**
沁水县	属觜、**参**
蒲州府	天文觜、**参**分野，**实沈**之次
永济县	属觜、**参**
临晋县	属觜觿、**参**
虞乡县	属觜觿、**参**
猗氏县	属觜觿、**参**
万泉县	属觜觿、**参**
荣河县	属觜觿、**参**
直隶辽州	天文觜、**参**分野，**实沈**之次
和顺县	属觜、**参**
榆社县	属觜、**参**
直隶沁州	天文**参**、井分野，**实沈**之次
沁源县	属毕、觜
武乡县	属毕、觜
直隶平定州	天文昴、毕分野，大梁之次
乐平县	属**参**、井
孟县	属**参**、井
寿阳县	属**参**、井
直隶忻州	天文昴、毕及**参**分野，大梁**实沈**之次
定襄县	属昴、毕
静乐县	属**参**、井

区　域	分　野
直隶代州	天文昴、毕分野，大梁之次
五台县	属毕
崞县	属**参**、井
繁峙县	属**参**、井
直隶保德州	天文昴、毕分野，大梁之次
河曲县	属昴、毕
直隶解州	天文觜、**参**分野，**实沈**之次
安邑县	属觜、**参**
夏县	属觜、**参**
平陆县	属觜觿、**参**
芮城县	属**参**
直隶绛州	天文觜、**参**分野，**实沈**之次
稷山县	属觜、**参**
河津县	属**参**、井
闻喜县	属**参**、井
绛县	属觜、**参**
垣曲县	属觜、**参**
直隶霍州	天文觜、**参**分野，**实沈**之次
赵城县	属觜、**参**
灵石县	属觜、**参**
直隶隰州	天文觜、**参**分野，**实沈**之次
大宁县	属觜、**参**
蒲县	属**参**
永和县	属觜、**参**

注：表4~11中，黑体部分为与尧文化相关的分野。

为便于直观分析将山西各州、府、县分野标注于山西舆图如下。

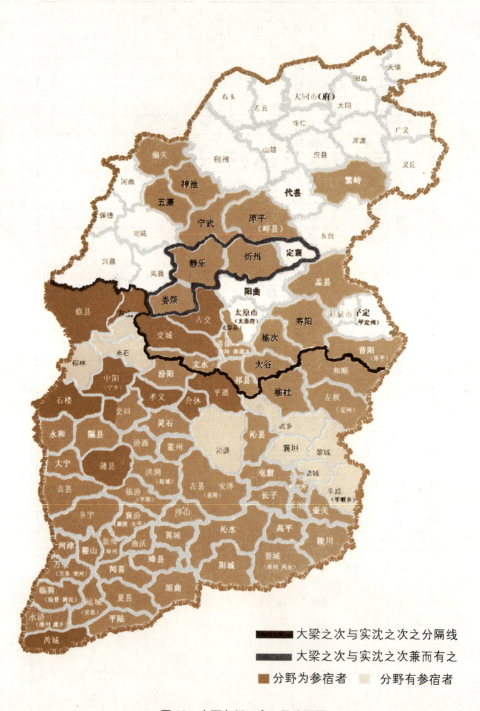

图46 山西各州、府、县分野图

从上列图表中可以得出以下几点结论：

1. 分野为参宿者只有 9 县，分别为交城、平遥、介休、孝义、临县、石楼、宁乡（中阳）、蒲县和芮城。

2. 大梁之次有太原府、大同府、朔平府、平定州、代州、保德州。

3. 实沈之次有平阳府、潞安府、汾州府、宁武府、泽州府、蒲州府、辽州、沁州、解州、绛州、霍州和隰州。

4. 同为实沈、大梁之次有忻州。

5. 大梁之次，昴、毕分野者有大同府及 9 县、朔平府及 5 县，太原府、阳曲县、岢岚州及岚县，保德州及河曲县，代州、平定州；大梁之次，参、井分野者有太原县、榆次县、祁县、太谷县、徐沟县、文水县、乐平县（昔阳）、盂县、寿阳县、崞县（原平）、繁峙县，潞安府襄垣县；大梁之次，毕分野者只有五台县。

6. 实沈之次，昴、毕分野者只有永宁州；实沈之次，觜、参分野者有平阳府及 11 县，汾州府及汾阳县，蒲州府及永济县，辽州及二县，解州及安邑、夏县，降州及稷山、绛县、垣曲县，霍州及赵城、灵石，隰州及大宁、永和，泽州及高平县、阳城县、陵川县、沁水县，潞安府屯留县；实沈之次，参、井分野者有宁武府及 4 县，沁州，绛州河津县、闻喜县，潞安府及长子县、壶关县；实沈之次者，毕分野，只有黎城县；实沈之次，觜觿、参分野者有解州平陆县，蒲州临晋县、虞乡县、猗氏县、万泉县、荣河县。实沈之次，毕、觜分野者有沁州沁源县、武乡县；实沈之次，觜、参、井分野者只有凤台县；实沈之次，鬼分野者只有潞安府潞城县。

7. 大梁、实沈之次，昴、毕分野者只有忻州府定襄县；大梁、实沈之次者，参、井分野者只有静乐县。

星野分析的初步结论

总的来说，属于参星分野的区域主要集中在山西中南部，只有参星分野的县主要集中于山西中西部，即汾州府一带；属于实沈之次的区域也主要集中在山西中南部。二者对应区域基本吻合。可见，大夏之地主要在山西中南部，中心腹地即汾州一带，即平遥、文水、交城、孝义、介休、临县、石楼、中阳一带。这一带应该为大夏之腹地，亦即唐尧初始之地。在平遥至今有"参正拜年，商正割田"的古谚，寿阳县也有"辰正拜年，参正割田"的古谚，反映的是同样的天文背景与历史史实。那就是平遥一带为尧帝或尧部落活动的中心腹地，尧帝部落统治区域主要在山西中南部。参星（参宿）—实沈—尧—夏—唐—晋，与汾州大地密切关联。此外，从昴宿西北上，胃宿北部的大陵星与文水古邑大陵的对应关系，也可以反证参宿与平遥、介休、孝义、文水、交城、石楼等地域的对应关系。

如果仅从分野的角度考虑，尧帝部落所国所居乃至所都都断不会在山东定陶与河北望都、唐县，只能在参宿与实沈分野的山西中部与南部，特别是中西部与西南部。

3 从文献资料论平遥古城与尧文化

有关尧帝的文献记载，尤其是尧帝与太原、平遥的记载十分有限，但从有限的记载中仍可以折射出平遥古城与尧文化的关联。

有关史书记载的尧帝

《尚书·虞书·尧典》记载：

"曰若稽古：帝尧曰放勋，钦、明、文、思，安安。允恭克让，光被四表，格于上下。克明俊德：以亲九族，九族既睦。平章百姓，百姓昭明。协和万邦，黎民于变时雍。" "乃命羲和，钦若昊天，历象日月星辰，敬授人时。分命羲仲，宅嵎夷，曰旸谷。寅宾出日，平秩东作。日中，星鸟，以殷仲春。厥民析，鸟兽孳尾。申命羲叔，宅南交。平秩南讹，敬致。日永，星火，以正仲夏。厥民因，鸟兽希革。分命和仲，宅西，曰昧谷。寅饯纳日，平秩西成。宵中，星虚，以殷仲秋。厥民夷，鸟兽毛毨。申命和叔，宅朔方，曰幽都。平在朔易。日短，星昴，以正仲冬。厥民隩，鸟兽鹬毛。帝曰：'咨！汝羲暨和。期三百有六旬有六日，以闰月定四时，成岁。允厘百工，庶绩咸熙。'"

《帝王世纪·帝王部一·帝尧陶唐氏》记载：

"帝尧陶唐氏，祁姓也，母庆都，孕十四月而生尧于丹陵，名曰放勋，鸟庭荷胜，眉有八采，丰下锐上，或从母姓伊氏。年十五而佐帝挚，受封于唐，为诸侯，身长十尺，尝梦天而上之，故二十而登帝位，都平阳。"

"尧以甲申岁生，甲辰即帝位，甲午征舜，甲寅舜代行天子事，辛巳崩。百十八，在位九十八年。"

《大戴礼记》记载：

"帝喾产放勋，是为帝尧。"

"帝尧娶于散宜氏之子，谓之女皇氏。"

此外，《史记》、《淮南子》、《吕氏春秋》、《新书》、《管子》、《列子》、《庄子》、《博物志》、《说苑》、《论语》等文献均对尧帝的不同侧面有所记载。概而括之，尧帝为帝喾之子，帝挚之弟，初封唐，以火德王，都平阳，乐曰大章，曾敬顺昊天，敬授人时，正历法，定岁三百六十六日，以闰月正四时，治天下之民，平海内之政，百姓昭明，协和万邦。后将帝位禅让于舜，舜再禅让于禹。

帝尧所居的古籍记述

按古籍记载，帝尧所居之地有三，一为帝都，《汉志》云：河东本帝尧所居。应劭曰：平阳尧都，在平水之阳是也。二为太原晋阳县，为始封之国。《汉志》云：故诗唐国。周成王灭唐，封弟叔虞是也。三为中山唐县。《汉志》云："尧山在南。"应劭曰："故尧国。"张晏曰："尧为唐侯，因于此是也。"今人对于尧帝的活动区域同样说法不一，至今仍有山东西南部和河南交界处定陶，河北唐县、望都，山西太原，山西临汾及安邑地区四说。四说各有所本，引经据典，但大都各取论点所需文献。

笔者认为，对尧帝所居之分析，应区别"协和万邦"之所都，为唐侯之所国，迁徙过程中所居。如此方能真正弄清尧帝史迹。尧帝建都平阳应是不争的史实，有陶寺遗址为证。在建都前活动的区域应在太原—平遥—平阳一线，发展于晋阳，壮大于平遥，建都立国于平阳。或者说，尧帝部落发展于晋阳—清徐—交城—文水—平遥—汾阳—孝义一线，即在古昭余祁畔发展壮大，尔后南下临汾盆地，统一各部落，在平阳陶寺建邦立都，建立协和万邦之王朝，开创了中国历史的新篇章。

首先地方文献中多有记载印证这一论点。明万历《汾州府志》① 卷二《地

---

① 李裕民点校. (明万历) 汾州府志. 太原：山西人民出版社，1994 年 6 月. 3.

理类·沿革》载有："平遥县，古陶地，尧初封。"清康熙四十五年《平遥县志》卷之八《杂志》专有"帝尧始封"一节，"帝尧十三佐挚，封植封于陶。年十五改封唐。年十八为天子，号曰陶唐氏。盖不忘其始封之国。陶先而唐后也。唐为太原，陶为平遥，相去百十七里。"清光绪《清源乡志·沿革》载："唐属冀，为帝尧旧都。"《清源乡志·古迹》载："陶唐城，在县东南三十里。相传陶唐氏自涿鹿徙居于此，或云陶唐造历之所。今名尧城。"①

其次历代史家有不少人抱此观点。《明一统志》指出"帝尧自涿鹿徙都于此，俗谓之尧城"（指现清徐尧城——笔者）；皇甫谧《帝王世纪》也称："尧始于唐，后徙晋阳及为天子，都平阳。"阎若璩《尚书古文疏证》明确指出："尧为天子，尧都吾晋阳，后迁于平阳。"郑康成则直指"尧始都晋阳，后迁于河东平阳"。

但就此即断定"平遥"为尧帝活动区域还十分武断，必须从科学的角度对文献资料研究解读。

第三，从大禹治水的历史记载可以反证这一论点。《史记·夏本纪》记载："禹行自冀州始。冀州：既载壶口，治梁及岐。既修太原，至于岳阳。覃怀致功，至于衡漳。其土白壤。赋上上错，田中中，常、卫既从，大陆既为。鸟夷皮服。夹右碣石，入于海。"细细分析，"既修太原，至于岳阳"，应指治理从太原到霍大山的汾河。鲧的治水策略是堵，也即作堰，后来堵不住了，才导致洪水泛滥，最后被杀之羽山。大禹治水采取的策略是疏，结果治水成功。可见，鲧治理的不应该是一泻千里之黄河，而是晋中大地的昭余祁薮，而且大禹治水的时间应该在尧帝部落从昭余祁西北岸大规模南迁平阳之后，因为灵石口以北约1150平方公里的昭余祁，每每泛滥都会给汾河下游的尧之所都形成威胁。因而有了"禹乃遂与益、后稷奉帝命，命诸侯百姓兴人徒以傅土，行山表木，空高山大川"、"以开九州，通九道，陂九泽，度九山"②这样"凿开灵石口，空出晋阳湖"的壮举。由此常常泛滥的昭余祁薮被纳入经过治理的汾河河

---

① 清徐县地方志办公室. 清徐古方志五种点校本：（清光绪)清源乡志卷之二. 沿革与古迹. 1998 年. 57.
② 史记·夏本纪第二.

道，所以"汾河"谓之"汾"，"汾"亦即"分"的意思，意即将太岳吕梁山劈开之意。同时汾河一线的支流也在另一位历史人物台骀的治理下得以疏通拓宽，纳入汾河，因而台骀被"封诸汾川，沈、姒、蓐、黄，实守其祀"，台骀庙祀遍及汾河两岸。

文献印证的初步结论

结合晋中龙山文化考古实证，可以得出这样的结论，尧帝随帝喾部落沿汾河到达太原(汾河西)之后，围绕昭余祁薮，尧与挚进行了较长时间的地位争夺，最终的结果是高辛氏部落瓦解为沿汾河与漳河的两支，尧取得正统帝位，得天子位。也可以说，尧帝部落在昭余祁西北岸太原—平遥一线的顿足，实际就是高辛氏部落解体的过程。在这里，尧帝取得了帝位，取得了部落联盟领导权，为南下平阳打下了雄厚的基础。

如果真要从地名这一活化石寻找根据的话，恐怕以下五组地名，可以反证上述结论。

太原—大陵

丹陵—大陵—平陵—京陵

晋阳—平阳

平陶—平遥—平阳

尧城—平陶—陶屯—尧仲—陶寺

这五组地名均有相同内涵的字关联，显示的正是尧帝部落南迁的路线图，而每一个地名又都是整个部落经过并顿足的地方。这其中有三个中心：一为以太原为中心的晋阳，包括清徐的尧城，考古依据是义井、东太堡遗址；二为以昭余祁西北岸为中心的平陶（陶屯），包括交城（平陵）、文水（大陵）、汾阳、孝义（尧仲），考古遗址为上贤、峪道河、瓦窑堡和杏花村遗址等；三为以襄汾陶寺为中心的平阳，考古遗址即为陶寺遗址。太原（晋阳）—平陶—陶寺，这便是尧帝部落南迁的路径。这三地也是尧部落发展、壮大、建都龙兴之地。

4

从传说及历法论平遥古城与尧文化

在晋南大地上，关于尧舜禹的传说很多很多，如临汾伊村为帝尧故里，姑射山是尧王与鹿仙女成亲的地方，尧造围棋教之丹朱，帝尧大臣皋陶用獬豸断案，设置"谏鼓"和"谤木"，帝尧死后安息于涝河畔的尧陵，即临汾东部郭行乡北郊村西等等。但类似的传说不仅晋南大地有，平遥、太原一带同样广为流传，甚至还有一些关于尧造历法的传说。

平遥有关尧帝的传说

平遥百姓中流传，古昭余祁又曰"呕伊祁"，平遥部分谓之"伊泽"，祁县部分谓之"祁泽"。伊祁氏部落便生活在平遥与祁县交界的麓台山下的丘陵地带，谓之"陶唐"，尧帝伊祁姓氏即与之相关。而尧帝最卓著的功绩便是大大推进陶器的发展，典型的器物大概就是与陵 [li] 同音的鬲器。平遥东南至今仍多窑洞，传说即始于尧帝时代，是尧帝教会人们在黄土梁上挖窑居住，故称之为窑（尧音）。后来，洪水的泛滥，使昭余祁越来越大，尧帝部落便顺着太岳山脉南迁平阳。同时尧帝把治理洪水作为首要任务，但派鲧治水效果不甚明显。在一次和衣休息时，尧帝梦中受到神仙点化，有了"凿开灵石口，空出晋阳湖"的治水方略，并派大禹组织实施。经过多年的治理，洪水渐渐退去。尧帝死后，大位禅让于舜，娥皇、女英二女便决定在尧帝的封地陶唐筑一座城池。在哪里筑城，筑一座什么样的城呢？只见一只身托八卦的金龟从"伊泽"中爬到南岸，行至现平遥城址时便不再行进。就在金龟匍匐停顿的地方，二女筑起了金龟八卦的城池，名曰"古陶"（尧音）。这便是现平遥城传说中的来历。关于尧帝与历法，百姓中盛传是尧帝教会了人们观天测候，辨别季节，敬授人时。据说民间广为流传的"参正拜年，商正割田"古谚，就是尧帝时代流传下来的，诸多的智力游戏也是尧帝时期流传下来的。至今平遥方言中仍有许多发声尧音的词语，土堰刨洞称窨窨 [cɿˈˈcɿ]，贴身背心称腰腰 [ioˈˈio]，捆扎庄稼的草绳称藜 [ioˈ] 子等等。

清徐有关尧帝的传说

在清徐，流传着这样一则尧帝发明历法的传说。据说尧帝曾经设天文官，掌管历象、时令，制定历法。命羲仲、羲叔，和仲、和叔两对兄弟分驻东西南北四方，观察日月星辰，研究历法。当时尧帝的宫室十分简陋，茅屋由土砌成，庭院中茅茨蔓草茂密丛生。在日常的观察中，尧帝发现了一种非常奇特的草，叶子像荚，每逢朔日则生一瓣，以后一天生一瓣，到了望日共生十五瓣，过了十六日则每天掉一瓣，直到三十日，十五瓣叶子正好落尽。倘若到了月底最后一瓣叶子枯而不落，等到第二天新叶生出来后才落下来，证明这一月是小月，只有二十九天。尧帝屡试屡验，群臣诧异之至，无不称奇，就给他取了一个名字"萱荚"或"历荚"，百姓也呼之历草。由此，尧帝在观察"萱荚"草规律后制定了历法。

清徐尧城，尽管被学术界认为是后世的纪念性建筑，但十分突出城北门外的尧庙，城内外的六口水井，预示着清徐与尧帝，尧帝与水井的关联。

图 47　清徐尧城陶唐古迹图①

---

① 清徐县地方志办公室《清徐古方志五种》点校本：（清光绪)清源乡志卷之二，八景. 1998 年. 57.

图48　清徐现存尧帝庙

平遥、清徐有关尧帝传说中透视的远古信息

关于尧帝与平遥、清徐等地的传说，显然不如河东一带丰满多样，但最为重要的预示是，反映了尧帝造历、敬授人时的历史。神奇的萱荚之说反映的是阴阳合历，而且是以物候定年。"参正拜年，商正割田"则不仅是传说，而且是活生生的科学实录，反映的正是以恒星中天确定年节和季节。无独有偶，类似的古谚，同在晋中大地的寿阳也流传甚广，谓之："参正割田，辰正拜年。"对此，祁隽藻曾在《马首农言》中作了翔实的考证：皆指旦中言。夏小正有：八月"参中则旦"。俗说元旦接神，即接辰也。吴丈彦明说，许慎说文解字："辳，房星，为民田时者，从晶，辰声。辰，辳或省。"段玉裁注："尔雅曰：'天驷，房也。大辰，房、心、尾也。于天官东方苍龙'"。周语曰："农祥晨正。"韦曰："农祥，房星也。晨正谓之春之日，晨中于尔也"农时之候，故曰"农祥"。尔雅注曰："龙星明者，以为时候，古曰大辰。"以"晨"解例之，当云从晶、从辰。辰，时也，辰亦声。为民田时者，正为从辰发也。晨、星，字亦径作辰。周语："辰为农祥，植邻切。"郑康成曰："凡记昏明，中

星者为人君，南面而听天下，视时候以授民事。"寿阳，"北"谓之"正"，盖即取"正南面"之意，方言甚古。从祁寯藻的考证可以看出，辰与商均指二十八宿之星宿大火星。"正"指正南面中天。"辰正拜年"的天文背景是指旦中言，即旦中星。而"参正拜年"的天文背景是指昏中言，即昏中星。参与商正好位于黄道的东西两端，此昏中即彼旦中。"参正拜年"与"辰正拜年"并不矛盾，内涵相同。也就是说，参星昏登中天与大火星旦登中天都是过年的时候。亦即商正或辰正（旦中）与参正（昏中）为年首为正月，商正或辰正（昏中）与参正（旦中）为年中为六月。这一天象恰是殷商以前的天象。参与商又是高辛氏二子实沈与阏伯分司之星，实沈迁于大夏，主参，唐人是因，阏伯迁于商丘，主辰，商人是因。这参与商、实沈与阏伯、尧与契，反映的正是同样的内涵，是高辛氏部族一分为二为尧、契部落的具体证明。"参正拜年，商正割田"流传于平遥及晋中大地，恰恰说明晋中大地正是高辛氏部落分裂之处，也是尧、契部落分立之处。平陶正是尧部落的龙兴之地。此外，在忻定盆地一带也有"参耙辰犁"的农谚，既是参、商二星的星相"象形"，又是参、商二星为农星的直接写照。更为重要的是忻定盆地乃帝喾高辛氏从雁同盆地南下晋中平原的必经之路。此也可作为一重要旁证。

此外，在《史记·夏本纪》和《尚书·夏书·胤征》中都记载了羲和星历官吃酒误事被杀的情况。"羲和湎淫，废时乱日"，"惟时羲和颠覆厥德，沉乱于酒，畔官离次，俶扰天纪，遐弃厥司……羲和尸厥官罔闻知，昏迷于天象，以干先王之诛。"尽管记载的是夏代中康之事，但羲和星官尧时已有之，专司观察太阳升降变化之职。由于吃酒误事或预报不确而被诛杀。这一事件影响十分深远，在平遥一带凝练成一个独特的词语"羲和"。百姓说可怜与惋惜之意必用"羲和"，读之 [ɕei˧ xuə]，反证的恰是尧帝在平遥一带活动的历史。

进一步从天文历法的角度分析，襄汾陶寺遗址已经被确认为夏代的国都，行用之历法为阴阳合历的夏历，陶寺遗址也确有观象台遗址。那么作为曾经是唐尧中心腹地的平遥、文水、交城一带也应该有类似的遗存。尧帝部落不可能一下子进入到阴阳历的时代，在阴阳历形成之前的较长时间里，应该以参历为主，即通过观察参星的变化来定时测候，指导生产生活，而观察参星的变化就成为一项重要的工作，这也正是实沈迁于大夏的根源。在交城北有卦山，《清一统志》记曰：太原府，"六峰特立如卦"，瓦窑堡遗址北侧即为卦山西顶，山上多蜥蜴，东西各三峰、南北各一峰，八座山峰拱围，身处其间，太阳的周年视运动仿佛在东西六座山之间移动，春、秋二分在中间两山间，夏、冬两至在北、南两山间出入，由此二分二至的观念确定，阳历的雏形形成。（曾有人针对《山海经》大荒东经与大荒西经记载的日出日入之东西各六山，提出"山头历"，而且推断六山为六爻，亦即一重卦。[1]笔者认为，东西各六山，太阳出入均不在山头，而在东西三与四两山间，而且岂有不用经卦而用重卦之理。卦山东西各三峰，日出日入皆在峰上，东西三峰即三爻，三爻成一经卦，这或许才是原始的山头历，也是卦山曰"卦山"的根本原因。此外，易曰蜥蜴也，也正与卦山满山遍野的蜥蜴吻合。）月亮的朔望周期十分明显，29.5 天为一个周期，12 个朔望月周期近乎一个阳历回归年，而参星的变化周期也恰恰是一个回归年，由此太阳以定日，月亮以定月，参星以定年，日、月与参星三

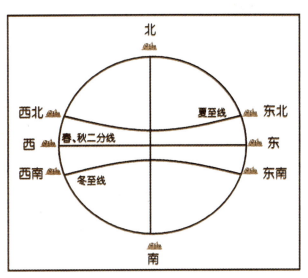

图 49　太阳在卦山诸峰间四季移动图

者结合进而产生了阴阳历法。在平遥东城墙中部，至今有所谓尹吉甫点将台，十分壮观。如果理性地分析，断不是一般意义上的纪念性建筑，而应该具有更加实用的功能，不应是点将台，而应该是观象台，"参正拜年，商正割田"反映的正是这样的内涵。

① 田合禄. 周易真原. 太原：山西科技出版社，2004 年 1 月. 54~62.
　吕子方. 中国科学技术史论文集下册. 四川科学技术出版社，1984 年. 28.
　陈久金. 中国少数民族科学技术史丛书：天文历法卷. 广西科学技术出版社，1996 年 10 月. 178.

5 从民俗信仰论平遥古城与尧文化

　　民俗学的内容广泛，分类众多，以物质生产、交易和运输、消费生活（服饰、饮食、居住习惯）等为主要内容的经济民俗，以家族亲族、乡里社会、个人生活仪礼、婚姻等为主要内容的社会民俗，以自然、动植物乃至图腾、祖灵信仰、迷信岁时节日为主要内容的信仰民俗，以口头文学活动、民间歌舞活动、民间游戏、民间竞技为主要内容的游艺民俗，是最基本的内容和最简洁的分类①。

从居住习俗看平遥古城与尧文化

　　平遥人的居住习惯也有砖木房屋，但多以窑洞为主，而且称谓上就有严格区别，窑指窑洞，房指砖木框架的房子。窑分两类三种，依地形在土圪墶上掏挖的窑洞，呼土窑，多在山区丘陵地带；用土坯或砖拱成的窑洞，土坯拱成的叫墼窑（土坯谓墼，比砖大、厚，呈梯形，大约是

图 50　典型土窑

---

① 乌丙安. 中国民俗学. 辽宁大学出版社，1985 年 8 月.

砖的三倍大），砖拱成的叫砖窑。直到解放初期，这样的风格基本保留。此外也有一种窑洞，将窑与房的优劣互补，主体为窑洞，但在前檐构以砖木出檐。目前平遥类似的窑洞保留有很多，且多为明、清建筑。

曾有学者对山西传统民居类型与分布作过系统研究[1]，窑洞或民居中的土体窑洞主要分布在山西西部和南部黄土覆盖较厚的地区及大同、忻州、太原、临汾、运城、长治六大盆地周围的边坡地带，地窨院主要分布于晋南的平陆、芮城一带；木构架民居多建于附近多林的平川或台地地带，但晋中、晋南、晋东南、晋西北四种类型，晋中

图 51　典型砖窑

图 52　典型石窑

图 53　典型出前廊土窑洞

[1] 颜纪臣，杨平.中国传统民居与文化（第七辑）：历史、传统与民居——介绍山西传统民居.太原：山西科学技术出版社，1999 年 6 月.152.

与晋南则有许多共同之处，而晋中以太谷、祁县较为典型；砖木混合结构民居实际就是由砖石窑洞与前部木构架插廊或窑洞顶部又附设木构架结构建筑体系相结合，这一类型以平遥、霍县、汾西的建筑形式较为典型。从房屋类型的演变上可以看出，窑洞体系贯穿了山西六大盆地周围边坡地带，但主要分布在山西西部和南部，木构架体系虽多与林区覆盖有关，但体现出明显的地域特色，晋中与晋南基本同类；砖木混合结构体系则主要集中于平遥、霍县、汾西一带。这当中，平遥的窑洞式、木构式或砖木混合式窑洞房屋均体现出与临汾盆地的共性，以普通百姓的木构房为例，平遥与祁县差别明显，在钢筋混凝土未成为百姓民居建筑主流材料的 20 世纪 80 年代以前，平遥与祁县交界处房屋的差异在于，平遥为斗顶木构架承重，祁县则为平顶，砖墙承重。窑洞中，土墼拱成墼窑独具特色。土墼的制作与砖石不同，需将黄土加水荫湿，在半湿状态下置于墼斗中用石夯夯实，后置于阳光下自然荫干（此为打墼）。拱窑时也与砖石不同，依靠自身的梯形结构用麦壳泥粘合自然券成。至于砖木结构则与霍州、汾西等相同。可见，从民居的风格上，平遥与临汾盆地有诸多相似之处。

在陶寺遗址已有早期城址和窑洞式房屋，房屋均按聚落建设要求布局，房基的方向皆向西南或南侧，以单间为主，结构主要有浅穴式和窑洞式两类，而窑洞式房屋几乎与现在山西依然使用的土窑洞无甚区别，即使用自然断面和土丘坡面，或人员挖掘断面，朝斜下方凿出门道，然后向内横掏出穹隆顶状洞室。①

几千年来，由于建筑材料基本无大变化，所以民居特别是原始的以土为主要材料的窑洞保存了古代民居的基本特征，而平遥窑洞民居依然保留了古陶寺先民同样的筑窑方法，应该说有其历史的必然性。

另外，就称谓上而言，窑音尧 [iɔ¹³] 音，与百姓口耳相传的尧帝发明窑洞完全吻合。

---

① 丁村新石器时代遗存与陶寺类型龙山文化的关系. 考古. 1993 年 1 期.

从生产生活习俗看平遥古城与尧文化

地方志书记载，平遥为古陶地，为唐尧初封之地。尧时，德化所及，民风淳朴，"民勤俭而尚文"①，"土瘠民贫，勤俭质朴,忧深思远,有尧之遗风"。"务稼穑，事纺织，但风气刚劲，颇难治"。"其民有尧王遗教，君子深思，小人简陋，水深土厚，性多刚直"。即使"受答出堂，忍死吞声，不出一乞怜哀语。杖刑之下亦不移地尺寸。即有痛楚，弗堪滚离所伏阶墀地"，否则，乡里皆笑之，终身不齿。"当杖之时，父兄持瓦石立堂外谓之曰：汝如敢移挪尺寸地，即非吾子，出衙吾即立毙汝矣。"性之刚直，近乎悍愚。"民风气虽强劲，然极易感化，急公尚义出乎其性。令长或少有负屈，则一呼百应，群起而鸣，如其私亲者。""山川灵淑之气钟毓于人，则其志必高，其品必超，其行谊必卓然于流俗之上。"婚丧奢侈，"虽唐尧遗墟，而婚丧尤奢，尚望当子者抑焉"。②平遥的大路农产品为高粱、小麦、玉米、豆类和谷类。首先是农业生产中有一个独特称谓，不管是捆扎何种收割后的作物，捆扎绳均就地取材，捆高粱用高粱秆，捆小麦用小麦杆，捆谷子用谷杆。为了增加其韧性，均要将茎秆砸扁或用水浸泡，这种经过处理的捆扎绳叫薆 [iɔ¹³] 子。传说第一个制作使用薆 [iɔ¹³] 子的人便是尧帝，因而得名。其次，对高粱等农作物的称谓，高粱称"稻黍"，玉米称"玉稻黍"，软谷称"黍子"，麦子读[miʌʔ⁵³] 子，谷儿读 [kuʌʔ²³zʌʔ²³]，等等。而对高粱等的称谓临汾尧都人也称"秫黍"，发音与平遥"稻黍"完全一样，内含也相同。平遥人的俗语中有几个服饰方面的词语，如"主腰"、"腰腰"与"勒勒"等，"主腰"指小棉袄，"腰腰"指单背心，"勒勒"指袜筒，也叫袜筒筒。皆读尧 [iɔ¹³] 音，恐怕也与尧文化有关。这些习俗现在看来都较为普遍，但不论明代或清代，修志者均以为此类风俗有尧之遗风，恐不是简单的附会。

---

① 李裕民，任根珠点校. (明成化)山西通志. 北京：中华书局，1998 年 11 月. 42.
② (清光绪八年)平遥县志卷之一：地舆志.

从图腾与民间信仰习俗看平遥古城与尧文化

在平遥，最受尊崇的图腾为龙与虎，以及麒麟、凤凰等。在许多庙宇的壁画中就有龙虎图案，每当逢年过节，如春节、元宵节、庙会等，舞龙灯、耍狮子为主要活动。在民间的剪纸窗花中也多此类图案，甚或妇女们拉枕套、纳鞋垫都有类似吉祥图案。每当过时过节，农家还要蒸不少花色面塑供品，如枣山山、供儿、蟾蟾、如意等。

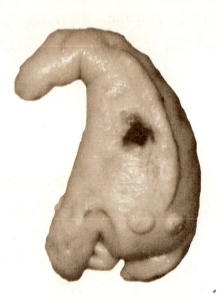

图 54　面塑如意

在清明祭祖上坟的供品中，面塑十分独特。男丁为蛇盘儿，上背一只兔代表蛇盘兔背媳妇，女娃为三叠飞燕。已婚男子蛇盘儿上还要背若干小蛇盘儿，几子背几个小蛇盘儿，已婚女子则既非蛇盘儿也非叠燕，而变为水牛。清明节早上蛇盘儿都要到祖坟上供献，而且要在坟墓上抛来抛去。此蛇盘儿和水牛与陶寺出土的龙盘图案相似。蛇盘儿即蛇盘起来的意思，头里尾外，水牛即蜗牛，头外尾里。清明上坟何以要有此种供品，现已无法说清，但百姓世代相袭，一直延续至今。

在十二属相中，巳蛇不读 [ʂə¹³] 或 [tʂˈei⁵³]（一般呼蛇即 [tʂˈei⁵³]），而

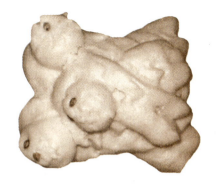

| 图 55　蛇盘儿 | 图 56　三叠飞燕 |
| 图 57　水牛 | 图 58　陶寺龙盘 |

呼小龙或"战"［tʂaŋ³⁵］。百姓对蛇既恐惧又敬畏，一般不管见到何种蛇均不会伤害，即便蛇进入民宅，人们也只是用长长的扁担、棍棒等让蛇缠绕，然后送之于野外。为什么呼蛇为小龙或"战"，难道与《周易》坤卦上六"龙战于野，其血玄黄"有什么关联，已难以解释，但至今仍保留着这样的叫法。夏历二月二俗称龙抬头，人们往往是日郊游、登高，午祭天地，至今仍留下吃煎饼、剃头理发之习，取意龙抬头、剥龙皮，一年无忧虑。但从蛇亦呼小龙，清明供蛇盘儿，蜥蜴呼蛇［tʂʻei⁵³］刺儿，天牛虫呼龙虮子等关联上，可以看出平遥的图腾信仰与民间信仰中深含了久远的内涵，反映的应是尧文化龙蛇崇拜，蛇盘儿、水牛面塑反映的应该是延续几千年的陶寺龙。

从民间游戏、竞技习俗看平遥古城与尧文化

在平遥的广大农村，虽然有各种电子游戏等冲击，但至今人们在田间地头、村头纳凉歇晌时仍在延续着世世代代的游戏。在笔者收集的近百种游戏中，有如下几种反映了较为久远的历史。

图59 被刻在砖地上的按连儿棋盘

1. 按连儿（钉连）或叫钉方城。而且有两种，戏盘如图60，A图为九子下法，B图为十二子下法，对弈双方分不同颜色或形状各持九子或十二子，先下子后行子，每当或横或竖或斜连成三子可以提掉对方非一连（一连为或横或竖或斜三子）一子，如此直到一方子粒被对方提净为输。

2. 十八子打老虎（有两种玩法，一为十八子打一只老虎，二为二十四子打两只老虎，也叫围老虎）。如图61。A图为十八子围老虎，B图为二十四子围老虎。老虎一方可隔子将对方子粒吃掉，十八子围老虎要么子方被老虎吃干输，要么步步紧逼围老虎到窝正中逼死赢；二十四子围老虎则必须将两只老虎分别围在两个窝的

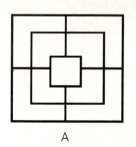
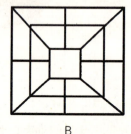

图60 按连儿戏盘

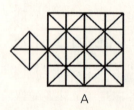
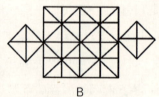

图61 十八子打老虎戏盘

正中方为赢。对阵前单虎或双虎位于虎窝正
中，有一子含在老虎口中，其他子粒排在中
间的结上。

3.钉宙。对阵双方各九子置于除角外的
两边，盘上有四"三"（三子一连）、十
"宙"（五子一连）、两"通天"（对角线五
子一连），成"三"取对方子一粒，成"宙"
取对方子两粒，成"通天"取对方子三粒，
提净对方子粒为赢。

4.夹鸟儿蛋。盘面同钉宙，双方各有五
子置于对边底线，横、竖、斜两子夹一子为
"夹"，对所"夹"之子提掉，变为己子。一
子担两子为"担"，可将所"担"两子变为己
子，直到对方子无为赢。

5.打当铺。一般用杏、桃核游戏。游戏
双方分坐当铺和打当铺，坐当铺者从盘前
"+"处将杏或桃核弹出，打当铺者可连续三
次将此杏或桃核弹回，弹入盘中几域赢坐当
铺者几子，弹不入打当铺者失一子。

6.四角撑（也叫憋半升、裤裆棋）。戏盘
如"区"字，五条线交叉成五个结，游戏双
方各将两子置于两角，双方利用中间唯一的
结走棋，直到将对方憋到原来的位置无法动
子为赢。

7.跳茅坑。游戏双方各三子，置于上下两
边三个结上，分先后一步一步走子，走到一
方三个子被逼进三个茅坑 A、B、C 而不能动
子为输。

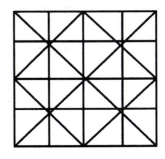

图 62　钉宙戏盘

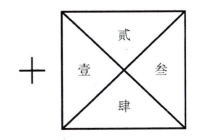

图 63　打当铺戏盘

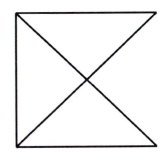

图 64　四角撑戏盘

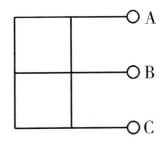

图 65　跳茅坑戏盘

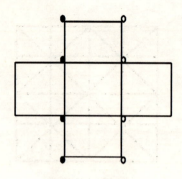

图 66　天下太平戏盘

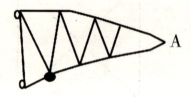

图 67　赶牛角戏盘

图 68　扎蜘蛛窝戏盘

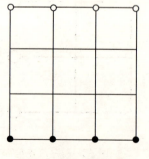

图 69　掰玉稻黍戏盘

8. 天下太平。双方各持四子，置于对立的四个结上，从己位数四个结呼"天下太平"，落到对方子上即食子，交替行子，食净为赢。

9. 掐〔nɔ⁵³〕口袋。戏盘如"天下太平"，双方各持四子，置于相对的四个结上，交替行子，隔子即食，食净对方子粒为赢。

10. 赶牛角。一方双子置于左方，另一方单子置于近旁，三子形成三角，由双子一方先行，一次一步，走到将单方逼到顶角 A 不能动子为赢。

11. 扎蜘蛛窝。在雨后的湿地上，两方划一小横道，两端点 A、B 为各自起点，然后分先后用锥子悬空扎湿地，将每扎之点与起点连结，扎不住或所扎之点与所连之点超过拇指与食指距离"一扎"即由对方扎湿地，如此反复，往往落后方被缠绕其中，窄不能出而认输，最后形成的图案如同一蜘蛛窝，故而名之扎蜘蛛窝。

12. 掰玉稻黍。双方各持四子，置于对方的两边结上，交替一步一结行子，行至对方对角处即可将对方子提掉，直至一方子被提尽，被提尽者为输。

上列 12 种智力游戏，上到八旬老人，下到学前顽童，多数都会游戏，问其源头不知，也盛传为尧王发明，但仅为传说，事实上这些游戏均包含有远古的信息。中国古来棋字的最早写法就是"囗"，后来演变为"棊"、"碁"、"棋"，其实"囗"字即"四角撑"的戏盘。史书记载"尧造围棋以教子丹朱，或云舜以子商均愚，故作围棋以教之"①，"尧造围棋，丹朱善之"②，而围棋的盘面原不为19道361结，出土资料证明曾为17道、15道、13道盘面，棋理则是将对方围死无空（气）之子提掉，得空多者为赢。我们完全可以找到上列游戏与围棋的共同之处。也就是说，围棋与上述一些游戏同源，围棋的产生是一个由简单到复杂的过程，也许最早的围棋就是"四角撑"。平遥一隅留下如此多样的智力游戏恐怕连带的正是围棋文化，或曰尧文化。

从另外一个角度审视上列九子按连儿（钉连）游戏，戏盘为三个正方形的组合，平面地看，俨然是一座城池，方方正正，东西南北四道城门，中间的四方形难道不可以理解为宫室吗？戏盘不形似《周礼·考工记》的王城图吗？如果立体地看，则如图71，它应该是一座台，四面通达，直通台顶，这台顶除了观天测象或者祭祖还能是什么呢？古人神道设教，仰观俯察，此台即是通天、观象之灵台。从帝喾到帝尧，其名或号就带有通天、观天并向百姓预言的含义。喾，繁体为"嚳"，上为两手卜筮，爻读[io̬]ɕi音，本有通天之意，下为告字，即将卜筮或通天、观天的

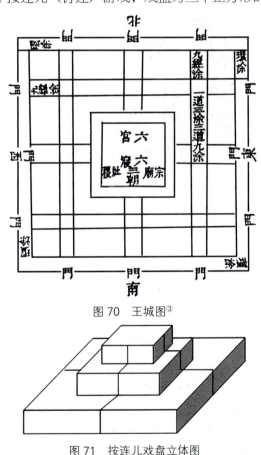

图 70　王城图③

图 71　按连儿戏盘立体图

① 司马迁. 史记·五帝本纪.

② （晋）张华. 博物志.

③ 戴震. 考工记图：三礼图，周王城图. 上海商务印书馆，1955 年 11 月.

结果告诸天下。尧，甲骨文最早作"垚"《说文解字》谓"尧，高也。"进而有人将"堯"的本意解之为"指高大巍峨的夯土城墙"。最终将"堯"字的本意解释为"建立在黄土高塬（兀）上的高大夯土城墙（垚）"，或"建立在黄土高塬上的城"。[①] 由此可以推想，尧字的本意也许起初还不是指建立在黄土高塬上的高大夯土城墙，而是用于观天察象、祭祀上天的三层高台，后来才演变为城墙之意。而所察之天象大概就是四仲中星或大火、参星或北斗璇玑。现平遥古城据志书记载始建于西周宣王时期，为大将军尹吉甫讨伐猃狁人时所筑，后为了纪念他，在东城墙的中部建尹吉甫点将台，并筑高真庙于上。但走近现存的尹吉甫点将台发现，也许台根本就不是点将台，而应该是一座观象台，这或许才是被湮没的历史真相。

此外，扎蛛蛛窝图案体现的不正是传世之太极图形吗？多种游戏的九宫格戏盘难道不是"洛书"的图案吗？"天下太平"或"掏口袋"的戏盘难道不是

图72　阴阳鱼太极图

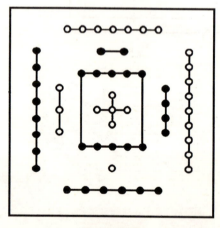

图73　河图

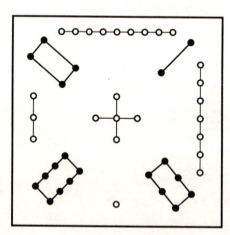

图74　洛书

① 何驽. 黄河文化论坛第十三辑：陶寺遗址 H3403 扁壶朱书"文尧"考. 太原：山西人民出版社，2005 年10月. 133.

"河图"的图案吗？在这些戏盘背后，深含着中国深厚的传统文化思想。

从方言习俗看平遥古城与尧文化

自 1985 年提出晋语从北方话分出来的观点之后，晋语已经被看作与吴、粤、闽、湘、赣、客、平话、徽语、官话平行的一个大方言区，包括太行山以西山西中西部、北部、东南部，内蒙古黄河以东中西部地区以及陕西北部、河南北部、河北西部邻近山西的地区。总共 174 个县市，使用人口 4500 万人。经过 20 多年的研究已经是硕果累累①。其中山西各方言区方言志的整理出版，在当今电视电台高度发展、方言不断被普通话同化的时代面前，意义十分重大。就山西而言，除临汾、运城两市（包括所辖各县）和广灵县属中原官话，或晋语与中原官话的过渡区外，其他所有地区均属于晋语系列。晋南临汾、运城方言的变化，历史因素很多，但与黄河历朝历代改道或决堤造成大量河南、山东移民迁入有很大关系。尽管如此，河东方言仍保留了诸多晋语的特点。这里拟对平遥方言与临汾、襄汾方言简要比较，以此揭示平遥与临汾、襄汾一带的语言关联。

平遥方言，接触过的人都会有深刻印象，而且可以识别，就在于她具有鲜明的特点。邑人侯精一先生对平遥方言的研究，特别是对方言志和方言俗语的整理、研究，作出了巨大的贡献。侯先生在山西方言分区中将山西方言分为 7 个片。并州片 21 县市有着诸多共同的特征，特别是其中的晋阳小片太原、清徐、榆次、太谷、祁县、平遥、介休、灵石、交城、文水、寿阳、榆社、娄烦（除阳曲）各县市，共同性更加明显，从而说明历史上属于同一文化区域或相类似的文化区域。比如曾、梗、摄的舒声字，多数县市有文白异读，白读鼻音，韵尾消失②。如营与陵，文均读 [iŋ]，白则多读 [i]，太原有北营、黄陵地名，平遥有北营、京陵城地名，[iŋ] 均发 [i]，营读 [yi]，陵读 [li]，声母

---

① 侯精一. 现代晋语的研究：论晋语的归属. 北京：商务印书馆，1999 年 8 月. 1.
② 侯精一. 现代晋语的研究：晋语的分区. 北京：商务印书馆，1999 年 8 月. 30.

[tʂ˙]，则发 [ʂ] 或 [S]，如清徐地名尧城、黑城营，城不读 [tʂ˙əŋ¹³]，而读 [sʅ⁵³]。平遥有地名京陵城、小城，同样也不读 [tʂ˙əŋ¹³]，而读 [ʂʅ⁵³]。对比之下中原官话化了的临汾①、襄汾②方言中也有此特征。就以城字为例，临汾发 [tʂ˙ɣ]，襄汾发设音 [ʂə]，临汾"城隍村"读 [tʂ˙ɣ¹³xuɔ⁵¹] 村，襄汾地名"古城"读 [ku⁵¹ʂə¹³]。而陶字的读音如今仍有两种 [t˙ɔ¹³] 与 [iɔ¹³]。由此我们不难将下列不同区域的三个地名作一比较，清徐尧城—平遥（平陶）—襄汾陶寺，尧城发 [iɔ¹³sʅ⁵³]，平陶发 [p'iŋ¹³iɔ¹³]，京陵城发 [tɕi¹³li³⁵ʂʅ⁵³]），陶寺应发 [iɔ¹³sʅ⁵³]。传说清徐尧城为古唐地，平遥（平陶）乃古陶城即古尧城，襄汾陶寺即尧城。虽然几千年流变，三个地名写法上有所变化，但读音却完全相同，为尧城（[iɔ¹³sʅ⁵³] 或 [iɔ¹³ʅ⁵³]），本质所指也就是均前后作为尧帝所国、所居、所都。

另外从平遥与平阳（临汾）共同的方言中也可以感受到同样的关联。同样的内涵，相同或相近的发音绝不仅仅是交流影响的结果，应该是具有同样的语源——尧文化。（见表12）

此外，从山西最为显赫的三座尧庙分别分布于临汾、平遥、清徐尧城北门外也可以看出，太原（晋阳）、平遥(平陶)、临汾(平阳)与尧文化的紧密联系。

通过平遥民俗五个方面的分析可以看出，在各种民俗的背后反映了一个独特的文化特征——尧文化。这也正是平遥乃平陶，为平陶地的民俗反映。

综合五个方面的分析论述，可以得出这样的结论：上古时期，平遥曾是帝尧所居之处，尧帝部落从太原一带南迁的路径是，太原（晋阳）—交城（平陵）—文水（大陵）—平遥（平陶）—孝义（尧仲）—临汾（平阳）—襄汾（陶寺），即沿着古昭余祁的西北边缘由北向南迁移。在这一过程中，尧帝部落曾在以平陶为中心的昭余祁畔长期停顿，发展壮大，最后建都平阳陶寺。所以说太原乃唐尧所国，平遥乃唐尧所居，陶寺乃唐尧所都，平遥确为陶唐故地的古陶城，在尧帝建都平阳的过程中发挥了重要的历史作用。可见平遥古城之所

---

① 潘家懿. 临汾方言志. 北京：语文出版社，1988 年.
② 襄汾县志编纂委员会. 襄汾县志. 天津：天津古籍出版社，1991 年.

以有后来的规模以及尧风尧俗，就源于平遥古城积淀了深厚的尧文化底蕴。

表12　平遥与临汾雷同方言对照表

雷同词	平阳方言①	平遥方言
孝　顺	效　舜	效　舜
家　屋	居　舍	居　舍
高　粱	桃　黍	稻　黍
骂　人	卷　人	卷　人
脏　水	恶　水	恶　水
早　霞	早　烧	早　烧
相　随	厮　跟	厮　跟
把　住	荷　住	荷　住
天　牛	龙虼蚤	龙虱子
去　掉	抛　过	抛　过
大粗瓷碗	钵　碗	钵　碗
青　蛙	虼蟆	虼蟆
饺　子	扁　食	扁　食
折　断	抗　折	抗　折
绞和拧	捵	捵
近揉意	捼	捼

① 乔忠延. 尧都土话. 天津：百花文艺出版社，2003 年 8 月.

PINGYAO GUCHENG JIANZHU WENHUA NEIHAN

平遥古城建筑文化内涵

母亲娘舅家乃冀郭村，儿时母亲曾讲述过不少有关修筑冀郭村慈相寺冀郭塔的传说。第一种传说讲冀郭塔为鲁班爷所修。由于塔尖直冲云霄，每有风起就会磨着天宫"吱吱"作响。玉皇大帝震怒之下，便派托塔李天王鞭挞此塔。霎时间电闪雷鸣，风雨交加，塔体断裂为三，塔底就在汾阳，塔身落在文水，塔尖掉在平遥冀郭村。所以冀郭塔为无根之塔。第二种传说是一女子所筑。据说有姐弟二人在冀郭村打赌筑塔，姐姐勤劳，弟弟懒惰。姐姐早已动工，弟弟却蒙头大睡。当弟弟醒来时发现，姐姐所筑之塔早已与东南山腰齐平。情急之下，弟弟只好在东南半山腰筑了一座实心塔。最终的结果是，姐弟二人所筑两塔高度相同，但姐姐于婴江南岸所筑冀郭塔为空心，弟弟于东南半山腰上所筑之塔为实心。至今二塔均完好矗立于冀郭村，成为一方名胜。第三种传说是，古代人到六十即不管身体好坏均一律置于活人墓中，孝顺儿女会天天送餐，不孝儿女则将双亲活活饿死于活人墓中。说的是皇家要修筑空心的冀郭塔，但塔体太高太大，无法搭架。有一孝子为父母往活人墓送餐时，被老父一语破的——"人过四十，黄土早已埋至半腰"。于是便有了堆土筑塔之说，塔筑好之后，再将堆土移除。皇家得知此事，觉得人过六十并非无用，遂取消了人到六十进活人墓的陋制酷法。而事实上，在离冀郭村不远的庞庄至阎良庄之间，至今仍有"活人墓"地名。不仅如此，有关鲁班爷的传说故事在平遥民间十分丰富，匠人吊线为什么一只眼，所用胶为什么叫鱼鳔胶，都与鲁班爷的传说直接相关。民间甚至传言，平遥古城从县城到乡村，所以会保留下那么多的古代建筑，所以会有全国独一无二的窑洞与木构合体建筑，都与鲁班爷有关。平遥建筑中有名的文庙建筑、武庙建筑，乃至北依涧村永福寺建筑，至今美名流传，堪称建筑奇迹，即所谓"文庙的杞木梁，武庙的木楂柱，永福寺的中梁六丈四"。

建筑小到屋舍，大到村落堡寨、各类城池，其产生的动因无疑是物质生活之必需，遮风挡雨，保暖保温。与这一建筑基本需求伴生的便是建筑的指导思想，世界各民族所以会有使用价值相同而外观迥异的各类不同建筑，并形成各民族地域特色与风格，根源即在于此。同时，建筑物本身就是一个集各种实用功能与文化内涵于一体的固化载体。

认识平遥古城乃至各类建筑，不应仅从建筑学这一范畴着眼，还应该从中国传统文化入手，了解指导这一建筑的无形思想，即形而上之"道"。

平遥古城池体现的礼制文化

　　数百年、千余年沧桑巨变，在中国大地上现存的城池已经寥寥无几，而且大多缺乏完整性。直观地认识了解古代城池及其文化，现存的实物只有已经被列入世界文化遗产的"平遥古城"。十分珍贵的是，平遥古城不仅基本完整地保留了明清时期城池的各种建筑，更重要的是作为一座具有 2700 余年历史的古城，至今仍发挥着城池的功能，延续着城池的历史，保留着诸多城池文化现象。因此，追溯平遥古城的历史与文化内涵具有十分重要的意义。回顾平遥古城有史可据的历史，可以上溯到西周宣王时期，是大将尹吉甫北伐猃狁人时屯兵筑城的产物。平遥古城作为一座始终发挥着城池功能的县级城池，历经朝代更迭、战争兵燹、自然灾害而保存至今，确为一大奇迹。有些人简单地评价平遥古城的存在是历史的偶然，说什么作为历史上十分普遍的城池，如果保留得多了平遥古城的价值就自然会贬值。其实这一说法是极其片面而幼稚的。平遥古城不仅保存下来是一个奇迹，更在于在历史上所有的县级城池中，像平遥古城这样集城池功用、规制、规模等于一体，充分体现城池特征的城池本身就十分鲜见。

中国城池文化的礼制规范

　　在宋李诫《营造法式》[①]中，对城与墙的建筑规制究根溯源，作了细致考证。

[①] 本节《营造法式》引文，均引自邹其昌点校. 文渊阁：钦定四库全书营造法式. 北京：人民出版社，2006 年 9 月.

《营造法式》卷一《总释上·城》载:

《周官·考工记》:"匠人营国,方九里,旁三门。国中九经九纬,经涂九轨。五宫门阿之制五雉,宫隅之制七雉,城隅之制九雉。"国中,城内也。经纬,涂也。经纬之涂,皆容方九轨。轨谓辙广,凡八尺。九轨积七十二尺。雉长三丈,高一丈。度高以"高",度广以"广"。

《春秋左氏传》:"计丈尺,揣高卑,度厚薄,仞沟洫,物土方,议远迩,量事期,计徒庸,虑材用,书糇粮,以令役,此筑城之义也。"

《公羊传》:"城雉者何?五版而堵,五堵而雉,百雉而城。"天子之城千雉,高七雉;公侯百雉,高五雉;子男五十雉,高三雉。

《礼·月令》:"每岁孟秋之月,补城郭;仲秋之月,筑城郭。"

《管子》:"内之为城,外之为郭。"

《吴越春秋》:"鲧〔越〕筑城以卫君,造郭以守民。"

《说文》:"城,以盛民也。""墉,城垣也。""堞,城上女垣也。"

《五经异义》:"天子之城高九仞,公侯七仞,伯五仞,子男三仞。"

《释名》:"城,盛也,盛受国都也。""郭,廓也,廓落在城外也。""城上垣谓之睥睨,言于孔中睥睨之(非)常也;亦曰陴,言陴助城之高也;亦曰女墙,言其卑小,比之于城,若女子之于丈夫也。"

《博物志》:"禹作城,强者攻,弱者守,敌者战。城郭自禹始也。"

《营造法式》卷一《总释上·墙》载:

《周官·考工记》:"匠人为沟洫,墙厚三尺,崇三之。"高厚以是为率,足以相胜。

《尚书》:"既勤垣墉。"

《诗》:"崇墉仡仡。"

《春秋左氏传》:"有墙以蔽恶。"

《尔雅》:"墙谓之墉。"

《淮南子》:"舜作室,筑墙茨屋,令人皆知去岩穴,各有室家,此其始也。"

《说文》:"堵,垣也;五版为一堵。"寮,周垣也。""埤,卑垣也。"

"壁，垣也。""垣蔽曰墙。""栽，筑墙长版也。"今谓之"膞版。""干，筑墙端木也。"今谓之"墙师"。

《尚书·大传》："〔天子〕贲墉，诸侯疏杼。"贲，大也，言大墙正道直也。疏，〔犹〕衰也。杼亦墙也；亦衰其上，不得正直。

《释名》："墙，障也，所以自障蔽也。""垣，援也，所以依止以为援卫。""墉，容也，所以隐蔽形容也。""壁，辟也，〔所以〕辟风寒也。"

《博雅》："撩，力雕切。隊，音篆。墉，院也，音桓。""廦，音壁，又即壁切。墙垣也。"

《义训》："庀，音毛。楼墙也。""穿垣谓之腔"音空。"为垣谓之厽，音累。周谓之撩，音了。撩谓之寏。"音垣。

《营造法式》卷三《壕寨制度·城》载：

筑城之制：每高四十尺，则厚加高二十尺；其上斜收减高之半。若高增一尺，则其下厚亦加一尺；其上斜收亦减高之半，或高减者亦如之。城基开地深五尺，其广随城之厚。每城身长七尺五寸，栽永定柱，长视城高，径一尺至一尺二寸，夜义（叉）木径同上，其长比上减四尺。各二条。每筑高五尺，横用纴木一条。长一丈至一丈二尺，径五寸至七寸，护门瓮城及马面之类准此。每膞椽长三尺，用草葽一条，长五尺，径一寸，重四两。木橛子一枚，头径一寸，长一尺。

《营造法式》卷三《壕寨制度·墙》载：

墙，其名有五：一曰墙，二曰墉，三曰垣，四曰撩，五曰壁。

筑墙之制：每墙厚三尺，则高九尺；其上斜收，比厚减半。若高增三尺，则厚加一尺，减亦如之。

凡露墙：每墙高一丈，则厚减高之半；其上收面之广，比高五分之一。若高增一丈，其厚加三寸；减亦如之。其用葽、橛，并准筑城制度。

凡抽纴墙：高厚同上；其上收面之广，比高四分之一。若高增一尺，其厚加二寸五分。如在屋下，只加二寸。划削并准筑城制度。

此外，《吕氏春秋·审分览》也载："奚仲作车，仓颉作书，后稷作稼，皋陶作刑，昆吾作陶，夏鲧作城，此六人者所作当矣。"

　　从上列所引记述中可以看出，古代城垣之制甚严，有着严格的礼制要求，总而括之，主要内涵有五：

　　一是城之始，始于大禹。

　　二是城的基本功能在于卫君、守民。

　　三是城的建筑分内外，内之为城，外之为郭。每岁孟秋之月，补城郭；仲秋之月，筑城郭。

　　四是城由墙拱围，谓之城墙，城墙上之单面墙谓之睥睨，或曰陴、女墙。以助城高。

　　五是城之大小、墙之高矮、门之多少，都有着严格的等级制度，天子之城千雉，高七雉；公侯百雉，高五雉；子男五十雉，高三雉。天子之城高九仞，公侯七仞，伯五仞，子男三仞。

　　唐尧时代，洪水滔天，鲧奉君命治水，采取的措施便是作堤堰。这堤堰恐怕就是早期城墙的雏形。汉代许慎《说文解字》释"城"曰："城，以盛民也"。从城的字形演变上看，其本意也正是持戈于城郭守卫。实际也就是"筑城以卫君，造郭以守民"的意思。从考古发掘到史料记载，我国的城池有五千年以上的历史，到西周时期已经产生了规范性、指导性的著作《考工记》，"对于城池的形状，城门的数量，道路的设计，宫城的安排等等都有所遵循。后来又将《考工记》补入《周礼》之中，使后人都按礼所遵守，便成为建城的一个原则"①。之后的几千年中，历朝历代的城池建筑都有所发展变化，如唐代城池规模庞大，人口集聚，实施里坊制度，每坊都设坊墙，四面城门朝开夕闭，实行夜禁制度；宋代城池则改变了城池的封闭状态，商店、酒楼、货栈、店铺遍布大街，十分繁华；明清城池则更加突出开放性特点，市的功能愈加鲜明。综观上下几千年数千座城池，尽管其选地、选址、城池建设、筑城方法以及城池布局等有一定变化，但均万变不离其宗，根本上都体现了《考工记》王城图的基本思想，或者说是以《考工记》王城图作为城池蓝本。即所谓"匠人营国，方九里，旁三门。国中九经九纬。经涂九轨。左祖右社，面朝后市"，

---

① 张驭寰. 中国城池史. 天津：百花文艺出版社，2003 年 5 月. 2.

"天子城方九里，其等差，公盖七里，侯伯盖五里，子男盖三里"。由此可见，城池的形成、发展到基本定格，始终围绕的就是"筑城以卫君，造郭以守民"，以避免洪水、野兽、战争等灾害等祸及"君"、"民"。同时，城池不仅仅是"君"、"民"一时的避乱、避祸场所，还是祖祖辈辈赖以生活的家园。因之，城池的社会功能逐步健全，礼仪教化、商业贸易、宗教活动、文化生活等设施和场所应运而生，城与市相互融合，城池向城市演化。在这一发展演化过程中，大到都城，小到府、州、县城，都遵循了同样的规律，只不过城池规模大小、繁华程度等不同而已。

清康熙四十五年《平遥县志》卷之二《建制志》载："敷土定制，则立城池以为捍卫。有公署以肃临莅；有儒学以宏教化；有堤堰以备蓄泄；有桥梁则往来之道备焉；有堡寨、坊市、村落，则防御贸易之法行焉；有风俗则一方之习尚具焉，贞淫见焉。"平遥古城正是用自己祖祖辈辈相守的城池，承载了悠久的文化历史。

平遥古城作为县级城池的一般性礼制特征

就一般意义而言，平遥古城池几乎具备古代县级城池的全部一般性建筑特征，沿袭了《周礼·考工记》的建筑思想和古制，是古代县级城池最具代表性的典范。

《宅谱问答指要》载："州府县城，内立衙署、仓库、文昌阁、魁星楼、城隍庙、关帝庙诸祠，外建社稷坛、里计、厉坛于北，风云、雷、雨、山川坛，旗纛庙于南。"这尽管是一部术数类书籍的记述，但却反映了古代城池的主要建筑布局。求证于历代地方志书与相关的考古资料，古代城池有以下基本特征：

一是形制和选址上遵循靠水、临水、近水的原则，因地理环境城池外形上有所变化，但一般呈方形。

二是具有由城墙、垛口、马道、城门、城楼、瓮城、角楼等要素组成的城墙与城门等防御系统，以及供军队演习武艺、操练军事的大教场与演武场等。

三是在城内的道路与布局上，根据不同的地形有直道、环状路、弯曲路、口袋路，甚至斜街之别，但大致分为三类，一类是中心街即主干道，是全城的枢纽，代表着全城的气魄，路面宽敞，方向正南正北，与东西主街交叉成贯通城门的十字大街，但从军事防御角度考虑，或东西或南北一般不直通；二类是次要道路，连通主要大街与各公共建筑和市场，街道长宽均次于中心街主干道；三类是小巷，主要沟通各住户、坊与主、次街道。

四是有衙署、察院等行政机构和相关建筑，一般置于城池中心或偏北，采取"前堂后寝"古制，行使对整个行政区划的管理，包括行政、财政、司法、教育等职权，诸如征解税赋、审理案件、治安联防、宣传教育、礼仪教化、赈灾救荒、发展农业、修筑堰塘等等。

五是有各种礼制、教育、宗教、民间信仰性公共建筑。大体分为四类：一类是中心部位景观建筑，是一座城池有别于其他城池的标志性阁楼以及塔楼，诸如钟楼、鼓楼、更楼，牌坊，以及风水塔、佛塔等等，一般建在东西南北若干"十字大街"交叉口处，东西南北四个方向都可以看到，营造出城池的壮观气氛；二类是庙宇建筑，虽然因城池历史不同建有各种不同意义的庙宇，但五大祠庙缺一不可，这便是文庙、武庙、城隍庙、财神庙、马王庙，是城池里最尊贵、最崇奉的对象，依礼制标准建设，百姓求神、拜神、敬神可以随便出入；三类是寺院建筑，佛教和道教是中国的两大宗教，多数百姓都有所信仰，一般非佛即道。寺院是讲经布道、举行宗教活动的场所，所以城池中都有各种名称的佛庙和道观；四类是书院建筑，是文化传承的一种组织形式，或官府或士绅出资创办，目的都是提倡国粹，教习经史等，使就读者明大义，明是非，懂得诗书礼仪。

六是有商业店铺、集市和里坊制象征的牌坊以及其他纪念性牌坊。商业店铺一般分布在大街两旁。居民住宅则按照里坊制或其思想建设，建在公用建筑之外，虽然保留了坊的区划单位，但已经不再有原来的管理职能，坊墙已不复存在，坊门也蜕化为刻有坊名的牌坊，封闭的"坊市"也被沿街开设的铺面逐渐取代。

全面考察平遥古城，上述城池的基本特征不仅具备，而且大都得以保存，有些甚至至今还发挥作用。

第一，在形制和选址上，平遥古城遵循了靠水、临水、近水的原则，是一座较为标准的方正型城池。平遥为古陶地，上古时西北隅曾是一片汪洋，即北方最大的湖薮昭余祁。后随着灵石口的凿开，昭余祁（也称晋阳湖）的空出，汾河像一条玉带缠绕于城北十数里，城周则有中都河环绕，西北汇入汾河。方方正正的城池依地势南高北低而建，北门为城池的最低点，城池虽没有将河流引入，但具有完整而科学的排水防洪系统。城内几乎所有建筑，包括公共建筑的大门、院门、宅门、铺面门等均高出街道平面尺余，而且还有高高的门槛，遇有大雨洪水，八十四条街巷都可作为排水沟渠，经北门排入护城河，从而确保城池和居民的安全。

第二，城墙与城门系统完备。现在的平遥古城为清代规模，城墙保存较为完整，前文已详述，不再赘记。此外还有演习武艺、操演军事的演武场和大教场，"演武场旧在下西门养济院东北，知县张恪改于西门外演武亭，三间旗纛，台一座"。①

第三，城内的道路与布局。古城的四大街、八小街、七十二条蚰蜒巷将城市划分成条理清晰的网状，功能承袭至今。

第四，公署类建筑。平遥古来"麻雀虽小，五脏俱全"，以县建制，"布政分司"、"大察院"等布政司和按察司驻县机构，以及县衙署等都留下了或多或少的遗迹，前文已述及。

第五，城池的公共建筑。中心部位景观建筑，平遥古城有位居全城中心位置的市楼，是古城区别于其他城池的标志性阁楼。庙宇建筑，文庙、城隍庙、财神庙、武庙、马王庙一应俱全。庙宇建筑，全城有灶君庙、十王庙、火神庙等近三十座之多。书院建筑，历史上曾有卿士书院、西河书院、古陶书院、超山书院和鸣凤书院等五座，除超山书院基本保存外，其他书院还留有遗址。

第六，商业店铺、集市和里坊。平遥古城的南、西、东大街，以及城隍庙街、衙门街等主要街道，自古到今都是商业店铺林立，前店后厂、前店后宅的建筑比比皆是。尤其是西大街和南大街，作为清代全国的金融街，汇集了全国80%以上的票号字号。清代嘉庆十八年（1813年）重修市楼碑志记载，当时的商号达700余家，其中有金融字号25家。民居建筑中"坊"的区划单位已经不存，但遗迹依然可见。

平遥古城独特的礼制特征

就特殊性方面分析，平遥古城凝结着中国传统文化的精华，将儒、道、佛三家和民间崇拜有机结合，融于一体，堪称中国传统文化和建筑结合的精品，将中国古代天人合一传统，将易文化阴阳对立统一思想，将《周礼·考工记》中的筑城思想和古制发挥到了极致。

明万历《汾州府志》卷二《建制类·城池》记载："设险守国，惟城池是赖。""平遥县，旧城最窄，东南二面俱低，周宣王时，尹吉甫北伐猃狁，驻兵于东北，因隘不能容，展筑西北二面。"清康熙四十五年《平遥县志》卷之二《建制·城池》载："明洪武三年重筑，周围十二里八分四厘，崇三丈二尺，壕深广各一丈，门六座，东西各二，南北各一。"民间有刘伯温设计平遥乌龟八卦城的传说，说刘伯温老家平遥，曾与县太爷县衙花厅对弈，洪武三年平遥古城扩建便是刘伯温的智慧，所以古城从形制到建筑，一砖一瓦都有说法。查找史料，刘伯温祖籍确为平遥朱坑村，明万历《汾州府志》、清光绪《平遥县志》都有刘伯温后人回乡祭祀的记载，但未曾发现刘伯温回乡的任何片言只语。应该说刘伯温设计平遥乌龟八卦城与刘伯温规划北京哪吒城一样，都属于附会之列。清康熙四十五年《平遥县志》卷之八《杂志》载，明嘉靖十三年十月朔日平遥县令定兴陈诜刊石有"道器图说"，并附有图。用理学的观点从"体"、"用"即"理"、"气"两个方面对《易传》"形而上者谓之道，形而下者为之器"的思想作了阐释，得出《易传》"一阴一阳之为道"之"道也者，合理气而言者也"的结论。可见，明代的平遥具有较为深厚的文化底蕴，作为儒家正宗的程朱理学，影响相当深远。清光绪《平遥县志》详细记载了洪武三年以来几百年中对城池的历次维修、重建情况，说明平遥古城现存的城池形制、建筑等，不是一个朝代或时代一蹴而就的结果，而是经过了历朝历代尤其是明清两代的不断维修、重建、完善。在不断维修、重建、完善过程中，不断赋予了古城丰富的传统文化内涵。

主要体现在：

第一，平遥古城的规模是一座丰碑。县级城池，目前的实物已经无从比较，但从历代留存的省、府、州、县志书中，仍可以作相关的比较研究。比较山西现存的历代省、府、州、县志书，可以发现，在山西府、州、县中，除太原、潞安和大同三个明代藩王之府地外，其他府、州、县城池均小于平遥，相当一些城池不是以里度量城池周长，而仅"步"度之。为什么平遥古城会有如此规模呢？近年来以票号为代表的晋商研究，往往将平遥古城的规模和繁荣简单地归结于票号的发展。其实并非如此。按照目前学界比较一致的说法，票号兴起发展于清嘉道间，平遥古城十二里八分四厘的规模则复修于明洪武三年，相距几百年，风马牛不相及，况且一座城池的规模和建筑不可能是民间所为，只能是朝廷行为。应该说是平遥古城的财政实力和战略地位，造就了古城的规模。在财政实力上，仅地税一项就足以证明。明万历《汾州府志》卷之五《赋税类·地税征收》中记载，汾州府属八州县，"实征夏秋粮二十二万一百一十石三斗七升三合八勺三抄四撮七粒八粟"，平遥一县"夏秋粮五万二千四百九十三石三斗八升八合二勺九撮"，占去近四分之一。在军事战略地位上，从太原到平阳，太谷、祁县、平遥根本无自然之险可以扼守，如果没有坚固的城池防御，尽可长驱直入。对此还有三点旁证，一是其规模几乎与大同府城相当，而且是明代初年作了扩建，把一座九华里多的方形城池向西、北外

图 75　平遥元代九龙壁

图 76　大同明代九龙壁

扩为几乎是正方形的城池，足见其战略地位的重要；二是平遥城肇始于西周尹吉甫屯兵，历史上历经北宋建隆元年（960 年）九月宋军焚烧平遥城，北宋靖康元年（1126 年）靖康保卫战，明嘉靖二十一年（1542 年）、隆庆元年（1567 年）俺答两次进攻平遥，乃至民国 27 年（1938 年）农历正月十四日日寇入侵平遥，平遥古城都发挥了重要的堡垒作用；三是太子寺前的九龙照壁表证的正是平遥古城的非同寻常，其建筑年代在元末，比大同九龙壁还早。所以，应该肯定地说是平遥的财政实力和军事战略地位决定了平遥古城的规模。

第二，平遥城形制如龟，俗称"龟城"，具有深厚的民俗文化内涵。平遥城六道门，形如乌龟八卦城。鸟瞰平遥古城，一只硕大的灵龟现于视野，龟头冲南，龟尾向北，龟肩凸凹隆现，四足中三足向南，唯有左后腿冲东，似乎被一种力量拖拽。一条条纵横交错的街巷仿佛龟背甲上的纹理，一座座青砖瓦舍仿佛龟体上的甲片。"走走龟背背，好活一辈辈"，平遥古城的四大街、八小街、七十二条蚰蜒巷正是背甲的纹理，三千余座屋舍正是龟体上甲片的象征。八卦起源于灵龟，自然就有了八卦街的说法。四大街象征四象，八小街象征八卦，七十二条蚰蜒巷正是七十二物候的象征。整个城池呈正方形，南城墙弯曲成水线象征龟肩之隆现，东西南北十二里八分四厘的城墙正好表证一年春夏秋冬四季和十二月或十二次，七十二敌楼分布于城墙四面对应七十二物候，每三个物候对应一节气，七十二物候正好对应二十四节气。最妙之处还在于下东门（亲翰门），六道城门皆有瓮城，上东门，上、下西门和南门南开，北门东开，里外门俱形成不直冲的结构，只有下东门直开向东，与门外东关相连。空中鸟瞰正像是被拖拽的乌龟后腿。这也正应了民间怕神龟南行将其后腿拖拽在城东北 16 里冀郭村冀郭塔即麓台塔上的传说。由之，将平遥古城平面微缩分析可见，六道城门中，上东、西门基本对称，下东、西门则完全对称，一街贯通，呈轴对称。南、北二门则呈中心对称特征，南门略偏东，北门略偏西，呈 S 型"⌇"，四大街与城墙表征的正是一个"⌇"型太极图形。这一独特的中心对称结构在中国的城池建筑中十分罕见，本身就是太极、洛书九宫的表现。反映在民俗中，太极、四象、八卦，一年四季十二个月或十二次、二十四节气、七十二物候等，均与灵龟关联。尤其是在南大街，也是近乎全城的中心，高高耸立着"南囍北寿"的市楼，仿佛是神龟背脊上驮起的碑石，预示着平遥城本身就是一座丰碑，记载的正是这座城池非同寻常的历史。当然，也有的学者认为，现城池的格局是明洪武三年城墙西拓的结果，即依现沙巷向西拓出 1.5 里许，使原来 9 华里多的长方形城池变为正方形形制，而南门未曾移动，城门位置依旧，北门则向西推移 1.5 里许，居于西拓后城墙的正中，因而也就形成了目前的格局。但这一似乎合情合理的解释并不能令人信服，整个城墙都可以西拓，北门也可以位移重开，为什么独独南门例外呢？应该说，南、北门不在一条直线的结果更多是文化内涵的考虑。

第三，平遥古城南北大街呈"⌇"形分布，城内公共建筑严格恪守左祖右社、文东武西、寺观对峙的营建布局形制。左城隍右衙署、左文庙右武庙、左清虚观右集福寺。无怪乎平遥古城城东称"东观"，城西称"西寺"。道教建筑大都建在城东，佛教建筑则建在城西，充分体现了道与佛的"对立"，也寓意道教为本土宗教，佛教为西来宗教的内涵。但最为深厚的还在于十二里八分四厘的城墙，在建筑思想上充分体现了儒家思想的包容性，三千垛口、七十二敌楼首尾相连，象征的正是孔子的三千弟子、七十二贤人。再微缩而观之，对立的佛、道正好统一于儒家思想。如果说依南北大街的"⌇"线表现的是东、西道、佛的对立，那么十二里八分四厘的城墙体现的正是东、西与道、佛二教的统一。从空间上东、西城统一于城墙之内，从思想上道、佛二教"对立"而又"统一"于儒家思想。这恐怕是任何一座县级城池都无法比拟的。另外，在平遥民俗中的"按连儿"游戏，其博面与《周礼·考工记》中的王城图十分相似，折射出的正是城池文化的一个侧面。

第四，平遥古城的中心楼既不是钟楼、鼓楼，也不是其他过街楼，而名之市楼。起码蕴涵着两层含义，一是直接象征着城池本身就是天人合一的产物，市楼居中，东边贺兰桥街中间曾有贯通南北的"贺兰仙桥"，寓意星空中之天市垣与银河，与城墙东南角魁星楼、南城墙文昌阁具有相同的比附内涵。二是表征市的作用。《周易·系辞传》有载："日中为市，致天下之民，聚天下之货，交易而退，各得其所。"这市的本义也就是交易场所。井则是市肆的标志，"古未有井，若朝聚井汲，便将货物于井边贾卖，曰市井"。事实上在上世纪90年代初，世居市楼西侧的赵姓住户在翻修房舍的拆除工程中，就曾发掘出相当数量的厕坑，足以证明市楼周围确是一个古代市肆，那些厕坑也当是当时的"公共厕所"。这可以说是平遥古城古来商业货殖发达的又一佐证。市肆贸易的扩大和平遥古城的重要历史地位，于全城的大街小巷，布满了各种各样的商号、店铺。商业贸易特别发达，到清代后期，可以说发展到了封建社会贸易货殖的顶峰。可见，平遥古城应该是城与市结合或城转变为市的典范。

叁
平遥古城建筑文化内涵

平遥古城唯一逾制建筑
——侯殿元"七间七檩"住宅

先秦史料记载，对于住宅建筑，诸如照壁、屋顶、柱子的颜色等就已经有了严格的规定。天子、诸侯、大夫、士等各有所依。唐、宋以降，特别是明清，规定则愈益严格、细化。以明代为例，《明

图77　侯殿元"七间七檩"住宅①

---

① 平遥县地方志编纂委员会. 平遥县志. 北京：中华书局，1999 年 8 月. 756.

会典》卷五十九《房屋器用等第》中规定："凡官员盖造房屋，并不许歇山、转角、重檐、重拱、绘画、藻井。其楼房不系重檐之例，听从自便。公侯前庭七间或五间，两厦九架，造中堂七间九架，后堂七间七架……一品二品厅堂五间九架，屋脊许用瓦兽……三品至五品厅堂五间七架……六品至九品厅堂三间七架……庶民所居房舍不过三间五架，不许用斗拱及彩色装饰。"如有越制，则依律论处，甚至招致杀身之祸。在平遥古城中，确有一座当地人称之为"七间七檩"的越制住宅，同治年间日升昌票号掌柜侯殿元所修，为一处正房都是七开间，正房、厢房均为两层，由三个院落组成的豪华住宅。这一处住宅，底层为锢窑，二楼为木构，十分气派，可以说是平遥古城民居建筑的代表。但由于逾制，侯殿元差点招致杀身之祸，虽买通官府保得性命，七间七檩的豪宅也由此撂荒。幸哉这一建筑未遭拆毁噩运，保留至今，成为平遥民居建筑的代表与孤例，也成为逾制住宅的一个实例。

平遥堡寨实例及其基本特征

以下解剖三个村落，一为单堡为村的朱坑乡"洪堡"，二为众堡合成的朱坑乡"北汪湛"，三为城内之堡"壁景堡"。

（一）**洪堡村**。位于县城东 10 余里，据堡中庙碑记载，明朝万历年间，大官郝普渡周游到此，见山清水秀，四周被南北鲁涧河环抱，出入乘船，风景优美，便修庙"七佛殿"，弃官出家，并名之洪堡寨。对洪堡寨，乡间多有传说，说其为鲁涧河中一只永不沉没的小舟，发挥着镇水防洪的作用。事实上，洪堡的形制也确如一只舟船，头尾东西，与鲁涧河水同向，整个洪堡寨

图 78 洪堡东门

筑于一突兀的长形土丘之上，东西长，南北窄，四周筑有高高的堡墙，加之土丘本身的高度，从堡外观看，堡墙高耸数丈。堡中东西一条上弧形街道贯穿东西二门，将堡寨分为南北区域。南北区域分别有临街大小院门，也有小胡同连通大街与非临街院落。堡中最高处即上弧形街道顶端，可俯视东西二堡门。堡中有水井若干，在东门内南区有藏乘庵，规模在周边小有名气，佛事活动规模甚

图79　洪堡西门

大，其七佛大殿曾藏有经书。清光绪《平遥县志》卷三十《古迹志·寺观续编》有"藏乘庵在东部邨洪堡寨东南，七佛大殿藏有七柜经"的记载，这七柜经书为明万历初年刊本。至今建筑遗址仍存，戏台保存还较为完整。如图80。

图80　藏乘庵戏台

在西门内北区，有三义庙一座（如图81），祀三国时桃园三结义的刘关张。近年电视剧《亮剑》赵家峪即拍摄于此。

图81　洪堡三义庙

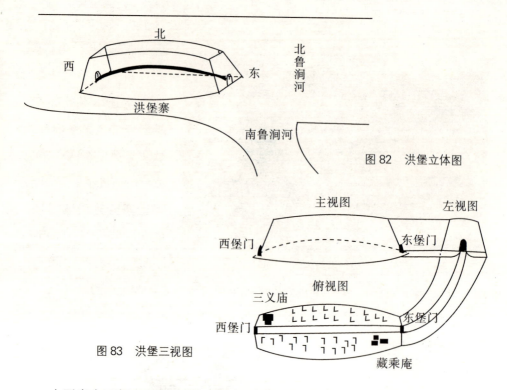

图82　洪堡立体图

图83　洪堡三视图

　　由于出入不便，地处高岗，堡内人口已大量移出，在堡东北建起新农村。目前，堡内仅居住几十人，而最多时达到600余人。

　　（二）北汪湛。位于县城东16里，相传原名上备村，因古时鲁涧河水流旺盛清澈，原碑文有"雨露湛汪"之称，遂改名汪湛，后因鲁涧河改道穿村而过，居民南北岸分迁，形成南北汪湛两自然村。该村属中等村落，由牌楼堡、新堡两大堡，以及东头、新圐圙、南圪塔、后街组成。村中大型寺庙三处，分别为东庙、西庙和老爷庙，还有一处独特的三郎庙，各大街道均有三官庙与五道庙。解放后西庙一度为学校占据，东庙一度为队部占据，老爷庙一度为加工厂占据，建筑毁损严重，但轮廓依存。老爷庙建筑，特别是清光绪三年戏台乃至部分壁画得以保存。清道光二年（1833年）碑文记载："自嘉庆十六年，僧人真端住持此庙处，诚焚鼎无不尽心，奈庙院宽阔缺人庇荫，因而僧人真端于嘉庆二十二年栽口栢树二株，不时浇灌，专务成材。一则村中旺气，二则庙内生光。勒之于石，以为永远流芳云尔。平遥县僧会司真端沐手敬栽，门徒常行，徒孙澄源、澄宽，徒曾孙清莲，徒侄常德、常昱，侄孙澄光、澄辉，纠首

图84　堡门外形　　　　　　　　　　　　　　　　图85　从堡门内视

阁尚珏撰并书。清道光二年正月，吉日毂旦。"从此碑记中可以看出，该寺与
冀郭村慈相寺具有一定的传承关系。清乾隆四十八年秋七月之《重修慈相寺碑
记》中即记有真端、常德师徒事。

目前村中牌楼堡基本保存（如图84－88），为阎姓家族祖居。明代该家族
有一人中举，官居河南布政使，便在堡中建起砖木结构的牌楼以光宗耀祖，故
名之牌楼堡。明清两代志书均有记载，阎凤为洪武己卯科举人"初授云南永平
县知县，历升四川按察使、河南右布政使。"（明万历《汾州府志》卷之九
《选举类》）。据老人回忆，牌楼就建在正对堡门的阎家祠堂前，毁于上世纪五

十年代末破"四旧"期
间，十分可惜。整个牌
楼堡处于村落西北，基
本呈长方形，堡墙高数
丈，东南为季节性河道
冲刷成壑，西与西庙隔
深壑相望，只有北隔道
与后街相邻。堡的正门
南开，有一小后门冲北
通后街，一般关闭，四

图86　牌楼堡门外的观音堂

叁

平遥古城建筑文化内涵

- - - - - - - - - -127

角堡墙则更为高耸。据说牌楼堡为"黄鼠堡"（黄鼠即当地一种硕大的黄色田鼠），因而有前一后三四道门，但后三门中只有一道为真门可以通行，其余两道为永久性封存的假门。因为直接仿生于黄鼠，而黄鼠有一张嘴巴，三个屁眼，

图 87　正对堡门的阎家祠堂

三个屁眼中一真二假。整个牌楼堡的格局为一条曲折型街道，堡门外正对观音堂，堡门内隔牌楼正对阎家祠堂。向西为主街，南北列院落，并有小巷沟通非邻街院，堡内东北角为菜园，有水井两眼。

除牌楼堡外，新堡也为阎姓家族居堡，建在高台之上，四面堡墙，开一南门。另外几个小堡也多为一姓或两三姓合居。

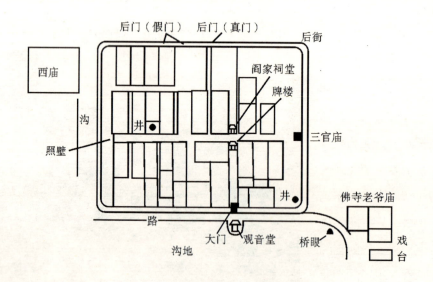

图 88　牌楼堡平面草图

图 89　西壁景堡　　　　　　　　　图 90 中壁景堡　　　　　　　　　图 91　东壁景堡及堡门

由于整个村落依水而筑，又是平遥与武乡、祁县古道村镇，不仅各堡相对独立自成体系，各宅院也院墙高垒，宅门防备森严，从堡门到宅门，从堡墙到院墙，形成双重防御体系。

（三）城内之堡——壁景堡。

对于壁景堡，已有专文论及，其外形内院与上述所列二堡大同小异，只是建筑布局更为紧凑，占地更加节俭而已。目前的壁景堡已经十分残缺，但从东壁景堡现存门洞以及街巷，仍可复原壁景堡原貌。如图 89－92。

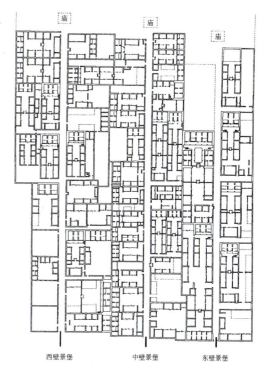

图 92　壁景堡平面图①

---

① 宋昆主编. 平遥古城与民居. 天津：天津大学出版社，2000 年 11 月. 25.

从上列堡寨的分析可以看出，堡寨是村落的基本构成单元，是缩小的城，有如下特征：

一是堡似城池，外有堡墙屏障，一般由一门沟通内外。

二是堡为一独立居所，一般同姓同族居于一堡，既有公共类庙宇，又有家族祠堂，而且多建在十字、丁字街口，或街道尽头。有功名家族往往还筑有牌坊类礼制建筑以光宗耀祖，凝聚族人。

三是堡内自成体系，有生活所需水井乃至菜园、粮仓等，一般不与外界沟通也可以独立生存数月。

四是堡内实施统一管理，堡门管理森严，一般由族长等较高声望者掌管堡中事务。

五是堡的规模一般不大，超过一定规模便会分裂出新堡。

通过上述对堡的分析，可以得出这样的结论，堡寨与城池十分相似，都具有居住与防御的共同特征，但又有所不同。城池市的功能为主要功能之一，堡寨则不然，只有在特定的庙会才具有市的特征；城池完全依行政权力维系，堡寨则主要以家族血缘关系维系，由堡寨构成的村落才具有一定的行政维系特征。

2 平遥古城衙署寺庙大型木构建筑特色

平遥古城保存各种古建筑之多、类型之全、跨越时空之久，都是十分鲜见的。其中，一直为中国古建筑研究重点的大型木构建筑，在平遥古城皆有代表，尽管没有唐代的木构建筑，但镇国寺万佛殿不仅为中国五代建筑的孤例，也正像梁思成先生在《中国建筑发展的历史阶段》一文中指出的："山西平遥镇国寺大殿是五代木构建筑的罕贵的孤例，五代建筑在北方可说是唐的尾声。"此外，宋（金）、元、明、清乃至民国各个时代木构建筑应有尽有。这是因为，宋金以来，不论朝代如何更迭，平遥古城基本处于渐变的过程中，各朝代建筑中都保留了过去时代的风格与手法。因此，说平遥是一座中国古代建筑文化的博物馆一点都不过头。

不同时代的几处典型木构建筑

一、镇国寺万佛殿

万佛殿属厅堂式建筑，深广各三间，通面阔 11.58 米，总进深 10.78 米，单檐九脊歇山顶，殿身前后当心间辟门，贯通前后院。前檐两次间设窗，其余砌以厚壁。檐高 5.27 米，檐出 2.94 米，举高 3.6 米，总高 8.78 米，柱高 3.42 米，角柱生起 0.05 米。柱头带卷刹，殿身共设檐柱十二根，柱包入墙，柱础不见，无金柱，柱头上施阑额而无普柏枋，转角阑额不出头，斗拱总高 1.74 米，斗拱分布为柱头、补间、转角三种。补间铺作每间一攒，五铺作，双杪偷心造。柱头斗拱七铺作双杪双下昂重拱偷心造，昂为批竹式，耍头为短促下昂形。铺作出跳 1.43 米，材高 22 厘米，宽 16 厘米，高 10 厘米，相当宋李诚《营造法式》四等材标准。屋内彻上明造，梁栿结构为六架椽屋，前后用两柱，当心间东西大缝上各用截面为 41 厘米×28 厘米的六椽檐栿搭在前后檐头柱头铺作上，上用六椽草栿、四椽栿、平梁和侏儒柱、叉手，以承托脊梁，四椽栿和平梁两端有托脚斜撑。两缝梁架间有攀间枋联结。山面有丁栿两道，栿上设草乳栿搭牵，外端与山面柱头拱联一体，内端制成骑拱与六椽檐、草栿交构，上承两山承椽枋和太平梁，太平梁上结构与平梁上相同，承托出际部分荷载。转角处施递角栿和隐衬角栿，有斗拱十字相交，承下平榑和两山承椽枋相交，大角梁和仔角梁搭置其上。殿顶前后撩檐榑距离为 13.62 米，跨距与举高之比较唐代陡起，与宋制相近。殿内当心佛坛较大，占去室之面积一半，坛上一佛、二弟子、四菩萨、二天王、二供养童子，共计十一尊塑像，均为五代原作，虽经后世重装，但仍不失唐末五代风韵。万佛殿建筑及其殿内彩塑为存世五代建筑与彩塑孤例。

图 93　镇国寺万佛殿

二、文庙大成殿

大成殿建在1米高台之上，面阔五间，通面阔25.82米，进深五间，总进深24.3米。单檐歇山顶，布瓦覆盖，琉璃脊饰。柱有侧角生起，柱头间普柏枋出头，阑额不出头。檐柱直径0.47米，高5.11米。梁架为十架椽结构，前后搭牵乳栿，用六柱。内柱间以复梁拼成草栿承重，草栿之上用四椽栿、平梁、叉手、侏儒柱、驼峰等层层支叠。草栿以下设天花板，中央置藻井，天花板以上构件高、宽比为3:2，表面加工粗糙而简朴，屋架举高7米，与前后檐椽距离比为1:3.7，略低于宋《营造法式》规定，斗拱有柱头铺作和转角铺作，补间铺作以大斜梁取代。柱头斗拱七铺作，双杪双下昂重拱偷心造，昂为批竹昂，耍头蚂蚱形，铺作总高227.5厘米，合柱高2/5强，出跳总深169.5厘米。每两柱头铺作间置一斜梁以代替补间铺作，外端搭于罗汉枋之上，以承托撩檐

图94 文庙大成殿

槫，后尾安置在内槽柱头枋上。殿之当心间两缝间，仅有中柱两根，采用减柱手法。东西次间两缝位置上，各砌南北向隔墙，厚1米许，殿内北面砌东西隔墙，与前者联为一体，形成倒凹字平面，墙头有天花板。在东、西、北三面及正面梢间，均有檐墙，厚1米许。明次间正面为隔扇门，梢间有棂窗。殿前有月台，青石围栏环绕。

三、慈相寺大殿

大殿面阔五间，进深六椽，悬山顶，彻上明造。檐柱有侧角，柱头带卷刹，前檐斗拱六铺作双杪单昂偷心造，补间铺作各一朵，昂作琴面式，内檐鎏金斗拱。殿内前后金柱各四根。在明、次间缝上用四椽栿和平梁，平梁上有脊瓜柱承托脊槫。木构件用料硕大，多数以锛光手法制成，用材规格皆近宋制。殿顶筒板布瓦，吻刹俱全，室面格扇门、直棂窗装修。殿内须弥座式佛台，供"三身佛"彩塑三尊，两山墙有金代壁画，被后期白灰覆盖。

图95　慈相寺大殿

四、清虚观龙虎殿

龙虎殿面阔五间，四架椽分心用三柱，单檐歇山顶，彻上明造。柱头带卷刹，四檐柱斗拱四铺作，单昂，补间一朵，梁架四角置抹角梁于第二层井口枋上，以"悬梁吊柱法"承托平梁与老角梁后尾。殿顶施琉璃方心，剪边。殿为元代重修物，殿下两次间塑"青龙"、"白虎"神像系同期作品，高5.1米，面南而坐。明间辟为门道，南对山门，北通纯阳宫月台。

图96　清虚观龙虎殿

五、利应侯庙正殿

利应侯庙位于平遥县城东北27里的襄垣乡郝洞村北，始建年代不详。重修于金泰和六年（1206年），元至元二十九年（1292年）修葺。坐北向南，占地面积2900平方米。一进院，由山门、戏台、钟鼓楼、东西厢房、东西配殿、正殿等组成。庙之正位原有殿堂3座，面宽各3间，故民间俗称"九间庙"。

现存三间正殿，建筑结构风格古朴。殿内还保存了同时期的 9 尊彩塑，是研究金、元时期营造技术和彩塑艺术的珍贵实物资料。2006 年 5 月，由国务院公布为全国文物保护单位。

现存正殿彩塑主尊须弥座下石碣载："当里刘家门下李氏特起诚心，奉为大夫神祠之内平砌座墙地基三间，普冀李氏民庶同承休佑者，时泰和六年中秋前三日记。"三椽栿犹有墨迹题记："普冀李氏民庶同承休佑者。"泰和六年为金章宗年号，应为金代遗存。

据传，20 世纪 50 年代，正殿廊下曾有元至元二十九年立"利应侯庙"门匾一块，"文革"中被毁。

此庙曾长期作为郝洞村粮草库。1973 年 11 月 15 日，被平遥县革命委员会公布为县级文物保护单位。1980 年，省古建所建木材库于庙东，此庙区设琉璃场，西面新建场房一排，嗣后琉璃场停办，场地归木材库统一使用。

殿内现存彩塑九尊，基本完好，正中为男坐像一尊，左右分坐女像两尊，像略高于真人。神台下伺香金童、文武侍从像六尊，体量较小。后墙及两山墙有清代壁画，色彩艳丽，现存完整。主尊须弥座下，现存石碣一方，记录了金泰和六年(1206 年)村民李氏捐银补砌神台一事，为断代该庙提供了可靠依据。

图 97　殿内彩塑

实际上，此庙并非利应侯庙，而应该是润济侯庙，或者叫麓台庙、王浚庙。依据有二：其一，因为利应侯乃狐突，润济侯乃王浚，从殿中主祀之塑像比较，与麓台山塑像无异，中为润济侯王浚，左为王母，右为王妹。其二，与位于清徐县城西南 8 里西马峪村北的狐突庙塑像比较，此狐突庙始建于宋宣和五年（1123 年）。金明昌元年（1190 年）、元至元二十六年（1289 年）作过修葺，并彩饰武士侍女及狐突夫妻坐像。明代又扩建了献殿，明正德年间的石柱及木构件至今还保存得十分完好。清代又扩建了山门、乐台以及钟、鼓二楼，遂构成了现在东西宽 30 米、南北深 75 米、占地约 2200 平方米的重院建筑。庙中有元至元二十六年（1289 年）《重修利应侯神像碑记》、明永乐十四年（1416 年）《重修利应侯庙记》等碑十通。室内两侧立官吏、侍女、武士彩塑像；中筑约一米高坐台，上彩塑狐突夫妇坐像。狐突红脸、金冠，身着红袍呈王者相；夫人则戴凤冠霞帔，呈命妇相。两旁彩塑侍女六尊，高 1.5 米，各人手中持物（已废），是给狐突夫妇尚冠、尚衣、尚书、尚席、尚沐、尚膳的六尚侍女。可以看出，此利应侯庙中塑像与清徐狐突庙塑像格局完全不同。狐突庙或曰利应侯庙必然是狐突夫妇坐像居中格局，而不会是利应侯坐像居中，左右分坐两尊女像。

图 98 修葺前的利应侯庙正殿

图 99 修葺后的利应侯庙正殿

此处之设润济侯庙，主要在于满足乡人在麓台山祈雨应验后祷雨之需。

　　现存居中的正殿，建在高1米余的台基上，前有月台，面阔三间，进深四椽，五檩悬山前廊式。前檐斗拱单杪四铺作，栌斗四面加拱垫，一跳华拱出跳较远，里外瓜子拱之位置施翼形拱，似偷心做法，补间各施斗拱一朵。柱头卷刹，柱础素平无饰，廊柱侧脚，角柱生起，阑额、普拍枋均出头。明间装修为板门，次间置直棂窗。梁架为平梁、三椽栿叠置，无蜀柱，用驼峰。平梁作月梁形。用料粗糙，工艺简洁。屋面坡度平缓，布灰瓦，正脊筒施花脊。

六、双林寺大雄宝殿

　　大殿面阔五间,进深四间,单檐歇山顶,四周斗拱五踩,单翘单昂计心,补间各一朵,前檐设廊。角柱有侧脚,生起明显。明间隔扇门,稍间隔扇窗。梁栿结点施瓜柱、斗拱,脊部施叉手,梁架被天花藻井遮挡。殿内佛坛三间,塑三身佛二菩萨胁侍,接引佛迎门而立。台基80厘米,前置月台。殿顶琉璃方心、剪边。

图100　双林寺大雄宝殿

七、永福寺中殿

永福寺位于县城东 36 里北依涧村北，中殿筑于高台基上，面阔五间，进深六椽，殿内双槽，单檐歇山顶，柱础素面覆盆式，柱头卷刹，有侧脚生起，普柏枋至角柱出头，刻海棠线，斗拱五铺作双下昂计心造，昂为琴面式假昂，补间铺作四朵，明、梢间三朵，梢间与转角铺作成鸳鸯交首拱，拱头抹作斜面，斜度小，用材比例为 17：11，足材为 22：11，相当于《营造法式》"六等材"，梁架用材近圆形，构件加工多作草栿处理。梁枋间多用斗拱，驼峰支承。殿顶布瓦，勾头印花卉纹饰，滴水作花边状。脊槫题记"大明成化五年岁次□□重建"字样。但永福寺建寺时间，下限也应在宋代，因为在金明昌五年《汾州平遥县慈相寺修造记》碑阴文中，即记有"永福寺僧圆鉴"为慈相寺修造出力的记载。

图 101　永福寺中殿

八、普明寺正殿

位于县城东 37 里长则村西。正殿称三佛殿，建于 1.25 米高的台基之上，面阔三间，进深四椽，殿身四周十二根檐柱，悬山顶，柱础素面覆盆式，柱头有砍刹，角柱侧脚甚大，柱间栏额联结，普柏枋厚不足一材，栏额出头处作霸王拳，柱头斗拱四铺作琴面式昂，耍头蚂蚱形，斗𫐐不深。补间铺作各一朵，明间铺作如意式，俗称"开花斗拱"。构架厅堂式，四架椽，搭牵对三椽栿，用三柱。檐下铁钟铭文可见"明正德六年（1511 年）三月二十日吉时造"字样，但其形制似为元代建筑。

图 102　普明寺正殿

几处木构建筑反映的时代特征

上面所列八处木构建筑以及前面述及的武庙乐楼、城隍庙献殿、市楼等清代建筑，既有相互联系，又分别反映了各个不同时代的特征，既是某一时代的标志性建筑，同时又具有鲜明的地方特色。

一、唐代遗风的镇国寺万佛殿

五代是中国历史上一个特别的时期，历时仅五十余年，但朝代更迭频繁，故称之五代。由于时间较短，战事频发，严重制约了经济发展，反映在营造方面，保存至今的木构建筑也仅镇国寺万佛殿一处，由此也使万佛殿在中国建筑史上具有特殊的意义。研究万佛殿建筑，比之于保存至今的五台山佛光寺东大殿与南禅大殿唐代木构，万佛殿木构确为唐代木构建筑的尾声。硕大的斗拱，低矮的柱子，平远的出檐，不同铺作差异体现的轻重与尊卑，彻上明造营造的空间氛围，偷心造斗拱与檐柱间仅施阑额而无普柏枋等，均显现出唐代木构大气磅礴的气势与特征。特别是其平面分槽形成，万佛殿与南禅寺简直如出一辙。当然，尽管如此，作为北汉时期保留的唯一建筑，万佛殿仍有一些独特之处，如柱头铺作最下之栌斗远大于补间铺作，而且补间铺作之栌斗不在阑额上，而是嵌入拱眼壁内。此特征既可以理解为五代北汉之特征。也可以理解为地方营造之特征。但不管怎样特殊，均属于唐代木构遗风，或曰唐宋木构间的一个过渡。

图103　镇国寺万佛殿斗拱、铺作细部

二、宋金建筑特征的慈相寺大殿与文庙大成殿

　　宋代实在是中国古代文化中不可或缺的时代，飘逸、洒脱的文化特征直接反映在建筑中。靖康之变后，北宋为金所灭，但金政权完整传承了北宋的建筑形式与风格，并采取了诸多简化结构的手法，减柱法、大斜梁等即是。宋金建筑的共同特点在于：斗拱在大木构中所占比例减小，柱身比例增高，开间趋于长方形，补间铺作增多，外檐侧脚生起明显等。在实物建筑上，太原晋祠的圣母殿即典型代表，《营造法式》即文献依据。将慈相寺大殿与文庙大成殿进行比较研究，文庙大成

图 104　慈相寺大殿斗拱细部

图 105　文庙大成殿转角铺作

图 106　文庙大成殿柱头铺作细部

殿特色有三：一是当心间与次间用大斜梁代替补间铺作，外端搭于外檐罗汉枋的驼峰上，梁头刻作蚂蚱头；二是普柏枋成为各檐柱间结构联系的刚性构件，与阑额形成"T"字形断面，但文庙大成殿阑额不出头成为少见的特征；三是民间盛传文庙大成殿有"杞木梁、木楂柱"（也有说杞木梁在文庙，而木楂柱在武庙）。平遥石生泉先生曾顶真文庙杞木梁一事，所著《悦书杂记》载："传言文庙大成殿，以杞木为梁。实有其事，粗有两手围，长可二丈左右，木之树皮尚存，附之大梁上。"至于木楂柱，究竟在文庙还是武庙暂难确实，因为文、武庙各柱均上麻刮腻涮漆，如若传说不假，即是"合柱鼓卯"的范例。

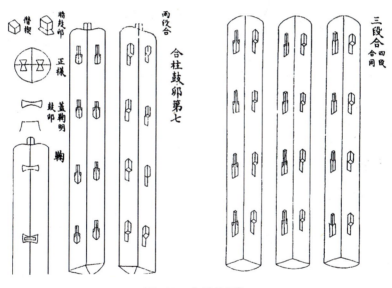

图 107　合柱鼓卯①

三、元代特征的清虚观龙虎殿与利应侯庙大殿

进入元代，中国经济再次受到沉重打击，但由于山西的特殊地理位置，社会相对安定，经济相对发达，元代的大多数木构也分布于山西。平遥作为山西中部一个大县，邱处机弟子清和真人李志端曾掌教的清虚观中，留下了全国独

① 邹其昌点校. 文渊阁：钦定四库全书营造法式. 北京：人民出版社，2006 年 9 月. 243~244.

一无二的八思巴文碑，修筑了中国最早的琉璃九龙壁，使平遥保留了不少元代木构建筑，清虚观龙虎殿、利应侯庙大殿、东卜宜村先师庙戏台等皆为元代建筑的典型代表。相对于唐宋木构而言，元代木构不仅用材小，而且工艺简约，但这样的简约反而形成了一种粗犷、豪放的建筑风格。除此之外，"悬梁吊柱"等作法也成为元代建筑的特征。

图 108　清虚观龙虎殿悬梁吊柱

图 109　清虚观龙虎殿斗拱细部

图 110　利应侯庙大殿细部

四、明代特征的双林寺大雄宝殿、永福寺中殿以及双林寺释迦殿与东泉镇百福寺正殿

明代是经宋辽对峙，南宋、金、西夏鼎足，元朝残暴政治后建立的大一统王朝。恢复礼仪制度成为明朝立国后的首要，诸多典章制度得以恢复，重新颁

布。这其中即包括对建筑制度的统一与规范。由此，明代建筑体现出中于规矩、合于古制的特征，突现了从宋代以来的"材分"到"斗口"制度的转化，梁柱体系得以强化，斗拱机能逐渐弱化。甚至，在建筑的平面分槽上进一步注重了返古方形。双林寺释迦殿与东泉镇百福寺正殿均采用无斗拱作法，即是强化梁柱体系，消化斗拱机能的范例。

图 111　双林寺大雄宝殿后檐斗拱

图 112　双林寺释迦殿无斗拱梁架结构　　　图 113　双林寺大雄宝殿角科细部

图 114　永福寺中殿前檐铺作细部

五、清代特征的城隍庙献殿、武庙乐楼

　　清代尽管满族统治者不同于蒙古统治者，很快融入了汉民族先进文化，并励精图治，但却是封建制度的重新开始，中国在世界发展的大潮中原地踏步甚

图 115　城隍庙献殿

图 116　武庙乐楼斗拱细部

至倒退。体现在建筑文化中自然也不外乎形式上的形似与浮华。虽也有《工部工程则例》颁行，使营造制度进一步标准化，但已再难看到传统建筑那样的风骨、豪放、飘逸与大气，仅仅是华丽的形式而已。这一特征集中反映在斗拱系统的繁缛浮华上，受力、出檐等功能早已不存，仅仅成为一种象征与装饰而已。

图 117　武庙正殿斗拱细部

　　写到这里，还要特别指出的是，在讨论上述建筑及其特征的时候，主要集中在斗拱、梁柱两个方面，其实单体建筑的分槽研究甚为重要。《营造法式》卷三十一之《大木作制度图样下》中有分心斗底槽、金厢斗底槽、单槽、双槽平面分槽图样，也就是"柱网"图，即现代所称的"基础平面图"。

　　在这一基础上，以"间"与"架"的数量表达单座建筑的平面形式。虽然辽金之后出现了减柱构造，用更大的檩架代替柱网中的柱位，或"减柱造"或"移柱造"，以扩大建筑内空间，但建筑以间划分的空间结构没有改变。这一点

叁

平遥古城建筑文化内涵

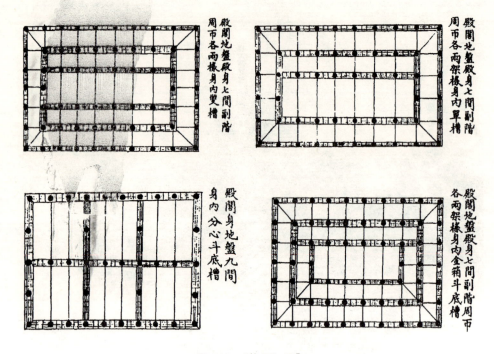

图118 "柱网"图①

从镇国寺万佛殿、普明寺正殿纵横三开间、文庙大成殿纵横五开间的方形分槽结构中可以清楚地反映出来。

其实这一结构本身除了建筑力学的意义外，更内涵着中国传统文化的深义。三开间方形"网柱"结构正好将建筑内平面划分为九宫格，而所有庙观中这一位置均最为显要。如果我们再进一步开而阔之，三开间方形结构建筑简直就是一个魔方结构。有道是佛不着地，佛像等都要塑于台龛之上，主佛之尊位恰好就是魔方体之中心。这一结构预示着，佛在日、月、地球构成的三维空间中注视、观察整个寰宇。这一内涵也只有在以周易为核心的中国传统文化中才

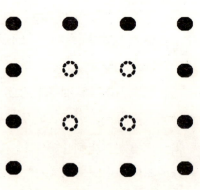

图119 镇国寺、普明寺柱网图

---

① 邹其昌点校. 文渊钦定四全书营造法式. 北京：人民出版社，2006年9月. 251~252.

能找到答案。

中国古代传统建筑从来就不仅仅是科学意义上遮风挡雨的居处，还包含着深厚的传统文化思想，或者说是集居住实用性与文化传统于一体的立体文化符号。除此结构上的深义外，斗拱结构所体现的柔性，柱、梁、枋所体现的刚性，以及卯隼结构的刚柔相济，恰恰就是道家上善若水与儒家自强不息的结合。所有中国建筑，不论大型木构、五开间、七开间、十一开间……民居与商铺建筑的单体建筑与复合院落，均以此三开间结构为基本单元。有人说中国古代建筑是棒棒文化，其实更应该说是魔方文化，或曰三维立体的太玄文化。

平遥古城乃中国建筑的博物馆

到此，其实已无须赘言，再说即是重复。我们完全可以得出以下的结论：平遥古城保存了五代、宋金、元明清乃至民国的各类建筑，除大型木构建筑之外，还有城墙、桥、塔、楼、坊以及下文即将讨论的民居商铺等各种建筑。平遥古城是当之无愧的中国建筑文化博物馆，是一部由木石砖瓦构筑而成的中国古代营造法式全书。

3

平遥古城民居商铺建筑特色

如今在全国，大到曾经的国都、州府，小到县城，像平遥古城这样规模的民居建筑都是十分鲜见的。更为鲜见的是现存 3797 处古民居，无论从民居间的布局，在城池大环境中的分布，还是每一座民居的内部结构，都充分体现了中国古代宗法与礼教制度。几千处古民居本身就是一部凝固的立体文化史书，也可以说是儒家文化形而下之"器"。

平遥民居商铺建筑范例

一、平遥典型民居

（一）位于仁义街 37 号的王沛霖故居。乃书香门庭类民居典型，重建于清代中叶，坐北向南，前后三进院，有东跨院，清道光年间文人王沛霖居处。

正院三截之间以垂花门、罗汉墙相隔。外院有东、西厢房各一间，倒座为五开间，东南角小开间为门道，门头匾刻"树德"二字。中院垂花门楼残损，门头匾书"克绳祖武"，东、西厢房各三间，单坡顶带前廊。里院楼下额书"乐天

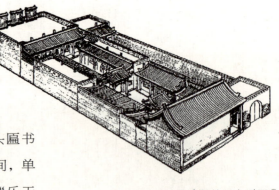

图 120　王沛霖故居鸟瞰图[1]

---

① 晋中市史志研究院.平遥古城志.北京：中华书局，2002 年 5 月.120.

伦"，北、东、西三面俱为锢窑，均加前廊。正窑五孔，廊下挂落，雀替木雕镂空。东、西窑各三间，为"一明两暗"。东窑北山墙侧有砖砌台阶，逆时针方向通往窑顶。北、东、西窑顶互通，平台以花瓦墙围拢。正窑顶正面平台上有三座风水影壁呈一字排列。跨院平面呈带状，北有锢窑三间，南有锢窑式院门通街道，为东马院。如图 120 - 123。

图 121　院门

图 122　二进院垂花门

图 123　内　院

（二）位于书院街 11 号的雷履泰故居。乃商人故居类民居典型，东院、中院、东偏院、西偏院四座院落既自成一体又相互贯通。为中国首家票号日升昌的创始人和首任掌柜雷履泰故居。

中院为建筑主体，属平遥典型的"三脊两院过道厅"式格局。院东西厢房后檐墙外留有狭长的走道，形似两行平行的轿杆"抬着"过道厅堂，故亦名"轿杆院"。中院的外院有南厅三间，五檩前后廊式。南厅东尽间与外院东厢

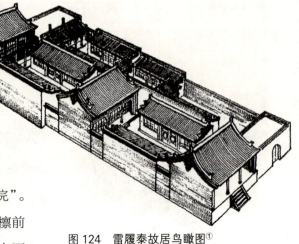

图 124　雷履泰故居鸟瞰图[1]

房之间，建有坐西向东通往东院的如意式宅门。中院正中间为过道厅，檐下悬有金字贺匾，上书"拔乎其萃"，为日升昌财东在雷履泰 70 寿诞时所赠。向北穿过过道厅，为中院之里院。里院正位为三间加前廊的拱券窑洞，廊柱通天，窑顶建木构楼房，房檐下匾额书"晋元楼"。窑内灶、炕齐备，四壁坑围以金漆描绘。院四隅原有铁制天网，上挂铜铃以防盗。东院由两道内宅门隔成三进院落，里院正窑五间，每截院均有厢房。东偏院为车马院，原貌不存。西偏院狭小，院门开设在葫芦肚巷，院内有正房一间，西房三间。如图 124。

（三）位于沙巷街北段路东的侯王宾故居。清乾隆年间建。侯王宾为票号界重要经营人物，位至天成亨票号总经理职位。侯氏于光绪间置得此院，遂予重修。侯宅包括沙巷街 14 号院（下院）、16 号院（上院）、18 号院（书房）、20 号院（车马院）以及郭家巷 6 号院（花园）和石头坡巷 9 号院（祠堂）。当时六宅院串通一体，各具功能。14、16，18、20 号院两两相对，共同坐落在一条宽阔的东西向巷道内，路面条石铺墁，门前拴马桩、上马石成对。如图 125。

---

① 作者平遥县地方志编纂委员会. 平遥县志. 北京：中华书局，1999 年 8 月. 757.

图 125　侯王宾故居大门与巷道、拴马柱与下马石

14 号与 16 号两院均为坐北向南两进院落。14 号院即下院（西院），倒座为四开间，内有前廊，东南角开间为屋宇式大门，外观为拱券式。一进院厢房为三开间，开间、进深较小，内部无隔断。垂花门隔开内外院，内院厢房东西各三间对称。正房为五开间木构，屋顶单坡内向，正脊中有一砖雕风水楼。

16 号院即上院（东院），倒座为五开间，正南向入口。两进院间由垂花门作为过渡。正房为三开间窑洞，前有木构披檐，东侧有楼梯通达屋顶，屋顶正中建风水楼，花瓦环绕四周。院西侧有小门与 14 号院即下院相连。

南面 18、20 号两座宅院均为坐东朝西两进院落。都在正房吉位北端，屋顶建风水楼。18 号院即北院，倒座为五开间，中间开间为大门。一进院两厢各有两间进深很小的敞廊。两边院墙各开小门与过道院和 20 号南院相连。通过五开间过厅进入二进院，左右进深较大，厢房各三间相对，正房窑洞三间，只有中开间披檐。

20 号院也是倒座正中开屋宇式大门，垂花门将院落分为两进，正房为五开间窑洞，前有木构披檐。内外院均有左右厢房对称，内院三间，外院五间。

（四）位于上西门街中段路北的宋梦槐故居。乃绅士宅第类民居典型，整个建筑坐北向南，宅门坐落于巷门两侧高 1.3 米的砖砌台基上，为面阔三间，五檩中柱式硬山顶门厅，檐下礤礅和方形鼓石的双层柱础上立梅花柱，明间为明道，门额上刻"诗书第"三字，两次间有倒座门房，正对宅门的是中厅和正房。宋梦槐为晚清光绪癸巳科举人、广州府通判、吏部司官，其人于辛亥革命后返里兴办金井火柴公司，抗日战争期间有功于民族解放大业。

外院的西墙下有月亮门通往书房院，内建正窑、南厅各三间。里院的两侧，有凝重的垂花门楼，门匾刻"谦益"二字。宅内正窑、南窑和东西厢房各三间，正窑上建楼。内宅东有一小跨院，院内建正房三间。全院有单体建筑的柱头皆置平板枋，所有窑洞和门堂均插前廊，柱础造型与浮雕图案十分古朴，各部位木构雕饰奇特。目前只有内宅基本完整，但窑楼已被拆除。大宅门、大宅门内纵轴线上的正房、场院内西边的三间矮屋等局部得以幸存。

（五）位于范家巷4号院的高鸿升宅院。乃小康家园类民居典型，整个建筑由主次两院落并联而成，正院坐北朝南，侧院坐南朝北。建于清乾隆四十一年（1776年），为帽业作坊小商人高鸿升宅院。

受道路交通限制，院落主入口建于侧院北向，院门与倒座结合，为车马门。侧院原为三进，一、二进院中垂花门和部分建筑已毁，仅存倒座三间和西厢房一间。通过砖雕门进入三进院，院中正房和东、西厢房各三间，正房为木结构三间，屋脊正中有一小风水楼，厢房均为"三破二"。侧院二进院西有仿木构砖雕垂花门，内檐有单坡顶，从此进入主院，院内直对砖雕影壁。正院倒座与东西厢房均为木构，单坡硬山顶，构架间阑额、平板枋俱全。倒座为五开间，厢房为"三破二"形式。正房为五开间锢窑，前有披檐，东面有通向正房窑顶的砖砌阶梯。正窑顶原木构楼房已于1958年拆除，材料用作公共设施建筑。

二、平遥典型商铺

平遥古城的规模与繁荣，尽管其路当孔道的军事地位十分突出，但为其不断发展注入活力的还是货殖，特别是金融业。因此与平遥古城的民居建筑同样大放异彩的便是商铺建筑。

(一)永隆号旧址。位于南大街57号。店铺坐西向东，系清代中叶重修，原本颜料庄，晚清时改营绸缎，台阶四级，铺面五间，间宽 3 米，进深 6.86 米。檐柱与金柱柱头上施大额枋，额枋以上纵向立四柱，上建垫板楼三大间。楼通面阔与上层相同，硬山瓦顶，板门装修。铺面内南北次、梢两间原各有平面呈 L 形的柜台，面向街道，对称设置，谓之"栏柜"。栏柜以里有"货架"排列。铺面南北两梢间后面有门，与院内厢房互通。与铺面相通的厢房谓之"柜房"。院内中轴线上依次有内宅门、中厅和后厅，成三进院落。每截院均有南北厢房各三间，单坡式硬山顶。中厅面阔五间，两梢间狭小，带前廊，上建垫板楼房，北梢间辟为门道，直通后院。后厅下窑上楼式，体量同于中厅。全院各房舍有火炕、下沉式灶火。房舍檐口梁架装修精良，木石雕刻，门以格扇装修，外有帘架风门，窗户灯笼锦式，内有板门式窗扇，外有拐子锦外窗。

（二）**长泰永旧址**。位于南大街 68 号。坐东向西，为清末民初专营绸缎布匹大商号。店面宏伟，临街铺面五开间，入步深长。门廊并列在铺面以南，梁架屋顶同铺面互相联结，伙立山墙。铺面之后是长方形庭院，东有双坡顶正厅五间加前廊，正厅南侧为通往后院通道。南北两厢各有居室三间，北厢房之西与独间柜房相连接，南厢房西山墙面对门廊，遮挡街市视线，东山墙犹有拱券小门朝向后院。后院屋舍布局不太规整，北屋三间，南屋两间，西屋三间。旧址系清康乾盛世遗构。

（三）**兰香园炉食铺旧址**。位于南大街 12 号、14 号。坐东向西，为晚清时代主营烧烤甜食，兼营黄酒、白酒，糕点作坊，为明代建筑。有古铺面四间，间宽 3.3 米，进深三椽，四檩前廊式硬山顶造。柱高 2.4 米，柱头与阑额直接承托檐檩，檐椽为横截面是正方形的方木，檐头无飞椽，以特制薄砖作望板。屋面平缓，无有弧度，筒板瓦覆盖，脊饰原件存有少许。由于铺面房面临的街道屡续淤埋，年深代远，致使房内地面低于路面 20 厘米以上，柱础已不可见，门高不逾间宽，铺面十分低矮。

（四）**长升源炉食铺旧址**。位于南大街 41 号。坐西向东，系明代晚期建筑。铺面房面阔七间，上有垫板楼，因地处市楼脚下，北梢间削减一半，临街的门面便成六间，两梢间与南北柜房连接，柜房以西有南北厢房各三间，前插廊，同正面两窑共同围成一座方形四合院。正窑的平台上有木构楼房被拆除，窑洞前接厅堂五间，堂前插廊。正窑及厅堂两侧，南有耳房为原厨房，北有通向后院走廊，并有马厩。后院有正房三间以及磨房等构筑物。现存锢窑和厅堂为初建后原物，南北厢房建造时间也不晚于清代早期，铺面房重修年代稍晚。

（五）**德义昌金店旧址**。位于鹦鹉巷 5 号。坐西向东，系清末民初金银首饰作坊。临街铺面坐落在高台基上，为面阔七间，六檩前廊式的硬山顶造。铺面明间为通道，西厢原设有内向栏柜。铺面背后有里外两进院，正面有锢窑五间加前廊，里外院左右各有厢房三间，单坡顶造。院内房舍高大，宅墙高筑，院心敞亮。铺面房槛墙以下埋有密排的木桩以防盗抢。

（六）**日升昌票号旧址**。位于西大街 38 号。坐南向北，由中、西院和东跨院组成，拥有单体建筑 25 座，计屋舍 100 余间。

垫板楼式临街铺面建在高大的青石台基上，面阔分别为三间、五间和两间。中院铺面之后，由纵轴线的宅门、中厅和南厅隔为三进式穿堂楼院，铺面用板门装修，门厅居中，内置屏门，两旁的次、梢间安置有背向街面的"栏柜"。铺面里首通"柜房"，即前院东、西厢房各三间，为"信房"与"账房"。中厅面阔三间，单坡硬山顶，上建木板楼，前出廊，为会客、商

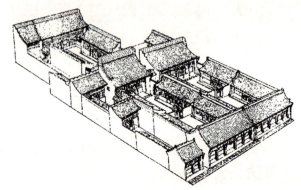

图 126　日升昌旧址鸟瞰图①

图 127　日升昌铺面

---

① 晋中史志研究院．平遥古城志．北京：中华书局，2002 年 5 月．135.

谈业务之所。中厅前左右各有肋门与西、东跨院互通。与中厅相背而望的为后院正房，面阔三间，后檐墙与中厅伙立，明间为门道，两次间相向辟门，为"掌柜"起居之所。前檐墙筑窑洞式窗户，屋顶加木板楼，前插廊。后院东、西厢房各三间，为居舍和客房。南端为南厅四间。出厅前东侧内宅门外，有贯通西大街至郭家巷夹道。前夹道设书房、食房、灶房直到临街

图 128　日升昌后院

图 129　日升昌前院

铺面，构成东跨院；后夹道设马厩、车棚，南有拱券大门面临郭家巷。西院铺面与中院铺面相似，四面房舍均有阁楼。

　　日升昌票号旧址始建年代不详，重建于清，中院原开设木器厂，道光三年（1823 年）由日升昌票号财东李大全收购并改建成现格式。后一直用于票号，为日升昌总号。后西院又成为新创建"日新中"票号总号所在。一直到 1948 年捐予政府前，此旧址一直为票号、钱庄经营场所，是中国银行前身票号的典范性建筑。

　　整座日升昌旧址，三院相跨，浑然一体，将票号经营的封闭性使用价值与建筑艺术融为一体，几乎达到了完美的境地。

　　（七）百川通票号旧址。位于南大街 109 号。坐西向东，平面呈"L"形，

重建于清咸丰年间。坐西向东的一串三进院落为主院，里院正房右翼连接坐北向南的后院，面临衙门街 13 号院内，外通衙门街。

主院临街铺面五间，间宽 2.72 米，进深 6.9 米，硬山覆瓦顶，板门装修，上有阁楼。铺面后南北有柜房三间，与内宅门组成前院。二进院南北各有厢房三间，为当年票号信房和账房。正面（西）为过厅，面阔五间，进深 4.12 米，上建有阁楼，带前廊，格扇门，棂锦窗，廊下置木楼梯，尽间通向三进院过道。过厅与南北厢房之间墙下，各有小门一道，与南北两院互通。三进院内有南北厢房各三间，面阔 3.2 米，深 4.8 米；西房三间，间宽 3.2 米，深 5.2 米；两边耳房各一间，与两次间相通，清光绪二十三年（1897 年）曾失火，临街铺面等被毁，随即重修，现保存基本完好。

（八）**马圈巷 27 号为典型的当铺院。**坐落于花园街与马圈巷交叉丁字街口，由主院、后院和左右跨院组成。

主院为坐西向东四合院，院东房即当年对外营业室，面阔三间，门窗朝向院里，背后出廊，后檐墙青砖实砌，展现在街面的只有檐廊。檐墙北端开一道拱形随墙小门，高不过 2 米，宽不足 1 米。门道则只占东房北次间三分之一。门道与柜房（营业室）之间有厚墙相隔，墙上开一高高的"当窗"。柜房南端与院南厢房相连，为当铺"内账房"，也是保管金银细软、古玩珍品小件当品的库房，装修严密，为铁制窗棂。院北厢房为经理会客之所。院正位为三间"闷窑"式砖圈窑洞，并在上层筑有木构楼房，门朝向后院，通达跨院。目前，这一当铺院保存基本完整，只是变成了宅院。此外，城内尚有北大街 18 号、鹦鹉巷 11 号、米家巷 17 号等多处。建筑风格一为设于繁华街区的前房后道式经营场所；二为设立在小街小巷中为四合院的小押铺。前者建筑仅在栏柜形制上异同于其他行业；后者则墙高壁厚，门小窑深，牢固而压抑。

平遥民居商铺建筑文化解析

纵观平遥民居，从整体上看，四合院为平遥民居的主流，亦即平遥民居可以概括为平遥四合院。尽管四合院类型多样，规模不一，但其构成要素不外乎宅门、倒座、院落、厢房和正房五部分，多进院落则隔以垂花门或过庭串联。五大基本要素多重组合，产生出多种类型又颇具特色的院落类型。可以概括为基本型、串联式、并联式和混合式四种类型。结构类型则主要有砖木型与锢窑型两种。其中锢窑型根据院内窑洞的位置可分为正房为窑、正房和厢房为窑、正房和过厅为窑、正房和厢房以及倒座为窑四种。如下表①：

表 13   平遥民居结构类型表

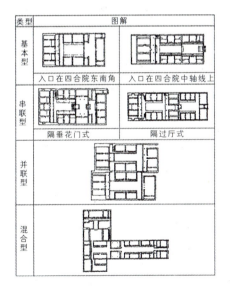

表 14   锢窑型的四种分类表

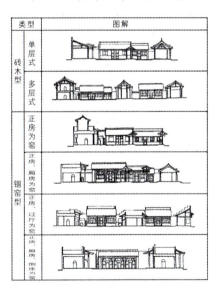

大门，在建筑中有着十分重要的作用，正房（堂）即通过具有代表性的"门"的形式来体现。从一般现代建筑学上讲，它是内外空间的过渡，登门方可入屋，代表着建筑的段落和层次。同时通过大门具有标志性的形式作用于外部空间，实现了内外空间的转换。更为重要的是，"门"本身还具有深刻的文

---

① 宋昆主编，平遥古城与民居，天津：天津大学出版社，2000年11月.42，43.

化内涵。"门堂三制"和风水学均对"门"的建筑及方位等具有直接的支配意义和作用。平遥民居的大门，从构造和做法上可分为屋宇式和墙垣式两种。前者一般开在五开间倒座左端的小开间上，门外有几级踏步，两边各有抱鼓石或石狮子。屋宇内镶门框，下有高槛，上有走马板，板上匾额题字。也有在屋宇下开拱券门，面宽较大，地面平坦无有台阶，供车马出入或人车共用。后者的宅院一般无倒座，大门多设在中轴线上，多为垂花门状。从材料和形式上看，大门又有砖木之分。大宅院的跨院都有宅门与正院相通，均有大门直通街巷，为拱券门，专供车马、污物出入。

倒座，平遥四合院的倒座屋顶形式多为内向单坡或双坡硬山顶，外墙高大壁立，不开窗，只有宅门沟通内外。小型四合院倒座一般为一层，大型四合院有的则为两层。倒座由宅门、屋室、厕所、储藏屋等几部分构成，一般为五开间或三开间。平面布局有两种形式：一是宅门设于中轴线上，即宅门置于倒座中间，厕所居右端开间，余三室作门卫、储藏或客房用；二是宅门居于倒座左端开间，形成进深较大门道，右端开间为厕所，中间三间或一间为客厅等用。

院落，平遥四合院宅基多为长方形，规模不一，面宽与进深因宅而异，一般外墙高大，对外不开窗，外观封闭。内院平面长宽比多为 2:1，由外院到内院院落宽度不断变窄。院落一般分串联型、并联型和混合型三类。串联型即沿轴线纵向联合，以垂花门或过厅串联几进院落；并联型即通过四合院的纵向联合从而形成多轴线建筑群体，各院落往往不是并列放置在一起，而是根据院落尺度、比例以围合院落的建筑物体差异形成某种对比，暗示院落间的主从关系；混合型即指既有串联院落，又有并联院落的群体组合。

厢房，一般多为砖木结构，门窗均向内，平面开间一般为三间，高度和进深随院落空间而有变化。厢房按结构可分为砖木型和锢窑型两种，其中以砖木型为多。砖木型厢房屋顶多为向内单坡硬山顶，也有蹳臀顶，脊高可达七八米；锢窑型厢房为内填黄土，外砌砖石的锢窑，有时窑前加建木构披檐，厢房形式以一、三开间较多，外院多为一开间或三开间做成通间，内院则多为三开间，或中间设门屋内隔成一明两暗的三间，或"三破二"，在正中筑一隔墙将三开间分作两室，各有对外屋门。

中门，较大的宅院常在中轴线上设中门或过厅，起到分隔内外空间，增加空间层次的作用。一般作成垂花门状，门两侧隔墙上常雕刻着精美的影壁，有的设小龛，内供神像。垂花门按构造分为木构和砖雕两种。

过厅，大型宅院多以过厅分隔几进院落。过厅除中门单纯的通道功能外，还是纳客的场所，或为书房、起居厅，是公共空间与私密空间的中介。有些过厅南北两侧均设披檐。过厅同样分砖木型和锢窑型两种，木构型多建成双坡硬山或卷棚顶，三或五开间，门窗楞格讲究，过厅两侧有通内院通道，面宽略窄于正房。锢窑型通常五开间，中三开间为"一明两暗"，明间为门道，两端开间较窄，作为通往内院通道。

正房，为四合院中最重要部分，院落与厢房层层递进烘托陪衬正房的正位。屋顶有时建风水楼或风水影壁。正房室内多为"一明两暗"，中间为明间，多设祖堂、香案，供有祖位神像。为祭祖拜神、婚丧典礼场所。正房侧"暗"间，分别为父母与长子卧室。正房同样分砖木型和锢窑型两种。砖木型多为一层，单坡或双坡屋顶，也有为二层者；锢窑型外檐常加设木结构披檐，一般常为三孔或五孔，两侧窑洞开间较小，供储藏或通往后院门道之用，窑顶平台可供晾晒休息用，有时也建木构二层。

从各类商铺作坊的建筑格局看，多数商铺作坊都由铺面与庭院组合而成，开放式临街铺面后面便是封闭性极强的庭院。前店后坊或前店后居，销售与生产、生活三位一体为其共同特征。大的商号，从铺面之后纵深发展到另一条街道辟门，谓"前店后道"，而铺面房绝大多数厅堂之上建有阁楼，或库房或作坊，空间利用十分精细、充分。在共同特征下，各类商铺作坊又各有特征。绸缎铺类店铺特别强调开放性，柜台的设置和货架的排列侧重于最大限度地与顾客接触，展示绸缎质量与特色；炉食铺类与铜匠铺类店铺特别强调传统制作工艺的公开性，具有店铺与作坊的共同特征，即侧重于店铺销售的特色，但又具有作坊的性质；金店、票号、当铺等金融类店铺，铺面的开放性较为有限，铺面之内则侧重于隐秘特征，普遍为高墙厚壁，防盗设施齐备。粮店类店铺，名曰店铺，实际具有市场的诸多特征，店铺面多为门板式构建，门板卸开即为直面大街的柜台，开放性特征更为明显。

平遥民居商铺锢窑特点及建筑方法

在平遥民居中，锢窑较为普遍，城内及平川地带的锢窑多为地上拱窑。在平遥窑洞的形式中还有分布于广大山区的靠崖窑。锢窑主要是靠人工制作砖石或土坯，而发券成窑，靠崖窑则依山而掏挖。由于锢窑建在地上，墙宽顶厚，通风、采光良好，冬暖夏凉，因而被广泛地使用。当地不仅深宅大院的富户采取砖式锢窑，寻常人家也同样以窑洞为主要居住方式，只不过建筑材料由砖变为土坯，当地谓之墼，建筑的工序与技术基本相同。锢窑不同于砖木结构的房屋。在当地方言中锢窑称窑，依使用砖、石、墼材料不同而谓之砖窑、石窑和墼窑（或土窑）。其建筑方式是，首先准备基本建筑材料砖、石或墼。砖的制作与现在一样，用泥脱出坯子后烧制而成；石则由石匠打磨成方形或梯形。墼的制作是将荫湿的土置于墼斗中，用石夯夯实，置于阳光下与通风处自然晾干。其次是在筑窑的地基上，划出开间、大壁与隔墙。大壁位于整排窑洞两边，隔墙则位于各开间中，然后在划定的大壁与隔墙下深挖地基，夯打地基。地基夯实后，用板筑的方法筑起大壁与隔墙。

大壁与隔墙的高度均在 1.8 米左右。大壁承受整排锢窑左右张力并承载重量，厚度较宽。隔墙只承载窑体重量，厚度较窄。在大壁与隔墙、隔墙之间支模发券。砖窑砖体用白灰竖券，墼窑墼体用麦壳泥横券，券顶中间一道砖或墼的砌筑称"合龙口"。这一道砖或墼往往

图 130 传统板筑维修城墙

要特殊处理成梯形。"合龙口"类同于木构建筑正脊上大梁一样重要，也要举行类似"上梁大吉"一样的"合龙口"仪式，标志一座锢窑关键工序的完成。锢窑券成后要在拱券以上填土夯实，谓之"填窑顶"。窑顶厚度可达二三尺，并预留水道。窑顶多平砖墁砌找坡至出水口，最后砖缝抅灰。简陋的窑洞则不再砖墁。与此同时，对整座窑洞从里到外装修。根据明间、稍间等不同安装门窗，屋内抹墙，或挂泥或抹灰，屋外所有墙体进行装饰，或砖满面，或挂泥。最后在窑顶正方加前檐，其他三方加花墙，或在后方加风水墙或风水楼。锢窑为平遥建筑的重要特征，不仅民居如此，公共建筑的寺院、衙署、戏台乃至店铺也是如此。如郝洞村镇国寺后殿三佛楼、县衙署大仙楼、六庄村戏台均为锢窑，还多为十字拱建筑。而且锢窑前有前廊，甚至窑顶再筑木构建筑。这一建筑特征在其他区域都是较为少见的。因此，平遥建筑除了木构建筑外，锢窑建筑是一个根本性特征，即窑乃平遥建筑的一大特色。

图131　郝洞村镇国寺三佛楼

图132　县衙署大仙楼

图133　六庄村戏台

平遥古城体现的风水学思想

《阳宅会心集》载："城市之地，甚正穴多为衙署诸基用，余者无论在东南西北四向，总以高地为吉，低处为界水，不可居。"《相宅经纂》载："京都以皇殿内城作主，省城以大员衙署作主，州县以公堂作主。"

纵观平遥古城风水实践与建筑实体，平遥古城所依风水学思想，实乃传统"形势派"与"理气派"的结合或杂合。城池选址等以形势派为主，家居商铺等以理气派为主，只不过更加注重实用、简洁罢了。当然也结合了当地自然环境条件与阴阳术士的实践经验。

平遥古城选址依据的风水学原则

平遥古城的选址，尽管没有古代福建、江西一带对城池的选址循规蹈矩于风水理论，但依然体现了风水学的基本原则，又包含着风水学的深刻内涵。

中国传统的风水理论认为，"风水宝地"的环境理想模式是"藏风得水"、"面南而居"。藏风主要是规避西北之冬季风，接纳东南之夏季风。因为中国地处北半球，西北高而东南低。得水则更为重要，《葬书·内篇》指出"风水之法，得水为上，藏风次之"，因而风水中讲求相地先看水。对水的要求则是"弯环绕抱"、"曲则有情"。得水所得之水不仅在水流形状上有屈曲环抱，有利于聚气，而且水质上也要求色碧、味甘、气香。面南而居是中国地处北半球、低纬度，阳光在大多数时间是从南面照射的，同时冬季盛行寒冷干燥的西北风，夏季盛行温暖湿润的东南风，因而坐北向南便成为风水学的一大原则。由之，中国典型的风水宝地的理想模式便成为西、北、东三面环山，南面平坦开阔的坐北朝南模式，这样可以抵挡寒冷的西北风，迎纳温暖湿润的东南季风。再把东西南北四向与青龙、白虎、朱雀、玄武四灵兽相结合，便组成了一个以玄武为靠山，象征稳如泰山，左有青龙蜿蜒，右有白虎踞蹲，南有朱雀翔舞的理想风水宝地模式。类似一把"太师椅"，后面屏风高大，左右山脉成扶手状，前面有桌案之山。

明万历《汾州府志》卷二《地理类·形胜》记载："平遥县，左襟麓台，右带汾水，中都衍于前，沙水环其后，超山拱秀，堡完寨美，为一方之胜。"平遥的地形为东南山地，汾河沿东北西南方向亘于县北，因而县西北为盆地平川。晋中有谚语曰："热平遥，冷祁县，冻死人的太原县。"反映出平遥地形和气候的特殊性。一般而言,城池建筑在负阴抱阳、背山面水的地方，也就是建在上面论述的以玄武为靠山，左有青龙蜿蜒，右有白虎踞蹲，南有朱雀翔舞的理想风水宝地上。但由于受自然地理环境，以及气候等

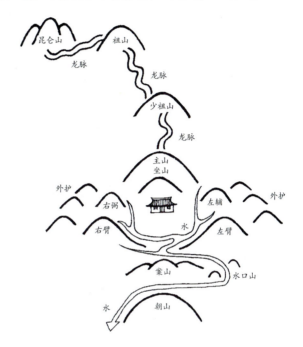

图 134　风水宝地环境模式①

图 135　村镇最佳选择②

---

① 程建军，孔尚朴.风水与建筑.南昌：江西科学技术出版社，1992年10月.24.
② 同上.

多种因素的影响，平遥古城则是建筑在面山靠水的地方，与一般意义上的风水宝地有一定出入。但由于山西地理大环境即为典型风水宝地的根本性制约，加上汾河形成的东北西南方向气流影响，平遥古城的选址仍不违背风水原则。平遥古城近有中都水环抱，远有汾河绕带，超山拱秀于前，吕梁山系盘亘于后，可以说是藏风得水的风水佳地。平遥古城面南而建，南偏东15度，是山西环境下的最佳朝向。为弥补与背山吕梁大山的空间距离，将城建为龟城，龟即玄武，亦即靠山。同时又增添了"四拗"作修正补充。变东为西，变南为北。即东门对着西郭村，西门对着东达蒲，南门对着北干坑，北门对着南政村。也正因为如此，平遥古城不是简单的中轴对称，而是全国少有的中心对称。

平遥古城中心的市楼东南脚下有一眼古井，称为金井，金井市楼也是平遥八景之一。民间盛传金井"井内水色如金"，又有金马驹的神话演义，因而名之金井。其实不然。金井之名不仅与市肆有关，是交易场所的特征，而且与风水密切相关。在风水上，官衙筑城建衙、百姓修房盖屋都要取土定穴。比较大的建筑，在择地定穴位后，还要开挖探井验土，这样的探井就称为金井。验土以"土细而不松，油润而不燥，鲜明而不暗"为佳，这便是风水中的"辨土法"。还有所谓的"称土法"。《阳宅经纂》卷三曰："取土一块，四面方一寸称之，重九两以上为吉地，五、七两为中吉，三、四两为凶地。或用斗量土，土击碎量平斗口，称之，每斗以十斤为上等，八九斤中等，七八斤下等。""辨土法"与"称土法"实际都是推断土壤的紧密性和地基承载力。皇家陵寝同样要点穴破土，而且将点穴后破土挖出磨盘大小的圆坑呼之金井，然后在圆坑上覆盖以斛形木箱，以后就永远不让这个坑再见日月星三光。皇帝棺椁入葬后，金井位于皇帝棺椁中心的正下方。金井内一般都放置许多珍贵的随葬品，叫做金井玉葬。尽管平遥古城的金井不同于陵寝金井，但其风水学的内涵是基本相同的。其功能表现为，在建筑选址规划时，用于地质勘察及作为设计基准而发挥作用，之后便成为纪念性或神秘性的风水建筑标志。平遥古城的金井市楼，既体现了市肆的历史，又是平遥古城取土点穴筑城的标志。

平遥古城布局的风水学内涵

前文对平遥古城的布局已有论及，或从礼制，或从建筑学本身。那么城池布局所遵循的风水学依据是什么呢？

平遥古城的布局中，以市楼为中心，其公共建筑的位置如右图。

《阳宅三要》卷一之《阳宅总纲》曰："京都以皇宫内城作主，省城以三司衙署作主，州县以公堂作主，儒学以文庙作主，庵观寺院以正殿作主，绅士百姓以高屋作主，一院同居数户以锅灶为主，看吉凶。"可见，如若依此为据，平遥古城的布局应以县衙作主，即县衙大堂前下罗盘确定庙星、文笔高塔、文武庙等重要公共建筑之方位。

图 136 平遥古城公共建筑分布图

一、平遥衙署

平遥衙署居于城池西偏南，为一"坎主七层衙署离门"衙署建筑，呈长方形。从南而北依次是头门、仪门、大堂、宅门、二堂、内宅、大仙楼。

《阳宅三要》卷一之《看衙署论》曰："五层贪狼木，宜高大。灶安震方上吉，巽方次吉。坎水生震巽木，木生离火，名水木相生，木火通明，大吉之衙署，升官最利。"平遥衙署之大堂与大仙楼均高于二堂，似有出入，灶位已难考其确切位置。与"衙署大堂为听政之所，临民之地，以大堂为主，宜正大

注：图中标注：清虚观、集福寺、市楼、县衙、城隍庙、武庙、文庙、文昌阁、魁星楼

图 137　县衙布局图

延年金	头门	第一层
绝命金	仪门	第二层
文曲水	大堂	第三层
辅弼木	宅门	第四层
贪狼木	二堂	第五层
廉贞火	内宅	第六层
巨门土	大仙楼	第七层

高明"之论相合，似乎整个署院有前窄后宽之象，酂侯庙之位置也建在青龙三碧紫气方，监狱安在大门内白虎休囚之七赤方。可见平遥衙署与《阳宅三要》卷一之《看衙署论》基本吻合。

二、庙星与文笔高塔

依衙署大堂定位，城池内文昌、三官、二郎等诸庙方位俱在亥、震、庚三吉，艮、丙、巽、辛、兑、丁六秀之地。平遥文昌庙本建于北城二合木厂巷南端路西面对北巷，但因其未在辛、巽之位，又在云路旁高起层台，创建文昌阁于辛、巽之位。清光绪八年《平遥县志·艺文》《创建文昌阁并凿泮池起云路碑记》如实记录了这段史实："三晋者，风气相感，天人交应，盖如影响。然未几复会天下庙学往时皆祠文昌，而此邦之祠乃列诸北城上。地师家以辛、巽为文明，故郡国之祠多在东南，北之为义奚取乎，则又于庙东少南云路旁高起层台，可五丈许，上祀文昌而肖奎。"这一点也可以从城中有两处二郎庙、两处文昌庙（阁），而仅有一处三官庙得到印证。因为三官庙当位，故仅有一处。此外，城池中最为突出的城隍庙正居震方三吉之地，土地庙也无有立于十字路口者，而且丁字路口往往会立以"泰山石"镇之。

平遥古城有魁星楼一座，位于东城墙角上。在城外东南110里的孟山乡杨家岭宝塔山顶，有一座9米高的七层密檐文峰塔，城南18里处梁赵村有一座16米高的文星塔，与《阳宅三要》卷一之《文笔高塔方位》所述"凡都省、府庭、州县、场市，文人不利、不发科甲者，宜于甲、巽、丙、丁四字上立一文笔峰，只要高过别山，即发科甲，或山上立文笔，或平地修高塔，皆为文笔"之论完全吻合。

三、文武二庙

平遥古城文武二庙，文庙居县衙东南之巽位，武庙居县衙南偏西之庚位，而且衙署距文武二庙距离均较远，也均不在十字路口。应之《阳宅三要》卷一之《都郡文武庙吉凶论》，文武二庙皆居三吉六秀之吉地。如于大堂前下罗经定之，文庙建在巽位，符合"文庙建艮、甲、巽三字为得地，庙右宜高耸，如笔如枪，庙左宜空缺明亮，一眼看见城上之文阁奎楼"之论。魁星楼位居城墙东南角，从文庙中确可一眼望见，城东南宝塔山之文峰塔如文笔高出巽位，为"主出状元、神童、名士、大宦"之象。

武庙建在丁位，符合"居亥、庚、丁三字上为得地"之论，为"侍衙武元，武风最利"之象。

由此而观之，平遥古城的公共建筑布局较为全面地反映了《阳宅三要》堪舆论著的思想，平遥城池正是以衙署为主的布局结构。

平遥古城民居店铺风水特色

平遥民居体现的风水文化同样遵循了中国风水的基本理论，但也有诸多创新与特色。

古城中，民居建筑非常丰富，元、明、清、民国等各个时代和时期的建筑应有尽有。这些民居建筑都是古城的重要组成部分，讲究方正，纵轴强烈，均衡对称。在房舍的配置上，长幼有序，尊卑有别，充分体现了古代的宗法和礼教制度。同时每一处民居都透视着风水学的合理内核，都能找到相应的风水学依据和讲究。综观古城内数千座民居，其风水格局都遵从风水"理气宗"的"九宫飞星"法，以天之九星(北斗七星、左辅和右弼)与地之九宫（八卦和中宫）的交互感应为宗，将选好的宅基按洛书九宫划分，依后天八卦确定宅门（称伏位）及其他各房间坐宫卦象，以宅门（伏位）为基准，在宅内各宫位顺布九星（实际是除左辅和右弼外的七星），根据各座位卦象与宅门伏位卦象的五行生克关系判断宅中各部位的吉凶。

东、西四宅八门套九星图①如下：

以民居中最常见的坎宅巽门的仁义街王沛霖故居为例，对平遥民居风水思想作一分析。

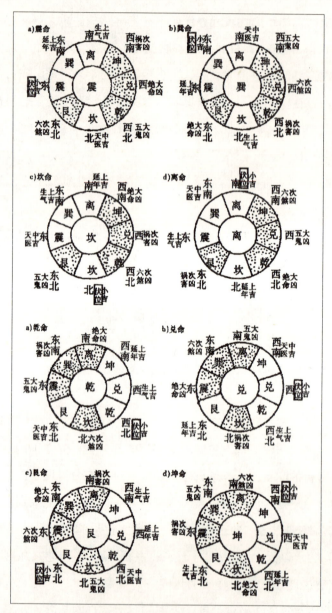

图 138 东、西四宅八门套九星图

---

① 亢亮，亢羽编著. 风水与建筑. 天津：百花文艺出版社，1999 年 2 月. 99~102.

王沛霖故居的结构布局前面已有阐述,按照理气派九宫飞星法,三进院构成四层动宅,如图139。

此宅乃动宅,面南为坎宅。如何确定门与灶位,即按"动宅变宅化宅三盘看法",先在大门内、二门外院正中用十字划线下罗盘,看大门在某宫某字,或属东四宅或属西四宅,门即定矣。如此行事,门的吉位自然是巽位,巽为风喜逢"坎水"。再在三进院正中下一罗盘,用线牵至高大房门之正中,看在某宫某字系某宅,主即定矣。正屋自然为坎宅。再于厨房院中下一罗盘,看灶房门在某宫某字。最后将三次下盘结果合而论之,看其相生相克情况而定吉凶。在平遥古城中,民居一般多为坐北向南之"坎宅",宅门修在东南巽

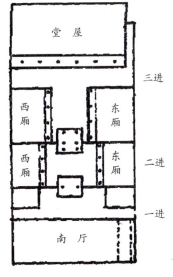

图 139 王沛霖故居

位或正南离位,坎宅巽门以东南方为伏位,大吉。正房主屋为"生气天狼木星",大吉。西南角坤位乃"五鬼廉贞火星",大凶,为厕所之所。故而,这一宅形在平遥最为普遍。

当然,由于受环境条件所限,其他宅形也有不少,即所谓东四宅坎离震巽,西四宅乾坤艮兑。但不论何种宅形,都依后天八卦确定宅门(伏位)为基础,在宅门各宫位顺布九星,根据各位次卦象与伏位卦象五行生克关系,判断宅中各部位吉凶,以安排门、主、灶"三要"与门、路、灶、井、炕、厕"六事",从而趋吉避凶。此外还要在吉方、旺方修建风水楼与照壁等建筑,以使吉位更吉,化解凶险。比如坐东向西的

图 140 正窑顶风水影壁

图 141　正窑顶正面风水楼

"震宅",开正西"兑门"或西北"乾门",正东方位大凶,东北方位大吉,则要在正房屋顶东北角筑以高大的风水楼或影壁,以此趋吉避凶。

南大街 8 号院为一典型的坐南向北两进院,正屋为五开间锢窑,窑顶建有一座风水影壁,倒座五开间,正中开间较小辟为大门,一、二进院间由五开间窑洞相隔,中间窑洞为过道,前有垂花门,左右隔墙各有一影壁,正中设土地龛,前后两进院,两厢均木构三间。该院落之所以要在正屋窑顶筑风水影壁,并开门在正北坎位,即在正宅离位为延年上吉,坎位(伏位)小吉。

沙巷街 14 号与 16 号院均为坐东向西的两进院落,两院也均在倒座正中开兑门,震宅兑门。兑门(伏位)次吉,但正东震位绝命,大凶,故只有在东北延年上吉之艮位筑风水楼趋吉避凶。如图 142。

其实,在平遥古城,不仅民居如此,店铺也是如此,甚至衙署、寺观也是如此。正如《阳宅三要》卷一之《动宅变宅化宅三盘看法》所指出的那样:"至看省郡、府庭、州县、衙署,以及庵观、寺院、公馆、铺店,门主灶一切俱照

图 142　正窑顶侧面风水楼

动宅变宅化宅看法为例，但与民室稍异。此以禄为主，略重厨灶可也。"

由此可见，平遥古城不仅民居，所有阳宅的风水依据皆同于《阳宅三要》、《阳宅十书》等风水理论。而此二书中体现的风水理论早已超越了所谓形势、理气二派之对立，而是两派理论互相渗透的融合，当然更加侧重理气派而已。

平遥古城的风水学思想，蕴藏于城池、堡寨与各种各类建筑之中，揭开其中之谜绝非笔者寥寥数纸文字所能，需要更加深入细致的研究。

用于人文目的的风水补救

平遥古城的风水术，不仅遵循了风水学的一般原理，而且带有诸多地方特色。

风水中选址一般都难以满足理想的模式，对于形势欠佳的形局，往往采取人工补救的办法。最为常见的补救目的是昌文运、固形势，方法是建文昌塔、修筑镇楼等。在昌文运方面，平遥古城内不仅有文昌阁，而且有魁星楼。在城外，古城东南55里孟山乡杨家岭的宝塔山顶，有九米八角基座七层密檐砖结构实心文峰塔。在古城南16里梁赵村有16米砖砌六角锥体三重檐实心文星塔。在固形势方面，在城东偏北16里的冀郭村慈相寺有楼阁式八角九层空心麓台塔，也名冀郭塔。这一佛塔立于平遥古城的东偏北，民俗上盛传是此塔拴住了龟城平遥下东门这一巨龟的后腿；还有传说平遥古城市楼下的金井与麓台塔正中的塔井相通，有金马驹出没于二井之中。金泰和元年四月六日《平遥县冀郭村慈相寺僧众塔记铭》记有："北则有清水河之相接，东偏则有祁丘城之相望，其东南则地亘于麓台山，西南则远揖于平遥县。山水抱映，地势坦然，真吉地也，宜乎建塔。""地势枕高地，面面平于掌。河连清水远，域与祁丘向。麓台如对揖，平遥远相望。山水映抱间，蔚然含气象。"可见麓台塔不仅具有宗教意义，而且隐含着深层次的风水中消灾镇邪增补形势的内涵。

用于一般意义上的风水补救。平遥古城大街路口有五道庙，小巷直对处有泰山石敢当或符石，大宅门、穿心院有影壁，宅院吉方、旺方主屋顶平台上有风水楼，宅门以门神护之、门洞内有土地神龛守之，在修房盖屋时，如若地基

叁
平遥古城建筑文化内涵

图 143　符石碑

图 144　泰山石敢当

难以成三间、五间等奇数开间，便要在中间两间即整体中轴线上象征性地筑一间小窑。所有这些都是一般意义上的风水补救。

上述所论，错讹之处难免，也决非宣传封建迷信，有三点说明于下：

其一，文中所及风水，乃中国传统文化必不可少的重要内容，肯定既有精华又有糟粕，这里只是从文化学角度阐述而已。

其二，就风水学本身而言，简单地斥风水为迷信是反科学的，因为历代传承的风水理论与实践，诸多内容属于科学的范畴，尽管其中包含有许多玄而又玄的内容还难以判断，也包含有不少封建糟粕的东西。用一分为二的态度深入研究方为科学的态度。

其三，作为中国传统文化的重要内容，风水学理论与实践都应该得到保护，应该作为非物质文化遗产予以保护。

图 145　位于两条小巷之间的五道庙

5 平遥古城建筑文化所尊之"道"

　　以上研究的主要是现存平遥古城的实体，即形而下之"器"。在这些固化的建筑中，处处包含着中国传统文化的精髓——形而上之"道"。

易学思想的顺天应地模式

　　《易经·系辞传》曰："是故，易有太极，是生两仪，两仪生四象，四象生八卦，八卦定吉凶，吉凶生大业。"

　　"古者疱牺氏之王天下也，仰则观象于天，俯则观法于地，观鸟兽之文，与地之宜，近取诸身，远取诸物，于是始作八卦，以通神明之德，以类万物之情。"

　　这两段文字所描述的正是古代易学思想之发端，这一思想直接来自对天地万物的观察，在这一基础上抽象而成八卦。八卦是由阴阳二爻生成的，阳爻为一，阴爻 --，两爻组合，生成四象☰、☱、☲、☳，三爻组合形成八卦，乾☰、兑☱、离☲、震☳、巽☴、坎☵、艮☶、坤☷。六爻组合形成六十四卦，自乾、坤至既济、未济。就八卦而言，阴阳两爻为基本构成单元；就六十四卦而言，八卦为基本构成单元。八卦象征天、地、雷、风、水、火、山、泽八种构成世界的基本成分，又与宇宙天时、地理、人物、人事、身体、时序、静物、屋舍、饮食、婚姻、生产、数目、方位、五色、五味等构成对应关系，也就是说周易八卦体系既可以反映天象、地理，又可以反映人事。反映天象的模式即是先天八卦方位图；反映地理的模式则是后天八卦方位图；反映周易阴阳对立统一思想的模式则是阴阳太极图。

一、 太极图——天地阴阳对立统一的模式

易文化的基本构成单元乃阴、阳二爻，两爻组合形成四象，三爻组合形成八卦，六爻组合形成六十四卦。阴、阳两爻是怎样产生的呢？古来有太极阴阳说、河图说与洛书说三种见解，其中太极阴阳说最为普遍，其依据即《周易·系辞上传》，"易有太极，是生两仪，两仪生四象，四象生八卦，八卦定吉凶，吉凶生大业。"太极又是什么内涵呢？《周易·系辞上传》曰："一阴一阳之谓道。"太极所分两仪为阴阳，阴、阳相合为道。说明太极与道是本质相同而角度不同表述，前者为由总而分的一分为二，后者为由分而总的合二为一。

对于太极生两仪，两仪生四象，四象生八卦，历来有图 147 的表述：

对太极的图像表述一直以圆圈述之，一直到宋代，据说是蔡元定才从四川隐者那里得到一幅"太极含阴阳，阴阳含八卦自然之妙"的

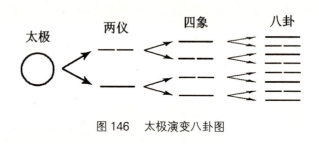

图 146　太极演变八卦图

阴阳鱼太极图，后来太极的图像也往往以此图表述。如图 72。

即便文献记载阴阳鱼太极图所出甚晚，但事实上太极图形可以上溯到新石器时代，大量出土的彩陶纺轮旋转图形和两鱼追逐图形便是明证。大自然中太极图形更是比比皆是，如水流漩涡图、旋风与龙卷风旋转图、植物发芽图、蛇体盘旋图等等。反映在文字上，"日"字的象形字形就是一个简明的太极图形"☉"，对此笔者曾在《周易文化的科学探索》一书中有专论，此处不再赘述。应该说阴阳鱼太极图是大自然各种各类太极图形乃至思想的最简略最准确的图像表述。太极图从其产生于新石器时代，到定型为具有阴阳鱼眼的平面太极图，体现了一分为二的与合二为一的特征，所体现的意蕴完全相同，即对立统一、阴阳互补，反映了宇宙万物对立统一、对立互补的普遍规律。这一普遍规律正是中国易文化的根本特征，也是以易文化为核心的中华文化的根本特征。

二、"立天之道，曰阴与阳"——先天八卦反映的天象

《周易·说卦传》曰：

"天地定位，山泽通气，雷风相薄，水火不相射，八卦相错。数往者顺，知来者逆，是故《易》逆数也。"

依此古人画出了下面的先天八卦方位图：

图 147　先天八卦方位图

对这一图式乃至《周易说卦传》中的此段文字，解释颇多，但基本共识相同，那就是先天八卦反映了天地自然之序，是人类顺天应地的基本原则。

八卦方位是：乾在上，在南方，象征天；坤在下，在北方，象征地；离在东方，象征日；坎在西方，象征月；艮在西北，象征山；兑在东南，象征泽；震在东北，象征雷；巽在西南，象征风。就八卦次序而言，从乾一到震四向左旋，称顺布，象征"天道"运行；从巽五到坤八向右旋，称逆布，象征"地道"运行。这一八卦方位图亦称为伏羲八卦方位图。此图以宇宙为主体着眼，以揭示并反映自然界及其运动为宗旨，即所谓"所以立体而明法象自然之妙"。

程建军先生对先天八卦图的研究表明，以其初爻与中爻，均可反映出东、南阳性，西、北阴性的特征。如下二图：

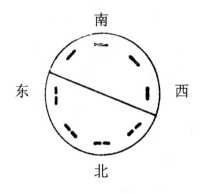

图 148　先天八卦初爻排列

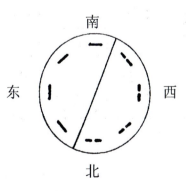

图 149　先天八卦中爻排列

先天八卦表征了天南地北、日月运行、寒暑交替的阴阳对立统一世界观，是中国古人遵从的天道图式。自然也成为中国古代建筑规划、设计的重要指导思想。这便是乾道成男、坤道成女，南阳北阴、东阳西阴的阴阳宇宙观建筑设计模式，从城池到宫殿、寺观乃至民居建筑莫不如是。

建筑的阴阳格局依东西轴与南北轴呈轴对称，左阳右阴，前阳后阴，东阳西阴，南阳北阴；左为上，右为下，南为上，北为下，阳尊阴卑。"寺观布局中的前堂后寝，是前阳后阴；左钟右鼓，是晨钟暮鼓，阳钟阴鼓。就连大门前的石头狮子也是雄踞左玩弄绣球，雌踞右爱抚幼狮。民居中的上下厅堂，也有阴阳之分，内外有别，前厅男子主外，后厅女子持内。前堂后楼，光厅暗房；门启东南，紫气东来。"①

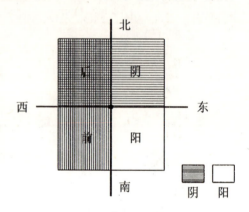

图 150　建筑阴阳格局图

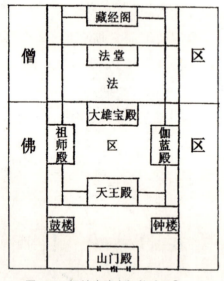

图 151　汉地寺院空间构造图②

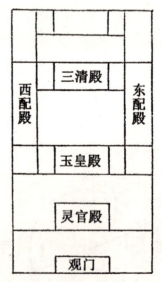

图 152　一般宫观空间构造图③

---

① 程建军.变理阴阳：中国传统建筑与周易哲学.北京：中国电影出版，2005 年 10 月.19~20.
② 居阅时，瞿明安主编.中国象征文化.上海：上海人民出版社.2001 年 7 月.35.
③ 同上.75.

这一模型不仅体现在配套建筑布局的平面设计上，每一单体建筑的布局上，每一单体建筑都可以阴阳二分。

这一模型同样体现在建筑物的立体结构中，建筑物整体高低层次无不遵循这一模式，就连单体立体的塔刹，同样体现天尊地卑，象天法地。塔基平面几乎毫无例外为偶数边形，或四边形、六边形，或八边形，高度则均为奇数层次，七级、九级等。

总而言之，阴阳和谐、对立统一，乃是中国建筑设计的指导思想。

三、"立地之道，曰柔曰刚"——后天八卦反映的地理

《周易·说卦传》曰：

"帝出乎震，齐乎巽，相见乎离，致役乎坤，说言乎兑，战乎乾，劳乎坎，成言乎艮。"

"乾，天也，故称乎父。坤，地也，故称乎母。震一索而得男，故谓之长男。巽一索而得女，故谓之长女。坎再索而得男，故谓之中男。离再索而得女，故谓之中女。艮三索而得男，故谓之少男。兑三索而得女，故谓之少女。"

根据这两段文字，古人制成了"文王八卦方位图"亦称"后天八卦方位图"，"文王八卦次序图"亦称"后天八卦次序图"。

文王八卦方位图与次序图是流传最早的八卦图式，遵循"乾坤退居、六子用事"原则绘制而成。方位配置上，☳，震卦，在上位的阳爻与阴初交而居下位，配置于朝阳初升的东方；☱，兑卦，在下位的阴爻与阳初交而居上位，配置于阴气渐长的西方；☵，坎卦，阳爻居中位，☲，离卦，阴爻居中位，均处于阴阳相交之盛期，将坎、离二卦配置于子午线上，坎北离南。☴巽卦与☶艮卦，都是阳居上位，阴居下位，阴阳不相交感，所以配置在偏位，艮东北，巽东南。☰乾为纯

图 154　后天八卦图（文王八卦图）

阳，☰☰坤为纯阴，阴阳完全不相交感，配置在完全不用的方位，乾西北，坤西南。

可见文王八卦更加注重"所以致用而著随时变易之道"。伏羲八卦与文王八卦相比，前者立足自然，在于确认宇宙本体，后者立足人事，在于提供阴阳变化消息。两图的关系，宋儒概括为"先天为体，后天为用"，"先天为纵，后天为衡"。即先天八卦图具有先验性质，是后天图赖以建立的基础，后者为前者的具体应用。先天图应竖看，后天图当平看，即"乾天坤地，以上下言"，"离火坎水，以南北言"。所以先天八卦只有卦位、卦序，却没有方位，后天八卦才具有方位。先、后天八卦的关系可以通过风水术中十分普遍的《大游年歌》得以证明。《大游年歌》如下：

坎艮震巽离坤兑，乾六天五祸绝延生。

艮震巽离坤兑乾，坎五天生延绝祸六。

震巽离坤兑乾坎，艮六绝祸生延天五。

巽离坤兑乾坎艮，震延生祸绝五天六。

离坤兑乾坎艮震，巽天五六祸生绝延。

坤兑乾坎艮震巽，离六五绝延祸生天。

兑乾坎艮震巽离，坤天延绝生祸五六。

乾坎艮震巽离坤，兑生祸延绝六五天。

这一歌诀如何得来呢？实际是先天八卦变易的结果。即先天八卦爻变所得。

上爻变，产生八个生气，

下二爻变，产生八个天医，

三爻皆变，产生八个延年，

下爻变，产生八个祸害，

上下爻变，产生八个六煞，

上二爻变，产生八个五鬼，

中爻变，产生八个绝命。

用表格表述如下：

表 15 先天八卦爻变表

爻　变	上爻变	下二爻变	三爻皆变	下爻变	上下爻变	上二爻变	中爻变
伏位	生气	天医	延年	祸害	六煞	五鬼	绝命
乾宅	兑	艮	坤	巽	坎	震	离
兑宅	乾	坤	艮	坎	巽	离	震
离宅	震	巽	坎	艮	坤	兑	乾
震宅	离	坎	巽	坤	艮	乾	兑
巽宅	坎	离	震	乾	兑	坤	艮
坎宅	巽	震	离	兑	乾	艮	坤
艮宅	坤	乾	兑	离	震	坎	巽
坤宅	艮	兑	乾	震	离	巽	坎

如乾宅八卦方位为：

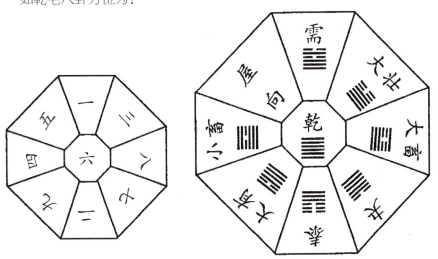

图 154 乾宅八卦方位图

从风水术遵循的后天八卦方位气变规律得之于先天八卦爻变的结论可以看出，宋儒"先天为体，后天为用"、"先天为纵，后天为衡"是完全正确的。

四、综合反映易学太极、阴阳、五行八卦的式盘

在这里还不得不提的是，易学这一顺天应地的体系，除了上述三种模式外，使三种模式统一起来并理论化体系化的便是河图、洛书和五行生克制化。前已述及，八卦的产生与形成，除了太极两仪说之外，还有河图说与洛书说。

河图为：一与六共宗而居乎北；二与七为朋而居乎南；三与八同道而居乎东；四与九为友而居乎西；五与十相守而居乎中的十数图。如图73。

河图10数以奇偶分阴阳，奇数五属阳象天，称天数；偶数五属阴象地，称地数。五奇数之和25合《周易·系辞传》"天数二十有五"，五偶数之和30合《周易·系辞传》"地数三十"，奇、偶数之和55为天地数，合《周易·系辞传》"凡天地之数五十有五"。1至5五数又称生数，6至10五数又称生数。

洛书为"戴九履一，左三右七，四二为肩，六八为足"的九数图。如图74。

洛书9数同样以奇偶分阴阳，奇数为阳象征天道，偶数为阴象征地道。五阳除5居中象征天地参天两地之和外，四阳数居四正，四阴数居四隅，9数洛书构成一个横竖斜数字之和均等于45的洛书方阵。

干支即天干与地支，十天干与十二地支分阴阳相配，构成60一甲子的周期，从甲子始至癸亥止，用于记年、月、日、时。干支起源据传在黄帝时，起码甲骨文中已经存在完整六十甲子表用以记日，足见其历史久远。如表16。

表16　六十甲子表

干＼支	子	丑	寅	卯	辰	巳	午	未	申	酉	戌	亥
甲	甲子		甲寅		甲辰		甲午		甲申		甲戌	
乙		乙丑		乙卯		乙巳		乙未		乙酉		乙亥
丙	丙子		丙寅		丙辰		丙午		丙申		丙戌	
丁		丁丑		丁卯		丁巳		丁未		丁酉		丁亥
戊	戊子		戊寅		戊辰		戊午		戊申		戊戌	
己		己丑		己卯		己巳		己未		己酉		己亥
庚	庚子		庚寅		庚辰		庚午		庚申		庚戌	
辛		辛丑		辛卯		辛巳		辛未		辛酉		辛亥
壬	壬子		壬寅		壬辰		壬午		壬申		壬戌	
癸		癸丑		癸卯		癸巳		癸未		癸酉		癸亥

五行，乃金、木、水、火、土是也。《尚书·洪范》记有："一曰水，二曰火，三曰木，四曰金，五曰土。水曰润下，火曰炎上，木曰曲直，金曰从革，土曰稼穑。润下作咸，炎上作苦，曲直作酸，从革作辛，稼穑作甘。"学术界的共识是，五行为金木水火土的观念，在商代或晚至西周即以形成，并定

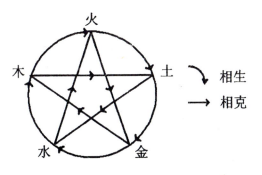

图155 五行生克制化图

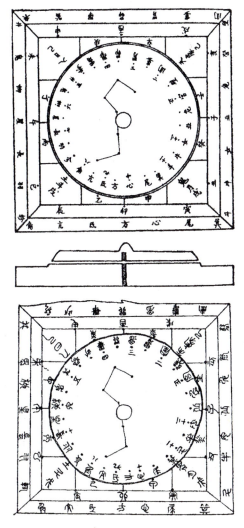

图156 安徽汝阴侯墓西汉初期六壬式盘

型为木生火、火生土、土生金、金生水、水生木和木克土、土克水、水克火、火克金、金克木的五行生克理论。如图155。

经战国到秦汉，经过百家争鸣的融合与儒家正统的整合，阴阳、八卦、五行、干支、河洛相辅相成，形成了独具中国思维特色、综合反映天人合一思想的完整理论体系。这套理论体系，不仅用之于科学的数理、哲学，而且用之于前科学的风水、占卜，几乎所有文化现象都毫无例外地以其为根，为宗，为源，成为中国传统文化的基石与基础。其集中表现即将先天八卦、九星、二十四节气、七十二物候、十二分野，浑天星度五行、二十八宿等集于一体的各种各类的式盘与占盘。图156为安徽汝阴侯墓西汉初期六壬式盘，图157为清代《罗经解定》罗盘图式。

这些各种各类的式盘、罗盘最终成为中国建筑风水学的工具，并借助这一工具与理论，形成了各种各样指导建筑实践的理论与流派，成为独具中国特色的建筑文化特质。然而真正构成中

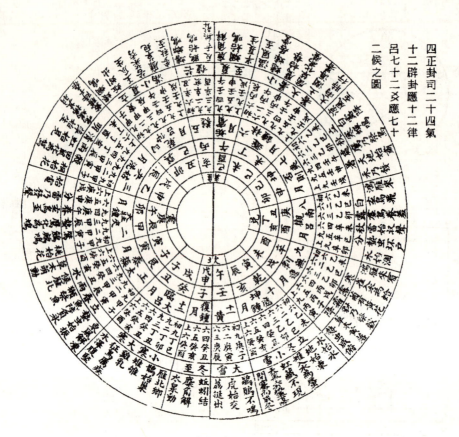

图 157　清代《罗经解定》罗盘图式

国建筑的基本单元还是人们习惯所称道的"三开间结构"，这一基本结构从根本上体现了易文化的思想与精髓。"三开间"结构如图 158。

十六根立柱矗立在九宫地基的柱础上，柱头用四横梁四纵枋连接，构成一个立体空间，上、下均为九宫格，至于前后左右事实上也是暗九宫格形。以四根立柱上施

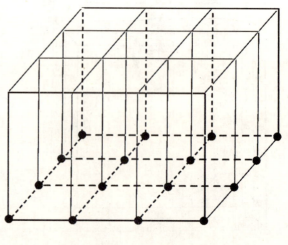

图 158　"三开间"结构图

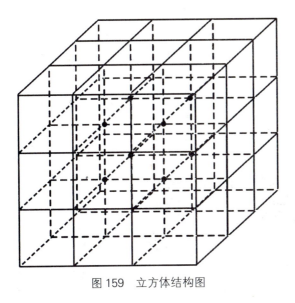

图 159　立方体结构图

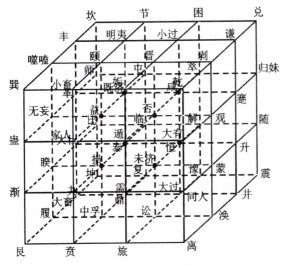

图 160　六十四卦与魔方体的对应图

梁枋牵制成一"间"，这样的结构便是进深三间开间三间的建筑。这一"三开间"结构，可以抽象为一个由四十八条线构成的立方体，各线相交成六十四个结点，其中内线十二条内结点八个。如图 159。

笔者在《周易文化的科学探索》①一书中曾对《周易》六十四卦的立体结构做过深入研究，并得出了六十四卦与魔方体的六十四个结点一一对应的结论。如图 160。

可见，"三开间"房子这一中国建筑的基本单元，从根基上讲，反映的正是易文化的结构，也就是说易文化是中国传统建筑形而上之道，乃中国传统建筑文化之根。

在"三开间"这一深涵易文化结构的基本单元基础上，中国传统建筑形成独特的居落结构体系，由三开间到五开间、七开间、九开间、十一

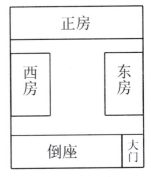

图 161　四合院构成图

---

① 郝岳才. 周易文化的科学探索. 太原：山西科学技术出版社，2008 年. 1 月.

图 162　四合院俯瞰图

开间；由屋而院，由四合院而二进院、三进院，乃至并联院、串联院。四合院则是所有院落的基本构成单元。如图 161。

最终，小到民居四合院，大到皇宫、祠庙、佛庙、道观，无不遵此模式，只是建筑体量大小不同而已。

立人之道，曰仁与义

——以"礼"为核心顺应天地

在易学"立人之道，曰仁与义"的思想下，儒家学说尽管在相当程度上略去了古礼祀神祀天的崇拜本旨，使敬神之礼演变为对人之礼，将礼的强制与当时意义上的中庸、博爱、人道相结合，把人与人之间的关系纳入等级秩序与博爱孝慈的规范。进而将礼祀神、祀天以顺天应地的本义，演变发展为仁学内容，以仁释礼，但从根本上讲是对礼文化的发挥与发扬，核心思想依然是顺天应地的本义。《荀子·礼论》曰："人生而有欲，欲而不得，则不能无求，求而无度量分界，则不能不争。争则乱，乱则穷。先王恶其乱也，故制礼义以分之，以养人之欲，给人之求，使欲必不穷乎物，物必不屈乎欲，两者相持而长，是礼之所起也。""礼有三本，天地者，生之本也；先祖者，类之本也；

君师者，治之本也。""上事天，下事地，尊先祖而隆君师，是礼之三本也。"《礼记·曲礼》更加明确地指出："道德仁义，非礼不成。教训正俗，非礼不备。分争辨讼，非礼不决。君臣父子，父子兄弟，非礼不定。宦学事师，非礼不亲。班朝治军，莅官行法，非礼威严不行。祷祠祭祀，供给鬼神，非礼不诚不庄。是以君子恭敬撙节退让以明礼。"用郭沫若的话来说："礼，大言之，便是一朝一代的典章制度；小言之，是一族一姓的良风美俗。"自然反映到建筑上，这种礼制必然成为建筑等级的依据，把建筑纳入了礼的范畴，以通过建筑反映天地君亲师天道、人伦关系。在这样一个儒家思想的主流主导下，历朝历代虽有小变，但总体的中国建筑一脉相承地反映表现了这一文化传统，具体体现在城市制度、宗庙制度、门阿制度、堂阶制度、屋舍制度、丧葬制度、构屋制度等方方面面。以城市制度为例，《周礼·考工记·匠人》记载了周朝王城的规划制度："匠人营国，方九里，旁三门。国中九经九纬，经涂九轨，左祖右社，面朝后市，市朝一夫……内有九室，九嫔居之；外有九室，九卿朝焉。九分其国，以为九分，九卿治之……"《左传》记有："城过百雉国之害也，大都不过参国之一，中，五之一，小，九之一。"《春秋典》记曰："天子九里，公七里，侯五里，子男三里。"《考工记》疏曰："天子城高七雉，隅高九雉；公之城高五雉，隅高七雉；侯伯之城高三雉，隅高五雉。"说明城市的规模大小皆有礼制规范，不可逾越。再如屋舍制度，建筑的体量大小与用材大小都以"礼"明确。唐代《唐六典》规定："王公以下屋舍不得重拱藻井，三品以上堂舍不得过五间九架，厅厦两头，门屋不得过五间五架；五品以上堂舍，不得过三间五架，厅厦两头，门屋不得过三间五架，仍通作乌头大门；勋官各依本品；六品、七品以下堂舍，不得过三间五架，门屋不得过一间两架；非常参官不得造轴心舍及施悬鱼、对凤、瓦兽、通袱……士庶公私第宅皆不得造楼阁临视人家……又庶人所造堂舍，不得过三间四架，门屋一间两架，仍不得辄施装饰。"同时还规定了用材的标准。材分八等，各与相应规模的建筑对应。一等材用于面阔九至十一间的殿堂建筑，二等材用于面阔五至七间的殿堂建筑，三等材用于面阔三至五间的殿堂建筑与面阔七间的厅堂建筑，四等材用于三间殿身与厅堂为五间的建筑，五等材用于小三间殿身或大三间厅堂建筑，六等材用于亭榭或小厅堂,七等材用于小殿类建筑与亭榭,八等材只能出现于殿内藻井或小亭榭建筑。这些礼制规定几千年来一直成为中国建筑遵循的基本原则,并代代延续。

宋人李诫所著《营造法式》为传世最早的一部建筑专著。"整体结构体系用一句话说就是:以'中和'为核心,立足于营造本质与实践而建构起来的'一个理念、两大系统、六大范畴和十三大类型'相互统一的理论体系。所谓'一个理念'即中和精神;'两大系统'是指'文字语言系统和图像语言系统'即'言象系统';'六大范畴'是指'总释、制度、功限、料例、等第、图样';'十三大类型'是指'壕寨、石作、大木作、小木作、雕作、旋作、锯作、竹作、瓦作、泥作、彩画作、砖作、窑作'。"①《营造法式·附录》孙原湘跋曰:"从来制器尚像,圣人之道寓焉……规矩准绳之用,所以示人以法天象地,邪正曲直之辩,故作宫室。"这部巨著无疑是一部科学著作,但毋宁说是一部人文与科

图 163　八等材②

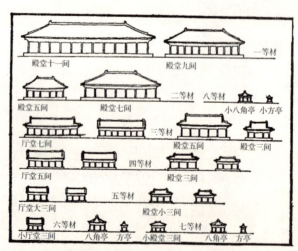

图 164　八等材所适用的建筑形式③

---

① 邹其昌点校. 文渊阁:钦定四库全书营造法式. 北京:人民出版社,2006 年 9 月. 3.
② 程建军. 爨理阴阳——中国传统建筑与周易哲学. 北京:中国电影出版社,2005 年 10 月. 128.
③ 同上. 129.

学结合的杰作，因为它远承《易》、《礼》体系，寓易、礼于营造，赋予了建筑乃至一斗一拱、一砖一瓦、一木一石以中国式的传统文化内涵，使营造技术与易理达到了高度统一。比如在大木构建筑设计中，以拱枋断面"材"作为设计的基本模数，将材分八等，直接对应于建筑的等级高低。如图163－164。

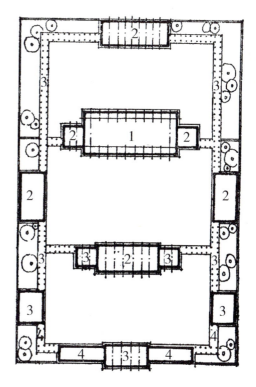

图165　建筑群用材等级制度

不仅如此，"在组群建筑规划布局中，先依据礼制选定主要殿堂的用材等级。以此为准，再依次确定前后左右殿堂，以及挟屋门廊的用材等级，一个规划严谨、等级分明、错落有致的建筑群体就规划出来了。"① 如图165。

宋元以降，由于客观环境的变化，特别是木料大量的缺乏，营造大体量建筑受到制约。虽然早已在《营造法式》中采用了"合柱鼓卯"等技艺，而且被广泛应用。由之顺应新的需要，在总结宋代以后营造术基础上，清《工部工程则例》在清初应运而生，并成为新的营造规范，并体现出新的时代特征。但万变不离其宗的建筑文化精神未变，易与礼的内涵一脉相承。

《易》者象也，象也者像也
——视物取象，借象寓意

作为中华文化源头活水的易文化，"八卦成列，象在其中矣"。《十翼》

---

① 程建军. 燮理阴阳——中国传统建筑与周易哲学. 北京：中国电影出版社，2005 年 10 月. 130.

中不仅有《象传》上、下，《说卦》也不止将八卦对应于天、地、雷、风、水、火、山、泽等自然物象，而且对应了更多的象征内涵。"《易》者象也，象也者像也。""易卦者，写万物之形象，故《易》者象。象也者，像也，谓卦为万物象者，法象万物，犹若乾卦之象，法象于天也。"有人曾为象征一词下了这样的定义："象征，是借助一文化形式表达另一种特殊意思的表意方式。象征方式由人的生命本质——固有的思维活动方式如逻辑思维、抽象思维、创造思维和心理活动方式如联想、想象、幻想、暗示而形成，是人类理性与非理性思维、心理活动的结果。象征文化通过隐喻、寓言、拟人化、符号、写意、对比等等具体象征方式进行表意。象征文化的存在及其表意方式具有普遍性，凡有人类的地方，不分种族、时间和地区就有象征文化。由于种族、地理环境造成的不同文化背景，同一文化现象所表述的象征涵义不尽相同，有时甚至相反，因而象征文化现象的本义又具有特殊性。"[1]其实可以说在易文化或曰中国传统文化中，象征是根本性的特征之一。这一特征成为中国传统思维的重要基石，渗透于民俗、语言、文字、宗教等各种文化现象中。建筑中的象征涵义则更为突出，或者说建筑本身就是象征的产物，其结构、式样、用材、颜色等各方面都象征皇权礼仪、百姓日用。可以毫不夸张地说，甚至渗透到了任意一块瓦片、木雕中。也就是说，从城池到宫殿、亭台楼阁、宅第，为什么是这样而非那样，都有个说法和讲究。因为所有建筑都有所依所尊所象。从这样的内涵上看，中国建筑就是凝固的史书，是易经、礼记等十三经的载体，是彻头彻尾的中国文化载体，所以说了解中国建筑文化也就是了解中国文化，读懂中国建筑才可能走进中国文化。梁思成、林徽因曾经指出："在建筑审美者的眼里，都能引起特异的感觉，在'诗意'和'画意'之外，还使他感到一种'建筑意'的愉快。""无论哪一个古城楼，或一角倾颓的殿基的灵魂里，无形中都在诉说，乃至于歌唱，时间上漫不可信的变迁；由温雅的儿女佳话，到流血成渠的杀戮。他们所说的'意'的确是'诗'与'画'的。但是建筑师要郑重地声明，那里面还有超出这'诗'、'画'以外的'意'的存在。""顽石不会点

---

① 居阅时，瞿明安主编.中国象征文化.上海：上海人民出版社，2001年7月.24.

头，我们不敢有所争辩，那问题怕要牵涉到物理学者。但经过大师之手艺，年代之磋磨，有一些石头的确是会蕴含生气的。天然的材料经人的聪明建造，再受时间的洗礼，成美术与历史地理之和，使它不能不引起赏鉴者一种特殊的性灵的融合，神态的感触。"① 这里所指的"建筑意"，实际上指的都是中国古代建筑文化的象征，即"通过一定建筑文化现象，暗示出一定的'建筑意'，即一定的抽象观象情绪。"②

据记载，历代王都，从秦都到北京，无不象天法地。《史记·秦始皇本纪》记载："三十五年……始皇以为咸阳人多，先王之宫廷小……乃营作朝宫渭南上林苑中，先作前殿……为复道，自阿房渡渭，属之咸阳，以象天极阁道绝汉抵营室也。"《三辅黄图》记载："二十七年，作信宫渭南。已而更命信宫为极庙，象天极，自极庙道骊山。作甘泉前殿，筑甬道，自咸阳属之。始皇穷极奢侈，筑咸阳宫，因北陵营殿，端门四达，以则紫官、象帝居。渭水贯都，以象天汉。横桥南渡，以法牵牛。"现存明清北京皇城，紫禁城作为核心居全城正中，象征常居紫薇垣，端门即紫薇垣正门之意。南有天安门，北有地安门，城南有天坛祭天，城北有地坛礼地，东有日坛祭日，西有月坛祀月。这其中深含天人相感、天人合一思想。地象天，天象地，到底是先有紫薇垣还是先有紫薇宫已无从考源，天地合一构成一个大圆。这在相当程度上是一种象征，而象征的载体即是人营造或曰创造的建筑。

从秦都咸阳、汉都长安到明清两朝的国都北京，都是一个个"天人合一"的具象。

平遥古城乃"天人合一"思想的产物

尽管"天人合一"一词迟至宋代张载才正式提出，但这一命题早已出现在古代思想中，只不过说法不同而已。《周易·说卦》曰："昔者圣人之作《易》

---

① 梁思成，林徽因. 中国营造学社汇刊第三卷第 4 期：平郊建筑杂录.
② 王振复. 中华古代文化中的建筑美. 上海：学林出版社，1989 年 12 月. 192.

也，将以顺性命之理，是以立天之道曰阴与阳，立地之道曰柔与刚，立人之道曰仁与义。""天人合一"思想乃中国文化的特质，也是中国文化的根脉。简单论之，即将天、地人格化为具有"人性"的神。中国古代的星宿天官理论，即是把天上的星宿依人间的山川河湖、东西南北、皇权机构、列国位置等命名划分的，分野理论就是一个典型，中国大地某一诸侯国乃至府、州、县都有一对应的星宿。也就是说天上有的地上必有，反之地上有的天上也一定存在。以至于中国文化天人合一思想形成后，后人甚至无法辨别是天效仿于地，还是大地效仿于天，天与地构成了一个毫无接口的圆，而天地中人，只有与天地合一才可能不违天意，顺天应地，并求得生存与发展。因为人类生存于天地之间，或雷或雨，或寒或暑，都是不以人的意志为转移的。在顺天应地的历程中，天被划分为三垣四象廿八宿，星被名之星名，定以方位；地被划分九州，细分诸侯国别。最终在中华大地上形成了模拟天地之道的抽象理论体系。这一体系先于诸子也早于宗教，它就是带有原始宗教色彩，闪耀理性光芒的易学思想与智慧，通过简单的太极、阴阳、五行、八卦，模拟天道地道。先、后天八卦便是对天道、地道的最简洁表述，太极与五行都是中道思想的最佳表述。在易学思想的根脉下，发展出春秋战国的诸子百家，而儒家思想以其礼制规范人类行为，以达到顺天应地，并成为中国几千年文化的核心内容；道家顺其自然的"无为而治"思想与儒家"自强不息"思想互补，形成中国文化的两个重要方面。佛教传入中国后，道家思想作为佛教思想的对立面而形成道教，但二者始终互相影响，在排斥中吸纳。佛教逐步汉化、中国化，道教思想则从一种思想演化为一种修炼的宗教。在这一历史过程中，儒家思想始终没有演化为宗教，而是在不断变化中发展，并形成不断顺应社会发展的完善思想体系。这一点可以从汉代独尊儒术的思想中反映出来。儒家思想确定后，从"五经"、"六经"、"十三经"的变化，各个时代的儒家思想都有所不同，打上了深深的时代烙印，都是通过对儒家经典的不断阐释而体现儒家思想的发展变化与时代特征。这一思想的不断变化、继承和发扬，体现在建筑上便是一脉相承的传统与各具特色的时代特征。由此而论，中国的建筑史就是一部文化史、思想史，或者说凝固的文化史、思想史。但最终不论历代大儒如何解析易学思想，佛、道二教如何将阴阳思想融入自身，但由于易学思想反映了中国古代"天人合一"这一根本思想，易学思想从来就超越于诸子百家，乃至佛、道二教之上，成为中国文化的正统与根脉。经过几千年的发展，中国文化形成了一个包容各种外来文化元素的庞大体系。

在平遥古城的布局中，方形城池由六道城门沟通内外，由四大街、八小街、七十二条蚰蜒巷纵横分割。但南北大街明显地未形成一条中轴线，相反形成了一个"⌐"形"S"形结构，将平遥古城东西两分为中心对称图形，也就是一个太极图形。阴鱼在西，阳鱼在东，阴阳对立统一。实即佛、道二教的对立统一，统一于三千垛口、七十二敌楼拱围的十二华里城墙，统一于儒家思想。

平遥古城的建筑，从寺观庙堂到民居店铺，尽管并连、串连成大院套小院的各种复合型院落，但所有建筑都毫无例外地遵循了左阳右阴、前阳后阴、东阳西阴，左为上、右为下、南为上、北为下的阳尊阴卑的先天八卦思想。或者说，先天八卦思想在平遥古城的建筑文化中得到了充分发挥。

平遥古城的家居风水主要依据"理气派"的"九宫飞星法"，而"九宫飞星法"完全依据了"后天八卦"思想。从县衙署、寺观到民居店铺，其风水思想无不以此而论，以此而定"门"。

平遥古城风水中所用罗盘与清代《罗经解定》盘大同小异，乃中国太极、八卦、阴阳五行的综合载体。最值得一提的是镇国寺的万佛殿，其"三开间"建筑完整保留了真正意义上三开间的本义，也是至今保留的各种三开间建筑的孤例。一座万佛殿，反映的不仅仅是一座北汉的实物建筑，而是中国建筑的基本单元，是中国建筑的基本模式，从根本上诠释了中国建筑中形而上之"道"。

平遥古城完整保存了一座明清县级城池，还保存了北汉以降各个不同时代的木构建筑。这些木构建筑与城池，以现实的"器"注解了中国传统文化之"道"，特别是"天人合一"思想核心的"礼"文化，是鲜活的《营造法式》与清《工部工程则例》。

通过对平遥古城整体建筑的研究，可以得出这样的结论，古城大到城池方形结构、公共建筑市楼、文庙（包括魁星楼、文昌阁），小到街道巷陌、民居店铺，处处都渗透着"天人合一"思想，处处都体现出人与自然的和谐。最为典型的即是城池三千垛口、七十二敌楼对于儒家文化的隐喻。城池东道、西佛的布局，充分体现出道与佛在儒家文化下的统一。这一含义即是平遥古城"天人合一"文化的最深刻体现。

平遥古城乃至所有建筑是形而下之"器"，是中国建筑的符号，是大道之器，是借象寓意之象。平遥古城虽小，但同样是一个"天人合一"的之象。比如南大街城池中心的"市楼"、平遥古八景之一的"贺兰仙桥"，乃至城墙东南角的魁星楼、文昌阁，勾画出来的又何尝不是一幅生动的天象图，模拟的又何尝不是天道，体现的又何尝不是"天人合一"的中国文化精髓！

总之，平遥古城用自己固化的建筑注解了中国文化内涵，她是一部凝固的中国传统文化或者说以儒家文化为根本特征的史书。平遥古城是幸运的，她的完整保存使中国历史选择了她，使其成为中国文化的固化载体。

遥古城儒家文化
与货殖文化

母亲出生在 20 世纪 30 年代初年，虽说出生于商人家庭，却只上过几个月的学堂，仅粗粗认得一些文字。但不能由此就说母亲没有文化，应该说她与那个时代所有的母亲一样，都是传统文化的传承者与实践者。对于儒家文化与仪礼，对于独具特色的晋商文化传统，母亲经常会自觉不自觉间以故事的形式简洁、明了地传承。记得对于儒家文化的创立者孔子，自己便是通过母亲讲述的一则故事了解的，知道了中国有个大圣人叫孔夫子。那是在还未入学的幼年时代，由于自己将姐姐的书本丢来丢去，甚至还压在屁股下玩耍。母亲大加训斥后讲了这样一个故事。说的是很久以前县里有一大户，儿子天资愚钝，甚至连简单的词句都难以记住。为了能上私塾，父亲只有不厌其烦地教授儿子一句话，"如果先生问你是谁的徒弟，你就答是孔夫子的徒弟。"但儿子怎么也记不住。无奈之下，父亲想出了一个启发式办法。在儿子应试前，将一束胡须用麻绳捆在一起，夹在儿子胳肢窝下，以备儿子应答提示。但此子太过愚钝，私塾先生问他时，父亲不厌其烦的强化教导早已忘记。父亲只得直摸自己的胳肢窝引导，儿子总算领会了父亲的提示，摸摸自己胳肢窝捆着的胡须后做出了令人满意的回答。"我是捆胡子的徒弟"。私塾先生满意，父亲开心，愚钝之子也进入了私塾。为什么说出一句"我是捆胡子的徒弟"私塾先生即会应允呢？因为平遥方言中无唇齿音与前鼻音，"捆胡子"即孔夫子的读音。既然此子能知道大圣人孔夫子，还说自己是孔夫子的徒弟，私塾先生又焉有不收之理！自然这只是一则民间故事，但母亲乃至平遥千千万万的一代代母亲就是用这样的故事教育子女，让他们知道孔夫子，懂得识文断字与礼仪教化。记得当时母亲讲述这一故事后，引来了我许多的疑问，诸如孔夫子在哪里、为什么有那么大的学问等等。母亲回答说孔夫子是个早已下世的圣人。我又反问母亲有没有照片，母亲哈哈大笑，连说没有。但母亲告知，在离村七八里路的金庄文庙曾经有孔夫子的塑像。我又说要去看看，母亲紧张得只好以实相告，说破除迷信大毁圣像时也许早就毁坏了。由于母亲的这次启蒙式教育，我不仅对孔夫子有了一个基本的认识，而且养成了爱护书本的良好习惯，从不敢乱扔乱丢书本。不慎将书本掉在地上也会揩干净书上的浮土，甚至按照老人说的那样，在头上顶上三顶。在后来的成长过程中，在田间地头、打谷场边，在街头巷尾吃饭、纳凉的树荫下，在老人们每天晒太阳、拉家常谈古论今的五道庙前，还听到过许许多多有关孔夫子与教育、礼仪的故事，比如什么"项橐当道筑城，孔子礼让绕行"，什么"两小儿辩日难倒圣人"，比如什么"孔夫子周游列国"等等。这些潜移默化的教育与引导，影响至大至深，以至"文革"中"批林批孔"，自己百思不得其解。

当然，从小到大，听得最多的还是商人故事。不仅母亲，村里上了年纪的老人，几乎每个人心中都有讲不完的商人故事，而且每家每户都会与许多经商故事直接相关。故事中的人物往往就是身边人，或者盘来盘去就可以盘到某一家人的祖辈。记得母亲曾经讲述过一个商人回家过年的故事，使我对历朝历代祖祖辈辈的商人构成的晋商充满了敬仰与崇拜。说的是快到年关了，在外经商的商人们都会千里迢迢回家过年，当时还没有票号可以异地汇兑银两，小商人又雇不起也没必要雇佣镖局，所以都会将一年的收入自行带在身上回家。由此而招来小偷也便成了常事，被偷被抢、被图财害命者不计其数。在这些小商人中，有一个特别聪明，硬是在小偷眼皮底下将一年的收入积蓄带回家中。在这个小商人回家的路上，始终有一个小偷尾随其后，但一直跟到平遥城都没法下手。一路上，那商人晓行夜宿，每到食宿处都会唤店家好生喂马，自己则吃饱喝足卧床休息。小偷跟来跟去，只看到马匹负重直累得大汗淋漓，却怎么也找不到商人藏银所在。因为那商人没有多少行李包裹，每每住店，从马上取下的也不过马鞍、马蹬、马垫脖等马上用品，而且都随意扔在马厩边上。到了平遥城，小偷只得向商人认错，并承认自己是小偷，央求商人告知银两所在。商人仰天大笑，指指足下的马镫、胯下的马鞍。原来马镫马鞍皆由白银打造。记得母亲还讲过一个离村七八里邢村毛鸿翔任票号大掌柜前学徒的故事。毛鸿翔出生于普通商人家庭，十三四岁在县城"聚财源"粮油店当伙计时，掌柜派他到晋北某地预订食油，但去后油已被众商订毕。在这种情况下，他不急不慌，将油店周边的油篓全部买下。当油到码头众商取油时，平时不成问题的油篓却无法买到，只得找毛鸿翔分些油篓。他便向来分油篓商人提出分油。最终"聚财源"粮油店不仅最早取油，而且还卖了好价钱。这一故事在平遥民间广为流传，而且成为激励儿童、青年开动脑筋的典范。可以说，类似平遥商人的故事举不胜举。潜移默化间，诸多价值观念与伦理道德将一个一个孩童格式化，不知不觉间接受了传统的经商理念。

儒家文化乃中国文化正统，成为中国几千年文化的主线，但在中国历史上，也常常出现儒家文化与货殖文化相矛盾、相对立的情形。从司马迁著《史记·货殖列传》阐明"天下熙熙，皆为利来，天下攘攘，皆为利往"的功利思想，以及班固著《汉书·食货志》阐明以义制利思想以来，这两种不同价值取向的义利观始终贯穿于中国经济发展全程，以致重农轻商、重农抑商。在士、农、工、商之排序中，也将商人与见利忘义挂钩，导致商人地位低下，哪怕历史上不为利益所动的爱国商人弦高、聂壹等，直到封建帝制解体都未能真正解决这一矛盾与对立。有人借雍正皇帝之口，借清代山西未出一名状元之据，得出了平遥乃至整个山西重商轻儒的结论。这既是一种误解，又是一种偏见。在平遥古城，不仅对正统的儒家文化和货殖文化都十分重视，而且二者并行不悖，相互促进，形成了以义制利的货殖思想，主宰了五百年中国经济并打造出儒商品牌的晋商。这也是笔者将儒家文化与货殖文化相提并论的原因所在。

1

平遥古城的儒家文化

平遥是当代的平遥，也是历史的平遥，其文化之宗无疑是儒家正统，但略显特殊的是，平遥人不仅没有将儒家文化与货殖文化对立，而且使二者有机结合，在货殖文化繁荣的同时，儒家文化传统也得到了坚守与发扬光大。

保存至今的两处文庙遗存

一、学宫文庙

学宫文庙，位于城东南隅"六秀荐元之地"[1]。坐北向南，总面积 35811 平方米，庙区 8649.6 平方米。庙宇由三个建筑群组成。中为文庙，左为东学，右为西学。前文已有述及。

二、金庄文庙

金庄文庙，位于县城东 10 里的岳壁乡金庄村西。创建于元延祐二年（1315 年），明万历、清乾隆、嘉庆、民国年间曾有增筑修葺。现存三进院，坐北向南，前院有山门（不存）、明伦堂，明伦堂面阔三间，进深三椽，硬山双坡带前廊。中院有状元门（不存）、状元桥、泮池、神库、神厨（不存）、东西讲学堂，院中心泮池东有"五枝柏"一株，俗称"五子登科"，与泮池传有"笔墨"之说。里院有三街门（不存）、大成殿、东西耳殿（不存）、东西配殿等十五座古建筑，总建筑面积为 500 余平方米，占地面积为 1840 平方米。主

---

① 赵金声. 阳宅三要卷之一"庙星方位".

体建筑大成殿面阔三间，进深三椽，硬山顶，带前廊。殿内现存元代孔子及"四配"、"十哲"彩绘塑像 15 尊。工艺精致，色彩如初，保存完好，为国内仅见，是研究儒家思想及彩塑艺术的珍贵实物资料。2006 年 5 月，被国务院公布为全国重点文物保护单位。

庙内现存乾隆十八年（1753 年）《义学碑铭》载："今设义学非自今防也，始于大元延祐年间，其时有一进士张先生讳传霖者……创建正殿三楹，内塑孔圣圣像，旁塑四配十哲，号曰文庙。""乾隆十三年（1748 年），新建学房六间，门楼一座。"

大成殿内有梁枋题记："大元延祐二年修造……明万历四十四年（1616 年）重修。"可见，金庄文庙创建的确切年代为元延祐二年（1315 年），明万历间曾经重修。

咸丰二年《重修文庙碑记》载："乾隆五十年（1785 年）增立东西房六间，正殿则更新之。"

嘉庆七年《重修文庙碑志》载："去年河涨水溢，殿宇破烂，地址倾圮……三月十七日竖柱上梁，择吉兴工，增高结柱，新加前檐一间，门牌楼一座，而乡民急公向善，不数月而告竣。"

民国六年，对正殿、两庑、大成门门楼、棂星门进行整修，新建泮池、明伦堂，东西新修教员学生房小六间，增修砖引道，两庑新奉先贤先儒木位 153 尊。

解放后文庙由当地学校占用。1973 年 11 月 15 日，平遥县革命委员会公布金庄文庙为县级文物保护单位。

金庄文庙，实为国内少见。特别是正殿中所供孔子塑像，为元代泥塑，为国内所独有。

金庄文庙大成殿内现存孔子及"四配"、"十哲"像 15 尊。孔子像端坐于殿内正中一座雕以龙飞凤舞、琴棋书画的神龛内。"圣集大成"金匾，悬于龛之上方，光辉耀日，保存完好。孔子坐像通高 185 厘米，以王制彩妆冠冕，头戴十二旒衮冕，身着袍服，脚穿赤舄，手捧镇圭，面容温而厉，威而不猛，恭而安，直视前方，仿佛正在给弟子讲经。孔子像两侧是"四配"塑像，即复圣颜回、宗圣曾参、述圣孔伋、亚圣孟轲。"四配"坐像通高 155 厘米，九旒冠冕，身着袍服，手捧镇圭，双目平视，神态安详而肃穆，似在聆听孔子讲经。孔子"十哲"弟子塑像分坐于两山墙下木龛内，左为闵损、冉雍、端木赐、仲由、卜商；右为冉耕、宰予、冉求、言偃、颛孙师。"十哲"坐像通高132厘米、头戴官帽、身着袍服。塑像服色以红、蓝、绿为主，雅致不俗。这15尊塑像均由清嘉庆时所添木雕精良的神龛围合，龛装隔扇门，每像一副，祭祀可开，平时关闭。形象逼真，体态端庄，表态生动，富有肌肉感。平遥的古代雕塑家敢于把"大成至圣先师"按照传说中的丑陋形象塑造，诚属孤例。在我国历史上，乡村建文庙并不多见，像平遥金庄文庙能保存如此完好彩塑的更属罕见。据考，金庄文庙孔子及"四配"、"十哲"15尊像，系元代初年建庙时泥塑，为全国文庙中保存最为长久的塑像，历经明代文庙中孔子塑像必须毁弃

图 166　金庄文庙（北向）

图 167　金庄文庙（南向）

而代之以木主的诏令之难，历代战火
与自然的破坏，"文革"中破"四
旧"等劫难，具有非同寻常的文化、
文物与历史价值。同时，在一个小小
的村落兴建文庙并冒着天大的风险代
代供奉、延续，从另一个侧面反映出
平遥古城"崇儒重教"的文化传统。

此外，平遥古城还有四座祠祀类
建筑——卜子夏祠。据传，孔子弟子
卜子夏西河讲学之地即在古汾州一
带。尽管只是传说，但乡人确信之，
并立祠祀之。卜夫子子夏祠，"一在
县南岳壁村，元至正年建。一在县东
庞庄里，隐士赵现建。一在现东西阎

图 168　金庄文庙孔子塑像

里"①。"一在邑西北达蒲邨"②。其实其中传递的信息即是对儒家文化正统的
传承与继承。

超山书院与股份制

超山书院，自道光十九年始，原古陶书院注入资金又得以续修、扩建，至
道光二十二年（1842 年），知县陈昆玉任期竣工。以平遥东南巽位超山，上有
文峰塔，遂更名"超山书院"。超山书院复学后一直至光绪末年方改为学校，
延续百余年。历届讲习均进士身份，为汾阳梁学海、定襄梁述孔、介休王鼎
彝、灵石吴信臣、宁乡赵昌业、五台徐继畬、五台王丕显、灵石何莱福、崞县
宋志濂、代州庞玺、文水武达材，灵石王舒萼等。期间徐继畬执教近十年。惜

---

① （明万历）汾州府志：建制类·祠祀.
② （清光绪八年）平遥县志卷之五：典礼志.

哉 1958 年，平遥中学改
建教学楼，书院旧址包括
敬一亭、尊经阁等拆除殆
尽。直至 2003 年中学迁出
后才又依旧复修，但已无
昔日之仪。

平遥古城书院起自于
明，兴自于清，几百年间
采取个人私办和社会集资
捐办两种形式。这两点也

肆

平遥古城儒家文化与货殖文化

图 169　超山书院图

是中国书院共有的特征，但超山书院有所不同，是当地 24 名绅士兴办的私学，
大事均由董事会决定，日常事务由值年董事经营。在院生员 30 名，还有 20 余
名邻县生请批改作文，突破了一般书院私办或社会集资捐办的框框，走出了一
条股份制办学的路子，在中国书院历史上独树一帜。在保存至今的《重修超山
书院原委碑记》中，完整记载了超山书院的肇始与发展，乃至营运管理结构。

图 170　超山书院敬一亭

平遥超山书院创建重修原委碑记

　　平遥旧无书院。康熙四十年，兰州王公绶为邑宰，始于县署迤南路西创建西河书院，规模宏敞，讲堂、学舍皆备。又于路东创建义学，买田二百九十余亩为书院费，买田六十余亩为义学费，平遥之有书院始于此。其后浸废弛，书院、义学皆改为公馆，王公所买之田迷失无可稽考，仅有义学田六十余亩，官礼生与礼房书吏分种之。至今县署之南，土人犹称为书院门口，然平遥之无书院则已久矣。道光初，武昌杨公霖川莅兹土，访书院旧址，则已改公馆，入交代，无从追复。会省垣修贡院，平遥合县摊捐银三千二百两有奇。贡院工程止用银二千两，发回银一千二百两有奇。杨公邀集绅士，议以此项已捐之银创建书院。又从城内铺户募捐银七百两有奇，乃于学宫、明伦堂后，尊经阁两旁空地，各建房十五间。又于尊经阁前建讲堂三楹，无门窗后壁，于是书院始有其地。然束脩膏火无所出，不能延师，生童亦无住院肄业者。

　　道光十九年，灵寿靳公廷钰署平遥，邀集绅士郭宪章、刘充实等劝修文庙，首倡捐银三百两，诸绅士随募随修文庙，工竣，止用银七千两有奇，尚余银九千两有奇。诸绅佥议，以平遥书院有其地而无其费，徒存虚名，今文庙所余之项，为数不少，曷以此为书院费。于是诸董事各捐资，凑成万金之数，呈请县尊发合县当商，以六厘半生息，每岁得息银六百五十两，山

图171　徐继畬平遥超山书院创建重修原委碑记

长束佰火食银三百两，生童膏火及杂费银三百两，余银五十两为历年修补房屋之用。仿照祁县、太谷、榆次章程，生息之项由董事二十四家轮流值年管理，官吏概不经手。山长由绅士询访进士之有品学者，禀县尊送关敦请，上游亦不札荐。以县尊为主，两学师长为监院。每月官课一次，山长院课一次。山长束脩由值年董事按季致送，生童膏火由值年学长给散，一切杂费概由值年董事经理立法。详妥无弊，可垂永久。

咸丰丙辰，余在上党防堵竣事，平遥官绅延请来此主讲。外吏多年，学殖荒落，惟少时困礼闱者十余载，于制义一途，尝耗心血，衰年重理旧业，尚有端绪可寻。遂埋头于此，日与诸生分甘苦，杜门却扫居，然冬烘面目矣。诸绅士以讲堂无牖壁，不可居，又屋少，山长不能挈眷口。遂于讲堂前后增牖壁，又于讲堂两旁增东西厢房各三间，东西厢房之北增小屋各二间，为安厨灶置薪炭之地。又以门处出路系偏坡，车马不能达，取土填筑为阔巷，中间铨砖为门，颜以版额，于是书院之规模乃大备。工料共费银六百五十九两，历年余银不足，期分年弥补之。

余主讲于此已七年，因年老谋归里，而官绅揽祛投辖坚留，不听其去，且属为文，叙书院之原委，乃搁管而为之记。

赐进士出身资政大夫前福建巡抚太仆寺少卿翰林院编修、主讲超山书院五台徐继畬撰文并书。

大清同治元年九月初九日大成社董事人公建。

超山书院所以能够长期吸引进士身份者执教，并最大限度地发挥执教者的积极性，其根本原因也就在于此。那么超山书院所授课程都有哪些？从应试的角度分析，自然是八股文，即所谓时文与试帖诗之类。从徐继畬父徐润第在介休教八股文"布局分股之法"的280篇时文，即由徐继畬在闽府任上编辑雕版刊印的《敦艮宅时文》，他课徒时所作时文雕版刊印的《退密宅时文》，以及其辑八股集《小题明文》，乃至现存的《超山书院课程》等分析，超山书院所授内容主要是应试之八股文、试帖诗之类。但仅此似乎还不足以解释徐继畬何以在书院主持十年的缘由，也不能解释商界慷慨解囊而资助书院的义举。但从徐继畬收赵思位这样一个少年为徒，授之儒家经典《四书》、《五经》、《左传》、

《史记》、《汉书》、《唐书》、《宋史》，以及古今各种体裁的诗词，乃至徐润第的著作看，徐氏所授绝不仅限于八股之流。同样从田逢露向徐继畬学诗也可以折射出徐氏授徒内容的宽泛。在 1864 年徐继畬 70 寿辰时，其署名学生就有 87 人之多。其中举人者 5 人、副榜者 3 人、拔贡者 4 人、优贡者 1 人、教职者 5 人、监生者 2 人、廪增附生者 7 人……撰文者为进士梁述孔（亦曾任超山书院山长），书文者为咸丰乙卯科亚魁

图 172　超山书院

梁以敬，但其学生中没有一位进士。从这一寿屏所署人名来看，徐氏在平遥及其周边确实是桃李满天下。以致在同治四年（1865 年）五月徐氏应诏进京离开平遥时，士绅富商与诸生弟子为其举行了隆重的欢送仪式，送行轿车首尾难望，甚至民间流传有徐继畬轿车到达祁县，送行轿车还停留平遥的佳话。

在笔者经手过的资料中，未曾发现徐氏与商界的任何直接往来记载，只在美国学者德雷克所著《徐继畬及其瀛环志略》中找到了这样的一段文字："当徐继畬作为一个学者退职来到平遥的时候，他与商人的联系就更加明朗了。正如他在 1863 年写的一封信中承认说，他认识平遥、介休的许多商户。他表白说，因为他们的孩子成为他的学生，所以他不想勉强地为他们借钱。显然，福建经商的一些朋友在他窘迫时及时地接济了他。"①

其实，从上面的简单论述中已经不难得出这样的结论，在平遥古城，无论士绅还是富商，对儒家传统的教育都是十分重视的，尽管市场经营实践需要大

---

① （美）德雷克著，任复兴译.徐继畬及其瀛环志略.北京：文津出版社，1990 年 7 月.136.

量的人才从事货殖。同时，也正是士绅与富商对儒家文化正统教育的高度重视，使儒家"修身、齐家、治国、平天下"的思想直接影响了商人与商业，并凝练出独特的"以义制利"的晋商文化，打造出"汇通天下"的儒商商帮——"晋商"。

徐继畬与超山书院课程

关于徐继畬这一在中国近代颇具影响的历史人物，百余年来有着种种解析，褒褒贬贬，莫衷一是。历史应该还他一个公道，给予客观公允的评价。徐继畬（1795 年—1873 年），字健男，号松龛，山西五台东冶人，嘉庆癸酉（1813 年）举人，道光丙戌（1826 年）进士，授翰林院编修。

道光二十七年，中国正逐渐由统一的封建国家沦为半封建半殖民地国家，清王朝外交政策也被迫转变为"怀柔"、"羁縻"政策，厦门、福州也相继成为通商口岸。此时徐继畬由福建布政使调补为福建巡抚，应该说是奉命于危难之时。与此同时，徐继畬自 1843 年 9 月到 1848 年 8 月数十易其稿的鸿篇巨著《瀛环志略》刊刻问世。但与当年主战派林则徐一样，采取积极务实"怀柔"、"羁縻"外交政策的徐继畬最终于 1851 年 6 月被降职外调，一年后又遭罢官。更不可思议的是林则徐身后留下了爱国的美名，徐继畬则被扣上了"投降派"的罪名。不仅其廉吏、学者、爱国者的形象受损，就连其学术思想也被忽视。乡宁杨笃《松龛先生传》曰："余读林文忠公使粤奏稿，辄叹以彼其才不竟于用。读公书又疑之，乃晓然于地势情与事变之所由来也。两

图 173　徐继畬像（美国国会图书馆藏）

公深谋远虑，持论不同而为国之心则一。其时士大夫顾多是文忠而非公，果何如哉？秀全既炽，朝廷畀文忠以讨贼之任，未至而卒，海内尤同声痛惜，谓为生民之不幸，而不知公之身系安危者其事又相若也。"秋湄之言十分确当。但直到百年之后的上世纪七十年代，特别是改革开放以来，人们反省历史，徐继畬的学术思想才重又引起关注，并一度成为热点。从不同角度、侧面研究徐继畬的文章大量出现，1975 年美国学者德雷克出版专著《徐继畬及其瀛环志略》，1995 年刘贯文著成《徐继畬论考》。1995 年，白清才、刘贯文主编整理出版了四卷本《徐继畬集》。应该说社会至此才对徐继畬的研究趋于客观，也才算给予了这位历史人物一个公允的评价。

鉴于徐继畬罢官归里后未应太原士绅邀请执教省城晋阳书院，反而接受平遥官绅邀请主讲超山书院十载，并为晋商腹地培养了大批人才，多年来，作为一个平遥历史文化研究者，笔者对徐氏相关资料的搜集研究始终高度关注与重视。功夫不负有心人，2008 年 6 月，在平遥民间，笔者有幸从同乡宋庆林手中得到已经散落不成册的 25 张 50 页木刻《超山书院课程》，长 15cm，宽 12.75cm，中缝上部有"超山书院课程"六字，鱼尾口间无有文字、标识与页码。经过缀合整理，除 4 张 8 页重复外，整理出 21 张 42 页。如图 174，175。

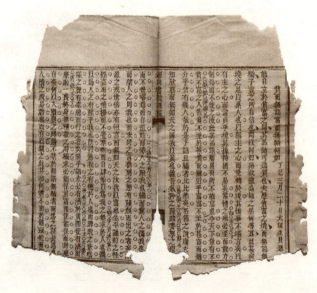

图 174　1—2 页　昏暮叩人之门户　丁巳二月二十日　大课童生题

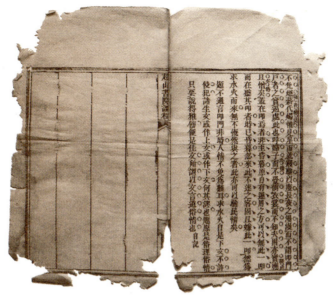

图175　3—4页　昏暮叩人之门户　丁巳二月二十日　大课童生题

现根据每课程题目下所列时间与课程说明，依时间为序排列如下：

1—4页（有重复）　昏暮叩人之门户 丁巳二月二十日　大课童生题

5—8页　往役义也往见不义也 丁巳二月二十日　大课生员题

9—10页（有重复）　赋得柳塘春水漫　得塘字五言八韵　丁巳三月大课题

11—14页　贫而无谄官而无骄何如　丁巳三月二十日大课生员题

15—18页　是未得饮食之正也　丁巳三月二十日大课童生题

19—22页　夫子时然后言　其取 四月二十日大课生员题

23—26页　如有能信之者　四月二十日大课童生题

27页（有重复）　赋得虎皮蒙马　得蒙字五言八韵　丁巳四月大课题

28页（有重复）　赋得柳色黄金嫩　得金字五言八韵　外课题

29页　赋得水云鱼鳞　得鳞字五言八韵　丁巳闰五月大课题

30页　赋得日气食残雨　得含字五言八韵　小课题

31页　赋得云物迎秋　得秋字五言八韵　丁巳六月大课题

32页　赋得须臾慰满三农望　得农字五言八韵　小课题

33页　赋得华星明月晚凉初　得凉字五言八韵　丁巳七月大课题

34页　赋得丛桂留人　得留字五言八韵　小课题

35—38 页　数年　丁巳七月二十日　大课童生题

39 页　赋得大地山河微有影　得微字五言八韵　丁巳八月大课题

40 页　赋得聚米为山　得山字五言八韵　丁巳九月大课题

41 页　赋得书味夜灯知　得知字五言八韵　丁巳十月大课题

42 页　赋得含花雪告丰　得丰字五言八韵　丁巳十一月大课题

分析这 42 页书纸，时间完整有序，即从丁巳二月二十至十一月，为一年中课程无疑。课别有大课童生题、大课生员题、大课题、外课题、小课题五类。

那么此《超山书院课程》是否为徐继畲所作或徐氏所批之"小题明文"呢？现论证如下：

首先，平遥超山书院原名"古陶书院"，时在道光二十二年（1842 年），由知县陈昆玉任期内扩建，并改名"超山书院"，后一直相袭数十年，至光绪三十年（1904 年）方改为学校。即超山书院上限为 1842 年，下限为 1904 年。而这 62 年中，丁巳干支只有咸丰七年（1857 年），其上 60 年 1797 年，为清嘉庆二年，其下 60 年 1917 年，为民国六年，皆不在 1842 年—1904 年之内。故确证此丁巳年为咸丰七年的 1857 年无疑。此外从第 29 页"赋得水云鱼鳞　得鳞字五言八韵　丁巳闰五月大课题"字中"闰五月"可证，只有咸丰七年（1857年）丁巳为闰五月。此外，在第一页"昏暮叩人之门户　丁巳二月二十日　大课童生题"页面上端还盖有两枚印章，一为圆形，一为方形，均已无法辨识，但隐约辨得圆形印章外边框有弧形半"亚"字形纹，证明此课程确为直接使用之教材。

其次，徐继畲在平遥超山书院任山长时间为咸丰六年正月（1856 年）至同治四年十月（1865 年）十年间，该《超山书院课程》为咸丰七年（1857 年）课程，除山长徐继畲外，不可能有他人以书院名刊刻《超山书院课程》。

第三，在超山书院期间，徐继畲创造性地运用了三种方法施教，以使生徒能在较短时间掌握时文精髓与技法。一是命题后与生徒同时作文，然后将自己所作时文交予学生比较研究，以从中获得教益。后来他所作部分时文以《退密斋时文》问世，咸丰丁巳，又刊刻《退密斋时文续编》。二是从明清两朝时文中选出自以为精粹的三十二篇，分机法、理境、笔路、议论四编，每编八篇，题曰《举隅集》雕版问世。三是对卷帙浩繁的八股文集《小题明文》选择加以评注，供生徒阅览。此外还将从不示人的《后汉书》批注借予生徒阅览。这其中《退密斋时文》、《退密斋时文续编》与《举隅集》乃至《后汉书批注》均有刊本流传于世，分别收录在 1995 年出版的《徐继畬集》一、二集中，但未见《小题明文》存世。从此《超山书院课程》内容看，有"论"七篇，有"试帖诗"十三首，而且文中有圈、点、空心三角、提等符号，有批注与"自记"。由此观之，此《超山书院课程》或为徐继畬所集《小题明文》！

第四，对比研究《超山书院课程》之七篇"论"与《退密斋时文》、《退密斋时文续编》，手法、文法如出一辙，说明此七"论"或为徐氏自作，或为对历代时文之批注。

研究徐继畬，其在平遥超山书院授业十年不可或缺。研究徐氏教育思想，超山书院课程等又不可或缺。这册《超山书院课程》的发现，对研究徐继畬有十分重要的意义。

平遥古城的货殖文化

平遥古城所以能有如此规模，能有如此多的建筑并能坚如磐石保存至今，除去其军事功能之外，根本原因还在于他有着十分发达的货殖文化。平遥古城不仅具有一般市场的特征，"日中为市，致天下之民，聚天下之货，交易而退，各得其所"。更为重要的是，早在清代中叶，即道光年间，平遥古城便产生了具有现代银行业异地汇兑功能的票号，使平遥这样一座小县城，由一般意义上经营场所的狭义市场过渡为交换关系总和的广义市场，成为最早产生中国金融资本的发祥之地。

平遥古城乃明清重要商业与金融都会

平遥古城在清代中后期孕育出具有现代银行异地汇兑意义的票号，当之无愧为全国重要的商业与金融都会。

一、特殊的地理位置是平遥古城成为商业与金融都会的首要前提

平遥路当孔道，处于吕梁山与太岳山之间的汾河东南岸，独特的地理位置使历史一次次选择了她。第一，平遥为仰韶文化与红山文化在桑干河流域碰撞后南下陶寺的必经之路。在中华大地上，平遥即古平陶地，乃仰韶文化与红山文化、河曲文化在桑干河流域碰撞后，过勾注，入滹沱，出石岭关，之平阳陶寺建立城邦的必经之路。不仅如此，古陶之地还一度成为尧帝部落南迁过程中的重要居处。第二，西周以来平遥一直是农耕文明与游牧文明的交汇处，成为两大文明交流的通道，也成为农产品、手工业产品与畜产品贸易的市场。司马迁在《史记·货殖列传》中记有："龙门碣石北多马、牛、羊、旃裘、筋角。"

据此，学术界在当时的农业区与畜牧区之间做了一条分界曲线，名曰"龙门碣石线"。见下列"碣石龙门一线西北的族类分布图"与"龙门碣石线"。史念海先生曾在《河山集》中标示，这条曲线从西南陕西韩城县经河津到

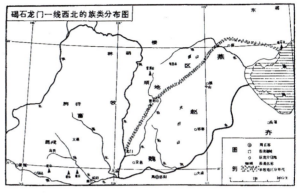

图176 碣石龙门一线西北的族类分布图①

禹门口所在龙门山，再经乡宁、蒲县之东与汾阳、文水之西向东北延伸，通过阳曲县和盂县的上细腰，穿越滹沱河出境，达河北昌黎县北。这条曲线的东南为农耕文化区，西北为游牧文化区。当然这条曲线随着朝代更迭始终在变化，早在西周时期，这条曲线在吉县、隰县、交口、汾阳、孝义、灵石、霍县、洪洞、临汾、襄汾、曲沃、绛县、阳城、壶关、潞城一线上。到秦汉时期，特别是汉武帝时期，这条曲线在山西的部分已经向西北推至兴县、岢岚、神池、山阴、怀仁、大同一线，农耕文化区进一步扩大。但不论如何变化，哪怕是五胡乱华、蒙古一统，游牧文化始终未能超越"龙门碣石线"底线。而平遥始终处于这一农耕文明与游牧文明的交汇地带，

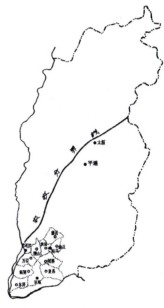

图177 "龙门碣石线"1
(线的东南是战国晚期的主要农区范围，其西其北是当时的畜牧或农牧相杂区域。②)

自然成为两大文明交流的前沿，成为农产品、手工产品与畜产品交换的市场。这一点从西周时对晋国实行"启以夏政，疆以戎

---

① 史念海. 中国历史地理纲要（上册）. 太原：山西人民出版社，1991年12月. 163.
② 黎凤. 山西古代经济. 太原：山西经济出版社，1997年7月. 36.

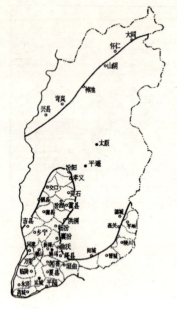

图178 "龙门碣石线" 2
（曲线的南部是西周时期的农区。
秦及汉初农区向北推移，到汉武
帝时，农区范围拓展到了今兴县、
岢岚、神池、山阴、怀仁、大同
一线，其西其北为游牧区域。①)

索"的政策中已可见一斑，从晋国乃至韩、赵、魏使用的农业工具符号的布币也可以得到反证。第三，朝代更迭，国都东移，自元代之后，平遥处于京蜀官道之上，使其逐渐发育发展成为重要的商品集散与交易市场。

尽管平遥商人未能在明初的"开中法"后脱颖而出，也没有在清初的八大皇商中争得席位，但特殊的地理位置造就了平遥古城自古以来的商业重镇地位，并在清代中叶之后发力，孕育出发达的以资本市场为特征的货殖文化。

二、明清以来平遥古城发育发展成为晋省及周边重要的商品交换与集散中转市场

自元代以后，中国的政治文化中心东移，从昔日的长安、洛阳、汴梁、杭州而定都北京。由此山西这块土地也由原来以长安为中心的"河东"，变化为以北京为中心的"山西"。平遥的独特地理位置使其四通八达，特别是元代开通的京蜀官道自东而西穿城而过，加之西通汾阳、永宁州（离石）、临县，过黄河直通陕北，西北绕文水直达岢岚州，东南有山间骡马山路直通武乡、潞安（长治），又兼有汾河通航之利，使平遥古城的城池优势转变为市场优势。加之人口众多、资源匮乏，拥有大量的富裕劳动力，在平遥古城真正形成了一个集东西南北四方商品，"拉不完，填不满"的商品集散地。

平遥古城人多地少之状况，明万历《汾州府志》中有详细记述。兹根据明万历《汾州府志》五、六卷《赋役类》编制下表，对汾州府所属一州七县的人口与土地面积作一比较。

---

①黎风. 山西古代经济. 太原：山西经济出版社，1997 年 7 月. 51.

表 17　明万历汾州府各州县土地与人口对比表①

州　县	土地面积	户	口	人均土地面积（亩）
汾阳县	10071 顷 72 亩 2 分 8 厘	13,062	125,254	12.03
平遥县	10,143 顷 13 亩 3 分	7,482	197,560	7.7
介休县	6,020 顷 32 亩 4 分 1 厘 8 毫	5,681	66,467	13.59
孝义县	9054 顷 17 亩	3,798	35,593	38.16
临　县	3160 顷 44 亩 4 分 9 厘 9 毫 4 丝	2,195	41,262	11.49
灵石县	2231 顷 11 亩 4 分	2,943	28,953	11.56
永宁州	4698 顷 21 亩 2 分 7 厘 5 丝	5,011	28,014	25.16
宁乡县	2369 顷 82 亩 3 厘 1 毫	1,729	5,377	66.1
府　属	47,748 顷 95 亩 9 厘 8 毫 9 丝	41,910	521,226	13.74

　　由此，平遥城内店铺林立，行当应有尽有。货栈旅店业、运输业、洋货业、绸缎布庄业、茶行、烟行、药行、手工业等各行各业应运而生，并得到充分发展。据嘉庆十八年（1813 年）《市楼重修碑志》记载，在捐银的 700 多家字号中，货栈旅店业就达到 59 家。乾隆二十三年（1758 年）《重修金井楼记》中，捐银的行业与店铺达 80 个之多。乾隆三十一年（1766 年）《建木行祖祠碑》记载，木行有"木厂行"与"木匠行"之分。这些都充分说明了其商品集散地市场的特征。平遥古城作为商品交换与集散中转的市场，其商业经济得到充分发展，经过几百年的发展，为从狭义的商品交换向广义的市场交换关系总和转变奠定了基础。

---

① (明) 王道一等纂修，李裕民点校. 万历汾州府志. 太原：山西人民出版社，1994 年 6 月. 57~81.

三、资本市场逐渐形成，使平遥古城发展出发达的金融市场，成为汇通天下的金融都会

在山西明清商人家族中，被清人徐珂《清稗类钞》中列出资产在七八百万两至三十万两的 15 个富商中没有一个平遥人。清代中后期的商人家族财东所办业务，除了走西口做边贸外，有一个共同的特点便是在平遥古城建行设局。票号业兴起后，直到咸丰十年（1860 年），全国只有票号 14 家，皆在山西，其中平遥就有 10 家。据资料记载，自票号创立的一个世纪中，全国共有票号 51 家，山西就有 43 家，而平遥达到 22 家。可以说在当时的平遥已经形成了"CEO"市场或职业经理人市场。不仅有大量的资本流入，又有大量的职业经理人可供选择，还有一套严格的经营管理制度与理财制度，以及诚信的信用制度，平遥古城渐渐由有形的商品交换与集散市场，转变为有形的商品交换、集散市场与无形的资本市场共同发展的市场，由一般意义上的交换场所上升为跨越时空的各种交换关系的总和。这一资本市场包括了票号、典当、钱庄、银号、账号、印局、镖局等各种钱肆业实体。规模十分庞大，以典当行为例，清康熙年间城内即有当铺 60 余家，到嘉庆十八年（1813 年），仅为平遥重修市楼捐款者即达 24 家之多。即使到了晋省大旱的光绪三年（1877 年），城内仍有 30 余户当商捐银 6500 两，捐钱 5000 千文。以钱庄行为例，乾隆二十三年（1758 年）重修金井楼时已有公义钱铺、涌泉钱铺、大顺钱铺等捐款记载。光绪三年（1877 年）晋省大旱，城内钱行共捐银 9270 两，捐钱 2500 千文，规模与实力远远胜于典当业。曾经在官场与市场前沿奋斗的福建布政使、巡抚徐继畲，罢官归里后所以要谢绝省城晋阳书院之聘，而到平邑超山书院执教，其中缘由恐怕也与平遥古城发达的货殖文化有关。

从这一意义上分析，平遥古城的商肆铺店格局摆布、建筑特色，早已超越了建筑物本身，是平遥古城由有形的商品交换、集散市场，转变为有形的商品交换、集散市场与无形的资本市场的载体。这是一般的城池所没有的，也是明清两朝任何一座县级城池所无法比拟的。从这一意义上讲，平遥古城林立的商

肆铺店便是货殖文化的直接载体，也是平遥古城凝固的货殖文化。

司马迁在《史记》中专门为商人作传，名曰《货殖列传》，开宗明义"天下熙熙皆为利来，天下攘攘皆为利往"的功利思想，在平遥商界则发扬为"以义制利"的操守。平遥古城所体现的货殖文化，远非学术界总结的以人为本、信誉至上、倚靠官府、管理严谨、联号制与股份制等那么简单。在学而优则仕的封建时代，在士、农、工、商的尊卑礼俗下，平遥的商人们既不遮遮掩掩，也不挂羊头卖狗肉，而是坦然从商，直面伦理，把商人这一职业做得十分纯粹。这一在儒家学而优则仕思想占据绝对统治地位的封建时代以实际行动践行、诠释的经商、重商思想与理念，才是平遥古城货殖文化的核心。由于雍正二年（1724年）九月，大臣刘于义向雍正的一折奏报——"山右积习，重利之念，甚于重名。子弟之俊秀者，多入贸易一途。其次宁为胥吏。至中材以下，方使之读书应试。"以及雍正皇帝"山右大约商贾居首，其次者犹肯力农，再次者谋入营伍，最下者方令读书。朕所悉知"的朱批。加上在晋商家中任教的退仕举人刘大鹏在《退想斋日记》中的一段话语——"近来吾乡风气大坏，视读书甚轻，视为商甚重，才华秀美之子弟，率皆出门为商，而读书者寥寥无几，甚且有既游庠序竞弃儒而贾者。亦谓读书之士，多受饥寒，曷若为商之多得银钱，俾家道之丰裕也。当此之时，为商者十八九，读书者十一二。余见读书之士，往往羡慕商人，以为吾等读书，皆穷困无聊，不能得志以行其道。"恰巧清代山西科考确无一状元，以致对晋商形成了一种重商轻儒的错误认识。事实上，明清两代山西的学术一直位居全国前列，大家代有代表，不乏其人。做一个纯粹的商人，这应该是平遥古城货殖文化的核心价值观。正像当地民谣流传的那样："人养好儿子，只要有三人，大子雷履泰，次子毛鸿翙，三子无出息，也是程大培。"而这雷履泰、毛鸿翙、程大培都是票号界前辈、巨子。这一货殖文化理念即便用于现代也不过时，仍具有现实指导意义。平遥人将学徒称为学生意，可谓意味深长。胜任并驾驭市场的经理、掌柜，从来就不会在学堂造就，只在市场经营实践中打造。

平遥古城的东大街、西大街、南街、衙门街与城隍庙街是商肆铺店最为集中的街道，构成了一个大大的"土"字，据说取自内涵土能生金，生生不息。

而在这五条大街上，票号等钱肆门店又大都集中于西大街上，西为金，又内涵着财源滚滚的含义。货殖乃货畅其流，生生不息。

平遥古城发展出中国最早的职业经理人市场

上面已经提及，在清代，平遥古城之所以商业非常发达，除了地域优势以及商品市场发育较为充分等因素外，最为根本的因素便是发展出中国最早的职业经理人市场，这一特殊市场的商品即是以经营管理创造力为使用价值的职业经理人。其标志为：一是这些职业经理人（掌柜）可以在市场各企业商号间自由流动；二是这些职业经理人（掌柜）专司经营管理职权，不管其自由流动于哪家企业商号；三是其市场价格较一般劳动力高出几倍几百倍。下面从三个方面作一分析。

一、从平遥22家票号掌柜籍贯看平遥古城职业经理人市场

在平遥22家票号中，有一个共同的特征便是，不论财东来自何方，掌柜或曰总经理大都为平邑人。兹将22家票号财东、掌柜籍贯一览表列于下：

表18　平遥22家票号财东、掌柜籍贯一览表

序号	票号名称	创办歇业时间	财东姓名与籍贯	历任掌柜姓名与籍贯
1	日升昌	1823-1914	平遥达蒲李大全	雷履泰（平遥细窑）、程清泮（平遥回回堡）、郝可久（平遥）、王启元（平遥）、张兴邦（平遥金庄）、郭树柄（平遥）、梁怀文（平遥王郭村）
2	蔚泰厚	1826-1921	介休北贾侯荫昌	毛鸿翔（平遥邢村）、范友芝（平遥县城）、赵星垣（介休张垣）、毛鸿瀚（平遥梁村）、杨松龄（平遥曹村）
3	蔚丰厚	1826-1916	介休北贾侯荫昌	阎永安（平遥城内）、宋宝藩（清源）、郝荣禄（平遥郝家堡）、范凝静（平遥城内）、侯绍德（介休贾村）、范定翰（平遥城内）、王文魁（平遥）、张宗祺（介休张兰）

序号	票号名称	创办歇业时间	财东姓名与籍贯	历任掌柜姓名与籍贯
4	蔚盛长	1826—1916	介休北贾侯荫昌	郭存祀（汾阳）、尚永济（平遥段村）、李梦庚（平遥段村）、赵经魁（平遥朱坑）、王调营（平遥城内）、王作梅（平遥小王村）
5	新泰厚	1826—1921	介休北贾侯荫昌	侯王晋（平遥城内）
6	天成亨	1826—1918	介休北贾侯荫昌介休张兰马铸等	李公（平遥净化）、张沙锦（介休张兰）、侯王宾（平遥城内）、刘廷栋（介休西北里）、张树屏（介休张兰）、周承业（平遥东游驾）
7	日新中	1838—1861		
8	协和信	1853—1904	榆次聂店王栋	李清芳（平遥城南堡人）
9	协同庆	1856—1913	榆次聂店王栋平遥王智村米秉义	陈平远（平遥尹回）、孟子元（平遥丰依村）、刘庆和（平遥侯冀村）、赵德溥（平遥城内）、张治德（平遥城内）、雷其澍（平遥城内）、温子翰（平遥阎良庄）
10	百川通	1860—1918	祁县渠源浈渠源洛渠立本	武大德（平遥城内）、渠川至（祁县）、庞凝山（平遥城内）、刘敬义（平遥城内）、雷中寿（平遥油房堡）
11	乾盛亨	1862—1904	介休北辛武冀以和	武开胜、武日中（平遥城内父子）、郝家瑞（平遥城内）
12	谦吉升	1862—1884	平遥达蒲李家陕西人高某安徽人雷某	李续赓（平遥城内）
13	蔚长厚	1864—1920	平遥邢村毛履泰、介休北贾村侯家、浑源人常某、平遥人乔某、大同人王某	范积善（平遥良如壁），范光晋（平遥城内）
14	其德昌	1862—1912	介休北辛武冀以和	宋聚源（平遥梁赵村）
15	云丰泰	1862—1882	云南高州镇总兵杨玉科（湖南人）、平遥人范缙	白庚李（平遥城内）
16	松盛长	1875—1884	江苏苏州粮道英朴	程绪（平遥城内）

平遥古城儒家文化与货殖文化

寻找
母亲的平遥
二

序号	票号名称	创办歇业时间	财东姓名与籍贯	历任掌柜姓名与籍贯
17	祥和贞	1873–1881	投资人与经营人与云丰泰有关，史料不详	
18	义盛长	1873–1886		史料不详
19	汇源涌	1881–1885	祁县渠源潮	段起祥（文水南齐村）
20	永泰庆	1892–1900	平遥邢村毛履泰、祁县常家堡乔某	段起祥（文水南齐村）
21	永泰裕	1901–1905	平遥邢村毛履泰	段起祥（文水南齐村）
22	宝丰隆	1907–1921	介休洪山乔英甫、四川藩台许涵度（河北清苑）、川边大臣赵尔丰	宋聚奎（平遥梁赵村），段礼安（平遥净化村）、陈海门（平遥净化村）

说明：表中资料采自张巩德《山西票号综览》与张正明、邓泉《平遥票号商》，个别内容据王夷典《平遥票号事略》与最新相关资料订正。

从上表中可以看出，平邑 22 家票号中，财东大都是来自平遥周边的富商巨贾，但掌柜绝大多数为平遥之人。表中所列 59 名掌柜中，有 49 人均为平遥人，占到 80%以上，而且这 49 人的分布不独在城内，而是以县城为中心覆盖了东西南北数十个村镇。这还仅仅是 22 个票号的大掌柜，二掌柜、三掌柜中又有多少平遥人？遍布全国各地不计其数的分庄掌柜中又有多少平遥人？民国间，有人曾对商业在山西的地位做了调查，"据四个村镇（祁县东左墩村、西左墩村、太谷阳邑镇、平遥道备村）的调查显示，从商者最低为 31.25%，最高 47.72%，竟至于超过业农人数（业农者为 44.85%）。即使在整个商业败落颓废的民国时期，失业商人在改营职业的选择上，仍然执著于商业范围。据民国二十四年（1935 年）对此处四村镇的调查资料，商人失业后改营各种职业者，营商者最低占到 40%，最高占到 58%，务农者最低占 20%，最高占 50%。"①由此可以看到，在当时的平遥，票号经营人才辈出，已经自发形成了一个无形的职业经理人掌柜市场。

---

① 王先民，李玉祥摄影. 晋中大院. 北京：三联书店，2002 年. 104～105.

二、平遥古城职业经理人的形成机制

探讨平遥古城职业经理人的形成机制，还是应该从一个个掌柜的成长过程中分析。仍以平遥 22 个票号掌柜为例，每个人的职业生涯都毫无例外是从学徒起始，一步步从学徒而伙计，从伙计而小掌柜，从小掌柜而大掌柜，从分号掌柜而总号掌柜，从一般商行的掌柜到票号的掌柜。

综观职业经理人即掌柜成长过程，大体可以分为三个阶段：

第一阶段是家庭教育阶段。这一阶段多数有条件的家庭都会让孩子进私塾接受儒家思想等正统教育，读的是《百家姓》、《三字经》、《幼学琼林》、《千字文》等蒙学读物，以及《四书》等儒家经典。与此同时，孩童们还要天天写仿，没有条件的则将细沙平铺木盘中，用树枝在上面写字，写罢一个刮平了再写第二个，如此反复。再者要习珠算，由村中一些商界回乡老人免费施教。更为重要的内容是学礼仪，这一阶段最早也要持续到 12 周岁开锁之后，一般会在 15 岁左右。

第二阶段是学徒阶段。并不是任何人都可以进入字号商铺学徒，而必须具备相应的条件，本人身高五尺，五官端正，家世清白，"必先问其以上三代做何事业，出生贵贱"。具备基本条件但还必须有商铺推荐，甚至必须是与所进商号有利害关系的人或商铺推荐。先考察基本条件，再测智力，试文字，最主要的也就是识字、写字、打算盘，乃至故意设一些漏洞、破绽，抬手动足间考察反映能力、应变能力等。被选中者方可进入真正意义上的学徒阶段。这一阶段，主要通过理论与实践的结合，学习四个方面的内容，即日常生活礼仪规矩、行规与职业道德、基本技能、专业技能等四个方面。日常生活礼仪规矩，主要是通过至少一年的日常杂务学习、养成，什么提茶壶、倒夜壶、打水、扫地、生炉火等。站有站相，站而不躬身；坐有坐姿，坐而不压腿；吃有吃相，吃而无声响；喝有喝相，喝而不露嘴。这些苛刻的要求和规矩，除了培养良好的礼仪规矩外，更重在苦其心志，陶冶其性情。这一点往往也是学徒的重点与关键。行规与职业道德，国有国法，家有家规，而在行业内则有行规，行规即制度，直接规范经营管理行为，什么可以做，什么不能做，什么应该这样做，什么应该那样做；职业道德则是不成文的各种规定，属于一种自我约束范畴。这些规范要求重在塑造诚信、正直、谦和、忍让、勤俭、吃苦的优良品质与修养。基本技能，主要是写字、珠算、书信语言乃至记账等。书要工整，算要快捷准确，信要表意确切礼仪得当，话要表意准确听懂方言，账要清楚准确符合要求。这些基本技能一般不会有专门时间训练，多靠自身干中学，晚上学，偷着学。在珠算训练中，常常把复杂枯燥的珠算演变成一种游戏，以提高学徒兴趣，比如：

见几加几的"小九九"，"123456789"，见几加几，三次后可以变为"987654312"，其实就是"123456789×8"。

图 179　小九九（一）　　　　　图 180　小九九（二）

见几加几的"二相公担水"，"1949445625"见几加几四次后，变成"31191130000"，为一个相公担水样，其实就是"1949445625×16"。

 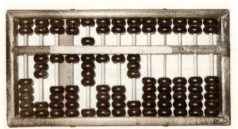

图 181　二相公担水（一）　　　　图 182　二相公担水（二）

见几加几的"凤凰双展翅"或曰"蝙蝠"，"77158950625"见几加几四次后，变成"1234543210000"，为一凤凰展翅或蝙蝠象形，其实就是"77158950625×16"。

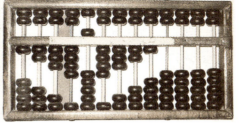

图 183　凤凰双展翅（一）　　　　　图 184　　凤凰双展翅（二）

还有什么"狮子滚绣球"等等。可见其中也包含了诸多素质培养内涵，也是培养悟性的有效途径与手段。专业技能，各行各业各有不同。以票号为例，有专门的银色歌、平码歌，以学习辨别银钱成色、密押诀等皆是。如日升昌票号有一套密押，以"晋、兖、青、徐、扬、荆、豫、梁、雍"代表一、二、三、四、五、六、七、八、九。在各行各铺还有一些自己编定的实用性教材。李希曾在《晋商史料与研究》中记录了晋中一带广为流传的一首铺诀，对商铺学徒做了形象的描述。

"黎明即起，侍奉掌柜。五壶四把（茶壶、酒壶、水烟壶、喷壶、夜壶和笤帚、掸子、毛巾、抹布），终日伴随。一丝不苟，谨小慎微。顾客上门，礼貌相待。不分童叟，不看衣服。察言观色，惟恐得罪。精于业务，体会精髓。算盘口诀，出手相联。斤称流发，必须熟练。有客实践，无客默诵。学以致用，口无危言。每岁终了，经得考验。最所担心，铺盖立卷。一旦学成，身股入柜。已有奔头，双亲得慰。"

笔者身为平遥人，祖父、外祖父都曾在商界奔波大半生。父亲现已八十多岁，就曾讲到自己学徒的经历。尽管那已经是上世纪三十年代末四十年代初，而且所学生意也非银行、票号，但情况大体相同。由于祖父在西安做生意，读过几年私塾的父亲经祖父的连襟细窑村商人郝生祥介绍，被从平遥村中带到介休县城，在西街路北山门底"生生永"药店学徒，东家为文水私坪村邸大良。一个十四五岁的少年，每天要打扫卫生、抓药、制药丸，甚至还要为东家一家做饭、洗菜，做家务打杂，干到年尾共得薪 4 块。

第三阶段是学徒出班进入执掌事务行列阶段。能够进入这一阶段是每一个学徒的追求，但掌握了一定的技能是远远不够的，还必须在相当于实习的实践中历练。以票号为例，经推荐可到市场上接触相关信息，经过这一过程一年半载的考验，未被淘汰者才能充录信员，誉抄外埠来函。直到文牍先生满意方可缮写外发信件，并由文牍先生面授实用文书技法等。再历练年余方可升充帮账。帮账半年以后，遇分庄人员调换，经推荐提拔才有机会被派往各埠分庄服务。这一过程是十分艰辛的，要经过重重考验，"远则易欺，远使以观其志；近则易狎，近则以观其敬；烦则难理，烦使以观其能；卒则易难，卒间以观其智；急则易爽，急期以观其信；财则易贪，委财以观其仁；危则易变，告危以观其节；久则易惰，班期二年以观其则；杂处易淫，派往繁华以观其色。"①是大浪淘沙的历练，更是点石成金的修炼。

至此，一个职业经理人才刚刚起步。最终能否由一名一般的伙友转而成为职业经理人，还要经过一次次"过五关斩六将"的商海实践的锻炼与考验，经过一次次市场竞争的洗礼与检验，凝练出经商诚实守信、以义制利、冷静沉着、善于应变、开拓创新的精气神。经得考验与检验才会被市场认可，才会被财东、掌柜认可，真正成为一名职业经理人。一个个千锤百炼的职业经理人就这样在平遥古城培养、造就并最终形成职业经理人市场。平遥22家票号的49名掌柜，乃至各分号数不胜数的掌柜，以及其他各行各业的掌柜，都是平遥古城职业经理人市场的典型代表。

平遥古城职业经理人的六位典型代表

雷履泰，生于1770年，卒于1849年，平遥细窑村（今龙跃）人。出身经商世家，但家道早已衰落，因父亲早逝，十几岁便入商号学徒，一直到40多岁才进入平遥"西裕成"颜料庄这一在平遥发展势头最好、势力最大的商号。先后任西裕成汉口分号掌柜、京师分号掌柜。由于其显赫的业绩，被调回平遥西裕成总号，并担任大掌柜。正是在他的直接决策下，经过财东同意，于道光三年（1823年）左右正式成立了中国首家专营银两汇兑和存放款业务的票号。

---

① 卫聚贤. 山西票号史. 说文社，民国32年. 57-58.

毛鸿翙，生于 1787 年，卒于 1865 年，平遥邢村（今喜村）人，普通商人家庭。十三四岁到城内油面铺学徒，精明能干，忠厚朴实。前面已经讲到，在"聚财源"粮油店当伙计时，其"买油篓巧分油"传为商界佳话。在一次为西裕成送粮时被雷履泰看准，并被聘用，后升任二掌柜。之后雷、毛发生矛盾离开日升昌，被蔚泰厚绸缎庄聘用，创办平遥"蔚"字五连号票号。

程大培，生卒年不详，平遥回回堡人。早年务农，嘉庆年间流落汉口时为西裕成颜料汉口分庄打杂。在汉口一次流兵乱匪前，伙友大都逃跑避乱，但程大培临危不乱，保全了账簿银两，使分庄在匪劫中避免了损失。鉴于这一义举，程大培被正式聘为店内伙友。后从分号协理而经理，在日升昌票号创办时被聘为三掌柜。

范凝静，生于 1824 年，卒于 1865 年，平遥城内人。道光二十一年（1841年）17 岁入油、面商号效习，由于精密谨细，又写有一笔好字，深得掌柜赏识。一年腊月被派往日升昌票号结算账款，恰遇伙友整理纱灯。纱灯在正月挂前都要用大红纸写字号名称或吉祥语词。伙友知其写得一手好字，便连说带笑请他写字。范凝静不好推辞，挥笔写就"日、升、昌、记"四个大字。由此引起掌柜雷履泰关注，后托人将其要到日升昌票号。进得票号，先到信房写书信稿，后上街跑业务，经过一步步历练升至分号掌柜位置。怎奈咸丰后期时局不稳，直接影响经营秩序，在日升昌掌柜程清泮收撤分庄时，未听号令的范凝静被裁汰。后蔚泰厚票号掌柜毛鸿翙想方设法将范凝静请到蔚字票号，担任了蔚丰厚协理，后升任大掌柜。

李宏龄，生于 1847 年，卒于 1918 年，平遥西源祠人。同治初年（1862年），15 岁的李宏龄入钱庄实习，学成未有几年，钱庄业败。同治七年（1868年），由乡人曹惠林荐入蔚丰厚票号。他在蔚丰厚票号长达五十年之久，曾一度领蔚丰厚上海、汉口两重要分庄事，后掌柜于蔚丰厚北京分庄。他不仅识大体、顾大局，善经营、通管理，重人才、广交结，不徇私、不阿谀，更为难得的是，当票号业面临危机时，他洞察一切，顺应时势，为票号改革大声疾呼，并撰成《票商成败记》、《同舟忠告》两部票号业专著自费出版，成为晋商群体中少有的理论家、改革家与实践者。

范椿年，生于 1874 年，卒于 1951 年，平遥金庄村人。青年时代入蔚盛长票号当练习生，为人忠厚，勤奋好学，在掌柜鼓励下到汾州府参加科举考试，获榜首，成为该届头名秀才。中得秀才后，范椿年等八名秀才相继就职票号，以至民间留下"八秀才住票行——改邪归正"的歇后语。范椿年后来被派往汉口分庄驻庄。辛亥革命后票号行受到重大冲击，范椿年再度被派汉口整顿旧业，因无法恢复经营，经前任日升昌桂林分庄原协理、后任广西银行总经理的王治臣推荐，担任广西银行协理。民国五年王治臣告老还乡后，他接任广西银行总经理之职，直到民国十年两广军阀混战桂军战败后，被迫离开广西，绕道越南、香港回到平遥。民国十三年（1924 年）又与旧时票号好友集股合办"大来银号"，并出任总经理，一度连续被选为平遥县商会会长、省商会理事。民

图 185　郝锦诚于香港所拍照片

国二十五年（1934 年），经财政部长孔祥熙提携，入中央银行，历任漳州、源陵、西安、宜宾等分行经理，后任成都分行专员。1948 年离职回平遥。由于笔者祖父郝锦诚当时也供职于广西银行，而且与范椿年家有亲戚关系，父亲常常念及此事。左图照片为祖父离开广西绕道回平遥时在香港所摄。

从以上所列 6 位票号掌柜由学徒到总经理的经历可以看出，所有职业经理人的成长无一不循学徒而伙计、伙计而小掌柜、小掌柜而大掌柜的发展轨迹。

3 平遥古城独具特色的儒商文化

发达的货殖文化不仅仅表现在经济活动中，同样也体现在百姓的日常生活中，带动了整个社会文化的发展。对此，论述者颇多，这里从以下三个方面作些探究。

店铺字号、人名字号的文化内涵

中国人名从来就不是一个简单的符号，其中融进了太多的文化内涵，由之中国古来姓名学十分流行。中国是一个多名制国家，不仅有姓名，还有表字、别号、谥号等多种不同功能的称谓系统。据史料记载，早在春秋时，鲁大夫申繻就有了一套命名规则，有信、有义、有象、有假、有类。有信即"以名生为信"，依据初生时特征命名；有义即"以德名为义"，用美德吉祥的字命名；有象即"以类命为象"，根据长相、性格取名；有假即"取于物为假"，假借万物之名；有类即"取于父为类"，根据出生时辰与父辈以上有类似之处命名。同时还要有六条禁忌：不以国、不以官、不以山川、不以隐废、不以畜生、不以器币。申繻的这一规则尽管是基于春秋的时代背景提出的，但广为后来的姓名学吸纳，形成了一门所谓姓名之学，并引入五行、音韵、卦象等，成为术数命理之学的一大流派。固然古来姓名之字有许多糟粕，但人们趋吉避凶、向往美好理想寄寓是毋庸置疑的。平遥发达的货殖文化更加赋予了姓名之学新的内涵，这便是传统文化与货殖文化的结合，形成了一方风气与特色。

以人名为例，我们还是对前文所列 49 位平遥票号掌柜的名字、字号作一分析。

雷履泰、程清泮、郝可久、王启元、张兴邦、郭树柄、梁怀文、毛鸿翙、范友芝、毛鸿瀚、杨松龄、阎永安、郝荣禄、范凝静、范定翰、王文魁、尚永济、李梦庚、赵经魁、王调营、王作梅、侯王晋、李公、侯王宾、周承业、李清芳、陈平远、孟子元、刘庆和、赵德溥、张治德、雷其澍、温子翰、武大德、庞凝山、刘敬义、雷中寿、武开胜、武日中、郝家瑞、李续赓、范积善、范光晋、宋聚源、白庚李、程绪、宋聚奎、段礼安、陈海门。

结合分析这些名与字，大致可以划分为以下几种类型：一是表示抱负、志向，如清泮、兴邦、树柄、怀文、承业、文魁、经魁、王晋、王宾、光晋；二是标明愿望职责，如履泰、启元、子元、日中、庆和；三是标志道德操守，如德溥、治德、大德、敬义、积善、凝静、凝山、作梅、清芳；四是寓意健康长寿、平安，如可久、松龄、永安、荣禄、平远、中寿、家瑞、礼安；五是追求博大胸怀，如鸿翔、鸿瀚、定翰、开升、海门；六是期望发家发财，如聚源、聚奎、永济；七是表达生肖生辰，如梦庚、庚李。这些商人名字中，使用频率较高的字有翰、清、元、文、鸿、安、凝、德、子、中、晋、魁等。这些名字中，追求升官者没有一名，期望发家发财者也居少数，明志者占绝大多数，充分印证了"以义制利"的价值观念与道德操守。

以店铺名字为例，前述 22 个票号字号日升昌、蔚泰厚、蔚丰厚、蔚盛长、新泰厚、天成亨、日新中、协和信、协同庆、百川通、乾盛亨、谦吉升、蔚长厚、其昌德、云丰泰、松盛长、祥和贞、义盛长、汇源涌、永泰庆、永泰蔚、宝丰隆。用字使用频率统计如下表：

表 19　票号名用字使用频率表

日	2	升	2	昌	2	蔚	5	泰	5	厚	4	盛	5	长	4	丰	3
新	2	天	1	成	1	亨	2	中	1	协	2	和	2	信	1	同	1
庆	2	百	1	川	1	通	1	乾	1	谦	1	吉	1	其	1	德	1
云	1	松	1	祥	1	贞	1	义	1	汇	1	源	1	涌	1	永	2
宝	1	隆	1														

其中使用频率最高者为蔚、泰、盛5次，厚、长各4次，丰3次。

嘉庆四十八年（1813年）货栈粮店字号分别是：恒升店、天裕店、光裕店、三元店、合兴店、忠义店、长盛店、义顺店、世隆店、合隆店、元丰店、长泰店、升元店、兴盛店、泰来店、协盛店、晋源店、全兴店、义和店、集义店、祥泰店、信诚店、大悦店、万亿店、通盛店、永顺店、德顺店、万盛店、逢源店、益天店、天锡店、涌聚店、协泰店、天兴店、协信店、复信店、裕隆店、晋太店、太和店、恒义店、广大店、悦来店、亨通店、正和店、通源店、复义店、允成店、永盛店、万亨店、泰和店、方至店、天盛店、丰盛店、天成店、谦德店。计55家。用字使用频率如下表：

表20　货栈粮店名用字使用频率表

恒	2	升	2	天	6	裕	3	光	1	三	1	元	3	合	2	兴	4
忠	1	义	6	长	2	盛	8	顺	3	世	1	隆	3	丰	2	泰	5
来	2	协	3	晋	2	源	3	全	1	和	4	集	1	祥	1	信	3
诚	1	大	2	悦	2	万	3	亿	1	通	3	永	2	德	2	逢	1
益	1	锡	1	涌	1	聚	1	复	2	太	2	广	1	亨	2	正	1
允	1	成	2	方	1	至	1	谦	1								

其中使用频率最高者为盛8次，天、义各6次，泰5次，和4次。

1956年公私合营前药商字号有延寿裕、道生明、益寿堂、元吉利、桂林堂、聚记、瑞生祥、华友、新生、和亨、道济元、远记、玉文堂、福生堂、永安堂、同康、昌记、义记、杏林堂、复生茂、清记、信记、容川堂、生甡祥、生茂昌、万成永、天瑞、志同、鸿鑫、云记、浩泰、润记等32家。用字使用频率如下表：

表21　药商字号店名用字使用频率表

延	1	寿	2	裕	1	道	2	生	7	明	1	益	1	堂	8	元	2
吉	1	利	1	桂	1	林	2	聚	1	记	8	瑞	2	祥	2	华	1
友	1	新	1	和	1	亨	1	济	1	远	1	玉	1	文	1	福	1
永	2	安	1	同	2	康	1	昌	2	义	1	杏	1	复	1	清	1
信	1	容	1	川	1	甡	1	茂	1	万	1	成	1	天	1	志	1
鸿	1	鑫	1	云	1	浩	1	泰	1	润	1						

堂、记二字之外生7次，寿、元、道、瑞、永、同、昌各2次。

光绪末年，城内当铺字号有惠元当、乾和当、裕隆当、日升当、恒隆当、丰盛当、万长当、义盛当、敦厚当、增益当、天泰当、永裕当、万成当、公益当、长兴当、惠德当、合意当、兴隆当、东盛当、万金当、三庆当、同益当、丰裕当、天裕当、元泰当、和顺当、世隆当、三和当、居易当、亨泰当、天兴当、同兴当、启源当、元瑞当等34家。用字使用频率统计如下：

表22　当铺店名用字使用频率表1

惠	2	元	3	乾	1	和	3	裕	4	隆	4	日	1	升	1	恒	1
丰	1	盛	3	万	3	长	2	义	1	敦	1	厚	1	增	1	益	3
天	3	泰	3	永	1	成	1	公	1	兴	4	德	1	合	1	意	1
东	1	金	1	三	2	庆	1	同	2	顺	1	世	1	居	1	易	1
亨	1	启	1	源	1	瑞	1										

其中裕、隆、兴三字4次，和、盛、万、益、天、泰各3次。

嘉庆十八年（1813年），为重修市楼捐款有24家当铺，分别是协裕当、宁恩当、大恒当、隆盛当、平罗当、永宁当、兴盛当、广丰当、震亨当、宁朔当、恒盛当、德盛当、日亨当、世兴当、万成当、义和当、立升当、永恒当、四合当、广兴当、聚仁当、广□当、元隆当、信□当。用字使用频率如下表：

表23　当铺店名用字使用频率表2

协	1	裕	1	宁	3	恩	1	大	1	恒	3	隆	2	盛	4	平	1
罗	1	永	2	兴	3	广	3	丰	1	震	1	亨	1	朔	1	德	1
日	1	世	1	万	1	成	1	义	1	和	1	立	1	升	1	四	1
合	1	聚	1	仁	1	元	1	信	1								

其中盛字4次，宁、恒、兴、广各3次。

民国35年（1946年），计有日升昌、崇丰厚、恒裕晋、永盛庆、厚德庆、永和兴、丰福祥、恒胜庆、兴隆信、厚德恒10家钱庄。用字使用频率如下表：

其中厚、恒、庆三字各3次，丰、永、德、兴各2次。

表24　钱庄店名用字使用频率表

日	1	升	1	昌	1	崇	1	丰	2	厚	3	恒	3	裕	1	晋	1
永	2	盛	1	庆	3	德	2	和	1	兴	2	福	1	祥	1	胜	1
隆	1	信	1														

将上列票号、货栈旅店、药商、当铺、钱庄六个表格合并统计，各字号用字频率总表如下：

表25　各时期店名用字使用频率表

日	5	升	7	昌	5	蔚	4	泰	14	厚	8	盛	20	长	8	丰	9
新	3	天	11	成	7	亨	8	中	1	协	6	和	11	信	7	同	5
庆	6	百	1	川	2	通	3	乾	2	谦	2	吉	2	其	1	德	7
云	2	松	1	祥	5	员	1	义	10	汇	1	源	5	涌	2	永	11
裕	11	宝	1	隆	11	恒	9	光	1	三	3	元	9	合	4	兴	13
忠	1	顺	4	世	3	来	2	晋	3	全	1	集	1	诚	1	大	3
悦	2	万	8	亿	1	逢	1	益	5	锡	1	聚	3	复	1	太	2
广	4	正	1	允	1	方	1	至	1	延	1	寿	2	道	2	生	7
明	1	利	1	桂	1	林	2	瑞	3	华	1	友	1	济	1	远	1
玉	1	文	1	福	2	安	1	康	1	杏	1	清	1	容	1	牲	1
茂	1	志	1	鸿	1	鑫	1	浩	1	润	1	惠	2	敦	1	增	1
公	1	意	1	东	1	金	1	居	1	易	1	启	1	宁	3	恩	1
平	1	罗	1	震	1	朔	1	立	1	四	1	仁	1	崇	1	胜	1

统计结果表明，上列117字使用频率在5次以上的有29字。依次是：盛20次，泰14次，兴13次，天、和、永、裕、隆五字11次，义10次，丰、恒、元三字9次，厚、长、亨、万四字8次，升、成、信、德、生五字7次，协、庆两字6次，日、昌、同、祥、源、益六字5次。如果将这29字对照中国古籍比较就会发现，这些文字都深含中国传统文化，特别是承载着儒家文化的仁、义、礼、智、信思想。再进一步分析发现，泰、丰、恒、升、益、乾、

谦、晋、复、震十字就直接取自《周易》六十四卦卦名，而元、亨、利、贞则直接取自乾卦卦辞。天者，乾也；日者，离也；厚者，"厚德载物"也；盛者、德者，"日新之谓盛德"。

这里还要进一步说明的是，日升昌票号的首创者雷履泰，一名三字乃《周易》震、履、泰三卦。震为雷，"震来虩虩"；天泽履，"履道坦坦"；地天泰，"小往大来"。三卦皆"亨"。从人名到店铺字号名，处处体现着中庸、和合、仁义、诚信的文化内涵。何谓儒商，并非弃儒从商，乃具有"以义制利"的生财观与货殖观，这也是晋商做强做大、汇通天下之本。晋商即儒商，当之无愧也！

注解着商人行为的文化生活

（一）梆子与庙会、会馆

对梆子戏，研究者多，研究论著与成果多。在中国戏剧中，"梆子戏是形成较早、戏种较多、影响较大的一个声腔剧种体系，因以硬木梆子击节而得名"①。尽管对梆子戏源流说法种种，但"板式变化体的梆子戏的成熟，当在乾隆四十年前后"②，开创了板腔体先河。而在梆子戏的发展过程中，正如民间谚语所谓"商路即戏路"，其中既包含着梆子戏与山陕商人密切关系的内涵，是山陕商人支柱了梆子戏的发展，也是梆子戏的发展兴盛促进了山陕商人的发达与繁荣，也是这"词极鄙俚，事多诬捏"的梆子戏丰富了山陕商人的精神生活，反映了山陕商人的精神世界，凝结着山陕商人的家乡情结，注解着山陕商人的精神追求。梆子戏在晋商中的作用，似乎可以从遍及全国各地的山西会馆中得到证明。刘侗在《帝京景物略》中称："会馆之设于都中,古无有也。始嘉、隆间，盖都中流寓十土者，四方日至，不可以户编而数。凡之也，用建会馆，士绅是至。"其实不然，早在明代，平遥商人即在北京崇文门外北芦草园

---

① 刘文峰. 山陕商人与梆子戏. 北京：文化艺术出版社，1996 年 6 月. 80.
② 同上，91.

西头路北集资修建"平遥会馆",因是平遥颜料、桐油商人所建,又称"平遥颜料会馆"。光绪《顺天府志》、徐珂《清稗类钞》等文献记载,清末北京有会馆四百余所,山西位居首位。1949年11月北京市人民政府调查统计尚存的391所会馆中,山西有38所之多,位居第一。但此会馆非彼会馆。清初汪田敦在《松泉诗文集》中言:"京师为万方辐辏之地……遇会试期,则鼓箧桥门,计偕南省,恒数千计。而投牒选部,需次待除者,月乘岁积。于是,寄庑僦舍,迁徙靡常,吹珠薪桂之叹,盖伊昔已然矣。时则有(寘)室宇以招徕其乡人者,大或合省,小或郡邑,区之曰会馆。"这也就难怪山西会馆走进走出的只有雷履泰、李宏龄等商界巨子,而不是康有为(康将南海会馆作为戊戌变法的策源地)、孙中山(孙将湖广会馆当作组建成立国民党的地方)、陈独秀(陈将安庆会馆作为邀集政治活动的场所)等政治骄子。由于目的不同,会馆建筑迥异,晋省会馆为旅居一地的同乡商人服务,一般均建有戏楼、钟鼓楼、祭殿、春秋楼,大殿主祀关帝;他省会馆多建有供奉魁星的魁星楼以护佑科考,以及乡贤祠,乃至吟诗作赋的文聚堂、迎客宴宾的思敬堂、喜庆活动的大戏台。功能显而易见,差异十分明显。魁星主司文运科考,关帝乃武财神护佑商家。更为重要的是关帝本晋省解州人,忠义神勇,正是晋商以义制利的典范和顶礼膜拜的守护神。在平遥当地,说村村有戏台一点都不夸张,有的村甚至还不止一个。而戏台绝不会孤立存在,往往是庙宇的附属物,即建在寺庙主殿的

对面,一般坐南向北,或成为寺庙建筑的倒座。东卜宜村先师庙元代戏台(如图186)如此,桥头村双林寺戏台如此,笔者实地考察过的北汪湛村、襄垣村、西良鹤、府底村、桑城村、

图186 东卜宜村先师爷庙元代戏台

图 187　修葺后的先师庙戏台

上店村、新窑村、六庄头村等均无例外，而戏台前寺庙所供多为关老爷。庙会所以称之为庙会，其本意并不是简单的商品交易，而是唱梆子戏酬神。

在平遥，庙会总计有 135 个，以 1996 年乡镇村归属列表如下：

表 26　平遥庙会一览表①

序　号	乡　镇	村　名	日期（农历）	天　数
1	香　乐	云家庄	正月十六日	1
2	净　化	岳　封	正月二十日	1
3	香　乐	北薛靳	正月二十四日	1
4	净　化	净　化	正月二十五日	1
5	王家庄	西游驾	正月二十五日	1
6	宁　固	南　侯	正月二十六日	1
7	城　关	南门头	二月初二日	1
8	净　化	丰　依	二月初四日	1
9	达　蒲	西达蒲	二月初六日	1
10	香　乐	香　乐	二月初七日	1
11	南　政	南　政	二月初八日	1

① 平遥县地方志编纂委员会. 平遥县志. 北京：中华书局，1999 年 8 月. 881.

序　号	乡　镇	村　名	日期（农历）	天　数
12	城　关	北门头	二月初九日	1
13	襄　垣	平遥、祁县、文水三县交界处	二月初十日	1
14	朱　坑	北汪湛	二月初十日	1
15	洪　善	北长寿	二月十一日	1
16	宁　固	左家堡	二月十二日	1
17	净　化	芦　村	二月十五日	1
18	沿村堡	沿村堡	二月十五日	1
19	达　蒲	北三狼	二月十八日	1
20	西王智	三家村	二月十九日	1
21	净　化	油房堡	二月二十日	1
22	净　化	岳　封	二月二十五日	1
23	杜家庄	仁　庄	二月二十七日	1
24	辛　村	喜　村	二月二十八日	1
25	杜家庄	西良庄	三月初一日	1
26	沿村堡	五里庄	三月初一日	1
27	香　乐	陶　屯	三月初二日	1
28	岳　壁	西源祠	三月初二日	1
29	香　乐	香　乐	三月初三日	1
30	净　化	净　化	三月初三日	1
31	洪　善	洪　善	三月初三日	1
32	沿村堡	西大阎	三月初四日	1
33	杜家庄	苏家堡	三月初五日	1
34	西王智	北官地	三月初七日	1
35	王家庄	王家庄	三月初七日	1
36	净　化	王　智	三月初十日	1
37	东　泉	东　泉	三月初十日	1
38	洪　善	北长寿	三月十三日	1
39	宁　固	宁　固	三月十五日	1
40	朱　坑	西善信	三月十五日	1

肆

平遥古城儒家文化与货殖文化

寻找母亲的平遥

序　号	乡　镇	村　名	日期（农历）	天　数
41	宁　固	梁家堡	三月十八日	1
42	段　村	东安社	三月十八日	1
43	朱　坑	庞　庄	三月十九日	1
44	果子沟	石　城	清明节	1
45	襄　垣	府　底	三月二十日	1
46	西王智	薛　贤	三月二十日	1
47	达　蒲	东达蒲	三月二十日	1
48	段　村	马　壁	三月二十三日	1
49	岳　壁	东　郭	三月二十三日	1
50	南依涧	南依涧	三月二十五日	1
51	襄　垣	郝　开	四月初一日	1
52	洪　善	北长寿	四月初一日	1
53	杜家庄	东良庄	四月初三日	1
54	南　政	东　刘	四月初三日	1
55	段　村	段　村	四月初四日	1
56	王家庄	道　备	四月初五日	1
57	西王智	南官地	四月初八日	1
58	达　蒲	桥　头	四月初八日	1
59	朱　坑	朱　坑	四月初八日	1
60	岳　壁	黎　基	四月初十日	1
61	襄　垣	梁　官	四月十一日	1
62	辛　村	乔家山	四月十一日	1
63	达　蒲	侯　冀	四月十三日	1
64	城　关	西门山	四月十五日	1
65	卜　宜	北石渠	四月十五日	1
66	梁坡底	南西泉	四月十八日	1
67	卜　宜	林　泉	四月二十二日	1
68	净　化	王　郭	四月二十三日	1
69	辛　村	东青村	四月二十四日	1

序　号	乡　镇	村　名	日期（农历）	天　数
70	城关	东大街	四月二十五日	1
71	岳壁	岳中	五月初一日	1
72	香乐	香乐	五月初十日	1
73	城关	上西门	五月十三日	1
74	城关	城隍庙	五月二十五日	1
75	普洞	普洞	六月初六日	1
76	净化	魏乐	六月初十日	1
77	达蒲	杜村	六月十三日	1
78	洪善	北长寿	六月十九日	1
79	杜家庄	梧桐	六月二十日	1
80	岳壁	金庄	六月二十三日	1
81	达蒲	梁赵	六月二十四日	1
82	东泉	赵壁	六月二十四日	1
83	净化	苏封	六月二十五日	1
84	南政	刘家庄	六月二十九日	1
85	香乐	云家庄	七月初二日	1
86	岳壁	梁村	七月初三日	1
87	达蒲	曹村	七月初四日	1
88	宁固	滩头	七月初七日	1
89	西王智	大羌	七月初八日	1
90	梁坡底	北西泉	七月初九日	1
91	西王智	西王智	七月初十日	1
92	辛村	坡底	七月十一日	1
93	段村	七洞	七月十三日	1
94	王家庄	王家庄	七月十三日	1
95	香乐	青落	七月十五日	1
96	杜家庄	南梁庄	七月十六日	1
97	宁固	梁家堡	七月十八日	1
98	岳壁	岳北	七月十八日	1

序　号	乡　镇	村　名	日期（农历）	天　数
99	洪善	东山湖	七月二十日	1
100	襄垣	柏森	七月二十一日	1
101	西王智	南官地	七月二十二日	1
102	宁固	北侯	七月二十四日	1
103	香乐	南薛靳	七月二十五日	1
104	达蒲	梁周	七月二十六日	1
105	西王智	薛贤	七月二十六日	1
106	杜家庄	仁庄	七月二十七日	1
107	香乐	安固	七月二十九日	1
108	香乐	武坊	八月初一日	1
109	净化	曹家堡	八月初三日	1
110	净化	油房堡	八月初六日	1
111	城关	康宁街（南城）	八月初八日	1
112	岳壁	尹回	八月初九日	1
113	香乐	陶屯	八月初十日	1
114	杜家庄	阎长头	八月十一日	1
115	西王智	北官地	八月十一日	1
116	净化	净化	八月十二日	1
117	梁坡底	梁坡底	九月初八日	1
118	卜宜	永城	九月初九日	1
119	西王智	西羌	九月初九日	1
120	东泉	东泉	九月十三日	1
121	西王智	赵家堡	九月十三日	1
122	净化	岳封	九月十五日	1
123	达蒲	道虎壁	九月十五日	1
124	段村	段村	九月十七日	1
125	杜家庄	杜家庄	九月二十日	1
126	西王智	中官地	九月二十四日	1
127	宁固	南侯	九月二十八日	1

序 号	乡 镇	村 名	日期（农历）	天 数
128	城 关	城隍庙	十月初一日	1
129	西王智	西王智	十月初三日	1
130	杜家庄	梧 桐	十月初五日	1
131	洪 善	北长寿	十月初五日	1
132	净 化	净 化	十月初六日	1
133	香 乐	香 乐	十月初十日	1
134	西王智	南官地	十月二十一日	1
135	西王智	南官地	十二月二十二日	1

省内村村有戏台，省外各地处处有会馆，梆子戏的目的首先是酬谢面对戏台的关老爷，以护佑财源广进，其次是酬谢商户、乡亲与邻里，最后才是商人自己的娱乐。唱天唱地唱自己，向关老爷表态内心、诚心。仅此一点就可以诠释"商路即戏路"的深刻内涵。

（二）秧歌与元宵节社火

晋中秧歌，也称祁太秧歌，广泛流传于晋中，至今在平遥的广大乡村十分盛行，年龄稍大者都能随口哼唱。本来秧歌只是一地方小戏，在山西十分普遍，顾名思义起自田间地头的荒腔野调，后来逐渐与正月里的社火习俗结合，成为元宵节社火活动的主要内容之一，什么耍龙灯、跑旱船、背棍抬阁、踩高跷、二鬼摔跤、扭秧歌……随着商业的繁荣，秧歌由小调变小戏，发展成为活跃于晋中而长盛不衰的地方戏。据郭齐文等考证，1875 年到 1948 年，太谷秧歌可考者达 279 个剧目。特别是秧歌的内容上有许多直接取材于晋中商人生活，如《上包头》、《出东口》、《下河南》、《卖高底》、《卖芫荽》、《劝妻》、《换碗》、

图 188 纱阁戏人——赶龙船

《锄田》等反映的便是商业活动的情节，有一出《冀壁赶会》就直接取自赶庙会活动。笔者从小生长在平遥村落，每个村中都有一些吹吹打打的村民，平时务农，每有婚丧嫁娶，每逢庙会社火，都会临时聚在一起吹拉弹唱，而其中传统的段落即是山西中路梆子与秧歌，村民中也会有人随时参与进来自娱自乐闹红火。

图189　纱阁戏人——八义图

在社火活动中，平遥还有一个将戏剧与民间艺术集于一身的独特艺术形式，这便是纱阁戏人。平时置于市楼之内供关老爷欣赏，春节、元宵节陈列于市楼下通道两侧供游人观赏。清光绪三十二年（1906年）城内六合斋纸活铺艺人许立廷等制作了36阁纱阁戏人，《赶龙船》、《八义图》、《鸿门宴》、《斩黄袍》等28阁至今仍完好保存于县博物馆。一阁一戏，一戏一场，内容十分丰富，堪称鲜活的梆子标本，乃全国独存的一种艺术珍品。

图190　纱阁戏人——鸿门宴

图191　纱阁戏人——斩黄袍

（三）皮影、木偶戏与"过唱"

为什么要把这三个问题放在一起谈呢？这是因为"过唱"是平遥一个特别的节日，是日嫁出去的姑娘都会回到娘家，与娘家人团聚。更为特别的是，村落要白天黑夜唱戏酬神，但所唱之戏既非梆子大戏，也非秧歌小戏，而是"白天木疙瘩，晚上皮人则"，戏台也十分特别，或在关帝庙前自行搭台，或在大

图 192　皮影戏

戏台上再搭小台，有的村落还有仅供皮影、木偶演出的专用戏台（前文所说一村若干戏台即有此专用戏台）。白天木偶戏，唱腔多为梆子，晚上皮影戏，剧目多为《封神榜》类神仙戏。皮影戏分纱窗与纸窗两种，唱腔也有所区别。在上世纪三四十年代，平

遥有三名皮影戏高手，一为庄则村的"有生儿"，二为城内的"董兆庆"，三为城中的"裴二少"。而新盛的"拉金儿"专写皮影戏。"过唱"这一俗节，他处十分罕见，平遥较为普遍，但各村"过唱"日期有所不同。比如北汪湛村为阴历六月二十六起唱，二十七为正日子。洪堡村为七月初一，细窑村（现龙跃）、东庄（现香庄）均为七月初二，沿村堡为八月初二。东庄与庞庄就都曾有三座戏台。

（四）平遥鼓书与婚丧嫁娶、过寿、开锁、满月

婚丧嫁娶、满月过寿等均为礼俗大事，在这些十分隆重的礼俗场合，往往会有平遥鼓书增添气氛。平遥鼓书多由盲艺人演唱，当地俗称"瞎子说书"，亦即"弦子书"。据传，明末清初即有不少盲人以说书为业养家糊口，当时多为一人坐唱，以三弦（定弦为515）、笛子为主，将一"蚱蚱板"绑于左小腿前，一两小钗绑于右膝盖上，右手弹三弦间或敲击小钗，左腿踏动"蚱蚱板"打击节拍。边说边唱，边唱边击，一个人即一个乐队。不知何时又发展为四人

以上，生、旦、净、丑一应俱全，乐器也不断增多，发展到竹笛、四胡、月琴多种。所说唱内容有笑话、故事，也有《大八义》、《小八义》、《五女兴唐传》、《三滴血》等章回小说、连本鼓书。盲书艺人清末有文明昌（曹壁村人）、常元录（蒋家堡人），抗战期间有裴广礼（西戈山人，小名儿马子），新中国成立后有王济文、侯扎根、裴赴春（裴广礼子，小名旺儿）、刘新义（小名锁子）、王希贤（小名水日）等。由于曲调动听，说唱搭配，方言表达，又将地方小调、秧歌等植入，深受百姓特别是成年妇女欢迎。婚丧嫁娶、生日满月，特别是孩童完十三开锁、老寿星过寿，都会请盲艺人说唱。由于一些传统段子保留了诸多历史信息与方言俚语，具有很高的研究价值。如《王婆子骂鸡》与《蚂蚱蚱算命》，其中对"三教九流、七十二行、五色匠人"等一一列举，简直就是当时社会的直接写实。其中对"算卦"一段的表达，还可以让我们直接了解到平遥民间的术数习俗状况。

武术、饮食与服饰

对票号的起源，特别是资金的来源，几十年来一直是一个争论的热点。1917 年上海刊印徐珂《清稗类钞》记载："相传明季李自成掳巨资，败走山西。及死，山西人得其资以设票号。其号中规则极严，为顾炎武所订。遵行不疲，遂称雄于商界二百余年。"这一观点之后的几十年间，各种猜测、臆断纷纷出炉，有人还以平、祁、太等晋中票号发达的"西帮"区域武术兴盛引以为证，说傅山、顾炎武等如何聚会祁县丹枫阁，丹枫阁主戴廷栻家传戴家心意拳如何与傅山、傅眉有关，傅山、戴廷栻又数次到平遥长则村温秋香八角楼密聚反清复明。戴廷栻家传戴家心意拳不假，傅眉行医间习武也不假，傅山、顾炎武、戴廷栻等聚于丹枫阁密谋反清复明也是真，但从现有资料分析，还难以得出"李自成遗金"乃票号资金来源的结论。而平遥乃至整个晋中的武术文化，应该说与货殖文化发达，尤其是票号业发达有关。押运商品、金银护镖需要武艺高强之人，看店护院需要武艺高强之人，是货殖文化的需要推动了民间武术文化的繁荣。明清平遥古城不仅涌现出不少武功高强的拳师，清代有王正清、王树茂、邓虼蚤、赵珍等，民国有"王伦王伟王太元，郭二先生梁国选，六趟大枪米其昌，八趟信拳庞永康。罗成架子王兆祥，鞭把大王曹体元……"而且这种武术文化一直相沿成习，影响至今。笔者在上世纪七十年代初就曾在村中拜七十多岁的老人阎敏（小名二旦则）为师，与几个伙伴一同学习棍术与一套"梅花八门势"的拳术。阎师傅枪、棍、刀、拳样样皆通，还有一套秘不传授的缩骨本领。遇到过节过年，特别是正月十五与庙会，他老人家带上几个徒弟还会在戏台前表演几节棍术，最精彩的自然是师傅一人所练枪术与刀术。经向村中老人了解求证，师父阎敏曾拜村中阎智习武，而阎智正是王树茂的高徒。抗日战争期间，阎师傅曾冒着生命危险搭救两名抗日干部，直到全国解放两名被救人员到村里寻找答谢，人们才知道了老人当年的义举。以致有一句顺口溜至今难忘——"正月十五耍拳的，惹不起北汪湛姓阎的。"记得儿时母亲就讲过这样一个有关武术与商家关系的故事。说的是一个商号经常被强人偷盗，还伤

图193　民国二十三年正月平遥武术界合影

及人命。无奈之下，商家聘请了一位武艺高强之人，结果盗贼强盗再不敢越进商铺一步。原来那位武艺高强的镖师天天就在直立的枪尖上打坐睡觉。这则故事虽说离奇，但却反映了当时的实际状况，平遥古城作为中国票号的发祥地，必然会衍生出发达的武术文化。

至于饮食与服饰，平遥古城作为北方的一大都会，自然属于小麦文化区。主食以小麦为主，八碗八碟席宴不论，普通的家常面食就足以体现其饮食特色。各种精工细作的面食，做法之多、做工之细十分鲜见，将其上升到文化的高度恰如其分，简直就是艺术珍品。将所做面食与炒菜相和，再添加各类调和搅匀，其味道可口不说，也充分体现了"和"的饮食特征。由于商人东西南北经商于全国各地，城内布料服饰等十分丰富，百姓服饰也十分入时，应该说一直走在当时的前列。但同时又保留了诸多服饰传统，从诸多服饰方言称谓中就可见一斑。而商人直到上世纪三四十年代，仍旧以长袍、马褂、礼帽为职业服装，极具商人气息与风度，乃商业货殖文化的直接表现。

平遥古城是一个奇迹。小小一座县级城池居然成为几百年"汇通天下"的金融都会，窄窄的平遥西大街居然成为清代中国的"华尔街"，这其中有历史的机遇，更是历史的必然。历史选择了平遥古城，而平遥古城没有辜负历史的选择。

平遥古城宗教文化与民俗文化

PINGYAO GUCHENG ZONGJIAO WENHUA YU MINSU WENHUA

平遥普遍流传着一首叫《鳏棍哭妻》的民歌，分十二月叙述鳏棍的艰难与痛苦。其中四月的唱词是："四月里来四月八，娘娘庙上把香插，人家插香求儿女，鳏棍插香求婆姨。"这段唱词直接折射出这样的民俗与民间信仰，每到四月初八，求儿女的婆姨们都会到娘娘庙或奶奶庙上烧香，磕头许愿，缺男娃的期盼生儿，缺女娃的期盼养女。在平遥民间，百姓普遍认为最灵验的娘娘庙即是双林寺的娘娘殿。而且所有上了年纪的家庭主妇，几乎都代代传承了各种宗教民俗文化，各种民俗仪式贯穿于百姓的日常生活中，成为文化生活的重要组成部分。母亲就是这样一个承载了传统民俗文化与宗教信仰，并传承这些民俗文化与信仰的人。在她们身上积淀了许许多多的文化习俗与历史信息。比如我的母亲，结婚的"令子"能随口背出几十条，至于儿歌、"黑国语"、民谚、传统谜语等更是张嘴就来。她老人家不仅能蒸出各种各样的面塑，剪出不同类型的剪纸，婚丧嫁娶为邻里帮忙，孩童完十三"打枷儿"，还能讲出许许多多饱含传统文化与历史信息的民间故事、神话传说。在写作本书"民间游戏"部分的过程中，母亲与父亲两个年过八旬的老人，硬是从记忆深处复原了许多已经失传的游戏，特别是智力游戏。老两口戴着花镜在灯光下为儿子划戏盘，讲规则，有时候为了顶真某个细节，甚至会争得面红耳赤。至于对宗教的信仰与理解，母亲往往将佛教、道教与俗神信仰融为一体，用俗节来诠释宗教，实践信仰。在我的成长过程中，直接间接地参与了许许多多的民俗活动。比如正月初一到初五供神龛，正月初八祭星，清明节扫墓供蛇盘儿、戴"魂拦拦"，五月端午吃粽子、戴"百线线（避邪邪）"，八月十五中秋佳节拜月祭月，十月十五"土家生日"刨着吃"小三牲"，等等，许多时候还要帮母亲在红纸上写牌位位。再比如腊月初八供奉树神的独特习俗，童年时代的我几乎是年年参与。每当腊月初八，家家都会把果实类树木敬为神灵，比如对枣树、杏树、核桃树等，腊八粥熬成后，要在用餐之前，将第一碗首先由家中子女犒劳各种果实类树，男童持棍轻击树身，并向树发问："结枣儿（或杏儿、核桃等）不结?"女童端碗持筷，一边将腊八粥（方言呼入声［tsuʌʔ⁵⁴］）糊于树干，一边大声回答："结咧，想吃你疙瘩粥［tsuʌʔ⁵⁴］咧!"这种习俗至今仍很普遍。

记得在一次讲到祈雨的习俗时，母亲无意间提到了一尊叫"先师爷"的神，说平遥东边的村庄祈雨都在麓台山，祈雨的对象是应润侯王浚，平遥南边村庄则是在沁源山祈雨，祈雨的对象是先师爷。由于年幼无知，当时对这些历史信息丝毫没有在意。在前些年向平遥南村西卜宜冀立正、南西泉赵培范和城东山坡头村赵登富等老人求证时才知道，"先师爷"乃曾在平遥驻足，最后出家于沁源灵空山的唐朝太子"先师菩萨"李侃。

也许是命中注定，在1994年中秋节从平遥返回太原的公交小巴上，意外地碰到了师徒两位僧人。一路上老乡们谈天论地拉家常，随意的几句插话引来老僧人的注意。到达太原后，老师傅告知，他是平遥梁家滩白云寺的住持，法号"照恒"，相见是缘分，欢迎我在次年春暖花开后到白云寺去。我答应了，还请教了一个有关双林寺的问题。照恒师傅的回答是，一座庙宇，建筑再好，彩塑再精美，历史再悠久，没有了礼佛诵经的僧人与香火，那就是一座普通的建筑。我似有所悟，但不敢多问，只好匆匆作别。遗憾的是1995年春天我没能如约前往白云寺，直到初秋才前去拜望。更遗憾的是尽管按照师傅的留言我曾到太原崇善寺找他，但却再没有见到。后来也曾多方打问，但也仅知照恒师傅经常在平遥东乡一代弘法。事隔15年以后的2009年中秋节，我一人到平遥城东北依涧村考察有一根六丈四中梁的"永福寺"。刚进村口即被一小伙拦住，问明来意后，五十来岁的一位中年男子带我前往"永福寺"。进得寺庙才发现，整座庙宇正在恢复性建设，大殿的三世佛已经塑就，正准备描金彩绘。拍照闲谈间方知，该中年男子姓雷名继胜，已皈依佛门，恢复永福寺佛教寺庙原貌是其心愿，而其师傅正是白云寺已故住持照恒。缘分就是缘分，有缘总会相见。我为此高兴，此一偶然事件更加坚定了自己对平遥古城历史文化，包括宗教民俗文化探索求证的信心。

宗教与民俗从来就不是孤立的文化现象，二者有着极其密切的关系，甚至可以说是你中有我，我中有你。在平遥古城，宗教文化曾十分发达，东方宗教代表的佛、道二教，西方宗教代表的天主教与基督教，乃至丰富多彩的多元信仰，在平遥大地共同传承、发展，各种标志性建筑交相辉映，加之丰富的民俗文化代代相传，融合成为具有平遥古城历史文化特色的宗教民俗文化。

1

平遥古城多元的宗教文化

目前，平遥古城佛、道二大宗教遗迹甚多，至今佛教、道教与天主教、基督教四大宗教都不同程度地得到传承。平遥古城的宗教文化，可以从宗教建筑、金石碑刻、地方志书、民间传说与习俗，乃至传承至今的各种宗教及其派别中直接或间接地反映出来，下面从三个方面对平遥古城的宗教文化作些初步探讨。

平遥古城宗教文化遗存与信仰

一、代表性的佛寺文化遗存

（一）双林寺

位于平遥古城西南 12 里桥头村北，原名"中都寺"，创建时代甚早，难以确考。据平遥城南高林村口耳相传，高林村古来多平顶松林，故而名之。修建双林寺时，曾使用了高林村大量平顶松木料，因此高林村人到双林寺赶庙会都被待为上宾，甚至可以白吃白喝，但后来由于假冒高林村人多了，此习俗遂逐渐消失。寺中现存北宋大中祥符四年（1011 年）《姑姑之碑》"重修寺于大齐武平二年"的记载清晰可辨，北齐武平二年（571 年）已是重修寺庙，说明其创建时间必在北齐或更早。1500 多年来，寺庙历遭风雨兵燹祸患，但历代屡有重修，元、明、清各代均有明确记载的较大修葺。双林寺不仅历史悠久，而且有着古朴的殿堂景观、精湛的彩塑艺术和珍贵的宗教壁画，1965 年被列为山西省重点文物保护单位，1988 年 1 月 13 日被国务院公布为全国重点文物保护单位。

双林寺坐北向南，筑于 3 米土台之上，占地面积 1.47 万平方米，四周城堡式夯土围墙拱卫，寺内有两条纵轴线，经堂禅院在东，寺院殿堂居西。山门外有清代戏台一座，山门券洞式，墙头置垛堞，女儿墙。中轴线上依次排列天王殿、释迦殿、大雄宝殿与娘娘殿。前院两厢为罗汉、地藏、武圣、土地殿，释迦殿两侧为钟鼓二楼。中院东西厢有千佛殿、菩萨殿各七间。院东北隅有"贞义祠"小殿一间。

图 194　双林寺天王殿

天王殿面阔五间，进深三椽，单檐悬山顶，前檐斗拱五铺作，补间一朵，如意头假昂。板门直棂窗装修。屋顶琉璃剪边，屋脊正中琉璃宝鼎有"弘治十二年八月二十六日"题记，为明代复修记载。殿内主尊为天冠弥勒菩萨，倒坐四大天王，周围八大菩萨，扇面墙背后悬塑倒坐观音。释迦殿面阔五间，进深三间，六架椽，前后搭牵用四柱。梁架为抬架式。殿内塑释迦牟尼及二胁侍菩萨。大雄宝殿殿阔五间，进深四间，单檐歇山顶，四周斗拱五踩，单翘昂计心，补间各一朵，前檐设廊，殿内佛坛三间，塑三身佛、二菩萨并胁侍，接引佛迎门而立。属于道教范畴的"娘娘殿"，为明正德年间建筑，面阔五间，进深三间，单檐悬山顶，前檐斗拱斗口跳，格扇门直棂窗装修。殿内倒凹字平面神台上塑"娘娘"神像 5 尊，侍者等 20 余尊。寺内东北隅贞义祠，内祀"睡姑姑"与"药婆婆"，为一睡一坐两尊雕像。

至今，双林寺仍完好保存有明代嘉靖四十三年（1564 年）铁钟，钟高 1.7 米，周身满铸纹锦铭文，唇部为八卦图像。存有宋碑 1 通，明清及民国年间碑 8 通（方），"大宋姑姑之碑"通高 3.35 米，宽 1 米，厚 0.33 米，螭首、龟趺，碑身刻文。另外，中院还有唐槐一棵。

（二）慈相寺

慈相寺，位于县城东 16 里冀郭村东北隅，南临冀郭村中大街，北临婴润河道。（见图 25 "麓台宝塔"）慈相寺原名圣俱寺，唐玄宗年间（717 年—755 年）已有之，规模甚大，可容纳僧众千人。宋庆历间（1041 年—1048 年），道靖和尚为藏无名祖师骨灰，在寺院内始建麓台塔。皇祐三年（1051 年），改圣俱寺为慈相寺。北宋末兵燹，砖塔被毁，只存山门、正殿。

图 195　慈相寺山门

金天会年间（1123 年—1137 年），宝量、仲英和尚重建塔于旧址，重修殿

宇楼阁 10 余座，茔地 30 余亩。康熙时大水，塔北殿宇被河水冲没，寺观规模缩小。清乾隆时，塔有修葺。现慈相寺占地 1.8 万平方米，坐北向南，大殿为宋末兵燹后遗留之正殿。大殿前有东西廊窑五间，大殿南有关公殿三间与大殿相背，关公殿两侧为钟鼓楼，乃清代重建物。

慈相寺建筑坐北向南，中轴线上由南而北依次为山门、乐楼、关帝庙、大殿、麓台塔；关帝庙两侧有钟鼓楼，下有券门沟通里外，关帝庙与大殿间两侧有东窑、西窑各五孔。从慈相寺平面布局看，符合宋代建筑规制。山门建筑面宽五间，进深一间，单坡布瓦硬山顶，前檐敞开，檐下施斗拱，梁架结构为双步梁，后檐不施木柱，双步梁直插墙内。后檐与乐楼相接。后檐明间施券门，券门直对关帝庙，两次间辟券洞置佛像。乐楼前台显一间，后台分隔成三间，为窑洞式建筑，瓦顶前半为券棚顶，后半为平顶，惜哉！上世纪 70 年代拆除。关帝庙面阔三间，进深一间，出前廊，单檐硬山布瓦顶建筑。钟、鼓楼位于关帝庙两侧，面阔一间进深一间，单檐悬山布瓦顶建筑。

寺内麓台塔外形与构造均继承宋制，为国内尚存不多的宋式古塔。

目前，寺内尚存金代寺院布局石刻，神圣眼药图碑、北宋西河郡圣俱寺麓台山碑、"慈相寺宗派图"石刻等，另有金碑、明碑各 1 通，清碑 3 通，详细记载了慈相寺的沿革与修缮过程，为研究慈相寺历史与建筑提供了珍贵的一手资料。

现将相关历史记述录于下：

1. 光绪八年（1882 年）《平遥县志》载，慈相寺"古名圣俱寺，唐无名祖师自西极来居麓台山四十年，肃宗召至京问答称旨，上元（760 年—761 年）

图 196　慈相寺麓台塔（冀郭塔）

初诏还故山，宋庆历间砌塔藏之，高三百尺，又名麓镜台"。

2. 清乾隆三十六年（1771 年）《汾州府志》卷二十四载："慈相寺，在平遥县东十五里冀郭村，旧名圣俱寺，唐无名禅师居麓台山四十年，肃宗召至京，叩无名之旨，答曰：'大方造物，总持万变，走为日月，驾为云雷，四时行，百物生。收功于无形者，天地之心也。大人御世，不烦而治，鼓之为太和，不识不知而天下归心焉者，至人之妙也。是故，上圣得之而无为，彼苍焘之而奚言，抑何絮絮于细名哉？'上善其言，待若惇友。上元初化，诏还葬故山。"

3. 金明昌五年（1194 年）《汾州平遥县慈相寺修造记》载："汾州平遥县慈相寺者，乃古'圣俱寺'也。寺在县东太平乡之冀郭里。始有大士由西极来，曰无名师，宴坐于麓台山四十载，唐肃宗召诣京师，待若惇友。上元初示化于宫城之寺邸，诏还故山。至前宋庆历间，寺僧道靖兴塔藏之，寺之兴也。以此，皇祐三年（1051 年）改赐今额。""堂设毗卢遮那佛，壁绘三世佛、八金刚、四菩萨、帝释梵王。帝释梵王堂之右翼置释迦六祖，绘二十八祖，以彰心印所传之自也。左翼置地藏菩萨十王像，以示善德必报，结人善心也。堂之前，其友福勖又起两庑，塑佛菩萨五十，阿罗汉五百。楼台伎乐，宝山琪树，珍禽异兽，奇花瑶草，七宝严饰，五彩彰施，烂烂煌煌，耸人瞻视。功未十三，二僧继化，公皆毕焉。公复于塔内层设圣像，以为庄严。塔前对立二亭，东置土地神像，西覆圣井，仍塑五龙王于井上。法堂之东庑立关将军像，以玉泉山护法故也。寺旧有铁像菩萨二座，公补为万殿，左起大屋而置焉。增塑慈氏、文殊二菩萨，泊十大论师于其间。其余门廊厅堂厨厩楼阁，泊僧徒藏获佣保马牛之舍，或增旧创新，或支倾补坏，凡一千二百余间。"

4. 金泰和元年（1201 年）《平遥县冀郭村慈相寺僧众塔记铭》载："汾之平遥县距城二十里之远，有冀郭村慈相寺者。自有唐肃宗以来其设寺额，本名'圣俱'，而是时主持教法者，即始祖无名大师也。至宋皇祐间改赐'慈相'之额。"

5. 清乾隆四十八年（1783 年）《重修慈相寺碑记》载："至本朝顺治六年，又为兵火所灾，则前制几消磨尽矣。……于乾隆四十六年补修正殿五间，东西窑各五间，次年整理中殿、关帝庙三间，又重修东院僧舍正房三间，东西房各三间。"

6. 中殿前檐下原有金泰和元年（1201 年）《僧众塔记碑》，碑阴有是年五月初一刊刻的"慈相寺宗派图"，乃宋金时期佛教慈恩宗在慈相寺的宗派传承图，其中共录九代僧众法号、嘉称及师从关系，藏于县文物局。

上述资料较为翔实地记载了慈相寺自宋金以来的发展传承情况。虽历经战争兵祸，但在慈相寺千余年的沧桑岁月中，一次次得到复修与重建，至今仍保存了金代建筑的正殿与殿内"三身佛"像、佛塔（冀郭塔），以及高约 6 米的宋庆历"大宋西河郡麓台山圣俱寺碑"。最为珍贵的是，在千余年的香火传承中，慈恩宗曾一度在慈相寺发扬光大，由唐而宋，由宋而金，传承数百年，有着十分重要的研究价值。

（三）镇国寺

镇国寺始建于五代北汉天会七年（963 年），原名京城寺，坐落于县城东北 27 里郝洞村。元明时利用隙地前创山门天王殿与左右钟鼓二楼，后建三佛楼与东西廊房观音、地藏二殿。明嘉靖十九年（1540 年）更名镇国寺。清雍正、乾隆间重修，分葺东西两廊。嘉庆元年至二十年（1796 年—1815 年）增修舞榭于山门外，建经堂于佛阁两羽，添六间厢房。嘉庆二十年后，光绪十四年（1888 年）起，又进行了数年的维修。但历代修葺中均未改变万佛殿五代建筑原貌，至今唐风依存，原貌未失。至今全寺总占地面积 1.33 万平方米，古建筑面积 5000 余平方米。

寺内五代、元、明、清各时期建筑 44 间，彩绘泥塑 62 尊，壁画 100 余幅，碑碣 20 余通（方），硕大的铸铁钟造于金皇统五年（1145 年），为平遥境内现存最早的钟，北汉半截碑为稀世珍品。当地百姓代代相传有这样的民谣，"郝洞的庙，冀郭的塔，北汪湛的槐树老来粗〔pʼʌʔ〕"。意指郝洞村镇国寺万佛殿，冀郭村麓台塔与北汪湛村十人难以合抱的槐树，均为一方形胜。

与许多唐、五代时的寺庙一样，镇国寺没有单独的山门，以可穿堂而过的天王殿兼作山门。天王殿两旁设便门二，东曰"崇虚"，西曰"乘幽"，两便门外侧分别耸立着钟楼和鼓楼。

天王殿中四大天王塑像分列两旁，穿过天王殿是寺宇的前院，正殿正是全国现存唯一一处五代木结构建筑万佛殿。殿内佛祖和文殊、普贤及佛祖弟子阿难、迦叶的女性化身，都塑造得丰满圆润。从佛像、胁侍、供养人的服饰看，罗纱贴体，肌肤大量裸露，属唐代服饰文化，武士甲胄也是典型的唐代盔甲。供台较低，同样是唐代寺庙中的佛堂特色。

前院东西面北侧，分别是二郎殿和土地殿。土地殿塑像尚好，二郎殿塑像

图 197　古寺龙槐（镇国寺）

图 198　天王殿兼山门

已无踪影。东西两面的中间，为嘉庆二十一年（1816年）建造东、西碑亭，存有碑碣十余通，大多为记载历次修葺寺院情况及功德主名衔之碑。东西碑亭往北，又各有"三灵侯"殿与"福财神"殿。

穿过万佛殿两侧的月亮门，即进入后院。正北三间砖拱窑顶上为三佛楼，东西两庑为罗汉殿和地藏殿，殿宇格局为明清时期中国佛教之格局，这些殿宇都是后人增修的。按佛教通常礼制，三佛楼所在的位置应是全寺主殿的位置，多建大雄宝殿，其规模、上限高度都必须为全寺之最；然而令人深感为难的是，原建殿宇万佛殿规模宏大，上限很高，后院主殿要超过万佛殿，工程之大，耗资之巨，都是不言而喻的。绝非等闲之事。当时的议事纠首们用窑顶筑楼的办法，达到了最高上限，供奉"三身佛"（法身毗卢遮那佛、报身卢舍那佛、应身释迦牟尼佛），冠以"三佛楼"之名，既少费资财，又不乱礼制，且别具一格。

后院东殿原塑有观音菩萨和十八罗汉像，为明代中国佛教之格局。清乾隆十七年（1752年）曾整修，该殿佛像现已不存，均废于"文化大革命"中。西殿为地藏殿，正中供地藏王菩萨，两侧分列十殿阎王，东西殿壁前分坐六曹判官，西侧之判官塑像已毁。殿内四壁绘有许多表现"六道轮回"（天、地狱、人、阿修罗、饿鬼、畜生）、地府酷刑的壁画，还间有一些诗句，都以儒教伦理、礼教和佛教因果报应论为主题。

（四）白云寺

白云寺位于平遥县城南38里梁家滩村西宝峰山南麓，全称"白云禅院"，曾名"西域寺"。全寺依山势南向构建，层次叠上，别具一格。四进院落，衢道能上下，回廊可周旋。

据现存明嘉靖二十年（1541年）十一月碑碣推断，白云寺初建于明代成化年间。初建时只有正殿和东西两庑，经邑人侯逦协调斡旋，又"沿村斋化，刺膊出血，调写施财名姓常住"，用观音堂殿宇木料补盖白云寺三间南殿，内塑弥勒佛和四大天王像，并将从观音堂请来的观音圣像，移供于弥勒佛像背后，同弥勒佛像相背而坐，又整修了正殿和钟楼，于嘉靖二十年（1541年）十一月竣工"开光"。并又将白云寺下原"先师寺"地产转为寺院常产，使寺院香火

图 199　白云寺寺门

图 200　白云寺古佛殿

旺盛，门庭若市，名扬四海。每年农历六月十九日，为佛传观音菩萨成道日，
定为白云寺古庙会，游客如山，常逾万人。

　　白云寺山门为三开间拱门洞式，洞顶上于嘉庆元年（1796 年）七月十五日
增建"春秋楼"三间，内供关羽金妆像。进山门拾级而上即进南殿，穿过南殿

便是宽敞的中院。四面锢封,东西廊窑各五间,正殿窑七间,十字砖拱。内供"横三世佛",即东方净琉璃世界药师佛,西方极乐世界阿弥陀佛,中间是婆娑世界的释迦牟尼佛。"三世佛"两旁,东供韦驮,西供伽蓝菩萨。从释迦牟尼佛光影壁后,可转入"求子洞"。穿过求子洞,出通往后院之小门,再顺两侧台阶而上殿顶,上面有"观音阁"三间,增建于清乾隆二十九年(1764年)。阁中观音面南结跏趺坐,观音背后韦驮合十面北而立。由观音阁两侧可北上"古佛殿"。古佛殿是寺内最高的殿宇,为五间砖拱十字窑,殿宇高耸无前檐,前面墙以砖砌,为仿"欧洲古典旋柱式"建筑,但柱间距离仍遵守中国古代建筑传统规制,以明、次、稍递减。古佛殿前墙的柱头上,有许多砖雕图案,如青狮、白象、日、月等,还有阳刻隶书"唯心净土"、"自性弥陀"、"圣中圣"、"天上天"。平柱上刻有楹联一副:"众善奉行,万缘净尽;诸恶莫作,一性圆明。"旁有东西耳殿,前有东西配殿。这种以汉民族书法及砖雕艺术同西方古典建筑造型艺术相融合,不失为东西方文化碰撞而产生的艺术珍品,在佛寺中罕见。

白云寺自清乾隆二十四年(1759年)起,即由佛教禅宗之临济宗掌教,直至清光绪二十一年(1895年)的《玉山禅师行状》碑中,可看到白云寺仍由临济正宗掌院。现存于寺内大量的碑碣文字资料,为研究中国佛教史,特别是研究临济正宗,提供了许多宝贵的资料。

(五)清凉寺

清凉寺位于平遥县城南近28里的卜宜乡永城村北,寺院坐北朝南,前后两进院落,中轴线上依次建山门、中殿、正殿。前后院东西筑有廊房、僧舍、配殿及耳殿等。总占地面积8610平方米,建筑面积1134.39平方米,创建于元至正二年(1342年),明嘉靖、隆庆间曾有修缮。现存中殿、正殿,建筑结构简练,风格古朴。正殿内还存有同时期彩塑7尊,是研究晋中地区元、明时期营造技术和彩塑艺术不可多得的珍贵实物资料。2006年5月,被国务院公布为全国文物保护单位。

清凉寺山门为五孔砖券窑洞,顶部原建有伽蓝殿,内奉关羽像,"文革"中拆毁。前院东西廊房各三间,砖券窑洞带前廊。

中殿面阔三间,进深四椽,五檩悬山前廊式,檐下施四铺作单昂斗拱,屋

图 201　清凉寺大殿

顶布灰瓦。装修为板门、直棂窗，屋面举折舒缓，整座殿堂造型古朴，为明代早期遗构。

正殿，面阔五间，进深六椽，悬山顶出前廊，檐下施五铺作重昂斗拱，明间补间施如意斗拱一朵，次间补间斗拱两朵，梢间一朵。明次间装修为隔扇门，扇心图案工艺精美别致，邑境罕见，梢间槛窗直棂形，颇具早期风格。后院东西配殿各三间，硬山前廊式，前檐斗拱四铺作，殿名分别为安王殿、长者堂。两配南北侧各有耳殿一间。

正殿内砌有倒凹字形的佛台，正位彩塑为"横三世佛"，通体贴金，两侧"四大菩萨"相向而坐，此 7 尊坐佛通高均接近 3 米，背光金碧辉煌，小饰物精巧雅致，须弥座层层叠涩，沥粉彩饰，角神、力士像气宇轩昂，造型生动，十分引人。主像前原有 4 尊胁侍菩萨立像，面相俊美，体态婀娜。殿内现存的 7 尊彩绘泥塑，充分体现了拟人化的造型手法，具有强烈的艺术感染力，尽可与驰名中外的双林寺彩塑媲美，属明代早期彩塑精品。

（六）南神庙

位于平遥古城南 3 里干坑村北，原名耶输神祠，因其居县城之南，俗称"南神庙"，现修复后改名"源相寺"。志书记述不多，但碑碣记载甚丰富，现庙内存有明碑 2 通，清碑 7 通。庙宇坐北向南，前后三进院，占地 2080 平方米，中轴线上由南而北依次为，山门、戏台、中殿、后殿。山门三间，硬山顶，面阔 10.5 米，进深四椽，5.5 米,明间为门道。戏台建在 1 米高的台基之上，面阔三间，11 米，进深四椽，8.5 米，卷棚式，柱高 3.3 米。中殿即佛母殿面阔三间，10.5 米，进深四椽，9 米，悬山顶，斗拱五彩，殿顶布瓦。后殿为石佛殿，为三间拱券砖窑，带前檐。上建关公阁三间，硬山顶，阁内存一块石碣 3 块壁画。后殿左右各有三间耳殿，原供二郎神与河神，后院东西配殿各三间，单坡

图 202　南神庙即现源相寺山门

图 203　南神庙中殿

图204　南神庙琉璃冢与影壁

硬山顶。庙内至今还有1株古柏。

　　南神庙的始建年代已无准确记载，董培良、董剑云①根据明嘉靖四十一年（1562年）《重修耶输神祠钟楼碑记》"次建两庑，东侧三大士菩萨，二八罗汉；西则子孙圣母，侍列诸神"推断，南神庙最晚也应在唐代中期。因为中国佛教在唐代末期已将十六罗汉演变为十八罗汉，而南神庙在初建时使用"十六罗汉"规制。并纠正了清康熙与1999年《平遥县志》中有关耶输夫人的错讹。考订南神庙正殿和琉璃冢内受祀者为净饭王之子悉达多的王妃耶输陀罗，佛教尊其为"具足千光明菩萨"。

　　中殿内有摩耶夫人及胁侍等彩绘塑像11尊，保存完好。殿外东翼有琉璃圣母冢、石经幢，北、东墙上镶嵌琉璃壁雕佛传故事。佛寺正院之东西庑，一般多以菩萨殿、地藏殿相对，南神庙之西庑则不设人生终端的主宰神阎王爷及"六曹地府"、"六道轮回"，而为人生的始端主宰神"三霄娘娘"等设堂，别具一格。"三霄"源于道教所说的"三天"，即清微天、禹馀天、大赤天，三霄娘娘也类似俗神中的送子娘娘。

---

① 董培良，董剑云.平遥古城文化史韵.太原：山西经济出版社，2006年9月.114.

后院正殿为砖拱窑三间加前廊，内供释迦牟尼和阿难、迦叶二尊者的石雕像，故名石佛殿。石佛应为隋唐以前的作品，原存于寺内前院侧室，清嘉庆十九年（1814年）增修石佛殿后移于殿内。是年还在山门以西整修关圣帝君、二郎真君庙各一间。道光九年（1829年）五月，又在石佛殿顶上增建关公阁，将关羽塑像由旧室移于阁中。石佛殿两旁增修东、西正祠各三间，二郎真君像被移于东正祠供奉，在西正祠增塑河神像。

干坑百姓面对土地不多、与河相伴的现实，只能在局促狭小的南神庙中修祠殿、增阁楼，供奉二郎和河神，使释、道、俗各类神祇挤凑在一处，反映了明清时代平遥民众宗教信仰的实用主义，他们对宗教文化的朴素兴趣，在于企盼"五谷丰登，老少安康，后继有人"。这样就使南神庙成了以佛教为主，兼设道教、俗神殿堂的综合性宗教场所。成为平遥历史上宗教文化的一大奇观。

（七）铁佛寺

康熙四十五年（1706年）《平遥县志》卷之六《祠祀·寺观附》记有："铁佛寺在县东南十五里细窑村，齐武平二年建。"细窑村，现名龙跃村，村南

图205 砖筑喇嘛教式实心塔

滩沿之铁佛寺已改建为村小学，仅存一块碑石，文字已无法辨认。但在庙址南不远处，一座佛塔至今仍残存。此塔为一座砖筑喇嘛教式实心塔，高5.7米，须弥座束腰处半露于地表，呈八角形，边长1.15米，须弥座以上施砖雕栏杆。塔身与基座间砌三层金刚圈，塔身向南面镶石碣，文字难以辨识。塔颈东西南北四方位均有一牌位，塔刹存相轮六层，塔顶已严重毁损。这座佛塔的存在，证明铁佛寺曾经为一座喇嘛庙，藏传佛教曾在平遥传播。

二、几座代表性道观文化遗存

（一）城隍庙

城隍神是中国老百姓奉祀的重要神祇之一，明清两代，各府、州、县城，包括皇城皆修有城隍庙，对城隍神的奉祀亦被列入国祀之典制。平遥古城内的城隍庙，不但历尽劫难能保存至今，而且它的建筑规模、规制、建筑艺术等，都独具特色。其历史文化内涵的涵盖面和丰厚程度等，在全国现存县级城隍庙中均十分罕见。

平遥城隍庙整体建筑，除正殿和寝宫外，主要由"六曹府"、"土地祠"、"灶君庙"、"财神庙（含玄武楼）"四大部分组成，是一所规制齐全，宗教、历史文化内涵丰厚的道教庙观。

城隍神主殿前有月台，

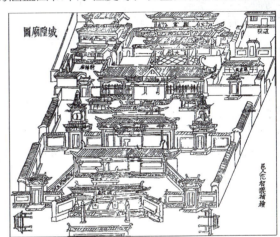

图 206　城隍庙图

图 207　城隍庙山门

图 208　城隍庙献殿

　　四周围有石柱栏板，柱头为云饰图案。带歇山抱厦的硬山卷棚顶凉亭式献殿，是道教建筑文化中标示崇高的设施，增加了正殿的威严。正殿为悬山式，为全庙中最高的建筑。正殿及献殿、抱厦前觜亭等，全部使用孔雀蓝、绿琉璃，配有少量黄琉璃。勾头、滴水使用孔雀蓝，显示出宗教文化必须服从儒教伦理和皇权需要的原则。

　　穿过献殿，便进入大殿。大殿亦即正殿，为城隍神之"公堂"，同县衙大堂相对应。正面神台龛内端坐城隍神，另塑城隍神头像一尊，供民间搞城隍巡街活动及官祭邑厉坛请主时使用。龛内旁立掌簿判官和勾魂鬼卒，堂下分列赏善、罚恶判官和守护武士塑像。赏善判官前立一平生行善之人，领赏后正在行礼致谢；罚恶判官则青面獠牙，正在惩罚一个生前为恶之徒。神龛匾额书"护廓佑民"，堂后及左右陈列着四品显佑伯执事（仪仗）一套以及"回避"、"肃静"牌，神威显赫，阴森恐怖。殿内两山墙绘有两幅大型淡彩工笔人物画，每幅长 8.05 米，高 4.5 米，场面宏大，气势磅礴，成画于清同治七年（1868 年）。右侧为城隍神白日巡察图，左侧为城隍夜间巡察图。各有大小人物 48 位，内容取材于民间，在国内同类庙观中属出类拔萃之作。

　　城隍庙中的土地祠非常独特，不是一般意义上只设一位，而是按平遥县四十里坊各设一位土地爷，与对面六曹府中众多神像匹配。按里、坊单设土地，城隍庙会期间，各乡里之绅士百姓必将都要来供奉自己的土地，求得保佑。此一格局既避免了城隍庙会期间可能造成的拥挤，又利于增加功德香火收入，充分体现出平遥货殖文化的影响。

城隍神寝宫在城隍庙大殿北，是典型的北方地区民居式院落建筑格局。院内正面为砖拱窑洞寝宫殿，上建木结构阁楼，谓之寝宫楼；东西两侧建厢房，寝宫门外"冀公祠"与"石神庙"东西相对，体现出城隍庙与县衙相对应的平遥古城文化特色。寝宫为木架硬山顶结构，全部用琉璃脊兽、筒瓦勾滴。中间三楹为供堂，两侧各有套房一间。中间供台上城隍爷和城隍娘娘正襟危坐，后面以"灵应府"门第为背景衬托。由于中国道教的"入世"修行观不同于佛教的"出世"修行观，所以许多神祇都有配偶，更符合中国"天人合一"的礼制。

城隍献殿东侧之庙中小庙乃"灶君庙"，位于城隍庙东北隅，西与城隍庙毗邻，两庙互通，历史沿革与城隍庙相随，分两进院，前为庙区，正殿供着灶王爷和灶王奶

图 209 冀公塑像

图 210 灶君庙庙门

图 211　灶君庙大殿

奶（灶公、灶母）；后为道院，为道士修身之所。因传说灶王奶奶原本为天界
丁香仙子，因有过失而被玉帝贬下凡界任职，所以院中栽着一棵丁香树，以示
恭敬。城隍献殿西侧之庙中小庙乃"财神庙"。二庙在城隍庙中位置的设定，
皆以《周易》文化的"八卦五行"为依据，东方甲乙木，木能生火，故而灶君
庙设于东侧；西方庚辛金，金为财富之象征，故而设财神庙于西侧。

　　总之，平遥城隍庙不仅历史文化内涵丰富，而且还有其独特之处。它是目
前国内保存最完整的城隍庙之一，它和县衙署以市楼所在的南大街为中轴线对
称设置，充分体现了中国封建社会"左祖右社"、"天人共治"的儒教礼制，
还可看到封建社会"神本位"思想对人们的影响。

　　（二）清虚观

　　清虚观位于东大街东段路北，坐北向南，总占地面积 5890.9 平方米，为唐
弘道三年（683 年）高宗遗制所建，原名太平观，宋治平元年（1064 年）钦赐
牒文，改称清虚观。（见图 20 清虚仙迹）

　　据县志与碑文记载，平遥清虚观元初由道教全真道掌教。掌教的清和真人
李志端乃邱处机十八弟子之一，曾作《长春真人西游记》二卷，深受邱处机赏
识和倚重。李志端在清虚观掌教二十余年，由于他擅长书法，加之社会声望极

图 212　清虚观山门

高，所以"四方簪冠之辈，清信之流，不远千里送供受教，辐辏堂下，莫不焚香设礼，以求真人亲笔仙号手字者。师弟燕京长春宫提点大师夏志诚，将清和真人亲书仙号手字刻于石碑，立于长春宫，供人临拓，并垂永久。清和真人死后不久，清虚观又降格复名太平兴国观，并改由正一道赐紫冲和大师提点。明代重又更名为清虚观。

　　清虚观在历史上屡有修葺，现存山门外的牌楼建于清乾隆三十六年（1771年），额题"清虚仙跡"四字，为当时平遥知县蔡亮茂（浙江德清县人，进士出身）书写。进山门后即可看到"龙虎殿"，为开廊式元代建筑，廊下左右分坐着高大的"青龙"、"白虎"神像，威风凛凛，怒目相视，背后殿墙上分别悬塑苍龙和白虎。

　　正殿为三清殿，五开间，内供"三清天尊"，原泥塑神像已毁于解放初，现为近年补塑之像。正殿左侧原供"三官"（天官、地官、水官）、"四圣"（颛顼、帝喾、帝尧、帝舜），右侧原供"五岳"（五岳大帝）"四渎"（江、河、淮、济）。东西廊房各11间，分供"九天圣母"、"九曜星君"等，神像已毁坏殆尽，丝毫无存，但东西廊下墙壁上还镶嵌着元代赐名"太平崇圣宫"的牒文碑，按原牒照刻，连公章都镌刻如真，很有历史研究价值。殿内西侧立一块元代朝廷宣谕碑，正面用巴思八文题写，背面有汉语译文，立于元大德元

图 213　清虚观纯阳宫

年（1297年）。"巴思八文宣谕碑"，对研究元朝历史、蒙古文字等，有极高价值。

清虚观为县内保存最为完整的寺观建筑之一，除各类建筑外，现存元代以来彩绘泥塑8尊，宋、元、明、清各代碑碣30通（方）。宣谕碑、文告碑、记事碑、经文碑、符篆碑、题字碑应有尽有。由于元初丘处机亲传弟子尹志平（清和子）一度住持于斯，丘处机又是被成吉思汗称之为神仙的"国师"，清虚观作为全真教寺观，影响甚大。光绪间"清虚仙境"被列为"平遥古十二景"之一。

三、天主教堂与基督教堂

平遥古城天主教堂位于安家巷，坐东向西，1910年利用清政府"庚子赔款"建成，面积216平方米，为欧洲古典式教堂风格，砖石结构，主体建筑共三层，第一层为礼拜堂，第二层为音乐楼，第三层为钟楼。教堂"文革"期间被毁。1979年落实宗教政策恢复教会活动，并新建了礼拜堂。天主教传入平遥的时间则可追溯到清乾隆四十七年（1782年），一位孙姓神父由洪洞传入，鸦

片战争之后，外国神父传
教受到官府保护，使天主
教逐渐在平遥传播开来。
光绪十一年（1885年），教
会在安家街买得民宅，成
为教会会址。

平遥古城基督教堂，
位于西巷西段路西，坐北
向南，原为本地传统民居。
清光绪二十七年(1901年)，
内地会设基督教堂于此。
抗日战争中，平遥城沦陷
期间的民国29年(1940年)，
教会活动被迫停止。民国

图 214　天主教堂

34年(1945年)后，教会活动得以恢复。但数十年间，西巷教堂区旧有的建筑破
败不堪。1998年，在原址上新建了教堂1座，占地510平方米，砖混结构，形
制简朴，外观为普通的长方形礼堂，堂内南有前厅，北有讲台，门外设廊。堂
东另建房舍，为教会生活区。堂前至院门，自成平坦的小院，西侧有古旧瓦屋
数间，用于文化活动。

从上述众多的宗教文化遗存（宗教建筑与金石碑刻）与文献记述（地方志
书）、民间传说，特别是至今依然有僧人主持的白云寺、南神庙，以及天主教
堂与基督教堂可以看出，平遥古城古来宗教文化发达，佛教、道教与天主教、
基督教共存，各自循着自身的轨迹发展。佛道二教历史久远，早在北魏即已传
入，基督教于光绪年间传入，天主教于清乾隆四十五年（1780年）传入。

以历史久远的佛教文化为例，有着诸多可圈可点之处。一是寺庙等佛教活
动场所甚多，达到了无村不庙，甚至若干座寺庙的程度。相关统计记载，到民
国23年（1934年），全县仍保存有202处寺庙。二是佛教宗派丰富。从现存的
资料分析，有净土宗、慈恩宗（也名唯识宗、法相宗）与禅宗（临济宗），还

一度有喇嘛教传播。三是从北魏至清末，佛教始终兴盛不衰，这一点从现存各个不同时代的寺庙碑碣记载中便可看到。四是佛教信众甚多。大量寺庙的存在即是佛教信众众多的标志。至民国初年，佛堂设在城内南巷，各地来往过境僧人多在此食宿。至今南巷仍被称作佛教会巷。据保存于太原市图书馆，于民国28年（1939年）油印的《平遥地志十二目》记载，在佛教一栏中有真武观、尼姑教、太子寺，后有信徒数及"每日念佛，生活赖乐"等语。在平遥宗教的发展历史中，道教与佛教总是相伴而生的，有佛即有道，道教总是作为佛教的对立面而存在、发展，在一个村落、堡寨，有寺庙便一定有宫观，道教的发展在平遥宗教史上同样历史久远，信众甚多，影响巨大。其中以清虚观为代表的道观，一度成为全真教的重要活动场所，从李志端到巴思八文碑，都是道教文化繁荣的重要标志。在明末清初，栖真庵成为汾州一带名声远播的道教活动场所，红衣道人傅青主即经常出入其中，也一度成为反清复明的据点。至今，佛教也好，道教也罢，除了寺观宫庵，百姓习俗中依然保存了大量的佛教与道教文化习俗，有的还演化为民间传统节日。诸如正月初八祭星、正月初十祭鼠、正月二十和二十五添仓节、腊月二十三供献灶君爷粞瓜等习俗，均保留了浓厚的道教色彩。

平遥古城多元信仰崇拜

平遥古城历史悠久，文化古老。在漫长的历史发展过程中，除了宗教信仰之外，古城还沿袭了多元的信仰崇拜，呈现出丰富多彩的多元信仰形态，对邑地的汉民族文化和民风民俗产生了多层次、多角度的深刻影响。

一、天地自然崇拜

在平遥百姓的意识形态中，天人合一思想依然占据着相当的地位，所谓仰则观象于天者，俯则观法于地者，日月星宿、天地山川、风雨雷电、河泽湖薮、动物植物……万物皆有灵，天地皆合一，由之产生出代代延续的天地自然崇拜。

（一）天地爷。旧时，每逢过年之际，家家要在院内设天地爷牌位或神像，正中写"天地三界十方万灵真宰"，两边对联多为"天高悬日月，地厚载山河"，下设供桌，置贡品奉祀，以祈求天地神灵保佑。乡间举行婚礼，新郎新娘合拜天地是婚礼过程中的主要仪式，而且将是否拜天地视为夫妻是否合法的依据。至今婚礼新事新办，但此俗一直未有改变。

（二）太阳爷。太阳是百姓崇拜的主要对象之一，百姓呼之"太阳爷"。乡间曾口口相传有"太阳帝君绝世真经"：

图215　天地爷神龛

"太阳明明朱光佛，

四大神明振乾坤。

太阳日出满天红，

少夜行来不住停。

行得快了催人老，

行的迟了不留停。

家家门前全走过，

惹得主人叫小名。

闹得五神过山去，

熬死黎明苦中生。

天上无我无昼夜，

地上无我少收成。

个个神灵有人敬，

太阳冬月十九生，

哪个敬我太阳君。"

（三）后天爷。后天爷指月亮。中秋之夜，月上中天，家家庭院中设供桌，摆月饼瓜果，敬香燃烛，供后天爷享用。同时还必须供上象征全家团圆的"大团圆"与"二团圆"月饼，以及男子独有的"月牙"月饼与女子独有的"葫芦"月饼。供毕，将"大团圆"与"二团圆"月饼依家中人口分瓣切割，一人一份品尝，因故不能回家团圆的家庭成员也会各分得一瓣，或回家食用，或托人捎与。合家团聚一起，欢聚一堂，祭月、拜月、赏月。这一拜月祭月的习俗至今盛行不衰。

图 216　八月十五供后天爷

（四）星宿。平遥崇拜的星宿主要有参星、大火星，魁星、文昌星，福星、禄星、寿星等。正月初八，家家都有祭星习俗延续。参星与大火星，也即参宿与心宿二大火星，为二十八宿中的两大星宿，主要作为农星而崇拜，乃邑人观天授时的主要坐标，有着深厚的文化内涵。魁星即奎星，文昌星实为魁星之上的六星总称，道教尊其为主宰功名利禄之神，呼之"文星"，民间俗称"文曲星"，俗信魁星点斗，主司文运，在城墙东南隅建魁星楼与文昌宫即魁星、文昌星崇拜之象征。福星即木星，古称岁星，12岁一周天。旧说岁星高照，能降福与人，民间将其人格化为身着朝服的一品官员，龙绣玉带，手执如意，怀抱子孙，一派天伦之乐。邑人多将福神像挂于家中，寓意子孙众多，家运绵长。禄星指文昌宫第六星，主司官职，寓意官职禄位，为百姓信奉。寿星也叫南极仙翁，原指二十八星宿中东方苍龙七宿中的角、亢二宿，寓意吉祥长寿，被乡人尊奉为一位慈眉善目、笑容满面、挂着龙头拐杖的大额老寿星。人们常把福、禄、寿三星合而共称。在民间，年画、影壁、屏风、中堂、雀替等多用福禄寿三星图案，而且多取谐音，以鹿之鹿音代表禄星、蝙蝠之蝠音代表福星，与寿星合成三星图，表达人们的美好愿望。

（五）土地爷。土地爷是邑地民间普遍爱戴、供奉的神。建筑院门时，必设土地爷神龛。民间修改房屋，必先祭祀土地神，方可破土动工，工毕设供谢土。每逢农历十月十五日土地爷生日，家家还要谢土祈安。城内乡村不少寺庙中设有土地殿，城隍为城里的土地神，供人祭祀，就连百姓门道两旁也供有土地神龛。此俗至今不衰。

图 217　土地爷神龛

二、人神信仰崇拜

造神是民俗文化的一大特点，人们往往会崇拜对社会有突出贡献的人，死后则神话为神加以供奉，享受香火。与全国各地一样，孔子、关公、财神、门神、张仙、姜太公、鲁班等均属此列。仅以对姜太公的信仰为例，尊姜太公为镇宅避邪之神，百姓修建宅院或修缮房屋时，用红纸书写"姜太公在此众神退位"牌位，并置供品奉祀，以保吉祥安全。在每年的大年初一，家家户户都不会向当院倾倒脏水、垃圾等，百姓认为大年初一姜太公即蹲在院中。此外，在平遥古城还有着许多地方特色的人神崇拜。

（一）尧帝。在北门外高丘之上有帝尧庙，距北城墙 200 米，坐北向南，清代康熙年间知县王绶在任时（1700 年—1712 年）创建。原有中殿、祀帝尧，现存正窑，东、西廊窑各五间，正窑前出廊，窑顶有硬山硬阁楼三间。后窑祀尧母，阁内祀神农氏、伏羲氏、黄帝，文革间偶像被毁，今已在原址上修复。

图 218　帝尧庙

图 219　帝尧庙

　　（二）周卿士尹吉甫。前文已有阐述，据传，周卿士尹吉甫北伐猃狁人而筑城于斯，遂有平遥古城发端，留下了东门外尹吉甫墓、东城墙尹吉甫将台、城东南尹回、城东北尹村等村名。尹吉甫庙，即尹公祠，位于尹吉甫将台南350米处，里城墙脚下，坐北向南，创建年代无考，北宋宣和年间（1119年—1125年）便正式命名为尹公祠。金元两代曾多次修缮，明景泰间（1450年—

1456 年）、嘉靖十三年（1534 年）分别重修。明万历四十六年（1618 年）重修正殿，增修东西厢房各三间，二门三间，大门三间，牌坊一座。"文革"后遗存木构山门殿三间，东西廊窑各三间和正殿遗迹。1987 年修复正殿五间，硬山顶，殿深五椽，前出廊，隔扇装修，梁架施彩绘。

（三）介子推。介子推的传说流传甚广，乃春秋时晋国良臣、贤臣，烧死于邻县之介休绵山，遂有寒食节传世。平遥不仅延续此俗，县城上西门外还建有介神庙供乡人祭祀。位于上西门外 150 米处路北有介神庙，坐北向南，元皇庆二年（1313 年）建。清乾隆十五年（1750 年）重修。现存正殿、献殿及东、西配殿。正殿面阔三间，进深三椽，硬山顶四檩前出廊，一门二窗，格扇装修，梁枋施旋子彩绘，殿内存有卷轴式 12 平方米壁画。献殿紧连正殿，硬山卷棚顶，面阔三间，近深三椽，四檩穿廊式。东西厢房面阔各三间，进深二椽，单坡硬山顶。今外院古建筑全无，建邮政大楼。

（四）卜夫子子夏。子夏乃孔子七十二弟子之一，后在西河讲学，传授儒家学说。传说西河即汾州，平遥尊儒崇儒，遂有四处子夏祠奉祀子夏。

润济侯王浚、先师菩萨李侃事略已有论述，此处不再赘述。不仅如此，平遥人还将对一方水土作出贡献的普通百姓列入供奉之列，再造为神。比如城隍庙里寝宫门外东小殿，所供老叟，长袍坎肩，瓜皮便帽，银白须发，表情淳厚，手执毛笔，若有所思，一副清代学究打扮。他其实就是乾隆年间平遥城内一位普普通通博学之士冀先聘。因其十余年总理修葺城隍庙而积劳成疾仙逝。众人遂为其塑像立祠，世代享祭于城隍庙中。以享受香火，万古流芳。如图209。

三、俗神信仰

俗神最大者莫过于玉皇大帝，为统辖一切天神、地祇、人鬼的最高神，总管天堂、人间、地狱三界，权力至高无上。相传玉帝生日正月初九，旧时城内清虚观举行"祭天诞"活动。腊月二十五日是玉帝出巡日，玉帝下界巡视众生，考察人间善恶，到腊月三十日返回天界。届时邑地家家上香设供。此外还有喜神、灶神、送子娘娘、麻姑、金童玉女、龙王、马王、石敢当等。

此外，平遥的树神崇拜十分独特，不仅对千年古槐古柏敬之为神灵而祭祀祈求，树上挂满了写有"灵应"、"默佑"、"有求必应"、"保我赤子"之类红布，以消灾除病，保佑平安。也正因为如此，平遥古城曾保护了不少古树，民国 25 年（1936 年）时，城内有 14 株年代久远的古槐树，胡村柏、郝洞镇国寺龙槐，城内冀氏老宅、县衙、桑冀村枸杞树等诸多老树均写入光绪八年县志。

四、鬼神信仰

鬼神信仰将在后文丧葬文化中专论，这里不再多议。

与平遥古城相关的几位宗教人物

一、先师菩萨李侃

在光绪七年《沁源县志》艺文中录有一篇《先师菩萨源流考》的文章，文中记述得自马西村，或出于明人之手。兹将全文录于下：

先师者，系大唐一十四代之孙也。自高祖起义，师除隋乱，创业开基。太宗世民定鼎，历代传至高、中、睿、玄、肃、代、德、顺、宪、宣、懿共一十三代。懿宗有子八人。长子名佾，次子名健，三子名傊，四子名侃，五子名俨，六子名保，七子名倚，八子名昂。先师者即四太子侃也。懿宗庚辰（860）即位，年号咸通。咸通二年辛巳（861），先师降生。咸通六年（865），封先师为郢王，先师方五岁。至己丑咸通十年（869），封为威王，先师九岁。懿宗崩，五太子俨即位，是为僖宗。年号乾政改为乾符。乾符六年（879），先师已十九岁矣。黄巢起兵于苍眉寺，陷长安。先师避乱出奔，来至冀州谷远九顶山，修真养性。感弥勒之教，承文殊之化，五龙盖海之护持，渐登正果。至僖宗弟昭宗即位，年号景福。甲寅（894）二年二月二十五日，先师无疾而化。侍者至其所居，钟鼓不击自鸣。先师偈曰："沤生沤灭量非奇，何必高歌又复悲，此日天晴云散处，去未出没呵谁知？"由此升超天界，能行天地之化育，宗布二圣之要道，屡屡显圣。后唐同光（923－926）、天成（926－930）、就顺

（934）、清泰（934－936）年间，封为施雨龙王。至后汉乾祐（948）、丁未（947）二年，封为菩萨。迨周末显德，封为先师菩萨，与文殊共入法座，不分上下。至大宋太祖建隆，驾困河东，外番国夜劫御营，计用火攻，先师显圣，太（大）雨扑灭。太祖还朝，遣大臣罗彦威祭告，诏示附近居民，立庙为正神，五龙、盖海为之护法。至此以后，历金、元以及于明，岁祀不绝。阔州立一朝山进香之会。此先师证（正）果之源流、每岁进香之由来也。恐后人不明进香之举，特此为志。

先师菩萨之成正果也，有说在平遥者，有说在岳阳者，此皆无确据。即沁邑前志所载，亦未详悉。光绪七年（1881），续修县志。由马西村抄来此文。源源本本，确有证据，不注作者姓名。详味其文，明时沁源称州，其为明人所作欤？

对此观点，清末沁源举人阴国垣专论质疑，文曰《先师菩萨源流考驳》，载于民国二十二年《沁源县志》艺文考，亦录于下：

右《先师菩萨源流考》，旧志所载不知何人所作，纰缪俗恶，似采自小说，不可为训。据称，先师系大唐一十四代之孙。而所列高祖（李渊）、太宗（李世民）、高宗（李治）、中宗（李显）、睿宗（李旦）、元宗（玄宗李隆基）、肃宗（李亨）、代宗（李豫）、德宗（李适）、顺宗（李诵）、宪宗（李纯）、宣宗（李忱）、懿宗（李漼），中间又阙穆宗（李恒）、敬宗（李湛）、文宗（李昂）、武宗（李炎）四帝。若以宣宗系宪宗之子，与穆宗为弟兄行列，宣宗可以不列，穆宗，敬、文、武三帝与懿宗为弟兄行数，懿宗可以不数，敬、文、武三宗，则又何以解于中宗、睿宗之弟兄并列。盖唐自高祖受命至懿宗为帝十七世，次止十二。中宗、睿宗为一代，穆宗、宣宗为一代，敬、文、武三宗与懿宗为一代。先师菩萨即为懿宗子，富（当）为十三代，非十四代也。此其纰缪者一。至称宋太祖建隆，驾困河东，外番国劫营云云，尤为失据。查太祖时，西夏未盛，只北有辽人，又太原为北汉所据，辽人何得越北汉而至河东？若为北汉，又不当称外番。且太祖只灭南唐，并未与北汉交兵。况太原至太宗时始破。所云太祖驾困河东，外番劫营，先师显圣，不知何所依据。详其语意，与前称黄巢起兵苍眉寺云云，似杂采小说，不当载之志书。惟旧志称由马西村抄来，源源本本，确有证据，意者先辈必有考据欤！未可知也。因载原文。附记数语于此。

上列二文就先师菩萨而言，透露出如下信息：一是先师菩萨确有其人，确为唐懿宗子；二是先师菩萨确在后汉乾祐二年被封为菩萨；三是先师菩萨修成正果之地在沁源、平遥、岳阳皆无确证。对此，我们只有求证于地方志书、碑文记载乃至民间传说与民俗。

（一）沁源灵空山以及唐末太子的记载

翻阅沁源灵空山有关史料发现，《沁州志》、《山西通志》等均有唐懿宗子出家于灵空山的记载，曰先师菩萨，但记载也有一些差异。或曰三太子、或曰四太子，名李侃或李侃或李愊。明成化《山西通志》[①]卷之十《仙释》记载："李愊，懿宗次三子，僖宗乾符末，年十九，出奔沁源县之灵空山修道，尝有马跑泉之异。昭宗景福二年入城，世号仙师菩萨。宋太宗端拱二年，赐所葬寺曰'灵寿'。"明成化《山西通志》[②]卷之二《山川》记载："灵空山，在沁源县西六十里，上有先师菩萨寺，世传先师菩萨，即唐懿宗第三子侃，年十九岁出奔，入此山修道，其马刨地得泉，人因甃为井，名马跪泉，旱涝不干溢。寺前有五龙潭，周广三丈余，世传古有五龙潜于此，故名。元至正十年建五龙神庙于潭上，其水旱祷雨应，西南流经霍州界，入于汾河。"清康基田《晋乘搜略》[③]记载："通志：懿宗第三子侃，以黄巢乱为僧，至灵空山，有马跑泉之祥，遂卓锡焉。灵空山在沁源县西北六十里。高十里，盘踞五十里。山势峭削，四周石壁如屏，严邃林密，径陡磴曲，土人名十八盘。峰半有仙桥、峦桥，越涧而度，先师菩萨寺在焉。先师菩萨名侃，唐懿宗第三子也。懿宗率佛于禁中设讲席，自唱经，手录梵夹。侃习闻之，宗其教。因乱为僧，乡人奉之。没而建寺于其山。沁源志：县砦固镇、青龙而外，尚有唐王、侯壁等寨，皆连十八盘。山矗出西北，与霍太山相接，其势削拔陡峻，石磴盘折。东南麓有盖海洞，上有五龙潭，渊淳莫测……源过北有白龙池，乡人于五月五日祷雨，辄应。"

民国《沁源县志》碑碣考中，有三则与先师菩萨相关，一为张可则《灵空

---

① 李裕民，任根珠点校.（明成化）山西通志. 北京：中华书局，1998 年 11 月. 642.

② 同上，70.

③ 晋乘搜略（新刊本）. 太原：山西古籍出版社，2006 年. 1334.

山祷雨历应碑记》，二为崔峦《重修灵空山庙碑记》，三为王恩荣《灵空山新修石埏碑记》。此外，在其《古迹志·池洞》中记有："五龙池，在灵空山东北隅。周围俱青石崖，宽丈余，渊深莫测，时出云雾。每旱，乡人及平遥人多在此取水祷雨。（旧志载，称五龙潭，俗称五龙池。）"这些碑文与记述，同样记有唐太子出家事。即，唐懿宗第四子李侃于乾符六年（879年）避黄巢起义于此，削发为僧，皈依佛门。后来僖宗派人四处寻找，找至灵空山。但李侃已看破红尘，不愿回朝。寺僧知其为皇子，遂推其为主持。唐景福二年（893年），李侃圆觉尘化，被封为施雨王。后汉乾祐年间改封菩萨，后周时加封为先师菩萨。北宋端

图220　沁源灵空山圣寿寺俯瞰

图221　沁源灵空山圣寿寺先师菩萨殿

拱二年(989年)，钦命禅院为"圣寿寺"，一直沿用至今。

寺院背山面谷，大殿居中，左右六院，中院五楹大殿雕梁画栋，供先师菩萨与四海龙王，两旁有南海大士殿、地藏菩萨殿、关帝殿，以及藏经楼、喜雨亭、僧舍等。除峦桥、仙桥、东钟楼、茅庵、净身窑、盖海洞、五龙池、舍身崖、须眉山、甘露泉等古"灵空十景"外，还有神仙洞、五龙洞、卧虎洞和唐王寨景致，并有诸多传说。而传说最多的即是唐太子·先师菩萨李侃出家祈雨的故事。

从灵空山的建筑及相关记载、传说来看，唐末懿宗确有一子在沁源灵空山

出家为僧，乃其三子或四子，名曰李侃（偘、恫）。至于千里迢迢到京畿之外出家的原因，避祸说、逃难说、看破红尘说，说法甚多。但不论有多少传说，李侃一心侍佛是为根本，出家在灵空山，后被封为施雨王、先师菩萨则是不争的史实。

（二）古县（原岳阳县一部分）有关先师菩萨的碑记与遗迹

在新修《古县志》[①] 中有两处与先师菩萨有关的寺庙遗迹，一是位于县城北15里的四次山圆觉寺，兴建于唐咸通三年（862年），为唐懿宗三太子李侃出家修行处。二是位于县城东34里大井沟的定国寺，兴建于唐代，历代均有修缮，后经日军驻军焚毁，寺存明万历碑。碑文记载：懿宗三太子李侃曾来此出家拜佛，圣号谅俊。其兄唐僖宗于874年曾御驾亲临，建大定国寺。在两座寺庙现存碑记中，都记述了有关先师菩萨李侃的相关事项，大明弘治十一年《重修四次山圆觉寺碑记》载"……谨记　偈曰　佛非生减　道无古金　□维志贤　光及周临　汉明罗感　咭教□□　人能□道　法道弘人　先师菩萨　父唐懿宗　四次住地　修道施化　□□观音　神鬼钦尊　殿室□□　革□□□历年既各　倾颓□□　大德重修　道光更新　□石由壁　诛矛芟蓁□能一载正殿完熏　塑装佛像　壁昼诸神　钟楼僧舍　尉库三间　祖师□法　一□□存广功道德　避耳徒闻　□□济楚　僧行光明　万载□宓"四次山嘉庆七年（1528年）复修圆觉寺碑记亦载："大唐先师菩萨者，乃懿宗第三储王也……割爱辞亲，投释访道，四次来岳阳县董必里东北，其名曰四次山也。"

从上述碑记、遗迹可以看出，先师菩萨确曾与岳阳有关，但修成正果之地是否为岳阳仍难以确定。

（三）平遥有关先师菩萨的碑记以及传说

在光绪八年《平遥县志》卷之十《古迹志》中有这样的记载："悬崖泉落在梁家滩邨南西山湾中，传闻唐先师菩萨往灵空山憩息于此，今崖上有坐凹古迹。""双柏楼在西泉邨先师庙内，中建戏楼。""喜雨院在西泉邨先师庙内。"

平遥梁家滩村白云寺明嘉靖二十年《启建前庵重整白云寺补盖南殿记》记

---

① 古县志编纂委员会. 古县志. 西安：陕西人民出版社，2001年11月. 492-493.

有：“先因古刹下院先师寺，常住并无寸土，有住持道士高道玄……”

在平遥东卜宜村西，至今保留有先师庙，其戏台为元代建筑，保存较为完好。

据村中老人讲，庙中所供即先师爷先师菩萨。

图222 东卜宜村先师庙

幸在2009年清明节后，村中继上年县文管部门修缮先师庙戏台后，又着手恢复先师庙原状，在院中掘出一块嘉庆十一年《重修 先师□□ 碑记》，不知何时埋于土中，已损毁严重，但文字仍可辨认。西卜宜村冀立正先生字字辨析，行行订正，亲自抄录一份，十分难得而珍贵。兹录于下：

重修 先师□□ 碑记

尝考唐虞三代，庵观殿堂未闻修建之制。说者谓自汉明帝迎佛于西域，修庙奉神之事，天下始尚相传至今，塑圣则圣，塑神则神。然核其实则皆幻耶渺耶，不可得而知耶。惟我 先师菩萨，出自唐室世胄，生而天性好善，长而矢志修行;弃富贵如敝□，轻功名若弁毛。陷居独善，始则栖身寺庙，终则寄迹山林，卜居沁邑之灵空山。其山之崔嵬玲珑，天然胜景。灵处在空空不觉，空中之灵灵更神。云迷洞口松迷径，水满池塘石满山。景得人而增盛，人借景而益灵。修行日久得道功深，爰驾云梯而成圣果。真骨千年不朽，凿石窟而脱凡胎，发爪至今犹存。彼邻人士雕梁画栋，绘壁文墙，以塑金身于彼土。而菩萨亦济人愿，给人求莲花台上显神通。于是四方邑民祈祷雨泽，罔不灵应。即我村人过岁旱而上山祈祷，无不立降甘霖，屡求屡应。只要诚心，此固人之共知共见，不仅传说而已也。但 先师庙貌年深，不免有崩颓之处。薄泥石渠头两村，纠首公议重修。且欲较前廓大之。爰是度地鸠工，移神殿于正坎，修过亭于中央，东西廊房六间，左右钟鼓二楼。巍然焕然，兹土巨观。工程告竣，欲勒石以志不朽，嘱余为文。噫！余惟忝列儒林，学愧雕虫，才惭窥豹，何以能文？忝余是本村人，纠首之命，不可固辞，因据实迹而走笔以书，以贻笑于大庭云尔。

乙巳年恩贡生吏部候铨儒学教谕　梁拱星顿首拜

太　　　　学　　　　生　武天誉顿首拜

三村纠首（姓名略）

大清嘉庆十一年四月十六

此外，在平遥南乡南西泉等十八村一直保留了到沁源灵空山祈雨的习俗，所祈之神即先师爷，即先师菩萨。还保留了大量有关先师爷的传说。

笔者田野调查中了解到，平遥传统意义上的最后一次祈雨活动在1945年日军投降后，南乡十八村到灵空山祈雨过程如下：

是年大旱，南西泉周围南石渠、北石渠、东卜宜、西卜宜、东泉、郭儿壁等十八村便按传统共同协商祈雨事宜。商定后在十八村中选出了三名雨师与一名随从。三名雨师都是村中较高威望者，具有良好的品德。整个祈雨过程中，三名雨师均身穿黑色大袄（似袍），头包四方格巾，赤脚。从南西泉出发向南经古寨到达灵空山五龙池，大约有180里的路程。一路上雨师只能和衣休息，口诵"南无阿弥陀佛"，路上饮水也不可喝干，并将剩余之水泼在内衣襟上。从南西泉到达灵空山五龙池需要三天的时间。到达后，先要到圣寿寺参拜先师爷包骨塑像，将黄裱纸放入池中，平平沉下方可祈雨。然后三名雨师口诵"先师爷爷下大雨，下了大雨救万民"，赤身进入仅能容纳三人的洞中采取阴阳石。在灵空山的整个活动要持续一天的时间。取得阴阳石后，三名雨师与一名随从即晓行夜宿，返回南西泉。两天半的时间回到果子沟村停歇验石，被确认后，村民招待三名雨师及一名随从用餐，餐毕送至梁家寨寺庙。之后三名雨师及一名随从便向十八村一村一村送雨。这一过程中，已经十分疲惫的三名雨师脚肿得像刚刚蒸好的馒头一般，但身上还必须再架起十三口铡刀。十八村村民则家家在门口置缸，缸中注满清水，并插上柳条接雨。村村寨寨人山人海，胜似节日，踩七尺高跷者，打霸王鞭者，打马马者，热闹非凡，最终三名雨师及一名随从回到南西泉村，使整个祈雨活动达到高潮，但也成为终点。在南西泉村，三名雨师还需再拜七天,各村为三名雨师披红一匹,整个祈雨活动圆满结束。

当地百姓相传,如此祈雨,会感动上天,普降甘露,但也偶遇不灵验时,则要再次祈雨。由于雨师吃苦受累为乡人祈雨、体罚,做过雨师的人由此受到乡人普遍尊重。据说有一年乡人祈雨到五龙池后,正遇霍州祈雨雨师,为取阴阳石双方发生争执,顿时洞口变龙口,霍州雨师惊呆,乡三名雨师则径直从龙口进入取回阴阳石,不久便下了大雨。

与这一习俗相关的传说是,乡人所以要到沁源灵空山祈雨,源自曾落脚南西泉的先师爷后来到了灵空山,并坐化于灵空山。传说在唐末时,先师爷曾不知何故落脚到南西泉村五佛殿,五佛殿的六根八棱石柱便是先师爷在山上将一块整石划线,尔后由石匠剖开的,每根石柱上均缺一角。至于六根石柱如何运到五佛殿还有这样一则故事。说先师爷曾与村中各家骡马户借畜,欲从山上驮回六根八棱石柱,但却一直未曾上门牵马拉骡。等待中的骡马户问他是否还用骡马时,回答则是已经用过。骡马户纷纷回到家中骡马槽上探视究竟,所有骡马果然大汗淋漓,俨然刚刚出过大力的样子。

图223　南西泉村学校所用先师庙石柱

事实上,目前这六根八棱石柱仍存,为学校教学楼所用。

此外还有传说先师爷为众人同一时间间谷子的故事,春夏忙乱之时,村民纷纷求先师爷为自家间谷子,一家两家,十家八家,凡求者先师爷均满口答应,而且都要满足众人。

南西泉村古迹中除五佛殿外还有娘娘庙、先师爷庙,以及"一樽三槐十二柏"。十二柏中有一棵直径在四尺开外,另十一棵也均两人难以合抱。最奇特的是十二柏中,有一排六株柏树横长。据说是当年修庙时,先师爷与南西泉村存在分歧，故而离开南西泉前往沁源灵空山。离开南西泉时曾长时间静坐在树下的一块大石上，当地百姓诚心挽留，但他去意已定，只是留下了有事到灵空山找他的口信。起身时抬头看到六株柏树，便顺手推倒。老年人讲，这十二棵柏树一直到解放后依然存活。后来，乡民祈雨即翻山越岭前往沁源灵空山向先师爷祈求。至于这先师爷是谁，当地传为唐朝太子，因避黄巢起义之乱而留在平遥为僧。也有的说名曰李伯奴，为唐朝太子（南西泉村年九叟老人赵培范回忆，是雨师们在灵空山圣寿寺的卦签筒上看到有李伯奴一名，因而有此说法）。据清光绪胡聘之《山右石刻丛编》记载，在平遥县有一高一尺五寸，广六寸，侧厚三寸的《李伯奴造像记》碑。碑阳刻佛一龛，左题"佛弟子李伯奴侍佛时"一行九字，碑阴上刻佛三小龛，记文为"武定七年太岁在己巳，六月乙酉□乙巳日佛弟子李伯奴造石像，区□□从心所求如意"。可见，历史上平遥一带也确有李伯奴其人，但不是唐人，而是一心侍佛的东魏武定年间人士。

从南西泉的特殊地理看，地形东高西低，西宽东窄，整个村落就坐落在柳根河与九龙河之间，地形十分特殊，两河之间仅隔有一黄土高阜，或者说两条河正巧在不宽的高阜间冲刷出两条沟。而五佛殿、娘娘庙、先师爷庙均建在村东北，即两河东北的 50 亩平地上。传说这两条河原本九龙河水大，说先师爷为唐朝皇帝太子或义子，因犯事出家南西泉五佛殿。在先师爷落脚五佛殿后，一日唐军追到，眼看要越过九龙河直抵五佛殿，但就在此时，山洪下泻，河水猛涨，挡住了唐军，自然先师爷也未被抓走而南行灵空山，由此九龙河也名"挡军河"，唐军滞留之土坡也名"镇主坡"。

可见，不论传说的版本如何差异，但反映的史实则是大抵相同的，平遥南乡南西泉村一带祈雨习俗的背后折射出一段历史或历史的影子，唐代末年曾经有一位太子出家在南西泉村，若干年后从南西泉出发到了沁源灵空山，并坐化于寺中。

（四）李侃出家落脚灵空山的路径分析

从平遥南乡十八村祈雨习俗及相关传说，以及灵空山古来交通分析，李侃出家落脚灵空山的路径应该为：南西泉村—卜宜—梁家滩—果子沟—固寨（现古寨）—灵空山，即平遥南乡十八村去灵空山祈雨的路径。这一点从平遥南乡一带的庙宇文物遗存，民间传说和习俗即可证明。这里需要进一步讨论的是，李侃是从哪里到达南西泉村一带。从逃避黄巢乱世、到太原任职弃职逃遁的传说，乃至唐都长安到唐北都太原的古道来看，李侃定是从平遥城南入南乡南西泉，并在五佛殿留居较长时间，最后才落脚灵空山。而在平遥初始落脚之所应该是城隍庙街的太子寺。清乾隆三十六年《汾州府志·祠庙卷》记载："太子寺，在平遥县治东敬义坊，初名宝昌寺，隋开皇中建，后改名修念寺。中有净梵王太子像，气韵如生，世传安生以塑。唐武宗大毁佛寺，颖上人匿像南沙坎崖，元至大中修寺，移像寺中，改名太子寺。明洪武中置僧会司，并集福小太子寺入焉。"可见太子寺隋朝开皇间已有之，初名宝昌寺，后改为修念寺。太子寺之称谓在元至大年间。也正是在元末至大年间复修寺庙后，在太子寺山门外修筑了通高4米，宽约20米，下筑青砖须弥座，顶部灰瓦覆盖，饰五脊六兽，壁面为高浮雕五彩琉璃件拼砌而成的九龙戏珠，居中者为一条黄色蟠龙，左右两边各有蓝、绿、赭、黄相间行龙飞腾盘绕的琉璃九龙壁。

对于太子寺及九龙壁，目前较为流行的说法是"因为释迦牟尼出身于古迦毗罗卫国的太子，故有太子寺之名，既然龙是中国封建皇权的象征，而且'九'为至尊至贵，用来寓意佛祖至尊无上"①。显然，对一座隋代寺庙，经历唐武宗会昌灭佛之劫难后，元代怎么会大规模修复，并在山门筑琉璃九龙照壁，改名太子寺呢？一座普通的寺庙何以如此大兴土木，并改为太子寺，筑起了只有皇家才使用的九龙琉璃影壁呢？而且开创了中国琉璃九龙壁之先河？另外，明成化《山西通志》卷之五《寺观》中记有两处"太子寺"均在平遥，即此太子寺与小太子寺。如果因释迦牟尼曾为太子即名太子寺，那么太子寺称谓就不应仅仅局限于平遥一隅，同样，既然以"龙"或"九"用来寓意佛祖至高无上，琉璃九龙壁也可以遍布诸多佛寺山门之外。但事实上，到元末太子寺在山西仅有平遥两处，琉璃九龙壁则全国只有平遥太子寺前一处。这一事实背后必然另有原因，笔者分析，所以将宝昌寺或修念寺改名太子寺是因为曾有太子出家寺中，所以有琉璃九龙壁同样也是因为曾有太子出家寺中。平遥城隍庙街

---

① 平遥县地方志编纂委员会. 平遥古城志. 北京：中华书局，2002年5月. 157.

图 224　平遥九龙壁细部

太子寺，有太子寺之名，有九龙照壁之实，定有皇室太子在此出家。综合上述李侃出家的路程分析与传说、记载，应该说在元代，有关李侃在平遥宝昌寺或修念寺出家的记述还流传于世，由之将宝昌寺或修念寺改名太子寺，并在山门外修筑了只有皇室才使用的琉璃九龙影壁。只是后来这段历史失传，才导致明清两代地方志书的记载缺失。也才有了"因为释迦牟尼出身于古迦毗罗卫国的太子，故有太子寺之名"的附会性解释。

　　这一点还可以从琉璃九龙影壁本身得以证明。在元代，统治者对龙纹的垄断胜于历朝，在至元七年（1270 年），忽必烈曾明文市街商店不得织造或贩卖日月龙凤纹缎匹。至元十年（1273 年），进一步明令："中书省咨照得，先为诸人织造销金日月龙凤缎匹纱罗，街下货卖号虽曾禁约，切恐各处官司禁治不严，今议得，若自今街市已有造下挑绣销金日月龙凤肩花并缎匹沙罗等，截日纳官，外实支价。以后诸人及各局人匠私下并不得再行织绣、挑销、货卖，如违除买卖，物价没官，仍将犯人痛行治罪。"（《大元圣政国朝典章》）但鉴于龙纹在中原地区流行甚广，后来，统治者不得不在龙爪上实施区别。宋代流行的龙纹多为三爪、四爪，五爪较为少见，元统治者便限定五爪龙为皇室专用。《元史》卷七十八载："仁宗延祐元年（1314 年）冬十有二月，定服色等第，诏曰'比年以来，所在土民，靡丽相尚，尊卑混淆，僭礼贵财，朕所不取。贵贱有章，益明国制，俭奢中节，可阜民财。'"严禁民间使用五爪二角龙凤纹饰，违者严加惩办。由此看出，元代统治者对龙纹的管制甚严，而且明确五爪二角龙为皇室所垄断。

从琉璃材料的使用分析，只有皇室和庙宇才能用黄色琉璃瓦或黄剪边，甚至离宫别馆和皇家园林建筑也只能用黑、蓝、紫、翡翠等颜色及各色琉璃瓦组成的"琉璃集锦"。

目前全国的几处琉璃九龙影壁中，大同明王府九龙壁，建于明代洪武末年（1392 年），北京北海公园琉璃九龙壁和故宫琉璃九龙壁则均建于清乾隆年间，

平遥城隍庙街琉璃九龙壁时间最早，建于元至大年间。四座琉璃九龙壁中，前三座保存完好，平遥琉璃九龙壁在 1977 年 8 月 6 日被洪水冲塌，但三分之一以上的琉璃构件得以保护，近来已按原来的形制重新修筑。从建筑历史上看，平遥琉璃九龙壁历史最为久远。从形制上分析，大同九龙壁与平遥九龙壁相仿，九条龙均为四爪两角侧身，只是体量不同而已，北京北海公园和故宫琉璃九龙壁则明显不同，龙为五爪两角，正身。

明清以来龙纹龙饰也同样纳入礼制，但远没有

图 225　大同九龙壁细部

图 226　北海九龙壁细部

元代严格，元末平遥能将一座寺庙的影壁筑为琉璃九龙壁足以说明这一寺庙的独特。这里笔者推断，平遥城隍庙街太子寺的独特地位就在于那里曾经有一位太子出家，他便是唐懿宗之子李侃。有了李侃的出家，元末方将宝昌寺或修念寺改为太子寺，并修筑了琉璃的九龙影壁。这便是平遥太子寺兴建的历史真实。自然随着黄巢起义的发生以及平定，皇室要追回出家的李侃，李侃则执意出家，因此便由平遥城向南而南西泉，而固寨（现古寨），而灵空山，最后落脚灵空山，圆觉尘化灵空山。同唐景福二年李侃圆觉尘化后封为施雨王，后汉改封菩萨，后周加封先师菩萨，以及北宋钦命"圣寿寺"一样，平遥隋代即建的宝昌寺或修念寺也在元末因这段历史而改名太子寺，并在山门外修筑了琉璃九龙影壁。在平遥南乡十八村，则将这段历史保存在祈雨习俗和民间传说中，人们呼那个曾在南西泉五佛殿理佛的僧人为"先师（当地读 [sən³⁵]）爷"，而且留下了诸多有求必应的传说，其中尤以祀雨一项最为灵验——"'先师爷爷'下大雨，下了大雨保万民"。如今平遥南乡南西泉的五佛殿早已毁于上世纪日本人投降后的几年间，但据说是先师爷亲自划线凿刻的六根大殿石柱仍在，东卜宜村的先师庙仍在，建于元末的先师庙戏台仍在，这些都是十分难得的历史物证。

以上四个方面通过对唐懿宗太子李侃出家的路径及祀雨传说，以及相关物证，阐述了平遥古城太子寺与沁源灵空山圣寿寺的关联。进而论证了平遥古城太子寺以及琉璃九龙壁背后的历史。这一观点仅为一家之说，对这一文化现象还需要进一步研究挖掘。

二、传承慈恩宗的僧人群体

慈相寺碑碣资料十分丰富，从中可以理出慈恩宗数百年的传承脉络，看到一个活跃的僧人群体。从上述有关慈相寺的文字记载中可知，唐代确有一无名大师自西极而来居麓台山 40 年，尽管各类记载有所差异，称谓上略有不同，光绪八年（1882 年）《平遥县志》记之为"无名祖师"，乾隆三十六年（1771年）《汾州府志》记之为"无名禅师"，金明昌五年（1194 年）《汾州平遥县慈相寺修造记》记之为"有大士由西极来，曰无名师"，金泰和元年（1201 年）

《平遥县冀郭村慈相寺僧众塔记铭》记之为"始祖无名大师",但无名大师自西极来居麓台山 40 年,肃宗召至京问答称旨,上元初诏还,葬故山,乃不争的事实。解析这些记载,可以确定两个时限,一是无名大师初化之年为肃宗上元元年（760 年）,二是无名大师曾居麓台山圣俱寺 40 年,那么早在 720 年前即已入居圣俱寺。在这一时段,中国正处于唐开元盛世后平定安史之乱之际,也是中国佛教禅宗一派独盛之时,顿、渐二派争夺正统的时代。最终的结果自然是借着在平定安史之乱间为皇室筹饷解忧之功,南宗顿派取代了北宗渐派从 701 年至 739 年四十年的正统地位。巧合的是,为此而不断努力的神会禅师被肃宗下诏入内供养不久后的上元元年（760 年）圆寂。与圣俱寺无名大师同年卒于京师,而且均被肃宗诏旨京师。那么神会与无名大师是否相识,是否同一宗派均不得而知,尽管乾隆三十六年（1771 年）《汾州府志》记之为"无名禅师",但其他几处记载中分别记之为"无名祖师"、"无名大师"与"无名师",不能仅仅依据《汾州府志》"无名禅师"的一条记录而断定其属于禅宗一派。相反,肃宗皇帝能在禅宗南宗顿派得势的同时,对一个偏居平遥冀郭村圣俱寺的无名大师"召诣京师,待若惇友,上元初示化于宫城之寺邸,诏还故山",恰恰说明无名大师并非禅宗一派。推理下来,无名大师自西极来,或许所弘扬之佛法乃慈恩宗,寺中金泰和元年（1201 年）五月初一所刊刻之"慈相寺宗派图",宋皇祐间钦赐慈相寺名,均可反证。

图 227　"慈相寺宗派图"碑文拓片

　　"慈相寺宗派图"记载,该寺掌门人可上溯至北宋初年的从安、从佑两位始祖,以及他们的嫡传弟子道觊、道玉、道洪、道聪、道卿、道谞、道业、道及、道隆、道靖等十一位,第三代广潜、广立、广瞻、广雅,第四代仲来,第六代文喜、文庆,第七代的真迹,均享有唐宋礼制之"赐紫"荣耀。此外第三代之广雅还被尊称为"普明大师",第六代之文喜还在金承安至泰和年间

（1196—1208 年）出任"汾州管内都僧正"辖各县佛教事务，第七代之真遂还被加尊号为"通悟大师"。

以此而论，在佛教史，特别是慈恩宗史上，平遥慈相寺乃至上述代代传承的僧人作出了巨大的贡献，应该记之于佛教史册。

三、平遥佛教临济宗"开山第一代大和尚"明远禅师

从白云寺中院正殿前清乾隆二十九年《白云寺增修楼阁禅室开设丛林碑记》中可以看出，清乾隆二十四年（1759 年）四月，明远禅师住锡于白云寺，成为白云寺佛教临济宗的"开山第一代大和尚"。明远禅师是山西平定县人，生而颖悟，长而性聪，为临济正宗第三十七世传人。明远到来以前，白云寺一派荒凉，多年无僧住持。由于明远佛教造诣很深，颇受百姓绅士尊重，在他整修寺院时，连知县都捐俸相助，并动员士绅捐输，使白云寺修葺一新，顺利开山。

佛教禅宗的寺院组织管理制度起自百丈怀海，提倡"一日不作，一日不食"的格言，因而也称"百丈清规"。明远禅师为了能使临济宗长久地在白云寺弘扬传流，始终身体力行，从严治寺。在他担任监院的师弟宏道的协助下，建立了寺内清规戒律，定寺院管理规式为"十方丛林"体制，规定寺院财产为全寺僧人共有，不得任何人随意买卖，包括住持僧人。而且采取了"十方丛

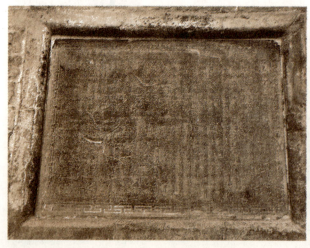

图 228　白云寺石碑（一）

图 229　白云寺石碑（二）

林"体制中相对民主和开明的"选贤丛林"制度，《白云寺增修楼阁禅室开设丛林碑记》边另刻"永远不许剃度子孙"一句即是明证。"选贤丛林"在白云寺确立之后，明远禅师率先垂范，乾隆三十一年（1766年）住持期满后，为能使选贤之路顺利通达，毅然应邀前往晋阳红土沟寺院就职，促成众僧走推举之制。后宏道禅师继任住持之位成为第三十七世，以后映明（三十七世）、一庵（三十八世）、亮浚（三十八世）、潜德（三十八世）、含真（三十九世）、道清（四十世）、宗伟（四十一世）等，皆依"选贤丛林"住持于白云寺。对此，现存于寺内的《白云寺增修楼阁禅室开设丛林碑记》、《重修南殿方丈客堂序》、《增修白云寺碑记》等6尊碑文中有详细记载。明远禅师的高风亮节，使白云寺历代诸僧推崇备至，以至在他圆寂他处后，众僧请高手绘得明远禅师"遗颜"，悬于禅堂，早晚虔诚参拜。

白云寺自清乾隆二十四年（1759年）起由佛教临济宗掌教，民国十九年住持僧印聪和俗家居士郭士荣等主持整修以后才改由净土宗掌院。应该说，临济宗在全国范围内日渐衰落之际能够发扬光大于白云寺，并持续近200年长盛不衰，与明远禅师以及他身体力行并一以贯之的"选贤丛林"制度直接相关。

2 平遥古城纷繁的民俗文化

平遥古城民俗文化可谓丰富多彩，内涵深邃，尤为珍贵的是，这些源自亘古的风俗习惯，不但没有散失、变味，而且基本得到了原汁原味的传承，成为平遥古城历史文化有效的传播载体，具有很高的研究价值。

平遥古城生日习俗

清康熙四十五年《平遥县志·地舆志·四礼》对平遥古城生日礼俗记载如下：

"生子三朝蒸馒首馈外家以报喜。九日外家送粥米、褓衣、衾枕，弥月外家以银镯、首饰、绸帛遗其女，以银锁、衣帽、衾裯遗外甥。亲友亦有作幛文并银物往贺者。"

生老病死乃人生大事，清代县志过于简略，但生日祝寿习俗基本原汁原味保留至今。

（一）满月即"弥月"。生儿育女，添丁加口，是一个家庭传宗接代的大事，所以不论在哪个时代，即便是"文革"期间，做满月、完十三的习俗也未曾改变。新生儿出生后，过去生男称"添丁"谓大喜，生女称"添口"谓小喜。都要在房门、院门两旁放置红纸剪成的钱，生男红纸钱为方形，生女红纸钱为圆形，纸上压一小块黑炭，谓之"黑银子"，有喜上添喜之喻。孩子出生三日要蒸上方与四面盖双喜印记的"毛头馍馍"，胎期平年蒸 12 个，闰年蒸 13 个，用于向姥姥家道喜。生男孩馍头内包一撮大米，生女孩馒头内包豇豆，以示区别。满月是新生儿出生后第一个十分隆重的礼俗，但不是在满一个月后，而是在出生半月时举行，"半"与"绊"同音，有孩子少得病灾，绊住之意。

男孩往往早一天祝满月，即出生 14 天时，女孩往往迟一天做满月，即出生 16 天时。祝满月一般只在亲戚范围内，姥姥家为主宾。所有贺喜亲戚都要蒸"圐圙"，姥姥家的最大。圐圙甚有讲究，为一发面蒸的面圈，圈上锁子形面饰称"长命锁"。除此之外还有十饰，男女有别，男孩为"九石榴一佛手，守着妈妈永不走"，女孩为"九朵莲花一根藕，长大能活九十九。"其余空间饰以叶状面饰，并在蒸好后点缀红、绿食色。圐圙中心不论男孩女孩均蒸一石榴，取其"留"音与多籽之意。此外在所有圐圙上都要拴套红毛绳与铜钱辫成的"锁日"，"锁日"上拴贺币多少不等。亲戚还要为孩子赠以银饰，如手镯、足镯、手链、足链、银锁、银绳、倒吊驴、驴驮葫芦、银桶等，多为银质，往往刻有"长命富贵"、"长命百岁"等吉祥词语。姥姥奶奶礼物最多最重。姥姥奶奶还要赠以灰被、灰袄、棉被、衣服等，其他亲戚也要赠三尺布帛，并叠成"笔架"形，寓意吉祥。此外，对特别娇养孩子，往往是家庭的第一孩子，或第一个男孩，家中长辈还将会在田间捕得"黑佬佬"（一种田鼠类动物，毛色油黑，怕见光，爪酷似孩童之手），将其前面的两只爪子剁下晾干，缀在婴孩枕头两边或套在婴孩手腕上。尽管此俗由来已久，但随着田间化肥农药的普遍使用，"黑佬佬"已难以捕获，此俗也在渐渐消失。

祝满月最隆重的仪式是奉祀俗神"送子娘娘"。要在正午于当院正房前摆一方桌，不立圣像牌位，摆供顶红馒头三碟，每碟四个，两边再多单摆一个。中间摆放圐圙，姥姥家的圐圙坐底，依次上摞。之后燃烛焚香放鞭炮，由孩子奶奶跪地双揖三叩首礼。其间还要焚烧纸制小鞋三双，一男二女，其中一双较为高档为送子娘娘准备，两双为送子娘娘男女两胁侍准备（包括三碟顶红馒头外的两个馒头也专供两胁侍），有朴素的虔诚深含其中。同时还要焚烧色纸制作的小鸡、小花各六只，代表十二生肖。鸡象征男孩，花象征女孩。

满月礼俗结束后，还要对亲戚回礼，过去取平遥方言"稻黍"有"套住"之谐音，常以三升高粱（稻黍）回敬，另加顶红馒头一碟（七个），现已简化，回敬背心、大米等。

（二）**过生日**。过生日泛指一个人每长一岁的生日纪念，特指过一岁、三岁、完十三、祝寿。

一般生日，即从孩子出生后每过一个农历年即长一岁。除一周岁、三周岁、完十三这样的特殊生日，一般都是家庭内过生日。完十三之前，每年大年，包括姥姥、舅舅（已成家）、姑姑（已成家）、姨姨（已成家）都要为孩子蒸圐圙，一直到完十三开锁止，名之"跟岁"。生日当天，往往要吃上一碗长寿擀面。家中第一个孩子，特别是第一个男孩，被视为"掌上明珠"娇生惯养，一岁、三岁生日至亲也要贺生日，蒸圐圙，送上铜钱毛线辫成的"锁日"、"三尺喜幛"。姥姥家为上宾，正午时面向"娘娘庙"方向供奉烧香。

（三）"完十三"。平遥人计年龄习惯用虚岁，完十三也就是周岁十二岁，即第一个本命年。平遥自明代后期不行"冠礼"之后，完十三礼也就有了"冠礼"的内涵，是一个具有特别意义的生日，也更加重要。完十三也是亲戚们最后一次蒸圐圙。是日亲戚如同祝满月一样前去贺孩子长大，所蒸圐圙均为"成人人，长大大，一个锁子锁住他（她）"，塑一男孩一女孩，两手相牵，铁绳系套。有所不同的是男孩完十三所蒸圐圙圈中有锁，女孩完十三所蒸圐圙圈中以佛手代锁。仪式与祝满月相似，但有一特殊仪式"打枷儿"，事先将六支约尺余高粱秸秸，分别用红黄纸条缠绕，每三支扎成两个等边三角形，将两三角形相错叠成一六角形"✡"，用红线扎实，六个角与六个交叉点共插十二朵彩纸小花。享祀者仍是"送子娘娘"，奉祀仪式也同祝满月一样，但鸡、花、娘娘鞋等变为绸帛制作，亲戚所赠除圐圙之外，赠六尺布料叠成"笔架"形祝福。正午供奉送子娘娘燃烛焚香鞭炮响起后，孩子双膝跪叩礼毕，由祖母或母亲将"枷儿"置于孩子头上，用一根彩纸绕缠的高粱秸秸，在各角上循环轻轻打，并同时呼"一十、二十、三十、四十、五十、六十、七十、八十、九十、九一、九二……九九。""打枷儿"完毕，将枷儿与绸帛制鞋、花、鸡等一并焚烧。过去每村周边都有送子娘娘庙，如城东东郭村的送子娘娘庙，年年月月有完十三的小孩在那里"打枷儿"。至今，送子娘娘庙历经战火与"文革"已存之甚少，但完十三打枷儿、供奉送子娘娘之俗一如既往，只不过在当院摆供，面向送子娘娘庙跪叩罢了。

（四）过寿。过寿即指老人过生日，始自六十岁。老人过寿儿女要前去祝寿，60寿辰之后年年都不能断，十年大庆，八十大寿最为隆重，儿女祝寿所带贺礼为寿桃、寿幛、寿联以及酒、肉等，大寿桃始终为一对。特别是一些特殊的年份，如本命年，七十三、八十四以及逢九年（明九暗九），过寿更加隆重，还要系上红裤带以避邪消灾。平遥老人过寿有男过女不过之俗，而且民间还有男怕过生日，女盼过生日之说。据说老人女性得病生日往往是一关，过生日即过了一年之关，男性则相反。过寿日，不仅子女要问安祝寿，而且也要焚香供奉。特别值得一提的是寿联，多为"万寿无疆"、"福如东海、寿比南山"、"天增岁月人增寿，寿满乾坤福满门"、"多富多贵又多子，日富日贵日康宁"等，还往往要配以中堂画，多为《寿星图》、《王母献寿》、《八仙献寿》、《麻姑献寿》图，也有的为各体寿字汇成中堂。

平遥古城婚姻文化礼俗

清康熙四十五年《平遥县志》对明清时平遥的婚姻习俗作了如下记载：

"婚姻六礼多不备，始结婚，或金二十、帛四、食盒二；或金十、帛二、食盒一；或金五六；或无帛。必设席遍招亲友，家长亲纳于女家。女家回以靴帽等物，名曰定亲。纳采或银一百二十两或八十或六十、二三十不一，币帛、衣服、布绵等物。家长求亲到女家，女家但回馒首等物于食盒而已。亲迎无所谓奠雁、御轮、合卺诸仪。及期，婿以羊酒彩轿，轿夫皆红衣大帽，彩旗、鼓吹、火炮、骑枪二对或四对，盛妆男女各二人，名曰娶客亲迎。女家设筵请内亲宴。至昏，与婿花红，亦盛妆男女各二人，名曰送客，兼致金银首饰、衣服等物。新妇父兄抱新妇上轿。至婿门，用相礼人撒帐以五谷，门傍设草二束，覆之以红帛燃火，以祓除不祥。新妇背镜，步则藉以红布或生绢，新婿执弓矢至垣中天井，翁姑拜祖先，新郎新妇皆却立不拜。寝门限置马鞍，取平安也。床头预设柳斗，入，将男女所执物皆纳其中。食，新妇以拌面汤；夜，灯不息；忌，三日不扫除。亲友贺，多书喜联贴门外。次日新妇拜合家及诸姑姊妣，人馈手巾一，诸姑姊妣酬以银或帕，无所谓庙见者。女家先期数日，送妆奁什物，称其纳采之礼。十日新妇归宁。数日后，女家宴新婿。新年，婿以猪首、酒食盒拜妻父母，父母赠之以金。"

由是观之，明末清初，平遥婚仪已有别于历代沿用的纳采、问名、纳吉、纳征、请期、亲迎六礼，与明洪武元年庶人婚礼"止纳采、亲迎、请期"（《明史·志三十一》）也有所区别，只重视"纳吉"、"纳征"、"亲迎"三大环节，即俗称的"定婚"、"彩礼"和"举婚"。

清代以降，特别是历经民国与解放后移风易俗，婚嫁形式已有变化，但基本的传统内涵依然保存在婚嫁程序中，也就是说，现行之平遥婚嫁程序乃传统婚嫁风俗的直接传承。平遥古城传承的婚嫁程序如下：

一、提亲、议婚与合婚

"父母之命、媒妁之言。"在平遥，婚姻大事必须有媒人牵线，即便是自由恋爱，也要托一亲友充当媒人角色，媒人俗称"媒婆"，多由中年妇女充当，这些人不仅能言善辩，能说会道，还熟悉婚姻礼俗、禁忌等，又称"冰翁"。由于当地有一生保媒五宗死后可以免见阎王爷的说法，多数人愿意成人之美，充当媒人角色。提到媒婆一词人们总会与买卖婚姻联系到一起，其实媒人的角色是十分难以充当的，要保成一桩婚姻，必须对成亲双方相当了解，而且有相当的眼力，在"门当户对"的前提下保媒。而"门当户对"的内涵：一是民族一致，信仰相同；二是家风正派，家道兴旺；三是门第相当，家业匹配；四是年龄相当，属相相合；五是外表相配，条件互补。综合权衡后，方可向双方提亲、保亲。

媒人向双方提亲后便进入议婚阶段，男女双方家长都会十分慎重地综合权衡，权衡的依据自然也是"门当户对"。综合权衡各种条件后，双方家长在媒人安排下明里"相亲"，当然相对象的外貌、谈吐、举止是最主要的，在这一前提下还要相家中房屋财产、家族人等；同时也要暗里四下打听，了解对方品行、门第、有无病症等等，印证媒妁之言。

在双方家长与子女原则同意的情况下，民间往往会求助神灵，"合婚"卜问，或自行合婚，或请诸于星相士。其形式主要有三：一是庙堂卜问，将书有对方生辰八字的"庚帖"压在自家佛堂或神主前，焚香叩拜，看三天之内发生之事是否吉祥，吉祥者合婚，不吉者婚事不可成。二是依照老黄历中的六十四课"金钱卦"，筮者双手相合，将六枚铜钱摇动后掷于香案或抓到一只手内顺手排出，依字、背组成之卦与"金钱卦"相对，大吉者可成，中吉者可考虑，凶卦不可联姻。三是对对方"生辰八字"、"命相"、"属相"等进行合婚推论。推算"生辰八字"多由星相士推断，依据男女双方生辰八字的五行属性，生克推演，断定是否合婚。命相推断，则依据"六十甲子纳音表"中所列命相，对应生年命属生克推算，命相相生者、比合者谓之"命相和"，相克者谓之"命相不合"。属相推断，依据男女双方属相鼠与牛合，虎与猪合，兔与狗合、龙与鸡合、蛇与猴合、马与羊合为"六合"。猪鸡不到头，羊鼠一旦休，金鸡怕玉狗，白马怕青牛，蛇虎如刀锉，龙兔泪长流，为"大相不合"。此外还要看是否"犯月"。男生犯月克丈人，女生犯月克丈夫。平遥习俗对属羊者有着非常大的偏见，认为男属羊妨岳丈，女属羊妨丈夫。男性犯月为："正蛇二鼠三月牛，四猴五兔六月狗，七猪八马九羊头，十月的老虎满山游，十一月的金鸡不下架，十二月的老龙不抬头。"女性犯月为："'六四三正'，即鼠龙猴六月，牛蛇鸡四月，虎马狗三月，兔羊猪正月。"

经过上列所谓合婚卜问，求得天意后，即进入下一程序定婚环节。

二、定婚、彩礼、嫁妆与讲日子

定婚为确定婚姻关系的开始，也是十分重要的仪礼。男女双方合婚后，即可择日举行定婚仪式。定婚仪式前最重要的内容便是确定彩礼，包括将女方索要的衣服、首饰、酒席钱等商定下来。彩礼即古六礼之纳征，一般斥之为封建买卖婚姻的代名词。其实从源头上追索，纳征乃古六礼中的核心环节，也称"纳币"、"下财礼"。《礼记·曲礼》有云："非受币不交不亲"，"无币不相见"。至于纳征礼品，各朝代礼制规定差异很大。可见这一仪式古来有之，可以追溯到周代。其固然是封建买卖婚姻的重要标志，但也是古来婚姻礼仪的传承。平遥现行定婚之俗仍沿用清雍正四年对定婚礼品不超过四件，果盒不超过四个的习俗，俗称"四色礼"，为首饰（戒指必备）、衣物等四件。财礼钱则以商定数目确认，一般为吉祥数三六九数字。定婚日，双方各自召集亲属，设宴待客。男方在媒人带领下，由"全福无忌"之人作陪，向女方如数交纳礼品、彩礼钱，女方向亲友展示。之后姑娘由“全福无忌”之人相陪，随媒人到男家，向男方亲友一一见礼，被拜长辈还要予见面礼钱。餐后姑娘返回。彩礼交接后，媒人要将男家“龙凤帖”交女家，女家家长则将出具的“崽书”交媒人转男家。崽书即对婚事无有异议的具结文书。崽书转男家后，标志着双方确定婚姻关系，并得到亲友邻里的见证。平遥习俗一般定婚后三个月内必须“亲迎”,但有所谓“腊月不定婚，正月不娶亲”讲究。

定婚之后，则要讲日子。讲日子包括了择月、日、时、方位、禁忌五个方面的内容，过去一般由主婚人主持选择“良辰吉时”，现多数由主家请星相士推算。

择月，以新娘属相为准，择行嫁利月过门，以免对本身与亲属有犯。星相士择月的口诀是，大利月：“正、七通鸡兔；二、八虎合猴；三、九蛇共猪；四、十龙和狗；五、十一牛羊；六、腊鼠马走。”小利月：“正、七利鼠马；四、十利牛羊；三、九利虎猴；六、腊利兔鸡；五、十一龙狗；二、八利蛇猪。”大利月利新娘本人，小利月利子女、媒人。

择日，有两种方法。其一是按日干支中每一轮中的 20 天黄道吉日丙寅、丁卯、丙子、戊寅、己卯、丙戌、戊子、庚寅、壬寅、癸卯、乙巳、甲子、乙丑、丁丑、辛卯、癸丑、乙卯、癸巳、壬午、乙未，参以值月二十八宿吉凶选定。其二是用“嫁娶周堂”或“白虎周堂”择定。

厨	夫	姑
妇		堂
灶	弟	翁

图 230　嫁娶周堂图

择用嫁娶吉日，大月以“夫”顺时针数，小月以“妇”逆时针数。“弟、堂、厨、灶”日可用，遇“翁、姑”日而无翁、姑亦可用。值“夫妇”日不可用。

堂	床	死
灶		睡
厨	路	门

图 231　白虎周堂图

大月从“灶”起顺时针数，小月从“厨”逆时针数，择“厨、灶、睡、死”日可用，遇“门、堂、床、路”也可用但需鼓乐震动。

择时，清到民国，均十分重视，有所谓"好年不如好月，好月不如好日，好日不如好时"之说，择时法将一天十二时辰分六吉、六凶，新娘坐房梳妆、上轿、入宅均要取吉时。吉时的推算以当日值日地支为依据，如值日地支为寅、申，则子时从青龙始吉，丑时为明堂吉，寅时为天刑凶，依此类推，现此俗已废。

择方位，按"鬼谷先师选定趋吉避凶日、时定局"推算，以当天值日天干定局，甲、己东北，戊、癸东南，丁、壬正南，丙、辛西南，乙、庚西北为"喜神方位"；甲、己东南，乙、庚东北，丙、辛正北，丁、壬西北，戊、癸西南为"五鬼方位"。迎娶发轿、新娘下轿均要迎"喜神方位"，避"五鬼方位"。

禁忌，指新人下轿要忌一些属相的人迎接，依"申子辰年蛇鸡牛，己酉丑年虎马狗，寅午戌年猪兔羊，亥卯未年鼠龙猴"，根据值年地支决定，但内亲不避。此外新人上、下轿忌孀妇、寡妇或戴孝之人，亦忌上、下轿风雨雷电，所以要选择黄道吉日。

嫁娶之日讲定后，平遥习俗要在女子出嫁前一日下午向男方送嫁妆，即古称之"妆奁"。乃娘家陪送女儿出嫁的实用物品。嫁妆的来源有二，一是女方父母办置谓之"攒妆"，二是亲友赠送谓之"添箱"。嫁妆一般根据家庭条件而定，富裕者多而贵重，贫寒者少而简单，但四铺四盖之俗一直沿用至今。送嫁妆多从赁铺雇用统一的红衣大帽，鼓乐喧天，招摇过市，以显富摆阔任市井评说。妆到男家，男家由近亲4~8人路口迎接，也有鼓乐"迎妆"者。嫁妆一到，即刻"安妆"，由送妆人向新郎家道喜，并一一照单唱念，新郎家要设宴招待发赏钱若干。此俗现繁简程度有异，内容一以贯之。

三、亲迎即婚礼

男方择定亲迎良辰吉日后，由媒人通知女方。双方即着手准备相关事宜，男女双方都要聘司礼、司仪、司账、送亲、迎亲主持人，乃至迎送新娘上下轿的妇女。司礼等人员都精通礼俗，迎送新娘上下轿妇女要求为"全福无忌"四正人，即有配偶，儿女双全，属相无忌，通晓礼仪，善于应酬的妇女。均要搭喜棚，贴喜联，喜字，挂门绸，摆插屏。屏前摆八仙桌，桌两旁置太师椅一对，桌上屏前摆放木雕金漆"天地爷"木主，上书"天地三界十方万灵真宰"，摆供面塑枣花，香炉、烛台、香筒等五件。摆置停当，主婚人燃烛焚香叩拜，男方正日子还要摆放桃弓、柳箭。此外还要张贴喜神方位与妨忌单于屋门，告示众人。亲迎本指新郎亲自上女家迎娶新娘意。平遥一般亲迎活动前后持续三天，从择定之日前日起至后日止。主要有以下几个环节。

催妆与送妆。实际是送嫁妆活动的开头与结尾，也是亲迎活动第一天（正日子前一天）的主要内容。男方要在上午派人到女家用"食勒"抬送"诰封"，催妆；女家要给抬送者以赏钱。

上午，所雇吹鼓手必须到位，租用喜轿、执事等依序摆置院中，清扫擦抹干净，既有驱邪内涵，又是向下午女方送嫁妆者展示气派。此外，要在鼓乐鞭炮声中，择地请本族祀祖图——神则，由主婚人（家长或族中长辈）携新郎焚香叩拜，表示本族香火将由下代延绵。

下午，女方向男方抬"食勒"送嫁妆。除前述嫁妆外，还须带一个面塑"贡"，一个上顶双喜红字的媒人馍馍，六两白面粉。男方同样要由送嫁妆之人带回一面塑"贡"和媒人馍馍，六两白面粉。其中双方互送之"贡"，有相互祝福道喜之意，因为平遥俚语呼"高兴"为［kuŋ³⁵］，与贡同音，双方的媒人馍馍要用红绳绑在一起，转予媒人，以示酬劳感谢；双方互换六两白面则要与自家白面和在一起捏成"岁岁"饺子，以表双方结亲为一家。嫁妆送到后，男方要张贴清单，供亲友邻里品评。

正式迎娶。即在择定之正日举行亲迎仪式。天快亮时男女双方都要早早燃放喜炮，洒水扫院，将门庭扫得干干净净。亲迎前要举行一个重要仪式即"家宴"，所有同堂家属成员共进早餐，其实是一次家教活动，男方主家要教育新郎，自此要尽成人之责，孝敬长辈，夫妻和睦，光宗耀祖；女方全家同样要教育新娘，为人之妻要孝敬翁姑，善处妯娌，料理家务，尽媳妇之责。

宴毕，新郎要用前一日所打井水（而且是打起来倒入罐中用网兜吊在树上之井水）洗脸，由娘舅刮脸。后着装、披红。（清代为九品亲服，民国为长袍马褂，礼帽上插金叶状元花）等待良辰吉时。新娘同样要用前一日所打井水洗

寻找母亲的平遥

脸，还要有一项重要的开脸仪式，由全福无忌之"四正"妇女用红线为新娘绞去脸上的汗毛。这一仪式其实起自于出嫁前三日，四天每天一次，共绞四次。第一次用红丝线绞一"十"字，第二天用绿丝线绞，第三天用红或绿丝线绞，基本绞净，第四天也就是出嫁是日用黄丝线绞，再用剥皮的熟鸡蛋在脸上滚几下。开脸仪式标志着将结束姑娘时代为人之妻。乡间俗语有："红丝线绞，绿丝线盖，黄丝线绞了女婿爱。"开脸仪式后一直到黄昏起身上轿前，新娘要梳妆打扮，不离炕头。

良辰吉时，新郎由司礼人员陪同，头顶红绸，到插屏前依次举行仪式。屏前铺苇席，上铺新房锦被，四位全福无忌的"四正"女人，将五枚铜钱（呼"子儿"）、连根葱、双头辣椒等用红线缝到被上，名曰"引被子"。寓意"五子闹学"（俚语学读席音），"永结连理"等。缝好后，新郎由司仪指导，从被子左侧始走一个"8"字形，谓之踩"八卦"。（如图232）最后立于屏前。

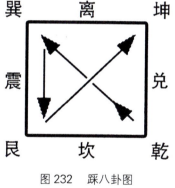

图 232　踩八卦图

在屏前新郎向天地爷叩拜后，向家中长辈一一告别，准备起身。鼓乐鞭炮声中，新郎行"六仪"，由娘舅捧方盘，置小镜、铜锁、红糖水、龙凤饼、鸡蛋、铜钱。新郎要照镜子以避邪；开铜锁后将钥匙装入衣袋，表示成家开始；喝糖水、咬龙凤饺、鸡蛋，表示甜蜜幸福、龙凤呈祥，永记今宵；再抓一把铜钱，期待今后日进斗金，财源广进。仪毕向亲友鞠躬，上轿或车马。

迎亲队伍以开道旗、锣为先导，起轿前要声响剧烈驱邪。传统婚礼有花轿、仪式、鼓乐，轿为两顶喜轿，并有几对大红灯笼，因婚时成婚故燃红烛灯笼以照明，此灯笼也谓之"娶灯"。此俗至今保存，只不过红灯笼改成了裹有红布的手电筒而已，要一路亮着。仪仗仿官仪，仪仗的一对龙凤扇十分重要，路遇其他迎亲队伍时可用以遮蔽防相冲。鼓乐也要成双成对，为唢呐、笙、鼓、锣、钹等。两乘花轿后依次为媒人、娶客轿车。娶亲路线不走回头路，一走到底，沿路经村庄或人多之处，开道锣要猛敲开道。过河、桥、庙、村等处要燃"二踢脚"驱邪。

起轿后，新郎母亲怀抱引过的被子坐于屏前，并食小圆岁岁油糕。会有一妇女问之："你坐什的咧?"答曰："坐富的咧!"再问："你抱什么咧?"再答："抱宝的咧!"还问："你吃什咧?"再答："吃福。"此俗至今沿袭，谓之"坐福贵"。

迎亲队伍快到新娘家门，一要频频鸣炮，二要猛击开道锣，以传递信息。仪仗、灯笼分列两旁，花轿(轿车)、鼓乐依序通过，直达门口。此刻轿夫会精神抖擞快速行进，走起"野鸡窜"轿步，以博得喝彩，渲染气氛，赢得赏钱。

听到迎亲队伍的鞭炮鼓乐，新娘家要大开中门即仪门相迎。在司礼、看客簇拥下新郎、娶客、媒人进入正厅上坐。正厅一般在明间中堂，八仙桌正面两座左为上，右为次，两侧四座作陪，空出靠门两位为递茶、上菜之"席口"。新郎入上座，媒人入次座，主家陪客(一般为娘舅)和司礼人员入四座。桌上三台碗沏茶，摆四种炉食，四种时鲜水果，谓之"看茶点心"。新郎、媒人等坐定后，司礼人领女家主婚人把客人三台碗盖揭起划一下茶水，以示"看茶"。看茶时，新郎起身双手捧三台碗。看毕后，放下三台碗鞠躬致谢。筵席初始，先上九碟凉菜，由司礼人领女家主婚人为客敬酒，即"满盅"。从新郎起始，新郎起身双手捧杯，斟后鞠躬致谢。此二礼后，主家概不出面，全由陪客司礼人员照料。满盅开筵后依次上九碗热菜，每道菜必先摆于首席面前，下道菜上来时，将上道菜退至次位，逆时针转到右下为止，稍停后退出。新郎品尝每道菜或动筷子翻动后，别人才能伸筷子，平遥迎娶筵席讲究"九碗九碟"，即九碟凉菜与九碗热菜。九碟的排列民间顺口溜称："四角挑肉龙顶虾，洋粉海带靠主家，留下当中一把抓。"龙即藻类、虾即虾仁，一把抓即点心糖果、花生瓜子等。九碗即大肉、烧肉、烧肘子、冷片肉、炒水粉肉、甜江米、肉丝汤、三鲜汤，最后一道为清蒸丸子。"丸"即"完"意，表示菜已完毕。捧上漱口水请新郎漱口后，客人退席，八仙桌重上新菜。上第一道热菜时，捧盘送茶者喝一声"厨房诸位给新人道喜了!"新郎随从者即要答"谢了!"将预先准备好的"叩喜"赏封红纸筒放到盘上。捧盘人答谢退出。赏封的种类很多，"喜菜"赏封是厨师编外加菜道喜时，由捧盘上菜者言明，每上一道给一份赏封，但以三道为限；"折发净面"赏封是礼房为绞脸妇女代为收转的赏封；"司菜、捧盘、厨工、面厨"赏封，在端上"饼日"时由托盘人代收；"童仪"赏封指给女方孩童赏封。

吉祥时辰，即天黑或黄昏时，新娘以红绸绢蒙脸，由兄长抱上轿子，俗称"哥哥抱妹子，好活一辈子"，不得踏地。新娘身着凤冠霞帔，脚穿绿绣花鞋，但忌红绣花鞋，红色象火，隐意忌跳火坑，但拜天地后不再忌鞋，新娘起身上轿，鼓乐鞭炮齐鸣。放下轿帘前，要将手中插着许多铜钱的馒头捏碎抛向空中，以避邪，孩童捡拾时，放下轿帘。陪新娘出嫁者还有全福无忌的"喜娘"，俗称"跟老婆"。全程指导教化新娘。旧时此角色还要向新娘普及性生活常识，直到新娘归家，甚至直到次年新娘怀孕产子后才离去。

花轿行至距新郎家不远时，先导即回去报告消息，并以"二踢脚"及锣声传递消息。临近家门依然如到新娘门口一样鞭炮齐鸣，鼓乐喧天，轿在路中"野鸡窜"。轿停，司礼人撒谷草节、豆、铜钱等驱邪，一边喊"头撒天门开，二撒地门开，三撒新人下轿来"。四位全福无忌妇女头顶红巾轿前迎候新娘下轿。新娘下轿不踏地，用毛编口袋铺地接传，脸蒙红绸的新娘由全福无忌妇女搀扶行走，新郎在前面引导，直至院中插屏前，俗谓之"传袋"，含"传宗接代"之意。新郎、新娘双双立于插屏前，男上首女下首，新郎取供桌上桃弓柳箭，向新娘与四周象征性射箭。后要将桃弓柳箭带入洞房，置于柳条斗中。新郎父母拜跪先祖神位，表示即日儿郎成亲，传宗接代的任务交于儿媳。随后新郎新娘双双向"天地爷"跪下，在司仪人鸣赞声中行三叩首礼，夫妻再对拜一叩首礼，俗称"拜天地"，即拜堂成亲。然后新人双双携手入洞房。此时，安放门后的红高粱头由全福无忌之人点燃以驱邪，房门槛平置马鞍，新娘骑马鞍入室，盘腿坐于炕上，面向当日喜神方位，下垫红毡，谓之"坐炕"。新郎在亲友围观中用红纸包着的新制秤杆挑去新娘红盖头。至此婚礼已成，新娘脱去凤冠霞帔。新郎在前，新娘随后，再次来到插屏前，在司礼人高呼声中与亲属相认，谓之"厮见"。行一叩首礼或鞠躬。认亲先外戚后内戚，最后为本族。皆按辈分年龄排列，端坐八仙桌旁太师椅上，新人按尊称叫应被拜者后行一叩首礼。父母也入本族中叩拜，被拜认者要给新娘见面礼，俗称"磕头钱"，但未婚长辈也不赏"磕头钱"。俗间新婚"三日无大小"，期间众人会以新郎父、母搞笑逗乐。

拜堂成亲后，新娘兄弟、侄子持唤女婿请帖上门，礼房迎入待茶，赏洋，写谢帖回复。留下书人用餐后，司礼房给女家送灯换新红蜡烛或新电池，下书人与打送灯人一同趁夜返回。

新人与女性媒人（男媒人妻代理），入"合婚筵"。"合婚筵"摆于炕上的大炕桌上，首席为新娘，新郎次之，媒人坐首陪席，其余三席为平辈女眷，另两位空出，为菜口。合婚筵新娘所坐首席也为一生中唯——次。媒人从女方所带拜帖盒中取出女家所带"盅筷"，酒盅红纸对糊，内封少许红糖，两双红筷子用红绳栓连，红盅筷在合婚筵上新郎新娘专用。合婚筵十分讲究，依贫富有所不同，多用"九碗九碟"等。期间也会为童仪、叩喜、厨工下赏封。

合婚筵后，新人回洞房喝"拌馇汤"，取"拌结贵子"之意。喜娘喂新娘拌馇汤时，要先捡四块较大"拌馇"，由新娘口衔放入炕上四角苇席下，新娘还要跟着司礼人说念各种"令子"
（即吉祥话）。结婚洞房令子有：

东搅西搅，儿女多少？

南搅北搅，儿女不少！

中间一搅，明年养个胖小。

大娘温张（温被窝），儿女满堂；

三个状元，两个榜眼。

姑姑提盆盆（尿盆），儿女一群群；

姑姑提盔盔，儿女一堆堆；

姑姑有心提回来，踩上镣窝板板上炕来。

一圪嘟出开，儿女出来。

图233 结婚用拜帖盒

鱼鱼兔兔，钻进妈妈肚肚。

不翻席子翻毡子，明年养个坐官的。

四角四朵云，当中跑麒麟，

麒麟送贵子，辈辈有前程。等等

拌馇汤喝完之后，便是带有性启蒙性质的闹洞房，其中有诸多陋习，多为性行为动作，诸如什么翻脸盆、卷天窗、糊承尘、卷手巾等，至今延续。闹洞房者不分大小、长幼与尊卑，直至深夜。喜娘在闹洞房尾声时安排新人就寝，铺好被褥，但只有一床，（有的新郎还会被剥去所有衣服），还要悄悄传授新娘一些性知识。夜不熄灯，不关门（多数门板被卸走），不闭户，三日内不扫除。晚上，窗外还必须安排人听房，即便没人听也会在窗台放一把笤帚代替。第二天，听房者会把所听内容传开，甚至还要在炕窑中找到新娘的内裤，验证是否见红。

四、宴婿、归宁

宴婿在拜堂后次日，即整个迎亲的第三天，司礼、司仪早早到位。新郎新娘在喜娘伺候洗漱后，经司礼人协调，"赎"回闹洞房被抢去的衣物。客厅八仙桌上摆水果、点心等"看茶"食品，三台碗中置菜，恭候女方亲家唤女请婿。

新娘父亲或兄弟请媒人陪同引路，带一包唤女衣服、衣料、名贵点心、名酒等四样礼品，前往新郎家唤女请婿。同时，司礼人还要为媒人的拜帖盒中装好"赏封"筒，封内金额高于新婚迎娶时赏钱金额。过去交通工具一般雇喜轿、轿车，媒人坐轿车，新娘父或兄弟坐喜轿。现在唤女请婿交通工具也随了时代，多为汽车、摩托车等现代交通工具。到新郎家门口时，男家主婚人及司礼人大开中门迎候，相互致礼后让于客厅上座，媒人次座，新郎娘舅、姑夫、姨夫、伯叔等作陪。坐定后由主人行看茶礼，并由司礼人领客人拜见上辈老人，亲家间相互叙谈、客套。并将所带唤女包袱交女亲家过目。随后由司礼人带领看房。新娘要跪于炕上向父或兄行叩头礼，新郎陪行鞠躬礼，婆婆将亲家带来的衣物送入新房交予新娘，众人退出留新娘父女叙谈。

宴请筵席也多用"上、中、下、八八、四四"或"九碗九碟",程序与新郎迎娶筵席相似,司汤、满盅、捧盘叩喜、加喜菜、赏封小费等样样不少。席毕,司礼人将亲家所带礼品回调原包退回。新娘换衣服后,向长辈、哥嫂告别,回娘家。稍后,媒人陪新姑爷前往女家赴宴,同样要带上食品等。

新姑爷车到,司礼人及女家众亲戚迎于门外,岳父母迎于阶下,婿行叩首礼,二老搀扶新婿入厅坐于正席,媒人次席,陪坐为女家娘舅等男亲属。认亲后开宴,筵席程序基本相同。饭后姑嫂往往要逗新女婿,抢、赎帽子以增添亲近气氛。

宴婿之仪后,媒人代男家同女家商定姑娘归宁即回门时间,平遥一般有两种归期,一为"四来六走",二为"十来十去"。定毕,在日落前返回男家。

归宁即回门,按照商定归期进行,但不论哪一种归期,婚后第五日不吃婆家饭,而要在男方或女方一亲戚家用餐,早晨接去,天黑送回,谓之"小换"。归宁期满,新郎将新娘接回。新娘在娘家不得与女婿同居,返回时娘家为姑娘带"饼子夹饺子",寓意"明年养小子"。

归宁返回后,婚礼正式结束。

平遥古城丧葬文化礼俗

清康熙四十五年《平遥县志》对明清平遥古城丧葬礼俗记载如下:

"丧礼,除丧时即成服,吊客尊者送孝带,等辈给以孝巾。每七日作佛事。葬日始设铭旌,奠用鼓吹演戏,陈刍灵幢纸。男丧祭方相氏,女丧祭引路菩萨。来奠宾客,旁亲朋友代宴,名曰歇主。奠礼或丰或俭不一,至亲带客来奠,礼银十数两,作祭幢。及发引以僧道鼓吹导丧,多不祀土,亦多不题主。葬毕三日则祭于墓,小祥、大祥、除服亦祭于墓。"

如今平遥所保留丧葬习俗已有所变化,一是经历了清末、民国的"礼崩乐坏",二是经过了解放以后的移风易俗,但基本的丧葬文化内涵仍存,只是形式上有所小变而已。

一、丧葬的基本程序

（一）**病笃**。生老病死乃自然规律，但人们总是将死视为灾难，所以即便已经病入膏肓到"病沉"的地步，孝子贤孙也要想尽一切办法为病人疗病，直到最后寿终。延缓病人生命，一是尽子孙孝道，二是避开不吉利的日子。平遥自古有"男怕初一，女怕十五"的讲究，还有"四离"、"四绝"的说法。"四离"即指二十四节气中春分、秋分、夏至、冬至前一日，"四绝"即指二十四节气中立春、立夏、立秋、立冬前一日。男人病故在初一，女人病故在十五，或不分男女病故在"四离"、"四绝"之日，都主破散，绝灭，于家人不利，必须努力延续病人生命，避开这些日子。在病人病沉后，须想尽一切办法叫回所有子女，以便吩咐家务，训诫子孙，商定丧葬事宜，并形成家庭遗嘱。传闻病人亡故前总会等待外出子女归来，哪怕留下最后一口气。

（二）**衣殓**。俗称"装裹"，也称"小殓"。指为即将故去的病人穿戴寿衣。确认病人将亡故前，首先要为病人沐浴、剃头，让死者干干净净离开人世之意。为亡人洗浴、剃头等大有讲究。一般男用子孙，女用子媳、孙媳，依次洗脸、洗发、洗上身、下身、下肢。上下身各用一块新毛巾，洗浴水须刨坑埋掉。剃头只剃前额与两鬓，后面不剃寓意"留后"。剪去的指甲也要装入小布袋，大殓时置入棺内。民俗认为病人亡故后穿寿衣，等于让病人赤身前去阴曹地府，为大不孝而禁忌。须抢在咽气前换上寿衣。即便换寿衣后"死人"复活过来，也公认是冲喜的结果。衣殓时儿女不准啼哭，否则惊动亡灵不得安宁。

衣殓过程中还要为亡者戴首饰，铺盖"衾单"。衣殓后病人一般已死，即进行倒床，多用自家一门板平置炕上，移亡人平躺其上，头枕新土坯，旁边点一盏麻油灯（此麻油灯称长明灯，从点着到出殡入墓摆到棺木上都不能熄灭；从烧第一炉香开始到出殡，香火也不能熄灭，意取香火不断，人丁兴旺），口中含一"玉蝉"或铜钱。年轻少亡之人，也有用钉耙代替门板者。孝子及全家老小吊哭于亡人前送别亡灵。为使亡人早早超生，由老伴或年长妇人将亡人枕头撕一小口，待棺殓后置于棺下，出殡之日烧于大门之外。

寿衣至今延续旧俗，男穿棉袍或棉大衣，内着白布内衣，足穿布袜，圆口鞋或曰云头福字履；女上身着红青或棕色大褂，下穿长及足面的豆绿、紫色常用夹裙。老人寿衣一般会提前缝制，但必须在农历闰月，寓意闰月难遇，轮不上穿戴。寿衣的材料及制作有严格禁忌，一忌禽兽皮、毛制品，以免亡人故去在"六道轮回"中转生为畜生；二忌寿衣用扣，用带子结系，寓意后继有人；三忌缎子料面，怕"断子"绝孙；四忌寿衣双数，避免"重丧"；五忌蓝色，谐避褴褛；六忌穿背心（方言"妖妖"音），怕转生妖怪，而要穿兜肚（方言"衫件件"），意取后辈如山。

（三）报丧。有两重内涵，一是在亲属初亡衣殓后，立刻由孝子未成服而先报丧，将"三五麻纸"贴于大门，男左女右，若夫妇一方已经亡故则两门皆贴，以告知乡里宅中有人亡故。六十岁以上老丧，麻纸横平竖直正贴，六十岁以下早亡，麻纸斜贴。若小辈亡故双亲俱在，则只能在门额上垂贴一张白纸。二是由孝子分三次向"人主"报丧，男亡报娘舅，女亡报娘家。孝子头系三角白布，鞋要偃后而趿拉着，父殁偃左，母亡偃右，双亡双偃。第一次是到人主家后要双膝跪地，泣报丧情，呈上依礼制规格扯下的头脑孝布，叩请人主即去探视验看，以便入殓。人主乃为亡者做主之人，未经人主验看尸情并无有疑义之前，任何人都不得做主入殓。此外，清末民初，平遥古城还保留有现讣告意义的"讣闻"或曰"引状"习俗，但现已不存。向嫁出去的姑娘家送讣闻报丧，不得直接进院门，需先在外敲门呼叫，有人接应方可进院但不得进屋，只喊告姑娘一声谁去世了，把孝布递转后，由姑娘向公婆讨教，而且见到接应人要单腿打千"磕丧头"。姑娘需向公婆磕头，禀明娘家父母有亡者，请示公婆孝服穿法。一般若已生男孩为家族传宗接代，可以从家中穿好丧服，前往吊丧，否则需到娘家门口方可穿孝服。第二次是向人主报出殡时间（一般不取七日出殡，七日出殡于人主不利），呈出殡孝布（或裤或袄）。第三次是丧事完毕后孝子还必须向人主谢礼。

（四）大殓。俗谓"成棺"，为亡者遗体入棺，成棺要在人主验看尸情无异议后（如持有异议则要报官验尸），经阴阳先生指导大殓成棺，并根据《三元总录》推算"破土"、发引、下葬时间。

入殓一般要在三日内完成，因为第三日后便要"行魂"烧阎王纸，而且三日内不能入殓于家宅不利，所以三日之内都属"吉时"。入殓时有忌属相讲究，由阴阳先生根据亡者"原命"和"大限"推算。一般入殓时是正月、四月、七月、十月死者，忌属虎、猴、蛇、猪四相；二月、五月、八月、十一月死者，忌属鼠、马、鸡、兔四相；三月、六月、九月、十二月死者，忌属龙、狗、牛、羊四相。但禁忌只限外人，不忌亲属。入殓前还要根据亡者岁数，烧好与死者岁数相同的喂狗火烧（小饼饼），用线绳串于死者手腕上，并手握一桃树枝，以防死者灵魂入鬼门关时狗咬。

棺木平遥称"棺材"，民俗中十分看重，民间有"活着有副好铺盖，死了有口好棺材"俗语。一般老年人都在生前为自己置办棺木称"寿材"，但不漆不画，里面也不能空着，要放进一个"扳不倒儿"即不倒翁，寓意寿材主人长寿跌不倒。寿材旧时一般停放庙里，现今都停放在闲房中。棺木的尺寸规制，平遥有"够不够，六尺六"与"天下棺，七尺三"之说，这里指长度，宽度一般一尺八寸。厚度则各有不同，有"三、四、五材"，"四、五、六材"，还有三寸材、二五材。前两者尺寸均指底、帮、盖，三寸材指前三寸、后二寸五分，二五材指前二寸五分、后二寸。材质依家境贫富各有不同，富者用金丝楠木"独幅板"，穷者用杂木拼合板。但不论贫富，棺木"挡头"，即四板之间头、脚挡板都用柏木，俗传柏木挡头可防穿山甲吃亡者脑子。

在抬来棺木安放入殓前，要由死者儿媳或孙媳将死者生前所用陶瓷碗棺前摔碎，摔后大哭，谓之摔"十病钵则"，表示各种病症都被死者带走，全家平安。棺木停放在搭好的灵棚内，以两支长板凳支离地面。首先在棺内以沥青灌缝，猪血灰抹平，裱糊花纸与绸帛，再加入少许炉灰锯末垫底，以防尸体腐烂渗出。上铺布单，以"北斗七星"状排列七枚铜钱，寓意后辈（背）有钱。并下铺金箔上盖银箔，寓意辈辈不穷，孝子孝孙每人拿一条与内棺等长的红线绳铺于棺底，取意有底有线，脉脉相承，代代相传。最后由儿女准备七尺红布从头盖到脚，俗称铺儿盖女。再把尸体连褥移于"太平板"，红布遮盖面部，由长子抬头端，次子抬脚端，无子者以孙代理，在众人协帮下先入脚后入头，尸殓入棺。棺中枕头凹形，状如元宝。枕中装以五色线及五谷，枕上图案以山川日月花卉点缀。所经佛堂、门神、土地堂前均以粉红纸蒙贴，原停尸门板立即复于原位，殉葬物多为死者生前用品，手中也握些金银或铜钱、硬币之类。死者生前所掉牙齿及衣殓时剪下的指甲，均装入小红布袋放入棺中。此外，阴阳先生还会在棺中放些锯木纸包、棉絮类"镇物"。如今，夏秋季节一般还要撒些防腐剂，铺些塑料布以防污染环境。

最后程序即钉棺，所谓"钉斩"。棺盖先放置得只留一小缝，由孝子伸手将死者脸上的红布拉开，并撕下一条。后人立即盖牢棺盖，由木匠钉棺，孝属皆跪棺前齐呼"××躲钉子！"钉棺时，一侧用钉七枚，每钉下垫一块红布。钉毕孝属哭嚎。匠人以细泥或猪血灰抹平缝隙，再上油一道，密封棺木，摆上"长命灯"，完成大殓。

（五）**灵堂丧棚**。平遥习俗中，衣殓后，即雇请赁铺在院中择地搭起白布丧棚，内设灵堂。一般搭丧棚于院中，设灵堂于丧棚之内。灵棚均十分讲究，用沙杆搭一牌楼，上装柏叶，两边挑角，上垂两白色绣球，木杆皆用白布缠绕，白布罩棚，花圈置于棚外挂孝，多者要摆于街道两旁。清代城内大户曾有不惜金银的"起脊棚口连营葬"，讲究灵柩不见阳光，将灵棚一直搭到坟茔。入殓后，棺木头东脚西置于丧棚内，60岁以上老丧要正东正西（顺心），60岁以下早亡则要稍斜（不顺）。前后摆放八仙桌两支，两桌前再摆放一炕桌（矮桌），上置金属盆，名曰"奠池"，左侧设"执壶"、"奠爵"（酒壶、酒盅）供吊祭时焚燃冥币、纸锞，撒酒致祭，矮桌前铺苇席供跪吊。棺前立摆上嵌彩色玻璃四扇窗棂格式木架的"避沙珠"，将灵堂前后隔开，前为祭堂，后置棺木。棺木两头地铺"秆草"，即谷杆，供孝属跪哭。孝子跪哭于头端，孝女、孝妇坐哭于脚端。"避沙珠"前摆一大型山形纸活"灵前山"，中间糊有纸戏台，内摆唱戏纸人。"灵前山"前，中间摆死者神主排位或死者遗像。两边按男左女右摆放一对男女纸活"服侍侍"，桌上还必须摆上"遗饭钵则"，即用金箔纸贴糊的小陶瓷罐，上盖"花糕"，中间插一双筷子。两盆纸制"五七花"摆放左右。八仙桌前一字排开为锡制香炉、烛台、香筒等五件供器。棺木下面放一纸糊"老牛喝臭水"与一把笤帚、一个簸箕，前者表示死者生前所有过失罪孽等皆被老牛喝掉，祈求人们谅解；后者要在起灵出殡后扫棺下之地，之后一并抛于房顶，象征死者一切功过皆随死者乘风而去。灵堂外左右扯麻绳、铁

寻找母亲的平遥

丝，以悬挂亲戚"奠幛"。

入殓完成置设灵堂后，一直到出殡前，吊祭等活动都在灵堂进行。

灵堂左右柱上贴白纸黑字对联，以歌颂死者生前功德，兼有悼念之词。

（六）**行魂**。也俗称"烧纸"或"烧阎王纸"。这一习俗直接源自民间信仰中人死灵魂进入"六道轮回"的说法，在死后三日入"鬼门关"，进入"六道轮回"。因此第三日夜要以孝子为首，全体孝属做行魂礼。是夜二更天时，孝子灵前烧香，正转三圈逆转三圈，然后在鼓乐吹奏下（一般7~9人，所谓七紧八慢九消停，鼓、钹、笙、唢呐齐备），由司礼人掌白纸灯笼领路，从灵堂前沿预定送殡路线行进。在土地堂前，要烧纸糊交通工具，如轿子、汽车之类，供灵魂乘行，孝子还要呼喊亡者前来坐行、一路平稳走好的话语。众人手持一支供香，子女沿途啼哭，还要沿街抛撒纸钱以济游魂野鬼，每过一叉口或十字路口，都要插上一炷香，以免亡灵错路。行至村外无居民处，止步焚烧冥币等，跪拜行四叩首礼，将供香一并焚烧后原路返回。途中不得回望，也不得讲话，以防死者魂魄恋亲而不散。其间，包括送殡时，配偶在家中守锅台哭泣。

（七）**吊祭**。指亲朋对亡人的祭奠和对亡人家属的慰问。同时吊祭还有着更为广泛的社会意义，借对亡人之祭奠，对亡人家属之慰问，教化一方百姓。一般亲戚朋友家有丧事，只要听到消息，人们都会立即前往吊唁，赶在大殓前"探丧"。正式的吊祭活动，大多在出殡之日，但若出殡日期在七日以上，则要在第五日中午12时"闭孝"，停止吊唁哭泣。闭孝期间，将一块红布挂于棺木挡头前，出殡前一天烧纸时开孝，要用一块白布从当中撕开（并把红布取掉）为之开孝，众亲嚎哭。吊丧的程序一般为：吊丧之日，门外始终有人恭候，并架设砸门大鼓一面，吊客来到，敲响大鼓，对外迎宾，对内报信。特别是一些重要客人如人主等，场面更加隆重。客人到时立即向门里喊叫："来客喽！"或"××老爷到！"。听到喊叫院内即刻鼓乐起奏，祭拜人被司礼人员迎到灵前，男客要跪于苇席行香酒酒，由"看客"倒酒，一共三盅，祭拜人将酒撒入已燃冥币和金银锡箔纸的焦盆内，然后行叩首礼拜吊，叩首先后四次，第四次叩首后伏地嚎哭。女宾则直接到灵旁长凳上痛哭，往往要将死者生前功德哭告于众人。吊祭者祭奠完毕，被司礼人员拉起，孝属要分男女依次向客人"还礼"。孝子为首，在棺左跪出，将柳枝哭棍（哭丧棒）横置于前，向吊祭者行二叩首礼，依次为贤孙、孝媳、孝女。吊祭者为吊属长辈则仰面受拜；与孝属同辈则欠身微微弯腰以"答礼"；孝属晚辈则相对而跪答二叩首礼。男亲家吊祭最为隆重，要"踩垫子"，地上铺一块毡毯，踩时按八卦方位从巽位起，直至走完八卦图形。此俗虽然繁琐，但却蕴含着礼俗文化与儒道释文化观念长期发展繁衍的结晶。

吊祭过程中，主家要自备一桌八八一领二、一领四或一领六的祭菜，一领二指一菜配两菜，领四领六以此类推。菜的数量成倍翻番，甚至还配有三油二靠（油糕、油圪扭、油麻花和烤乳猪、烤鸭）。关系亲近的亲友如人主、姻亲等也要供上祭菜，以"八八"、"四四"或"十大碗"规格制作，不求味道，只求颜色耀眼，用"食勒"送达，丧家会给抬送之人赏钱。祭菜从"食勒"中取出，由"看客"依一定规矩摆供灵前，祭后要挑一、二品填入"遗饭钵"中，象征死者享用。祭奠后，司礼、"看客"人员要向吊祭者回送谢帖。一般亲友则以发面蒸制六个不点红的"大馍馍"祭奠，丧家留其中之一，回以六个无红点的小馍头，或将其中一"大馍馍"掰一掰原封退回，回以谢帖及饼干六块。亲友吊祭也送黑、蓝、灰等素色祭幛或曰挽幛，用针别挽词与上、下款，挂在灵棚外的麻绳或铁丝上。挽词一般四字，多为颂德套话。挽男常用音容宛在、古道犹存、典型尚在、驾鹤西行、福寿全归、英明千古之套话；挽女则常用香消玉殒、珠沉玉碎、红尘一梦等套话，上款书对死者称呼，"××老大人千古"、"××老夫人灵右"，下款落挽者自称，"××、××敬挽"。也有送花圈或挽联者，内涵基本相同。

出殡前孝子头戴粗麻绳编成的"翻身身"，上挂小棉球（单亡一个，双亡一双），腰系（麻绳）孝带，上挂一红一白两个子孙小布袋，内装五谷即铜钱一对（孝带事毕暂存，过百纸时挂于坟墓柳树上）。姑娘媳妇孝帽贴卍字，并在面前挂一纱布孝帘。

（八）出殡。是日选定多由阴阳先生推定，为避"重丧"，一律取单日出殡，一般以死者年龄参照季节确定出殡日期。20岁以下"少亡"，20岁以上"殇折"，30岁以上"大折"者，常常三日入土且无隆重仪式；60岁以上"老丧"者则要选择五日、九日或更长，耄耋之年而"四世同堂"者最长可以延至四十九日安葬。

是日晨，于行魂结止地摆放一土坯（墼），上置陶盆与金箔纸贴的纸质菜刀，此陶盆曰"捞饭盆"，此刀曰"切菜刀"。再在旁边将死者枕头中的荞麦皮倒出燃着。大门外悬"岁纸"，张贴白纸对联。灵前摆供自家制作祭菜。门外准备好一大枝柳树枝，即"引魂杆"（从行魂结止地再一直引到坟地），下葬后栽于墓丘，柳树易于成活，寓意辈辈有根。

早饭后，吹鼓手与人役均到位，赁铺租来的棺架、龙杠、棺罩、招魂幡、神主轿、铭旌楼等全部安顿停当。

早饭后即开始吊祭，有司礼人员早早恭候。最早吊祭的往往是姻亲女亲家，祭菜、挽幛、花圈一应俱全，以示亲近。最后吊祭的则是"人主"，常延至中午才到，既表示高贵矜持，又表示痛苦无比，也有的是借故搅闹丧事以发泄对孝属不满。其间其他亲友间杂吊孝。吊孝完毕，老丧者还要"挂包头、别帔金"，儿孙依辈分进行，成年者夫妻共同进行，跪于灵前。挂包头时，儿、女不在的，有儿但不管有无孙儿，有孙儿不管有无玄孙，都要以无当有、仪式性地挂包头，其包头为布绺小帽，里边放一馒头，用筷子长的小柳枝白布缠成"哭棍"形，出殡时由女婿用托盘托着送葬，其小帽布的颜色孙白、玄孙黄。孝女、孝媳头戴淡色绸、布绺成的帽，再别上以金纸衬底的黑呢布花，孝子则将布料折起，披于肩上，父亡左披，母丧右披，双亡双披，头插纸制"果子花"与柏树叶，怀揣小圆镜，男女儿孙所用为"呢布金底花"。整个过程由司礼妇女及众女亲家、人主家协助共同操作。"挂包头"时鼓乐改为喜庆乐曲，表示晦气已弃，化悲为喜，以慰亡灵。更有尊者，其乡邻、朋友、同事等集体吊祭，鞠躬或默哀，孝属同样还礼。

午餐宴请人主、众亲友与帮忙人等，司礼人带孝子敬酒跪谢。孝男孝女在灵前八仙桌上吃饭，称"送别家筵"，并多放一双筷子，以示与死者一同用餐。餐后孝子身揣一双有眉有眼的面鱼，其他人身揣小面花或饼干等，每人系红白布条各一。白表哀悼，红为辟邪。

出殡时间由阴阳择定，同时择定入土吉时，一般在下午3时左右，起灵前孝子请人主焦纸，后送葬人员一同跪吊，焚香燃烛，奠酒烧纸，后又在喜庆乐曲中"请主"，由孝子抱死者神主盒（或遗像）、五七花出门外置于神主轿中。在亲友哀哭中，4至8役人用短杆绑好灵柩"起灵"，大头在前，小头在后，涵回头顾恋家园意，出大门后再掉头脚前头后，往西天极乐世界而去。起灵后，棺下支放的两支木凳立即踢倒。抬出的灵柩安放于木架，上龙杆，架"幡罩"，有八人抬、十六人抬与"三十二抬独龙杠"等，"幡罩"上有玻璃顶，罩裙彩绣"二十四孝"、"五福捧寿"等吉祥图案。孝子以白布带前面拉灵，俗称"拉莹石"，孝媳孝女在后面"搭灵"，在抬轿领队者铜锣敲击与吆喝下，抬棺人役步调一致前行。

整个送葬队伍前有开道旗锣，金童玉女，8～16支招魂幡，"铭旌楼"由四人抬杆，亭中旌布书写死者官品、功名等。神主轿在灵柩前，间有僧、道诵经队伍、鼓乐队，鼓乐多者有"三班"，分段插在行进队列中。男宾步行跟队，女宾分坐马车随行。富贵人家老丧，女婿乘白马谓"孝敬马"，后跟鼓乐，孙

图234　平遥乡村丧葬队伍

女婿乘枣红马谓"喜定马"，一身状元及第服饰，披红戴花，后跟鼓乐吹奏喜庆乐曲，送葬队伍浩浩荡荡，大户人家甚至长达到数里。途中，或有亲友拦灵路祭，临时摆放矮桌供祭，孝子还礼以谢。送殡队伍行至"行魂"（烧死者枕头处）结止地，鼓乐停奏，停止前进，由孝子牵头，送殡亲友一齐向灵柩跪倒四叩首"辞灵"，之后孝子还身叩谢亲友、诸众，遂撤去幡罩及各种执事，姑娘、媳妇围着土坯捞饭盆顺转三圈，逆转三圈，然后把捞饭盆在土坯上擦一擦（民间传说盆下土坯上有鬼魂转生的影子，如果不擦，后人就会看见真相），随后将盆抱回家中，土坯摔掉。众亲友及僧道返回，仅留一班乐队与神主轿随行，"铭旌布"随棺木同行，封墓前置于棺木上。"铭旌楼"返回。灵柩至墓地后，孝子先供拜后土神，再按时辰下葬。墓穴引道下先放短圆木若干或高粱秆少许，灵柩以数条大绳缓缓吊下，再从圆木或高粱秆上推灵柩入墓穴。墓窟内放入对扣砖瓦墓志（朱砂书名讳）、"服侍侍"、长命灯、遗饭钵则、铭旌布等。孝子以衣袖把棺盖从头抹到脚部退出，再以砖砌堵墓门，用土填坑，筑起墓丘，孝子将柳木引魂杆栽到墓丘中央，意为子孙后代像树木一样茂盛发达，并背着用双手往上象征性拔两下，吆喝"××，起！"寓意后世起家，先人尽早转世。子孙们用过的哭棍全部插在墓丘前，期待柳木生根发芽，象征家族烟火旺盛。最后，孝子供拜于墓前，祭烧全部纸活。

入土安葬仪式结束，孝子捧神主和五七花端坐轿内，返回家中，鼓乐吹奏伴行，谓之"移魂"。到家后，将神主及遗像奉供于桌上，摆供品祀之，孝子焚香叩拜，谓之"上饭"。随后孝子脱去孝服。起灵后院中灵棚立即拆掉，扯去各种白楹联等标志。亲友辞灵后一般就地告别返回自己家中。返回丧主家者，进门后要有人问："都回来啦？"答："都回来了！"意即不把任何人的灵魂散落在外。此时，由孝子将原支棺木前的凳子扶起，由姑娘媳妇将原支棺木后面的凳子抬起。随后众人喝一碗豇豆米汤。

二、丧葬礼俗中的几个重要环节

（一）**出殃**。是一具有神秘与迷信色彩的仪式，也是过去平遥丧葬制度的一项重要内容，其主要载体为殃状或称殃榜。殃状内容包括三项，一是亡者

"原命"（某年某月某日某时受生）；二是亡者"大限"（某年某月某日某时寿终）；三是亡者享年岁数。三项内容均由家属提供，但亡者时辰难以断定。此即"殃榜"重点，既要依此时报官家，又要择时供亡殃出走。行使这一职能的便是"阴阳"。他们不仅是精通葬俗的行家，而且还在县衙领证具结，所出殃状负有相应的法律责任。一是发现亡者异常还须设法密报县衙，以便"仵作"奉令验尸，在民国十年以前，"殃榜盖为将来尸柩出城时之证也。"（《清稗类钞·丧祭类》）依"子午卯酉掐中指，辰戌丑未手掌舒，寅申巳亥拳着手，亡人死期不差迟"口诀推定亡者时辰，写出"殃状"。出得"殃状"后首先要张贴于大门之外，以便四邻八舍届时避殃，以免遭遇"殃"打，否则不死也会大病一场，甚至连花草树木都概莫能免，遭"殃"打而枯死。所以人或树木都必须拴红布条避煞，院内门神、土地与神堂也要糊以粉红纸蒙贴，以免殃犯神灵。其次要在亡者临终卧室铺开被褥，打开衣服摆于炕头，摆好洗脸水、毛巾等，摆供点心、茶水、烟具等，将窗户纸撕开一小洞，供亡殃出走。再次要将"殃状"保管一份，以待送殡出城时守城兵卒等验看。

至于"殃"的形状，民俗中解释为一种有高度、颜色、走向的"恶煞气"，其高度以丈尺计，认为每天值日之天干、地支皆有尺度，死者亡于何日即将该日天干所代表尺数相加，相加之和即为死者殃高，且男女无别。即所谓"甲己子午九，乙庚丑未八，丙辛寅申七，丁壬卯酉六，戊癸辰戌五，巳亥皆四尺"。其颜色依"男干女支"亡故之日推算，男故甲、乙日为青色，丙、丁日为红色，戊、己日为黄色，庚、辛日为白色，壬、癸日为黑色。女故丑、辰、未、戌日为黄色，寅、卯日为青色，巳、午日为红色，申、酉日为白色，亥、子日为黑色。其行走方向，按死者亡日值日天干"五行"确定，"五行"配"天干"为：甲乙木、丙丁火、戊己土、庚辛金、壬癸水。即所谓"气分五色按五行，值日天干辨分明；金东北，木西南，水土双双奔东南；唯有火红向西北，五色行向俱分别。"

亡者出殃时间的推定，男、女丧不同，男丧以八月子时为始，依次下推，子时故者子日子时出殃，丑时故者丑日丑时出殃……九月子时故者，丑日丑时出殃，丑时故者寅日寅时出殃……依此类推；女丧以二月子时为始，依次下推，子时故者子日子时出殡，丑日故者丑日丑时出殡……三月子时故者，丑日丑时出殡，丑时故者，寅日寅时出殡……依此类推。

"破土"即打墓坑时间，忌二十八宿中房日兔、虚日鼠、卯日鸡、星日马的值星日子；忌"建、破、平、收"四个"黑道日"；忌"土王用事"日。

此外，伴随殡状的还有"六凶神殡不出"、"净宅"等诸说，并附之以"禳祭"、"破解"、"符箓"等破解之法。

完整的出殡状之俗自民国十六年（1927年）政府规定出殡不再看殡状，而代之以县政府卫生主管部门检验证明后便渐渐淡化，但避殡习俗等犹存，如带红布条、粉红纸糊神堂，门户厅堂张贴符箓避邪等即是。

（二）**点主**。即为亡故之先人建立木主。平遥丧礼中点主之俗历史久远，至今仍延续未变。认为建立木牌位，让先人之神魂永附其上，留给后代奉祀，三年后入本族祠堂，但多数人家神主不入祠堂，仅由孝子报祠堂值年人员将亡者姓名依昭穆礼制填写"神则"，即宗祠祀祖图适当位置，每年正月初一至初五叩拜时将家中上年亡人填入其上。

神主一般以楠木作成，下有须弥座，前脸有雕花栏杆，座上是牌位，整个神主罩以龛式木套，前面插板，供奉时可拉起。神主牌位有内函、外函两部分，清代外函书"皇清故×官显考×翁讳×府君之神主"（父）或"皇清故显妣×府×氏太君之神主"（母）。民国、现今起头则为"民故""公故"。内函两边写亡人生卒年、月、日、时，甚至还要写墓葬何处，最下写"孝男奉祀"。死者官衔或封赠品衔功名神主中必写明，以光宗耀祖。无官衔在显考后加"处士"。

平遥神龛点主有两种类型，一为孝子中指血点主；二为请"题主官"即有名望、地位、功名之亲友点主。点主之含义是，在神龛题主前，"神主"二字只写成"神王"，所缺一点由孝子用中指血或"题主官"用"朱笔"点成。点主仪式十分隆重，均在下葬当日早晨进行。孝子点主时，要在阴阳指导下，恭恭敬敬刺破中指，将"王"字点一滴血成为"主"；"题主官"点主时，孝子要行三跪九叩大礼，双手捧上牌位，平置于案，由"题主官"新笔朱砂点主。随后"合主、入椟、合椟"，由孝子捧放灵前"安主"。出殡时将点好的神主请入"神主轿"里，神主盒上披黑纱（县内四乡也略有区别，有的乡村为红黑两纱，出殡前一日黑上红下，殡日早太阳未出红纱翻在上，谓之"翻红"），插柏叶枝。出殡时神主轿随棺木直到地头，下葬后由孝子抱着端坐轿中抬回家中，抬回家中谓之"移魂"，其间喜庆鼓乐相从。

如今，点主之俗虽有简化，但仪式基本保留。

（三）墓地与石刻。平遥墓地至今仍沿请阴阳先生选定，鉴于平遥东南有宝塔山，西南有绵山，北为汾河的地形环境，墓地墓穴走向多依后天八卦取"乾山巽"或"艮山坤"方位，即所谓"山主人丁水主财"意。迁新坟地，立祖者必须夫妻原配，年过花甲，子孙满堂三者皆备，以下各代墓穴以昭穆礼制定位，一般取雁穴。（合葬前，先拾干骨，将干骨摆于骨殖盒中，头颅的眼睛处放两个核桃，两边放两个柿饼，鼻梁处放一枚红枣，横嘴处放一行大米。合葬时，向干骨烧纸衣裤、供合葬糕，棺木上用红绳系一子孙葫芦。往墓地引进时，一律不分男女，由湿骨在前引路。）族中男人亡故可择时埋入定位之穴，妻先亡者须寄埋他处或坟边，待夫亡后合葬"上穴"，且家族坟地入穴者间隔时间不少于三年，即便其间有男人亡故，也只能寄埋他处，候时"上穴"。根据现存墓地石刻划类，墓地石刻有后土神碑、神道碑、基墓石、墓志铭（埋入墓中）四类。清代以前均遵循古制如五品以上品官有用"螭首龟趺"之"碑"，六品以下至士庶用"圆首方趺"之"碣"。清中期以后商人"纳捐"之风盛行，古制多有逾越，但多数人家坟中只在"后土神"方位立青石后土碑，或上加石雕带顶碑亭，或以砖砌成碑亭。神道碑甚少，以长方形青石为基，墓石正面刻墓主名讳及生卒时间，上面当供桌用之。墓志铭则以新砖、新瓦各一，用朱笔写死者名讳、生卒时间于瓦内，扣于砖上，麻线捆扎一起，随棺入墓，置于棺盖。此俗至今保留，几乎无一家例外。

三、丧服

丧服即孝服，丧礼中为逝去的亲属戴孝守制，谓之"成服"，但每个家族成员亲戚因与死者血缘关系不同而孝服服式、服饰等有所区别。平遥所行丧服基本沿袭清代丧服礼制，即五种不同丧服标志血缘关系之亲疏与守孝期之长短。而五种丧服所依血缘关系即是宗族中男性成员横向的五层关系，即亲兄弟（同父）、亲叔伯兄弟（同祖父）、重叔伯（同曾祖）、堂叔伯（同高祖）、五服头兄弟或曰族兄弟（高祖为亲兄弟）。出此五层关系称"出五服"。丧礼中依此五种关系与男女之别成服，分为五等，即斩衰、齐衰、大功、小功、缌麻。由于受名分礼制所限，各辈分人等成服又有所变化，子为父母亲服斩衰孝服谓之"正服"，儿媳为翁、婆服斩衰谓之"义服"，嫡孙为祖、母承重服"斩衰"谓之"加服"，出嫁之女为父、母服"齐衰"谓之"降服"。

（一）斩衰。"孝子"为白布衣裤均不缉边际，孝帽用口袋底式，但在初丧至出殡间只头扎三角白布，出殡前日才正式戴孝帽。鞋蒙白布，双亲有一位健在鞋后跟露本色，双亡则全蒙白布。腰系胡麻丝拧成的麻缕，上挂红白布作成的小"儿女布袋袋"，孝媳、出嫁孝女出殡前头扎三角布，出殡时头戴白布绉成的孝帽。男女戴孝帽，前面都要缝一块遮面麻布或纱布，男孝帽上还要系粗麻绳经。斩衰服用上缠白纸的"柳杖"。清代斩衰服守孝期3年，也就是27个月，现今斩衰守孝仅依丧者性别，男左女右上臂戴黑纱，或"孝"字金属纪念章，出嫁孝女"降服""齐衰"，长子早逝其子为长孙者，为祖父、母"承重"服斩衰，妻为夫服斩衰。

（二）齐衰。为二等孝服，全身孝服，但衣裤下际均缉边，男子孝帽前贴一红布"卍"字，帽口拴一红线，腰系麻缕，齐衰守孝一年。出嫁孝女为齐衰服，孙为祖父母服齐衰杖期（用柳枝丧杖），出嫁孙女亦同。侄为伯叔服齐衰不杖期。父母为子女也服齐衰不杖期。

（三）大功。仅孝帽、孝服。孝期9月。为出嫁姑、姐，堂兄弟，在室堂姐妹，出嫁侄女，父母为嫁女，祖父母为孙等。

（四）小功。仅鞋饰、孝帽，守孝5月。为从堂兄弟、堂伯、叔、堂侄，出嫁女为堂兄弟姐妹，为在室堂姑、在室从堂姐妹。甥为外祖父母，为舅父母，舅为外甥及甥女。

（五）缌麻。仅鞋饰、孝帽，守孝3月。婿为岳父母，为堂伯叔祖父母、从堂叔伯父母、三从堂兄弟，为姑表、姨表兄弟等均服缌服。

此外，为20岁以下逝者穿孝服，尤其死者父母健在，丧服一律从"大功"

开始。凡曾孙辈男女，不论本族外戚，皆服黄孝帽，黄布蒙鞋，玄孙辈皆用红色。

丧服之制，平遥至今一如既往而"遵礼成服"，只在个别地方有所小变，如长辈对晚辈之逝一般无服，婿为舅父母服缌麻腰围六尺白布等。

四、丧祭

丧祭是平遥祭祀文化的一种，鉴于其与丧葬仪式紧密关联，故而在是处介绍。丧祭顾名思义即丧后的各种祭祀活动，时间一般从葬毕后第二天早上太阳未出山前"圆墓""发二"始，到"三周年"除服止。丧祭程序如下：

发二。丧葬后第二天早晨，孝男赴坟墓添土（也有的孝女同往并祭祀），习惯称之"圆墓"，但墓前不得哭嚎。阴阳先生撒五谷于墓前。

祭七。从丧日起每七日祭祀一次（夫妇双亡每七天为一七，单亡为六天一七），葬后则祭于神主或遗像前，但五七、尾七（七七）祭于墓前，并烧纸活。祭祀供品有定制，百姓谓之"头七馍（炕下）、二七糕（门槛）、三七肉火烧（院中），四七擀面条（街门外），五七角日（水饺于坟墓，其中有一对酸菜水饺放于供桌下，供阎王食，使其酸坏牙齿不害亡灵），六七塔日（炉食，一般不过），七七饼子，吃了不用等的"。过去富裕人家祭七都要做法会，请僧、道诵经超度，但一般人家只能供奉各种食品。"祭七"活动，"五七"与"尽七"较为隆重，不仅要祭于坟墓，而且"五七"要焚烧"五七花"（插于升中），"尽七"祭期往往要依死者子女数每人顺延一天，表示血脉亲情难以割舍。祭五七、尽七时，如遇重七（即祭七时正好是初七、十七、二十七），要用谷草做三角形引魂旗，每岁一旗，沿路（特别是岔路口）遍插，插剩的全部插在坟墓周围。

百纸。乃丧后百天之祭，但不按百天实际天数计，而按死者子女数，每人从实际百日中减去一日提前祭祀，而且要祭祀于坟墓，焚烧纸做粮斗。平遥俗语有"尽七升，百纸斗，谁人烧上谁人有"之说。提前祭祀内含迫不及待之意，民间称之"长尽七，短百纸"。

新节。也为一隆重墓祭，一般祭于清明，但依丧者丧期等有所变化，即丧

寻找母亲的平遥

于冬至日前者次年清明过新节祭，丧于冬至日后者隔年清明过新节祭。此外，只有夫妇双亡故者方可过新节于清明是日，仅一方亡故，新节祭只能在清明前一日，即俗称的"一百五（无忌）日"；年轻未婚者丧后过新节祭，则须在清明节前二日即俗称的"小鬼日"。祭时，在坟墓插满谷草杆小白旗，小白旗数即亡者岁数。

小祥。也是一隆重墓祭，俗称"头周年"，丧者过世一年忌日祭于墓。

大祥。也为一隆重墓祭，俗称"二周年"，丧者过世第二个忌日祭于墓。

除服。为最后一次规模性隆重墓祭，俗称"三周年"。当然乡间也有过"五周年"、"八周年"、"十周年"祭者。

以上每次墓祭，都要焚烧冥币、鬼锞等纸活、供品供祭。焚烧冥品，各祭节略有不同，小祥焚烧"库楼"，大祥焚烧"金桥银桥"，新节烧"离多"（纸制宅院）、摇钱树、聚宝盆，除服焚烧"金山银山"、纸做服装等。上穴合葬"干骨"时，则烧纸做服装。随着社会的发展，如今墓祭中，除焚烧传统纸活外，又发展出诸多新式纸活，如彩电、冰箱、洗衣机、轿车、飞机、高楼大厦、亭台楼阁等，冥币从前些年的一千、一万、十万、百万、千万，变为现在的亿万、十亿万等大币，只顾竭力尽孝，不管阴曹地府通货膨胀。甚至在纸花店所买纸活也必须由丧主家自己糊底，以尽孝情。供祭供品则无有区别，均为一大木碟不顶红馒头，供于石桌即墓石上，桌下单摆一个供阴曹鬼吏狱卒。另外，平遥墓祭至今保留了始于唐代祭墓先祀后土即"后土皇地祇"的习俗，一般宗族老坟都建有"后土碑楼"，只不过有品级家族讲究，元首方趺加石雕歇山顶，或以砖砌亭。一般人家则较为简单。岁月沧桑，加之"文革"洗劫，昔日之"后土碑楼"多已不存，但民间墓祀前必先祀后土之制至今延续。只不过在原"后土碑楼"位置上撮土插香，燃烛祀拜而已。即撮土插香，供摆四个一大木碟顶红馒头，焚烧"神锞"并洒酒三盅，行三叩首大礼。

五、丧事忌禁

（一）人死在外忌尸体棺木入村入院入室，须在村外搭棚设灵堂。

（二）办丧事借邻居东西用完归还时，要给对方零钱或蒸花饼干等物，不白用。

（三）连续三年春节门口不贴红对联，第一年不贴，第二年贴蓝色对联，第三年贴灰色对联。

（四）身穿孝服到邻家办事，忌戴孝帽，进门前必须摘掉，穿孝忌到婚嫁喜庆场所。

（五）父母忌日忌饮酒作乐，或参与文娱活动。

六、传承丧葬文化礼俗职业介绍

在平遥，丧葬文化礼俗尽管十分普及，但所以能够代代相沿，内涵不变，除了相沿成俗的习俗作用，还有一个十分重要的因素，这便是专司或兼司丧葬文化礼俗的赁铺与阴阳等。兹介绍如下：

（一）**赁铺**。在平遥的七十二行中，有一行即赁铺，专司丧葬活动服务之职。一般方圆十里八里之内就会有一两个赁铺。经营赁铺者一般为家族，置办有棺架、龙杠、棺罩、招魂幡、神主轿、铭旌楼、避沙珠、食勒厨具等经营资产，赁铺主人往往精通或熟悉丧葬礼制，通晓丧葬风俗，可全程总管丧葬活动，甚至包括搭建丧棚、制作供菜、蒸制大馍馍、油画棺木、刻碑、纸扎等业务。

此外，与赁铺相类者还有刻碑铺、纸扎铺、寿衣店等专门经营冥品。

（二）**阴阳**。在平遥，阴阳一词专指看坟墓风水，出殃状之人。大殓、下葬，一般在某一片村落区域总会有若干阴阳供人选用。由于民国 16 年以前有送殡出城验看"殃状"之制，阴阳也为一名正言顺职业，在县衙领证具结开业司职，对出殃状承担法律责任，发现异常死亡则密报县衙，以待"仵作"奉令验尸，并定期将所出殃状情况报告衙署。在整个丧葬活动中，阴阳的作用多处体现，入殓中属相忌讳的推算，破土、发引、下葬时间的推算，墓地的选择，出殃状乃至各种"禳祭"、"破解"、"符篆"等，皆由阴阳司职，"文革"期间阴阳职司活动遭到打击取缔，但始终没有消失，而是由明转暗。近年来，阴阳活动又显明态。

（三）司礼司账等临时组成的丧葬理事机构。一般每一村落或居落都会有一些通晓丧葬礼俗习俗之人，一旦村里有人亡故，即临时组成，行使丧葬活动的管理职能，包括请阴阳、联系赁铺、布置灵堂、吊祭安排、迎来送往、安排食宿、司礼记账等方方面面。

在平遥乡村流传着这样一则有关阴阳与风水的故事，从中可见阴阳司职的普遍性。说的是三伏天下午，一阴阳赶路口渴难耐，路经一民宅敲门索水，宅中女主人端出一大碗水，水中却漂了三、两草叶。阴阳见状，不能大口痛饮，只能边吹边饮，心中不悦。而宅主听得索水者为阴阳，便求其择墓。阴阳借机报复，为宅主择一绝地。事过二十余载，阴阳再经此村，自以为那人家已黑门黑户，不料反人丁兴旺，大发财源。当年的女宅主一见其面便连声致谢。阴阳大为不解，重又推算方知当年推测有误。当问到女主人当年何以将一碗漂草叶凉水端上时，女主人道明缘由，说见他伏天赶路口渴，怕速饮炸肺，故而漂上两三草叶以防。阴阳听得缘由，连声叹息，坟地好不如心地好，以怨报德天理不容，行善积德天地佑之。

平遥民俗图案及其象征文化

平遥作为一座历史悠久的文化古城和商业都会，伴随着各种文化现象，形成了剪纸、枕顶、刺绣、鞋垫、鞋花、帽花、袖花、饭襟、"衫件件"、荷包花、腰包花、撺瓶团扇花、面塑、炕围画、被阁画、方砖画、推光漆画等诸多艺术形式，但仅仅从艺术的角度探讨这些文化现象是远远不够的，艺术表现手法仅仅是文化载体而已，这里主要探讨的是不同艺术形式背后所反映的共同文化内涵。

一、各种不同载体的民俗图案

（一）**剪纸**。剪纸是中国大地上极其普遍而且历史久远的文化形式，据南朝梁宗懔《荆楚岁时记》记述，当时民间已有正月初七过"人日"习俗，其间家家用彩纸、彩帛剪成人形，贴于床帐或屏风上。民间也有立春节以彩纸剪成飞燕戴于头鬓的习俗，以迎春求吉。也有人认为剪纸源于巫术，远在两汉时即用布帛、彩丝等剪成各种形状，挂在门上或佩在身上辟邪除祟。可以直观推理的是，自从造纸术发明以来，纸张除了书写等基本功能之外，剪纸这一形式也便相伴而生。应该说剪纸是剪布帛、彩丝的继续，只不过纸张较之于布帛、彩丝更经济更便于折叠，使其天然具备了剪出各种复杂图案的优势。纵观平遥流传的各种剪纸图案，除寓意吉祥写实的花、鸟、鱼、虫等点缀外，世代传承的图案主要有麒麟送贵子、老鼠拖葡萄、蟾蟾吹笙笙、狮子滚绣球、凤凰戏牡丹、莲花娃娃、桃榴佛手、鸳鸯戏水、九鱼一兔、飞马登云、鹿鹤同春、连年有余、金玉满堂、鹅雁戏莲、喜鹊登梅、蛇盘兔等。主要用于逢年贴窗花、门神，嫁娶贴窗花、柜花等。剪纸方法一般有两种，一为折叠若干次后直接剪制而成，难度较大，只有一些民间巧手能为；二为将现成的剪纸用自制纸钉钉于若干层红纸上，用小剪刀铰剪、掏挖而成，或用油灯熏出图案铰剪、掏挖而成，如此可一次复制出相同图案的剪纸若干，一般家庭妇女往往皆可为之。至今纸窗变成了玻璃窗，窗棂变成了窗户，但窗花依旧，图案小有翻新，但传统图案依旧。

（二）**枕顶**。枕顶的历史更为久远，伴随着枕头文化的发展而发展。枕头依质地、造型等有多种类别，丝帛等轻质枕头出现后，枕顶绣随之替代了石、瓦、木等硬质枕头刻、画、凿等图案，发展出独特的轻质枕头文化特色，用刺绣的形式承载起各种吉祥图案。平遥民间流传的枕顶刺绣制作手法主要有两种，一为由多色丝线掺和绣出，二为由单色丝线拉成。其图案与剪纸图案大体相同，主要有鱼戏莲、蛇盘兔、喜鹊登梅、如意卐字、莲藕如意、鹤雁戏莲、蝠鹿延年、龙凤呈祥、双喜团花、双喜佛手、莲花鱼娃、吉祥盘长、连年有余、蟾蟾吹笙笙、蛤蟆抱金砖、凤凰戏牡丹、麒麟送贵子、万事如意盘长、前程似锦八仙图等。各种图案依使用者年龄、长幼有所区别，老者多福禄寿类，新人多男女恋爱、祈求子孙类，儿童多吉祥平安类。如今，圆方形枕头多为带裙边的扁形枕头取代，但一般结婚枕头、生儿育女专用的儿女枕头依然手工制成传统的圆方形枕头，枕顶图案依旧。

（三）**鞋垫**。鞋垫的产生与鞋底有关，由于古来鞋底为一层层棉布粘在一起的千层底，纳上密密麻麻的麻绳针脚，结实耐穿却穿之垫脚，故垫以鞋垫缓和，同时鞋子过大还可以垫进鞋垫调整大小。久之，鞋垫也便成为民俗传承载体，成为乡间少女、媳妇闲时的重要手工，有的还成为恋爱信物。鞋垫式样与鞋底相似，虚岁十三岁以下儿童鞋垫中间留有一块独立图案，谓之"留心"；虚岁十三岁以上成人则整个鞋垫独立构成图案。图案制作也分两种，一为多色丝线拉制而成，针脚大，图案色彩艳丽，一般新婚男女垫用，但只是美观却不够结实；二为单色线或多色线纳制而成，针脚甚小，密密匝匝，十分结实而耐用。鞋垫图案也略有区别，平常实用性鞋垫纳制图案多为勾莲卐字、回形纹络、盘长图形、十二属相、花草鱼虫，以及双喜、福寿等吉祥文字；婚嫁用鞋垫拉制图案多为蛤蟆抱砖、鱼吻莲藕、双鱼闹莲、如意卐字，凤凰戏牡丹、蟾蟾吹笙笙、狮子滚绣球，猴猫撺兔一棵葱、狮子老虎秋凉虫。如今已经发展出机制鞋垫，但传统图案基本保留。

（四）**鞋花、帽花、袖花、饭襟花、"衫件件"、荷包花、腰包花、撢瓶团扇花等饰物刺绣**。在平遥，各种刺绣织品十分普遍。鞋花，一般正面为一朵莲花类图案，两边饰以小花小草点缀，童鞋鞋花多动物图案，其特别之处在于，男童鞋绣虎头顶王字、耳朵圆形，女童鞋绣猫头，耳朵尖形。据说女童穿了虎头鞋会受到惊吓，影响成年后生育。帽花，多为童帽花与老妇头饰花，童帽花多为狮头、虎头、猫头等，老妇头饰花则多为莲花、牡丹、如意、佛手等，一般左右对称。袖花，多为几何形图案，并点缀以花藤，多为新婚媳妇袖边使用。饭襟，只有儿童吃饭时使用，其图案多以动物为主，比如十二属相，也有多种花草，如莲、梅、石榴等，但在闰月时，所戴饭襟另有讲究，为围绕蟾蜍的壁虎、蛇、蜈蚣、蝎子的"五毒图"，据说可以辟邪消灾。"衫件件"，即指妇女儿童专用的肚兜，多绣有花卉、人物等图案。荷包花、腰包花、撢瓶团扇花等饰物刺绣图案也与其他几类图案基本相同。可见平遥民间各种刺绣图案依用途不同有所差异，但不论是哪种载体，基本图案无有大的区别。

（五）**面塑**。即民俗时节所供面塑供品。平遥各种俗节所蒸供品各有特色，依时间序列，正月过年面塑为枣山山（有眉眼）、供儿、马蹄儿、如意、顺意、翻身儿、佛手、鱼等，大年初一前还要为刚出嫁的女儿送如意、顺意、鱼与蟾蜍等花则。正月初十老鼠嫁女、石不动日为点红馒头，以及桃核、柿饼等供于老鼠出没之夤昃。正月十五为花、草。正月二十、二十五大小添仓，为面塑布袋、元宝。二月二龙抬头供土地爷、水口为面塑寿桃、米面黄日按上枣日（即按红枣的米面发糕）。清明节，为面塑蛇盘儿、水牛（蜗牛）、飞燕、汉猴儿，但只有象征男子的蛇盘儿到坟地供祖先。四月初一为面塑鸡驮葫芦供门神土地灶家爷。六月六，男孩蒸"圐圙"，女孩蒸"套圈圈"，供馍头祭天地。八月十五中秋节，打"大团圆"、"二团圆"、"月葫芦"、"月牙儿"、"孙猴子"、"玉兔"等各式月饼。九月初九重阳节为"花糕"庆丰收。十月十五"下元日"，也为"土家生日"，为面塑小猪头、小雄鸡、小鲤鱼"小三牲"供奉谢土。此外婚丧、生日都会蒸各种面塑，结婚还要蒸九鱼一兔，丧事要蒸大馍馍，十三虚岁以下孩童过生日要蒸圐圙，老人过寿要蒸寿桃，孩童完十三时，不仅要蒸圐圙，而且男童要蒸九石榴一佛手"锁"，女童要蒸九朵莲花一颗藕"锁"。所有这些面塑目前大都在城乡延续，基本保留了代代相传的习俗。

（六）炕围画、被阁画、方砖画、棺帮画等图案。在平遥，窑洞为主要民居形式，窑洞中盘有火炕，火炕炕围往往画有各种图案，这些图案较大较复杂，一般以戏剧人物、二十四孝图等为主，配以花鸟虫兽等点缀，边沿以回形纹等几何纹框边。在火炕的一边又往往置有被阁，供白天装被褥等专用，为方便取放，这些被阁都开有若干小门，一般为双数开门，多为四门，门上大都画有图案装饰，也多为戏剧故事、吉祥词语、山水花鸟等。农村妇女做鞋帮、纳鞋垫，要将数层棉布用面浆糊在一起，糊好往往要压平，所压之物即独特的"方砖"，所以称其独特，就因为方砖上有油漆彩画，此即所谓"方砖画"。方砖画图案多为花草动物组合，中间为主图案，四角有角饰。主图案有鱼莲、松鹤、猫蝶，福、寿、喜等文字。四角角饰为对称角花。棺帮画图案，则多为"五蝠捧寿"、"二十四孝"，乃至戏剧故事，棺头刻饰木主牌位，脚头挡头男用蛇盘兔，女用莲花。

二、民俗图案的分类与象征意义

综合分析上列各类图案，不论其载体如何，或窗花、或刺绣、或面塑……不论其手法如何，或剪、或绣、或塑、或画，透过这些具体的形式，可以抽象出各类图案的共同特征，平遥的各类民俗图案，大体可以分为以下几类：

第一类乃生殖崇拜与性启蒙类。这类图案的代表有"蟾蟾吹笙笙"、"凤凰戏牡丹"、"鱼戏莲"、"蛇盘兔"等。

第二类乃婚姻美满与子孙繁盛类。这一类图案的代表有"喜鹊登梅"、"鹅雁戏莲"、"鸳鸯戏水"、"莲藕如意"、"龙凤呈祥"、"莲生贵子"、"莲花娃娃"、"麒麟送贵子"、"老鼠拖葡萄"、"兔子吃白菜"、"桃榴佛手"等。

第三类乃延年益寿类。这一类图案的代表有二十四孝图，"蝠鹿延年"、

图 235　如意卐字

图 236　蟾蟾吹笙笙

图 237　鱼戏莲

图 238　蛇盘兔

图 239　蟾蟾吹笙笙

"五蝠捧寿"、"鹿鹤同春"、"四季平安"等。

　　第四类乃仕途荣华类。这一类图案的代表有："一品清莲"、"蛤蟆抱砖"、"宝马登云"、"富贵牡丹"、"连年有余"、"招财进宝"、"金玉满

图 240　龙凤呈祥

图 241　莲花娃娃

堂"、"老虎登山"、"狮子滚绣球"、"金鸡闹白菜"等。

　　第五类乃避邪祛灾万事如意类。这一类图案的代表有："五毒图"、"九鱼一兔"、"八卦团花"、"八仙团花"、"吉祥盘长"、"钩莲卐字"、"如意卐字"、"太极八卦团花"等。

　　第六类乃生活点缀戏剧偶像类。这一类图案的代表主要是莲、梅、桂等

图 242　松鹿延年

图 243　蛤蟆抱砖

花，凤凰、喜鹊、鸳鸯、白鹤等鸟，蛇、蟾、蝶等虫，麒麟、奔马、鹿、老虎、狮子等兽，卐字、回形纹、盘长，乃至断桥、哪吒、宝莲灯等戏剧人物故事等。

图 244　卐字囍

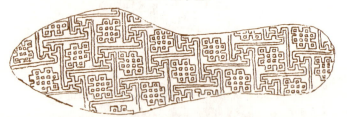

图 245　卐字福

图 246　卐字盘长

图 247　寿字鞋花

图 248　五毒图

图 249　九鱼一兔

图 250　八卦团图

　　将这些民俗图案比较于全国各地，平遥各种图案载体之多、品种之繁、延续之久，均可谓首屈一指。这各种各类图案至今仍在百姓生活中传播、延续，尽管有些图案内涵已难考本原，但一句句顺口溜依然揭示着深刻的文化内涵：

　　"蟾蟾吹笙笙，到老有根根"；

图 251 龙凤图

图 252 佛手·石榴·鹿

图 253 狮子老虎秋凉虫

"蛇盘兔，必定富"；

"如意卐字必定宝，妻夫二人厮守老"；

"如意卐字拨来来，妻夫二人厮挨挨"；

"如意卐字芭蕉扇，扇着翁婆爱着汉"；

"凤凰戏牡丹，老婆爱老汉"；

"九鱼一兔，越住越富"；

"家有梧桐树，引进凤凰来"；

"猴猫撵兔一根葱，狮子老虎秋凉虫，走遍天下不求人"；

"蛤蟆抱砖，代代做官"；

"虎登山，祖祖辈辈比人强"；

"金鸡闹白菜，一年四季大发财"；

"兔子吃白菜，夫妻二人常相爱"；

"狮子滚绣球，好日子在后头"；

"麒麟送贵子，辈辈有前程"。

类似的顺口溜还有很多，这些顺口溜反映的正是各类民俗图案的内涵，多数采取了吉祥物形象组合与谐音拈连的表现手法。

莲花与鱼图案，寓意"连生贵子"；

鱼、童子骑鲤鱼、莲花图案，寓意"连年有余"；

卐字、柿子（狮子）、如意图案，寓意"万事如意"；

龙、凤、太阳图案，寓意"龙凤朝阳"；

鹿、鹤、梧桐、太阳图案，寓意"六合同春"；

喜鹊、梅花图案，寓意"喜上眉梢"；

凤凰、牡丹图案，寓意"凤戏牡丹"；

月季花插花瓶图案，寓意"四季平安"；

金鱼、莲花、堂屋图案，寓意"金玉满堂"。

这种象征手法，所有的百姓都看得懂。李宏复在《枕的风情——中国民间枕顶绣》一书中指出："象征是人类社会普遍存在的一种文化现象，是符号表达意义的一种方式，也是文化人类学十分关注的一个内容。符号学认为，符号是带有意义的物质性对象，把人类所创造的一切文化产物都视为符号，通过物质载体将符号包含的信息表现出来，解释人类社会发展过程中的各种文化现象和文化表意。"[1] 这一论述尽管是针对枕顶绣纹样而言，实则适用于民俗图案的整体解读。美国学者爱伯哈德（Wolfram Eberhard）在《中国文化象征词典》一书中写道："中国人是'爱用眼睛的人'，对他们来说，每个字都是'象征'而不是声音标记，象征才是书写的基本功能。直到最近，中国的汉字还没有失去'象征'的作用，例如他们的'像'这个字，就含有图画的意思。"[2] 确实如

---

[1] 李宏复. 枕的风情——中国民间枕顶绣. 昆明：云南人民出版社，2005 年 6 月. 195.

[2] 同上.

是，视物取象，借象寓意，这正是中国式象征文化的特征，也是"《易》者象
也，象也者像也"的思维推理方式之一。平遥丰富的各类民俗图像既从不同角
度体现了象征文化，也从不同侧面注解了象征文化。

三、平遥民俗图案的文化内涵

象征只是一种手法，这种象征性民俗图案的内涵是怎样的呢？

（一）"蟾蟾吹笙笙"原始内涵破解。 一只蟾蜍三条腿，嘴含一笙，周围
饰以莲花、莲子图案，这即是平遥民俗图案中最为普遍的"蟾蟾吹笙笙"。为
什么会有"蟾蟾吹笙笙，辈辈有根根"的说法？蟾蟾吹笙笙怎么又会与传宗接
代相关？这要从蟾蜍与笙说起，蟾蜍即癞蛤蟆，平遥也叫疥蛤蟆，与青蛙形同
但身上带毒，繁殖能力极强，寻求其本原，原来源自于蛙与生殖崇拜的关联。
赵国华在其《生殖崇拜文化论》①中提出，"蛙纹（蟾蜍纹）是中国母系氏族
文化遗存中的第二种基本纹样"，"蛙被原始先民用以象征女性的生殖器官——
怀胎的子宫（肚子）。某些彩陶蛙纹的下部特意描摹出圆圈以象征阴户，也说
明了这一事实"。"由对外生殖器女阴的崇拜，发展出对怀胎子宫的崇拜，这
是人类对女性的生育功能和繁殖过程认识的一次深化。母系氏族社会遗存中彩
陶纹样的鱼先蛙后，正是人类生殖崇拜这第一个进程的写照。"月为阴之精，
月乃蟾蜍，蟾蜍即阴之精，俗间人们也常常将女阴呼之"癞蛤蟆"即此本意。
笙为何物？《世本·作篇》有"女娲作笙簧"的记载，《博雅·释乐》曰："笙
以瓠为之，十三管，管在左方。"据李辛儒考证，民俗中笙乃始生符号，往往
画作 🔲 或 🔲 、 🔲 。他认为，原始以野生之瓠（葫芦）所做笙簧发出的声响
与生育之事具有密切关联，"其一，在育龄女性怀孕之前，是祈子的巫术活动
的伴奏音乐。其二，在女性分娩之际，是作为催生和驱邪的巫术活动的伴奏音
乐。其三，小孩生了病，也可能有相应的巫术活动，当然也离不开这种乐器。"
"女娲氏为了部族繁衍，特意用瓠瓜造笙，服务于生事，使这种原始乐器具有

---

③ 赵国华. 生殖崇拜文化论. 北京：中国社会科学出版社，1990 年 8 月. 180，182.

超音乐的功用，因而瓠瓜也就可能被原始人捧为神圣之物。"①其实"笙"在图像中的作用与内涵已十分明了，笙乃男根之象，蟾蟾吹笙笙实即男女交媾，因此而生殖繁衍，故有"蟾蟾吹笙笙，辈辈留根根"之说。《周易·系辞上传》有"生生之谓易"、"天地之大德曰生"、"天地絪缊，万物化醇；男女媾精，万物化生"、"一阴一阳之谓道"等说法，这生的本意实即繁衍，而生殖思想本身就是儒家文化的应有内涵。

（二）"五毒"图案原始内涵破解。在平遥俗间，因为癞蛤蟆、蜈蚣（蚰蜒）、蝎子、蝎虎（壁虎）、蛇均有毒性，故被视为害虫毒物。"五毒图"在平遥民俗文化中也往往作为辟邪图案使用，但同时又有象征子嗣的内涵，因果关系似乎矛盾。如前所述，闰月时孩童所戴饭襟上有五毒图案，在五月端午也会在门上贴"五毒"剪纸或"雄鸡叼蝎子"剪纸等，妇女肚兜"衫件件"上也绣有五毒图案。癞蛤蟆乃女阴象征，蜈蚣与蛇形似，蝎虎与蜥蜴形似，蝎子与乌龟形似，都有男根之象。蜥蜴纹、龟纹、蛇纹，"这几种动物有两个共同之点：一是其头颈部都可状男根之形，如今日犹将阴茎的前端称作龟头；二是作为卵生，雄性都产卵，但初民不辨其雌雄，只注意到这与男根之有'卵'相一致，它们的卵比男根之'卵'更多。所以，原始先民将这几种动物绘塑于陶器上，用以象征男根，表示生殖崇拜，这并非不可思议。"②另外，蝎子的特性不仅外形似龟，更在于其有着极强的繁殖能力，所以蟾蜍本四腿，民俗中则往往画成两条腿加一尾巴，恐即取形于蝎子，也可以说民俗中的"蟾蟾"乃生殖能力极强的蟾蜍与蝎子合体，而非实指。这里还要特别指出的是，蛇俗称"小龙"，蜥蜴俗语谓之"蛇刺儿"，陶寺遗址出土有龙盘，龙盘中之头里尾外盘旋之蛇与平遥清明所供奉面塑"蛇盘儿"有着几乎相同的造型，应该也有着共同的内涵，蛇乃原始生殖崇拜。可见五毒非毒，乃原始生殖崇拜之孑遗，其原始文化内涵即在于此。

（三）二十四孝图与儒家孝文化。二十四孝图案是平遥民俗图案的重要组成部分，本身就是儒家孝文化的产物，"忠、孝、仁、爱"、"孝、悌、忠、

---

① 李辛儒. 民俗美学与儒学文化. 北京：中央民族学院出版社，1992 年 7 月. 24~25.
② 赵国华. 生殖崇拜文化论. 北京：中国社会科学出版社，1990 年 8 月. 282.

信"的思想通过故事图案反映于各种载体，使儒家孝文化无处不在，到处可见，以教化百姓，在相当程度上发挥了道德化育功能。

（四）疐字本意与后土崇拜。这一文字人们常常释为"寿"或"万"，其实不然，李辛儒[1]考之乃图案化了的地祇，陕西周原 1976 年出土的《史墙盘》铭文中有："𢆶𩂣𠭜工井𣦣宀𤕌𤿣宀天异"，释之曰"祇显穆王刑帅宇海 緟宁天：子："《说文》对祇、祇的解释是，"祇，地祇，提出万物者也。""祇，敬也。"在平遥民俗图案中，似寿非寿的疐实即道家或者说道教文化影响的直接表现，从棺椁疐形符号，到茔地后土神楼或后土神碑，无处不体现着期盼生殖繁衍的文化内涵。

（五）卐、卍图案传递的宗教文化。卐这一图形俗称"盘肠"，即民俗中所称"盘长"，原为佛教"八宝吉祥"之一，历经演变，取其无头无尾，如环无端，永无休止之意，象征绵延不绝，寓意"四环贯彻，一切通明"。"卍"不仅新时期时代马家窑文化的半山、马厂遗址出土的彩陶器上有其雏形，也是佛教中佛祖如来胸前符号。《华严经》卷六十五《入法界品》曰："胸标卍字，七处平满。"只因唐慧苑《华严音义》音训为"万"音，遂读"万"音，"谓吉祥万德之所集也"。据王克林先生《卍字图像符号源流考》[2]一文考释：卍字"既不是刻画在陶器上被遗失了的原始汉字，也不是最初出现在中国黄河流域甘青地区仰韶文化马家窑类型的一种花纹，更不是最初来自佛教表示吉祥的标志，而是出自中亚和东亚一些新石器时代彩陶文化上的一种彩绘符号，为笔者所称的陶符。深而言之，即其取象、寓意和创造者，不是别的，正是史前原始宗教萨满教'灵魂不灭'观念或祖先崇拜的艺术表象，为亚洲北部及我国北方的史前氏族部落所崇奉的一种特殊的宗教精神文化艺术。"所以，卍字图案亦为佛教一种吉祥符号，加之民俗将卍字延而广之，使其成为一个无头无尾的图案，即所谓卍字或卍字不到头，与盘长具有共同的寓意内涵。

此外，"莲花娃娃"、"莲花·鱼·娃"等图案，不仅具有连生贵子寓意，

---

① 李辛儒.民俗美学与儒学文化.北京：中央民族学院出版社，1992 年 7 月. 107.

② 王克林.华夏文明论集.太原：山西人民出版社，2006 年 7 月. 136.

图 254　青海柳湾马家窑文化马厂类型彩陶上的卐字卍字形单独纹样

图案娃娃突出的男性生殖器，保留了求嗣巫术的色彩，乃原始生殖崇拜在民俗文化中的深层积淀。

总之，平遥民俗图案传自远古，凝聚了儒、道、释种种内涵，甚至远古的巫术文化内涵，是中国传统文化于民间的独特传播，正像其中的盘长与卐字或卍字一般，首尾相连，闭合绵回，环延不绝。作为一种传自亘古的久远文明，已经不能简单地用科学与迷信品评，而需超越科学与迷信的范畴，超越儒、道、佛本身去认识、看待，它已经是诸多文化内涵精粹的积淀与形意的凝聚，应该从人类文化学的高度予以保护。

平遥古城方术文化习俗

在平遥鼓书传统段子"蚂蚱算命"中，有这样的说辞，说的是一只得道知了落在圪针上吹嘘自己的算命术，"我读过，《大六壬》、《小六壬》、《渊海子平》、《百种经》，我还读过《奇门遁》，《三元总录》我闹得精。我知道几时几日下大雨，我知道几时几日刮大风，我知道天上有多少星，我知道地上有多少人。"从中可以看出，方术文化习俗在平遥的丰富与兴盛。其实，在平遥大地上，方术文化种类甚多，简单分类并述之如下：

（一）风水术。对此，前文中已有论述。总体而言，平遥之风水术不独为"理气宗"或"形势宗"一派思想支配，而是二者的合理融合。在宏观选址上更多偏重了形势派，这一点从平遥古城和聚落中都可以得到印证。中观布局与微观阴阳宅法则更多地偏重了理气派。在平遥古城，风水术思想多已程式化，

伍

平遥古城宗教文化与民俗文化

遵循的主要是《阳宅三要》、《三元总录》与《八宅明镜》中的基本思想，特别是《三元总录》，可以说是主要依据。

（二）**打卦算命看面相。**打卦算命在平遥一直十分兴盛，即便在"文革"年间，民间打卦算命之风也未禁绝，而且还衍生出扑克牌打卦的新形式。在城东的东郭村，有一名任贵日者，在周围一带小有名气，善男信女接踵而至。其算卦形式主要有二，一是抽牌牌，即随机抽签，依牌（签）上文字解释。曾有妯娌二人在上世纪40年代抽牌签，一为上上签，解曰"单槽牛儿独槽饭，吃得脖子扭不转，自备钟表当当响"；一为下下签，解曰"小鬼敲门"。与其中一位聊起此事，深信不疑，说两人与后来几十年的生活状况基本一致。二是摇铜钱，用三枚铜钱合掌中摇动抛于桌上，分字背划卦，如此六次成一卦，然后据所成之卦断占。笔者未曾见过任贵日本人，他早于上世纪80年代下世。但与接触过他的人做了充分了解。其实抽牌牌即抽签，摇铜钱即纳甲筮法。

在传统平遥鼓书《骂鸡》中，王婆丢鸡后有一段求助算卦先生的经典对话，依此段对话可以反映出一段真实的算卦细节。

"三文铜钱交给你，撒到地下咱看看卦意。"

说明此算卦法为六爻纳甲筮法。

王婆子摇六次后，算卦人说："外卦为雷内为地，卦名就叫雷地豫。"其卦为䷏豫。

依此段文字，此算卦法采取了卦象与纳甲结合的方法。所谓卦象即：

震为男， 坤为女

坤为老母，震为儿

震为木　木加一子

此卦象均取自《周易·十翼》之象。

所谓纳甲：

雷地豫为震宫（木）第二卦，初爻变坤成豫卦。

☳☷ → ☳☷

震宫八卦属木，装卦为：

妻财——戌

官鬼——申

子孙——午（应）

兄弟——卯

子孙——巳

妻财——未（世）

日期在丁亥，鸡乃财物类，妻财为用神。世爻未土，丁亥日与未土旬空说明为甲申旬，"甲申旬中（午未）空。"丁亥日克火，丁亥日为水，火为世爻未土原神，亥水克火。

可见，此段文字中断占"丁亥日杀鸡"应有据可依。尽管文字中未及月建与动爻。但从卦中有特论日辰，即说明六爻安静，因为"遇卦六爻安静，当看用与日辰，日辰克用及相刑，作事宜当谨慎，更在世应推究，忌神切莫加临，世应临用及原神，做事断然昌盛"。[①]

从这一实例中可以看出，平遥算卦习俗中主要是抽签与纳甲筮法，而且较为兴盛。

而面相之说，乡间《麻衣神相》一书中流传甚广，多数术士也依此看相。

（三）**星相**。星相之术流传不成体系，只有零星反映，认为扫帚星（彗星）、流星、日月食为不吉之兆，五彩云视为吉兆。对参星的观察十分重视，乡间多以参星的出没、位置以辨别季节，确定时间。它处已有论述，此处不再赘述。

（四）**魇胜**。百姓也叫赌咒发誓。在平遥鼓书《骂鸡》中，同样记有王婆子赌咒发誓一段，"把一个干草人人扎便宜，七个针扎在那草人的心坎里，一把香蜡随身带，刀儿案案手中提，将身儿来到了十字街上。把一个草人站个立立地，一把子香全烧上，一口刀子手中提，刀劈案板喳啦喳啦底。"随后即骂起了偷鸡之人。这种魇胜之术，除用之赌咒发誓外，还有咒人、转移疾病等目的者，形式基本相同，所咒对象有草人，也有泥人、面塑人、剪纸人等多种，而且要附上所咒者生辰八字，针砭、火烧、钉钉、剪铰、刀砍等乃主要手段。

---

① （清）王洪绪.卜筮正宗.上海扫叶山房，光绪丙午年.卷一，2.

所以，平遥人旧俗一般不会轻易将生辰八字外泄，其本意即在此。

（五）掐算失物。此俗在前文中已有阐述，此处不再赘述。

（六）扶乩。乡间又称"扶箩"，摆上香案，焚香、供奉，由两个孩童（完十三前）净手后，跪于香案左右，双眼紧闭，双手扶"箩子"，箩子上扎一只筷子，筷子直对香案上铺着薄薄一层白面的黄纸。在长达个把时辰中，筷子会在黄纸上形成一些时断时续、重叠交叉的轨迹，俗称"天书"、"神符"。然后再由所谓"神人"释解。据说降乩者为厕神紫姑，俗称"茅狙神"。1977年笔者曾在平遥乡村实地探看了一次问考学与婚姻的扶乩，是在一间窑洞内关门闭户偷偷进行的，气氛紧张而神秘。

（七）巫婆、神汉与符篆、咒语。这一现象至今仍在延续，多在婚、丧场合出现。符篆均朱砂或墨色画于黄纸之上，贴于某处，如门、窗、墙、棺木等处，多有"急急如律令"句，用于驱鬼、避邪、禳灾、镇宅等。画符念咒者多为巫婆、神汉，并伴随一些通天、驱鬼仪式，但还有术士、阴阳、星相士等。民间有一种名叫"二鬼敲门"的符咒传说，老年妇女中较为流传，据说是专门吓唬孩童的，贴于门口，晚上孩子夜哭，即以"麻毂"敲门吓唬，嘴里念咒即门声敲起，念得快敲得急，咒停敲门声息。笔者打小在村中长大，上世纪70年代中期曾拜村中长者阎敏为师习武，阎师傅即有一手绝活，将两只大拇指隔树捆扎，盖了一件单袄，老人家即可马上脱出树干，大拇指仍依旧捆扎如初。有人说是法术，有人说是魔术，也有人说是缩骨法，自己也曾向师傅求真，不但没有问出结果，还被训斥一顿。此外，民间也有以神符治病者，由巫医神汉画符后，将神符烧灰后吞服，治一些所谓跟鬼、丢魂之类的怪病。再如，婴孩夜啼，往往会请术士黄纸上书"天皇皇地皇皇，我家有个夜哭郎，行路君子看一遍，一觉睡到天大亮"等贴于墙上。

（八）拖魂术。平遥民间认为人受惊吓之后会"魂不附体"，灵魂脱离肉体。如此人会出现神色恍惚、语无伦次等症状，特别是孩童，惊吓表现更为明显，眼光呆滞、不哭不闹、鼻梁上青筋暴起等。对此就要施拖魂之术，以找回丢失的灵魂。其步骤是：在星辰满天时，取一块红布到受惊吓丢魂落魄之处，左三圈右三圈转并呼丢魂者名字招其魂回家，"××回家吧！"然后将红布抱在怀里，回到家中，家里的人要接应："××回来啦！"再将红布套在丢魂者手腕上，三天之后才可去除。也有叫魂回来后要让丢魂者以碗中水为镜对视自己。丢魂者为孩童的，叫魂回来还要在屁股上打上两把，让孩童哭出声来。

此外，丧葬中"引魂鸡"等习俗也即引魂术另类。

（九）解梦术。《黄帝内经》对梦有"阴盛则梦涉大水，恐惧；阳盛则梦大火燔灼，阴阳俱盛则梦相杀，上盛则梦飞，下盛则梦堕，甚饱则梦予，甚饥则梦取，肝气盛则梦怒，肺气盛则梦哭"的科学解析。其实梦是一种自然现象，也是心中所想在半睡半醒时的反映。但平遥民间对梦的解析十分普遍，而且传承甚远，大人小孩都会释解，解释内容也基本相同，最基本的解释是梦为反向，梦到坏事是好事，梦到好事是坏事。如常见的对应关系有：

表 27　所梦之物与所解对应表

所梦	所解
水、炭	财
骡	亲人
马	恩人
驴、羊	鬼
狗	吵架
棺	升官
屎	食品
鸡、雀等鸟	口舌

一般解梦者都会自圆其说，如果梦到不好的噩梦，还自有破解之法：一是在西墙贴帖，上书"夜梦不详，写在西墙；太阳一照，化为吉祥"。二是含一口清水，提一把菜刀，喷水破杀。三是索性大骂一顿算是破解。

（十）祈雨。北方自古少雨，祈雨活动十分普遍，平遥也不例外。在康熙《平遥县志·艺文》中就有四篇有关祈雨的文章，一为宋代余彦和《敕赐应润庙记》；二为金代郭明济《大金重修超山应润庙记》；三为元代张翼的《梁公祈雨灵应记》；四为元代武亮的《应润庙祈雨灵应记》；四文皆为有关在超山祈雨的真实记载，并且是十分灵验。研之读之，诚如金代武亮《应润庙祈雨灵应记》中所言："书曰至诚感神，又曰至诚可以动天地感鬼神，感而遂通者神也。夫天地鬼神未有不诚而能动者也。"同样在清光绪《平遥县志》卷之五《典礼志》中记载的超山应润侯庙、婴溪村利润侯灌婴庙、麓台山润济侯王浚庙三处祈雨之处外，卷之十《古迹志》中还有侯冀甘露寺东南浮图为祷雨之所，双井邨北龙王庙旁神龙洞为祷雨之所，东南九龙沟内潭旁滴水岩为祷雨之所，东南七十里黑深山龙王庙前黑龙泉为祷雨之所，坡头邨九龙山下龙王庙为祷雨之所，侯壁圆教寺西南狐神庙为二十四邨祷雨之所等六处祷雨地记载。但祈雨与祷雨是有区别的，《说文》曰："祈，求福也。""祷，告事求福也。"祈本指求福的过程，祷则指求福后的结果，即应验后的"告事"。在平遥，整个祈雨活动的核心特征即人们通过自我惩罚以感动上天降人间甘露。祈雨之地也为县之山高云密之泉水出流之超山，其"岗峦起伏，形势联络，东西与麓台抱腹，诸山对峙，独兹山为最高。路转峰回，林壑深秀，望之则郁郁苍苍，翠光接天，晨烟夕霞，灿若画本。"（元张翼《梁公祈雨灵应记》），而祷雨活动主要集中在临近河流的龙王庙中。对平遥祈雨习俗的田野调查中发现，平遥四乡之祈雨，不知何时何代，已有所变化（或者说宋元时期在超山祈雨是官祈为主流），虽然祈雨过程与仪式大同小异，但所祈之地、之神有所不同，显示出明显的地域特点。北乡祈雨在交城山，所祈之神为春秋晋国大夫，晋文公重耳外祖父狐突。东乡祈雨在县东麓台山，所祈之神为润济侯王浚。王浚为汉司徒王允之子，仕魏，官太尉，封南乡侯，诛司马不果死之。乡人窃葬麓台立庙祈之，后以祷雨封润济侯。南乡祈雨在沁源灵空山，所祈之神乃先师爷，传为唐代太子李侃，出家平遥，后经南西泉五佛殿、东卜宜先师庙，梁家滩先师庙之灵空山，圆寂于灵空山寺庙，世号先师菩萨，所葬之寺宋太宗端拱二年赐为"灵寿"。独平遥东20里西善信村特别，与四乡皆有不同，所祈之山乃介休绵山，所祈之神乃空王佛，俗名田善友，榆次人，西善信村的来历乃至田姓为大姓或许均与其有关。但这四乡祈雨习俗中共同的特点在于所祈之神皆非虚指，而为历史上当地之名人或忠良，如狐突、王浚；或出家和尚，如李侃、田善友。对此，前文已有所论，此处不再赘述。

平遥古城民间游戏、竞技习俗

流传于平遥乡间的游戏、竞技项目甚多，下面将部分列出，并探究其中蕴含的文化内涵。

（一）**智力游戏**。前面已就平遥民间游戏、竞技习俗，罗列了按连儿（钉方城）、十八子打老虎、钉宙、夹鸟儿蛋、掰玉黍、打当铺、四角撑、跳茅坑、天下太平、口袋、赶牛角、扎蛛蛛窝等12种智力游戏，并探讨了12种智力游戏与尧文化、易文化等的相互关系。此外还有以下3种：

1. 翻骡槽。将一根毛线绳首尾相接，然后勾于两手指间，两人来回翻变，形成各种各不相同的平面或立体图形。由于多数图形形似骡槽，来回翻手于两人之间，故名之翻骡槽。此游戏十分有益于智力启蒙，但乡人有"翻骡槽槽遭年成"的说法，孩童往往是偷着戏耍。

2. 打兀儿。戏者分两方，一方打，另一方守，人数不限，但双方相同。所谓"兀儿"即两头尖的一二寸短木棒，多用枣木、榆木等硬木削成，也用在火中烧后的玉米棒代之。打方背靠墙体画一半圆，在圆中用小木板将"兀儿"打出，守方则在各个角度拦截打出的"兀儿"，如果直接接到手中，可以将"兀儿"扔向半圆，打方还可用小木棒直接打出。如果直接扔入半圆中，谓之"烧"，则打方、守方交换位置；如果未曾接到手中，有一次机会扔向半圆，扔入则"烧"，交换位置，被挡在圈外则要由打兀儿一方在地上用小木棒翘起"兀儿"打击，连续三次，每次对方仍可接、挡，回扔，三次之后，打方可以向守方要"分"，此"分"以"丈"论之，"丈"即小木棒的长度单位，一个长度单位为一丈。要得合理守方则给分重新开打；如果要得过高，守方则要与之丈量决定。如此反复交换打、守位置，最终得分高者为赢。此游戏中引入丈量与距离概念，十分有益于孩童对距离的判断与应变。

3. 分田地。在雨后天晴后，男孩子会两两一对，手里拿一把小刀或锥子，在湿土地上画一大"曰"字格或者"田"字格，两人均分后在自己"地盘"扎三刀或三锥，如果刀或锥不倒，即可在对方分得的"地盘"上扎上一刀或一锥，然后根据刀或锥的走向画出一条"界"让对方选择所剩"地盘"，一直到一方"地盘"越来越小而认输为止。

（二）**惩罚类游戏**。这类游戏往往带有惩罚性，一般被大人限制，但由于有一定的刺激性，孩童们常常背着大人游戏。

1. 打瓦儿。这种游戏是每一个玩者立一块半头砖以象征自身，并排成一排，然后在一定距离划线，依次丢出手中的砖头，象征谁的砖头被砸倒即为输，输者要跪在旁边，等待另一局结束方可再行参与。

2. 跌阎王。玩者不限，但所列砖头布阵不同，中间一块为整砖，而且上面还要加上一块半头砖，名之"阎王"，后面依次摆上若干块半头砖分别代表大老爷、二老爷……，"阎王"左边立一块半头砖代表"乡保"，右边立一块半头砖代表"赌气子"。在一定距离划一条线，然后参与者依次丢砖头砸摆好的砖阵。打倒"阎王"者罚跪，打倒大老爷、二老爷……发号施令，打倒"乡保"者行使打手职权，打倒"赌气子"为体罚对象。比如"大老爷"说要吃豆芽，"乡保"即拽"赌气子"的头发，"二老爷"说要耕二亩地，"乡保"即让"赌气子"爬于地上一脚被"乡保"提起爬行……

3. 骑马儿。由若干队游戏，每队由四人构成，一人作马头，两人作马身，上面骑一个人，各队之间上面的人相互厮打。

（三）**赌注类游戏**。这类游戏由于带有赌注性，种类最多。

1. 跌钱儿。将一枚制钱置于一块石头或砖块平面上，戏者各用一枚制钱对准砖石上的制钱投掷，投中并露出有字的一面算赢，可取走砖石上制钱。

2. 跌块块。"块块"即杏核或核桃，中有仁可食。玩者可以同时取出相同数量的块块，置于一块砖石上，然后将一个较大较重的桃杏核"游子"从空中跌下，砸到砖石下边的块块即可赢走，但万一"游子"落到砖石上便视同入子不得取走，直到砖石上的"块块"全部跌落方结束一局。

3. 背块块。游戏者若干，取出等量的"块块"混合，然后依次放入戏者手中，抛起空中，用手背接之，再抛起用手抓，确保一子不掉全部抓到即赢，可以取走。

4. 磕晶晶。以桃杏核为游戏对象。戏者双方将若干等同数量的桃杏核相混，分先后撒落于地，将一粒桃杏核划圈，然后弹此桃杏核击它桃杏核，击中者可赢去，但前提是不得碰撞到别的桃杏核，否则将赢去的桃杏核全部倒出。最后所剩两粒必须在中间能划上三道印痕，意即砍三刀，尔后相撞方可赢走。

5. 磕蛋蛋。即弹玻璃球。戏者双方将各自的玻璃球掷于地上，分先后对撞两球，撞上即赢去。

6. 斗蛐蛐，即斗蟋蟀。戏者将双方蛐蛐儿置于一钵，然后用雄老鼠的胡须碰撞蛐蛐儿的双翼激其发怒，以促其相斗，胜者即可赢去约定的赌物。

(四) 纯娱乐性游戏。 这类游戏属纯娱乐性，流传广、种类多。

1. 打不改。即抽陀螺。陀螺一般用枣木等硬木作成，用皮鞭抽之，使其在地上旋转。

2. 藏猫觳旦。"觳旦"即老鼠，即捉迷藏，也叫掩黑佬佬。

3. 顶猴猴。戏者若干，将大食指伸于一人掌中，众人齐呼："顶顶顶猴猴，洪水下来漂楼楼，漂不住大，漂不住小，一抓一圪节猴蚄蚤。"被抓住食指者为输。

4. 打马城。戏者双方人数相等，一方人数人拉手站成一字队形，另一方选出一人找薄弱环节冲撞，冲开后可以任意拉一人过去，冲不开则由对方实施进攻。如此到一方剩下一人为输。而且还振振有词："打打打马城，马城开，叫你奶奶送俺来。""叫谁去?""就是你!"然后冲撞。

5. 黄鼬吃鸡儿。即老鹰抓小鸡，黄鼬即黄鼠狼。

6. 瞎子逮拐子。一人蒙眼当瞎子，另有一人将一只手绑在腿上当拐子，拐子口含哨子，隔一会吹一下，瞎子顺声音逮拐子。

7. 丢手巾巾。即丢手绢。

8. 织布儿。两人背靠背，手臂勾手臂，来回背着玩。也叫"背腰砍地"。

9. 跳房房。即"跳房子"。

10. 打游千。即"荡秋千"。

11. 顶拐拐。用一手抓脚脖子，搬起一条腿，单脚着地撞击对方，跌倒或脚着地为输。

12. 倒块块。以桃杏核为对象的抓子游戏，将一子抛于空中，在落下前翻动或抓起若干地上的块块。

13. 推桶圈。即滚铁环。

14. 抬轿子。两个人四只手挽在一起，中间坐一人抬着跑。

此外还有踢毽子、踢枕蛋蛋、放风筝、猜谜、划拳等多种戏耍游戏。

平遥古城方言文化习俗

侯精一先生在《晋语的分区》[①]一文中将平遥与太原、清徐、娄烦、榆次、太谷、祁县、介休、灵石、交城、文水、孝义、寿阳、榆社、盂县等十四市县列为并州片，并分析了四个共同特点：一是古全浊音声母今读塞音、塞擦音声母的字，清徐、交城、文水、孝义、榆次、太谷、祁县、平遥、介休九县市平声白读不送气声母，平声文读送气声母；二是果摄开口和合口端泥精组字今韵母的介音不同；三是曾梗摄的舒声字，多有文白异读，白读往往失落鼻音韵尾；四是十五市县中文水、孝义、平遥、介休、灵石"扶＝胡"，读 [x] 声母的合口呼。平遥作为并州片的一县，其方言特点除上列四大共同点外，还有诸多独特之处，不仅表现在声、韵、调方面，还有许多需要关注的特点。

一、从几段谚语、儿歌、谜语、黑国语说开去

（一）六段谚语

səŋ¹³ tʂʅ¹³ pæ⁵³ ȵiE⁵³ ṣaŋ¹³ tʂʅ¹³ kʌʔ³² t'iE³⁵

1. 参 正 拜 年，商 正 割 田。

xei¹³ tʂɔ⁵³ tʂʅ³⁵ ṣəu¹³ t'ɔ³¹ sʅ⁵³

2. 河照 直 收 稻黍，

xei¹³ ṣʌʔ⁵⁴ tɕɣʌʔ⁴⁵ ṣəu¹³ lʌʔ⁵⁴ tɕɣʌʔ⁴⁵

河 失 角 收 辣 角。

t'iE¹³ xei¹³ ɕiE¹³ tʂ'ʌʔ⁴⁵ tɕiE¹³ tɕiE¹³

---

① 侯精一. 现代晋语的研究. 北京：商务印书馆，1999 年 8 月. 32，35~36.

3. 天　河　斜，吃　茄　茄。

mɔ¹³ mɔ¹³ tsʌʔ³² tsʌʔ⁴⁵ tsʅ⁵³ kʻuɑ⁵³ tʻɑ¹³ kuə¹³

4. 毛　毛　匝　匝　只　夸　他　光，

tʂʻəu³⁵ tʻuʌʔ³² tsʌʔ⁴⁵ tsʅ⁵³ kʻuɑ⁵³ tʻɑ¹³ ɕiɑŋ⁵³

　臭　启　子　只　夸　他　香。

tsʅ⁵³ xɔ³⁵ iE¹³ iE¹³ xuɑ⁵³ pu⁵³ sʅ⁵³

5. 指　上　爷　爷　化　布　施。

yŋ³⁵ uə⁵³ tuŋ¹³ ʂʌʔ³⁵ iəu⁵³ tɕiu⁵³ kʻuŋ¹³

6. 云　往　东，十　又　九　空；

yŋ³⁵ uə⁵³ sei¹³ kuŋ¹³ iŋ⁵³ lɔ³⁵ mu⁵³ tsʻuɑŋ¹³ suə⁵³ i¹³

　云　往　西，观　音　老　母　穿　蓑　衣

yŋ³⁵ uə⁵³ nɑŋ¹³ y⁵³ tiE⁵³ pʻʌʔ²³ lɑŋ¹³

　云　往　南，雨　点　泼　朗；

yŋ³⁵ uə⁵³ pʌʔ²³ y⁵³ tiE⁵³ tʂʌʔ⁵⁴ tɕiʌʔ²³

　云　往　北，雨　点　直　接。

（二）一首传统儿歌

suə¹³ kʌʔ³² tæ⁵³ tæ⁵³ pʻei¹³ xɑ³⁵ kʌʔ³² tæ⁵³ tæ⁵³ pʻei¹³

上　圪　台　台　坡，下　圪　台　台　坡，

xʌʔ²³ iE¹³ zʌʔ⁵⁴ məŋ³⁵ tɕiE⁵³ xuæ⁵³ lɔ³⁵ tei¹³ tei¹³

黑　夜　儿　梦　见　块　骆　驼　驼。

lɔ³⁵ tei¹³ lɔ³⁵ tei¹³ kɔ⁵³ tsuə³⁵

骆　驼　骆　驼　告　状，

iʌʔ³² kɔ³⁵ kɔ³⁵ tɕy⁵³ lɔ³⁵ xuei¹³ suə³⁵

一　告　告　给　了　和　尚。

xuei¹³ suə³⁵ xuei¹³ suə³⁵ n̠iE³⁵ tɕiŋ¹³

和　尚　和　尚　念　经，

n̠iE³⁵ xɑ⁵³ liɑŋ⁵³ tʂɑŋ¹³ pʻi¹³ tɕiŋ¹³

念　下　两　张　皮　经。

p'i¹³ tɕiŋ¹³ p'i¹³ tɕiŋ¹³ ta⁵³ kua³⁵

皮 经 皮 经 打 卦,

ta⁵³ xɑ¹³ iʌʔ⁴⁵ xuæ⁵³ liE¹¹³ pa¹³

打 下 一 块 镰 把。

liE¹³ pa¹³ liE¹¹³ pa¹³ xu³⁵ suei⁵³

镰 把 镰 把 浮 水,

xu³⁵ xɑ⁵³ iʌʔ⁴⁵ xuæx ɕiɔ⁵³ kuei⁵³

孵 下 一 块 小 鬼。

ɕiɔ⁵³ kuei³¹ ɕiɔ⁵³ kuei³¹ luei⁵³ uei³¹ uei³¹

小 鬼 小 鬼 垒 窝 窝,

luei⁵³ xɑ¹³ iʌʔ⁴⁵ xuæ⁵³ ər⁵³ tuei³¹ tuei⁵³

垒 下 一 块 耳 朵 朵。

ȵiE¹¹³ iʌʔ⁴⁵ xuæ⁵³ ŋa⁵³ iʌʔ⁴⁵ xuæ⁵³

年 一 块, 哑 一 块,

ȵiE³¹ ta³⁵ ȵiE¹³ maŋ⁵³ xuŋ¹³ iʌʔ⁴⁵ xuæ⁵³

年 大 年 妈 分 一 块。

(三) 三个谜语

ər³⁵ ɕiɔ⁵³ ər³⁵ ɕiɔ⁵³ tʌʔ⁴⁵ lɔ⁵³ xɔ¹¹ iʌ³² p'ʌʔ⁴⁵ tei³⁵ ts'ɔ⁵³

1.二 小, 二 小, 髑 脑 上 一 泼 大 草。 (蒜)

kəŋ¹³ kəŋ¹³ tʂ'ɔ¹³ səu¹³ iʌʔ³² zuə⁵³ iʌʔ³²uə³⁵

2.根 根 朝 上, 一 长 一 旺。 (承尘上倒挂的胡须)

pəŋ¹³ pəŋ¹³ k'əu¹¹ pəŋ¹³ pəŋ¹³

3.盆 盆 扣 盆 盆,

xʌʔ⁴⁵ lei⁵³ tɕyə¹³ tiʌʔ²³ sʅ⁵³ t'iɔ⁵³ luŋ¹¹

盒 里 藏 的 四 条 龙。 (核桃)

(四) 三个歇后语

uŋ³⁵ kʌʔ⁵³ la¹¹ zʌʔ²³ tiʌʔ²³ ku¹¹ zʌʔ⁴⁵

1.瓮 旮 晃 儿 的 戳 日

348

mʌʔ⁵⁴ laˑ¹³ suə³⁵ kuei⁵³ pʻæ³⁵ tʂʻɑŋ⁵¹³

——没 啦 上 过 排 场。

piʌʔ³² ʂʌʔ⁴⁵ suə³⁵ lɔ⁵³ ʂʅ¹³ tʂəŋ⁵³

2. 壁 虱 上 了 承 尘,

ʂʌʔ³² tsʌʔ⁴⁵ tɕiŋ³⁵ lɔ⁵³ tʻɔ³⁵ tsʌʔ⁵⁴　　mʌʔ³² paŋ³⁵ xuʌʔ⁵⁴

虱 子 进 了 套 子 ——没 办 法。

tuʌʔ³² tsʌʔ⁴⁵ xneu³⁵ təu⁵³ suə³⁵ zɻE⁵³

3. 启 子 后 头 上 嗻

tei³¹ tsʻuʌʔ⁴⁵ læ⁵³ tiʌŋ²³ iʌʔ⁴⁵ li⁵³

——多 出 来 的 一 礼。

从上列 4 类 13 则谚语、儿歌、谜语、歇后语中可以看出平遥方言中的诸多特点,这些特点均值得研究。

二、方言游戏黑国语 [xʌʔ⁵³kʌʔ⁴⁵yˢ³] 的双声

在平遥民间有一种不学自通的方言游戏,乡间呼之黑国语,上自八旬老人,下至调皮顽童,几乎是张嘴就来。即在一词语每一字前镶嵌一音,读起来朗朗上口。现列举若干普通词语如下:

1. 得病乱求医——təŋ 得 [tʌʔ]　pəŋ 病 [piŋ]　liŋ 乱 [lue]　tɕʻiŋ 求 [tɕʻiəu]　iŋ 医 [i]

2. 不怕困难——pəŋ 不 [pʌʔ]　pʻəŋ 怕 [pʻæ]　kʻəŋ 困 [kʻuŋ]　nəŋ 难 [nɑŋ]

3. 木头门窗——məŋ 木 [mʌʔ]　təŋ 头 [təu]　məŋ 门 [məŋ]　səŋ 窗 [səu]

4. 读书破万卷——təŋ 读 [tuʌʔ]　səŋ 书 [sʅ]　pʻəŋ 破 [pʻei]　uŋ 万 [ue]　tɕiŋ 卷 [tɕue]

5. 支援前线——tsəŋ 支 [tsʅ]　iŋ 援 [ue]　tɕʻiŋ 前 [tɕʻiə]　ɕiŋ 线 [ɕiEˑ]

6. 闺女——tɕiŋ 闺 [tɕy]　nzəŋ 女 [nzɥ]

7. 采松子——tsʻəŋ 采 [tsʻæ]　səŋ 松 [suŋ]　tsəŋ 子 [tsʅ]

8. 闰年——→zəŋ 闰 [zuŋ] n̡iŋ 年 [n̡iE]

9. 照相机——→tʂəŋ 照 [tʂɔ] ɕiŋ 相 [ɕiaŋ] tɕiŋ 机 [tɕi]

10. 尺寸——→tʂʻəŋ 尺 [tʂʻʌʔ] tsʻəŋ 寸 [tsʻuŋ]

11. 扭转——→n̡əŋ 扭 [n̡eu] tsəŋ 转 [tsuŋ]

12. 老寿星——→ləŋ 老 [lɔ] ʂəŋ 寿 [ʂeu] ɕiŋ 星 [ɕiŋ]

13. 感染——→kəŋ 感 [kaŋ] zʅəŋ 染 [zʅaŋ]

14. 鹅雁——→ŋəŋ 鹅 [ŋEi] n̡iŋ 雁 [n̡ian]

15. 飞机——→xəŋ 飞 [xuei] ɕiŋ 机 [ɕi]

上列黑国语中涵盖了平遥方言的所有二十六个声母。从中可以看出这样的规律，此种黑国语镶嵌字游戏，其实就是在每字前加上一个与此字声母相同的字形成双声，如 1 句之得 [tʌʔ] 与təŋ 双声为t，病 [piŋ] 与pəŋ 双声为 p，乱 [luə] 与liŋ 双声为1，求 [tɕʻieu] 与tɕʻiŋ 双声为tɕʻ，医 [i] 与iŋ 双声为零声母 ø；第 2 句怕 [pʻæ] 与pʻəŋ 双声为 pʻ，困 [kʻuŋ] 与kʻəŋ 双声为 kʻ，难 [naŋ] 与nəŋ 双声为n；第 3 句木 [mʌʔ] 与məŋ 双声为 m，窗 [səu] 与səŋ 双声为s；第 4 句卷 [tɕuə] 与tɕiŋ 双声为tɕ；第 5 句支 [tsʅ] 与tsəŋ 双声为 ts，前 [tɕʻiə] 与tɕʻiŋ 双声为tɕʻ，线 [ɕiE] 与ɕiŋ 双声为ɕ；第 6 句女 [nzʯ] 与nzəŋ 双声为 nz；第 7 句采 [tsʻæ] 与tsʻəŋ 双声为 tsʻ；第 8 句润 [zuŋ] 与zəŋ 双声为 z，年 [n̡iE] 与n̡iŋ 双声为n̡；第 9 句照 [tʂɔ] 与tʂəŋ 双声为tʂ；第 10 句尺 [tʂʻʌʔ] 与tʂʻəŋ 双声为tʂʻ；第 11 句扭 [n̡eu] 与n̡əŋ 双声为n̡；第 12 句寿 [ʂeu] 与ʂəŋ 双声为ʂ；第 13 句感 [kaŋ] 与kəŋ 双声为 k，染 [zʅaŋ] 与zʅəŋ 双声为zʅ；第 14 句鹅 [ŋEi] 与ŋəŋ 双声为 ŋ；第 15 句飞 [xuei] 与xəŋ 双声为 x。但是所嵌之字的韵母尽管只有 əŋ、iŋ 两个，区别却十分明显，p、pʻ、m、t、tʻ、n、l、ts、tsʻ、nz、s、z、tʂ、tʂʻ、n̡、ʂ、zʅ、k、kʻ、ŋ、x 二十一个声母均与 əŋ 配，tɕ、tɕʻ、n̡、ɕ 四个声母均与 iŋ 配。只有零声母 ø 依所配之字韵母而定，əŋ、iŋ 兼有。

由此可见，平遥方言所谓黑国语的文字游戏，其实就是双声。

三、平遥方言的连读与反切

平遥方言中有许多两字词语连读为一音，进而形成新词，如圪懒 [kʌʔlaŋ] 为杆 [kaŋ]，薄朗 [pʌʔlaŋ] 为邦 [paŋ] 等，起码在 50 个以上，此类词语十分丰富。对此，有学者将这一现象用"分音词与合音词"加以解释，并标以公式：

$$\frac{本字}{CV} = \frac{分音词}{C + \wedge ?（前章节）L + V（后章节）}$$

"所谓分音词，是把一个字分成两个音节来说。""合音词是指把双音节词合成一个单音节词说的。"[①] 即将分音词与合音词从正逆两个方面解释。其实，不仅如此，在平遥的方言地名中，就有许多所谓的合音词，许家庄 [çutçiatsua] 读为 [çuatsuə]、雷家庄 [luaitçiatsuə] 读为 [liatsua]、梁家滩 [liaŋtçiat'aŋ] 读为 [lia t'aŋ]、白家庄 [pætçiatsua] 读为 [piatsuə]、王家庄 [uətçiatsua] 读为 [uætsuə]，至于这块 [tsʌʔxuæ] 为 [tsæ]，兀块 [uʌʔxuæ] 为 [uæ]，人家 [ŋəŋtçia] 为 [ŋa]、我家 [ŋiɛtçia] 为 [ŋa]，谁家 [sueitçia] 为 [çya] 等更是司空见惯。特别要指出的是所谓的合音词，实际就是两字连读的结果，而非有意为之。由此分析，连读乃"反切"注音法产生的基础，所谓分合音词即两字切成一字，虽然还仅仅局限于一些特殊的文字间，如前音节的韵母为入声韵母 [ʌʔ iʌʔ uʌʔ]，后音节声母仅限于 [l]，或合音后音节韵母为 [æ a ia ya]，但反切的要素已基本具备。由此而论，平遥方言所证明的是，连续乃反切注音方法的形成基础。

四、平遥方言俗语中的古词古语

方言往往被视为难登大雅之堂的土语，甚至多数只有发音而难以对应文字。其实多数属于汉语演变过程中的缺位，是所谓雅与俗分化的产物。在平遥方言中，有许多土语难以找到确切的文字，但也有不少可以对应到相应的古文

---

① 侯精一. 现代晋语的研究. 北京：商务印书馆，1999 年 8 月. 330，333.

字、古词语，现列举一些实例如下：

1. 承尘［ʂʅ¹³tʂən⁵³］即现在所谓顶棚，或仰尘。刘熙《释名》六卷释床帐有："承尘施予上，以承尘土也。"毕沅注："今江淮谓之仰尘。"

2. 稻黍［t'ɔ³⁵sʮ⁵³］即现在的高梁。《集韵》上声皓韵，土皓切。"关西人呼蜀黍曰黍。"

3. 縠日［ku³¹zʌʔ⁴⁵］老鼠。《广韵》入声屋韵，古禄切。"縠，鼠名。"

4. 髑脑［tʌʔ⁴⁵lɔ⁵³］《说文》"髑，髑髅，顶也。从骨，蜀声。"《广韵》徒谷切，入屋定。屋部。

5. 劗［ts'aŋ³⁵］《古今韵会举要·潜韵》："劗，手也。通作劗。"

6. 孖［tɕ'ia⁵³］双手抱意。也写为"搙"。《集韵》丘加切，平麻溪。"扼也"。也写作"㩉"或"掰"。

7. 劋［tɕ'iɛ⁵³］《广韵·盐韵》："劋，劋切，割也。"《集韵·盐韵》："劋，切也。"

8. 馢［tɕiʌʔ⁵³］，拌馢汤。

9. 罾［tsən³⁵］，《广韵》作滕切，平登精.蒸部。《说文》"罾，鱼网也。从网，曾声。"

10. 炧［ɕiɛ¹³］，《说文》"炧，烛尽也。从火，也声。"《广韵》徐野切，上马邪。歌部。《玉篇》火部囚者切："炧，烛尽也。"

11. 蚂蚍蜉［ma⁵³miʌʔ⁴⁵xu⁵³］，《尔雅·释虫》"蚍蜉，大蚁"。

12. 镣［liɔ⁵³］，《广韵》平声宵韵，落宵切，"镣，有孔鑪"。

13. 胮［p'ɔ¹³］，《集韵》平声爻韵，斑交切，"膀胱也"。

14. 埃［tuʌʔ⁵⁴］，《集韵》入声没韵，施设切。

15. 毅［tuʌʔ²³］，《说文》殳部"毅，椎击物也。"

16. 𡲢［tuʌʔ³²］，《广韵》入声屋韵，丁木切，"𡲢"尾下窍也。

从上列字词中可以看出，平遥方言中有相当部分是可以找到对应古字的，只是在历代的正音过程中，即在确定国语中，被确定为国语者即雅音、正统，其他方言则慢慢只留有音义而难以找到对应文字罢了。平遥自建城至今一直为一县邑都会，自然不在雅音正统之列，但即便如此仍可追根溯源，找到其本字。

这里特别对上面所列谚语、儿歌、谜语、歇后语中的文化内涵作一阐述：

1. 谚语"参正拜年，商正割田"的内涵。参与商乃古代二十八宿中两大星宿，而且都曾以昏、旦中星作为古历法的标志，"参正拜年，商正割田"反映的恰为上古天象，昏中星为参星时即过年的正月，昏中星为商星时即收割的六月。至今斗转星移数千年，恒星已有小变，但其天文意义仍存，只不过正月的天象变成了二月，以此后推而已。甚至这一传自久远的谚语，还可以为史家夏正、商正之争提供最为有力的佐证，夏正即正月建寅，商正即六月建未。仅仅八字谚语，描述了天文实象，印证了历史记载。如图 255、256，即夏正建寅图和商正建未图。

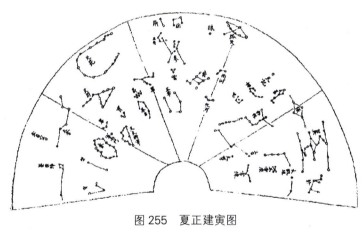

图 255　夏正建寅图

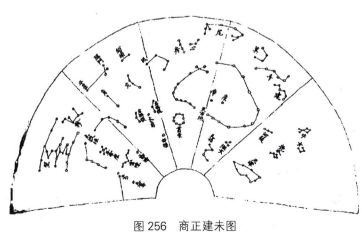

图 256　商正建未图

2. "河照直收黍，河失角收辣椒"、"天河斜，吃茄茄"的内涵。这里的河乃指天空中的天河，意即在秋天天河趋直时收高粱、天河失角时收辣椒。天河倾斜时，茄子已经长成，可以食用。这两句谚语，反映的不仅仅是农颜丰穰，更是天人合一。其中稻黍一词来源甚古。

3. 此句"毛毛匝匝"、"臭启子"均为两种小虫，前者是"钱串子"千足虫，后者是"臭大姐"。妙在形象的表述，启字也为一来源甚古之字。在平遥的方言俗语中，对虫类的称谓往往有一种辈分的分类，如潮虫叫"蝎子家老舅舅"，与"蝎子"为"甥舅"关系；而蜥蜴名"蛇次儿"，又似乎是蛇的小儿子一般；天牛则名"龙虱子"，好像是龙身上的寄生虫。还有"斑哥生下蛄蛄种"等诸多说法。

4. 太阳为日头爷，月亮为后天爷。"爷爷"乃对太阳、月亮的尊称，也是天人合一思想的直接写照。而"泼朗"即典型的合音词，"泼朗"为"邦"，形容雨点声响有如击邦。

5. 此儿歌是每一个在平遥长大的人童年时必学的内容，往往由母亲口授，三岁左右的孩童大都能背诵。小小一段儿歌基本可以展示平遥方言的声韵特征，其中"年"与"哑"是两个合音词，你家为"年"，我家为"哑"。

6. 三则谜语与三则歇后语中的方言词语髑脑、盆盆、盒里、毂日、承尘、启子、上喏都是渊源甚远的词汇，在古代字书中均可以找到源头。

五、古音纽 k、k'、x 十六世纪前后演变后 tɕ、tɕ'、ɕ，即见系的齐撮呼从 k、k'、x 中分出，古音纽 k 演变为 tɕ，k' 演变为 tɕ'，x 演变为 ɕ。还有一部分 ts、ts'、s 演变为 tɕ、tɕ'、ɕ。这类例证，平遥方言中比比皆是，下面分别列举若干。

k 演变为 tɕ 者：

闺 [kui] $\longrightarrow$ [tɕy]，如闺女读 [tɕy⁵¹]

给 [kei] $\longrightarrow$ [tɕy]，如给东西读 [tɕy³⁵]

柜 [kui] $\longrightarrow$ [tɕy]，如平面柜读 [tɕy³⁵]

k' 演变为 tɕ' 者：

卡 [k'a] $\longrightarrow$ [tɕ'ia]，如发卡 [tɕ'ia³⁵]

ç 演变为 x 者：

巷 [çiaŋ] ⟶ [xuə]，如巷巷读 [xuə˩˧]

解 [tçie] ⟶ [xɑi]，如解不开读 [xɑi˩˧]

鞋 [çie] ⟶ [xɑi]，如鞋读 [xɑi˧˥]

tç 演变为 ts 者：

井 [tçiŋ] ⟶ [tsei]，如井口读 [tsei˥˥]

挤 [tçʅ] ⟶ [tsei]，如拥挤读 [tsei˥˥]

祭 [tçʅ] ⟶ [tsei]，如祭祀读 [tsei˩˧]

tçʻ演变为tsʻ者：

妻 [tçʻi] ⟶ [tsʻei]，如妻夫读 [tsʻei˩˧]

齐 [tçʻi] ⟶ [tsʻei]，如齐整读 [tsʻei˩˧]

青 [tçʻiŋ] ⟶ [tsʻei]，如东青村读 [tsʻei˩˧]

ç 演变为 s 者

西 [çi] ⟶ [sei]，如东西读 [sei˩˧]

洗 [çi] ⟶ [sei]，如洗涮读 [sei˥˥]

细 [çi] ⟶ [sei]，如粗细读 [sei˩˧]

　　平遥有着丰富的方言俗语，除了语言音韵的研究外，方言俗语背后还有许许多多的未解内涵需要一一揭开。

宗教信仰与民间习俗的融合

平遥古城交通四通八达，商业文化繁荣，天主教、基督教之外的两大宗教与儒家文化相融合，形成了多宗教信仰融合的局面。

佛道二教与俗神信仰融合的几个实例

正像一则故事中讲的那样：一佛寺与一道观隔街而对，两个打扫庭院与街道的小和尚、小道士天天隔街论战，和尚讲佛，道士讲道，但谁都难以说服对方，以至成了名副其实的对台戏。但沿途路人走过，却觉得和尚所讲越来越像道士，道士所言越来越似和尚。这一则故事所反映的正是两千年中国佛教与道教共存共融，对立统一的现实。在平遥古城，有几座寺庙的确印证了佛道二教的共存共融。

（一）普照寺

位于平遥城西北杜家庄乡东凤落村西，初建年代失考，占地面积约 2000 余平方米，三进院结构。山门面对乐楼，乐楼前两侧有八字影壁，似凤凰展翅。三开间山门门洞两侧屋内南壁各有一圆形窗孔，与乐楼相对，似神龙双目；山门两侧钟鼓楼亭各一座，似龙双角；从山门进入，依次为关圣殿、东岳殿、送子娘娘殿，呈起伏状，如神龙翻腾之势，所以当地父老传称普照寺为"龙凤呈祥"格局。普照寺各殿宇中泥塑神像很多，毁于建国初期，1984 年前一直为学校占据使用。

普照寺的中院主殿为东岳大帝殿，后院主殿为送子娘娘殿，始建年代难以确考。据现存乾隆五十六年（1791 年）碑碣记载，因乾隆三十三年（1768 年）受汾河洪水之浸，才"重修正殿（娘娘殿）、东西耳殿，复五楹旧制"。前院正殿为"关圣帝君享殿"，系清嘉庆十三年（1808年）增建。前院和中院，已看不到多少宗教痕迹，只有东岳殿中四壁之水陆壁画还依稀可见。

乾隆五十六年（1791年）《重修娘娘佛爷龙王河神殿碑记》碑文如下：

重修娘娘佛爷龙王河神殿碑记

粤稽生民之初，无所为神也。自圣人以神道设教，而神之说逐昭于天下。至封神之后，以及佛教入中国，而观、寺、庙、庵更盈于宇宙。是以东凤落村村西北，素有娘娘正殿三楹，左右两楹以为佛、龙王、河神之殿，敬请神意为一方保障矣。惜至三十三年，汾水湮没，嗟墙倾而基摧，驯至禅林失形，任风漂而雨渍。善士人等满目潇然，感极而悲。乃重修正殿，东西耳殿，复五楹旧制。属余作记，余思夫诸神德施千载，泽遍遐方。山中明月常舒目，天外浮云不染身。龙举云兴，登天入渊。决排疏瀹神功大，汝汉泗淮圣泽长。且此庙为此地胜区，坎通晋阳，兑通长安，往来行人多会于此。兹复甫柏来松，梁雕栋画，庙貌巍然，圣像焕然，虽未及从前之制，亦可以见人心之善，而诸神之庇佑无既。

　　赐进士出身任山东济南府知府加一级记录五次史传远薰沐谨作记

　　国子监太学生刘生全薰沐谨书丹

　　儒学生员程绥薰沐谨篆额

　　经理人：赵复基 傅攀忠 刘生灵同薰沐谨叩

　　大清乾隆岁次辛亥年梅月初七日

从普照寺建筑设置及碑文记载可以看出，普照寺实际早已成了诸神庙，是一座集儒道释与俗神等信仰于一身的多信仰场所，将佛教之释迦牟尼，道教之东岳大帝（十殿阎王），道释俗都尊奉的关老爷，儒家奉祀的卜子夏乃至俗神送子娘娘、张仙、痘神、狐仙、马王、牛王、龙王、河神等供奉于一庙之中。极具地方特色，也充分反映了民间多神信仰的实际。

（二）财神庙

位于城隍庙街内西北隅，东与城隍庙毗邻，两庙互通，西临米粮市街，清康熙八年（1669年）建。咸丰九年（1859年）与城隍庙同时遭火焚，灾后仅存财神殿。同治三年至八年（1864年—1869年）重修。

庙门为砖券洞，前出廊，洞上建乐楼四间，硬山顶，斗拱七踩，双下昂，北出歇山抱厦为台口，台高两米，台顶施独具特色的"八卦藻井"，屋面琉璃瓦覆盖，东西两廊有厢楼。正面高台基上建献殿三间，硬山卷棚式。其后财神殿三间正殿，砖券窑洞，上建真武楼，楼身三间，七檩前后廊式，檐下斗拱把头绞顶作，殿顶施琉璃方心。正殿采用平遥极其普遍的砖拱纵窑横洞结构，形成三个纵窑后部之龛位，横洞连通三窑，形成浑然一体的殿堂空间。

图 257 财神庙庙门

三龛内分供三位财神。三个神龛为清同治年间重修时名贵镂空木雕原物，呈垂花门楼式垂于神坛窑前。神龛上雕有多蝠（福）捧寿、桃榴佛手、琴棋书画、金龙翻身、莲（连）生贵子等各种在平遥广为流行的吉祥图饰。中间龛内所供

图 258 财神庙献殿与东西两廊

财神俗称"文财神"比干，东西两侧龛内所供"武财神"为"赵公元帅"与"关圣帝君"。

平遥财神庙中，把比干、赵公明、关羽以及招宝、纳珍、招财、利市四路财神，都供奉于大殿及献殿之中，集中华民族所崇祀财神之大全，无所不有。特别值得一提的是，对于关老爷的供奉，佛、道二教竞相罗致关羽为本门神祇。佛教称其为"护法伽蓝"、"伽蓝菩萨"；道教将其附会为雷首山泽中之苍龙，冠以"荡魔真君"、"伏魔大帝"等名号。民间则深信关公能司命禄、佑选举、治病除灾、驱邪避魔，招宝进财，护佑商贾，无所不能。所以不仅奉关羽为"武财神"。而且描金业、香烛业、绸缎业、成衣业、盐业、酱园业、豆腐业、屠宰业、糕点业、理发业、银钱业、典当业等许多行业都奉关羽为祖师和保护神。这一供奉格局十分罕见，与明清平遥商帮发展壮大不无关系，亦与平遥当时经济的发达繁荣相适应，同时也是财神信仰多样化的具体表现。

20 世纪 50 年代后期，财神庙前后改作剧院、影院以及晋剧团驻地。东西厢楼被拆毁，献殿被改修，在古建筑中普遍增加隔墙、檐墙，然梁架结构大体未改。1982 年以后被列入县级重点文物保护单位，1999 年起与城隍庙同步得以整治维修，修葺了献殿，复原了厢楼，补筑了殿堂门窗，重修了神台，重塑了偶像，清理出古代壁画。到 2000 年仲夏修葺完毕。

图 259　财神庙八卦藻井

（三）诸神庙

位于平遥古城东南 40 里的六庄头村（古称落羌头邺）东南土崖边。庙宇已经十分破败，圣像早在"文革"期间即被毁损，一直由学校占据。现庙宇东殿建筑基本完整，檐下保存有一块石碑，为宣统二年刻石。碑文记载的正是各类宗教在山区乡村的融合，故谓之诸神庙。碑文如下：

诸神庙并乐楼碑志

尝思庙宇著巍峨之象，神灵显赫濯之功，以是知有庙之必有　神，有　神之必有应也。已人人得而知之，钦而遵之，诚而敬之，无不思其报答哉！本邺之六庄头村，旧有　诸神庙焉。坎方正殿中奉　观音　普贤　文殊　菩萨三尊，十八罗汉列于左右，关圣帝君庙列于右，行雨龙王庙配于左，其对　神楼上奉　韦驮尊神，下奉　鬼王老爷，其佑侧社窑五眼，中奉降灾尊神，震捲砖窑四眼，中奉　古佛一座，其前又有　圣母娘娘庙一所。村之坤方又有乐楼一座，右墙左壁对建石窑三眼，以作　诸神之行宫。右捲门礅一孔，叠楼阁上，内奉　观音菩萨，外奉　协天大帝，凭凡以妥，以敬尊神。自道光年间补葺之后，久经风雨摧残，楼阁则半就剥落，彩笔则□失光辉。敝坏多端，非所以妥。　神□而安。　神灵也村人，目睹心伤！公议补葺，奈工程浩繁，独木难支，是以在村按地起化，或多或寡再伏祈四方。仁人君子倾囊相助，共襄盛事。涓吉良辰选精工而择庇材，颓坏者更张之，□□者补葺之。楼阁则易腐而坚，彩笔则依旧如新也，上下齐整颇成壮观。自丁未经始自己酉告成，共费七百余金，琐珉勒石永垂不朽。夫而后　神以佑人，人以事　神，是　神与人共阿获于无穷也！已是为序。

邑人奎文阁典籍润台雷时荣沐手撰文并书丹

总理纠首　张德金　郭旺城

经理人　温朋昌　师□清　张永让　郭旺财　张永有

石匠　宁秉义

木匠　程丰义

泥匠　辛马驹

画匠　张万聚　姚光□

宣统贰年岁次庚戌冬月上浣吉日谷旦

（四）高真庙

位于尹吉甫将台之上，元皇庆元年（1312年）创立。庙内原有正殿三间，东西厢房各五间。明成化年间补修。清乾隆四十四年（1779年）重修东西厢房各三间，二门楼一座，补塑神像。盛传庙内供"三教子"，即老子、释迦牟尼和孔子。上世纪30年代末被日本侵略军拆除。

不仅如此，镇国寺、南神庙、城隍庙、清虚观，各种庙观宫庵中似乎都可以找到其他宗教或者俗神崇拜的痕迹，看到佛道俗在儒家大文化背景下的融合。以镇国寺为例，明清时平遥商业兴旺发达，人们求财神庇佑，自在情理之中。据碑文记载，郝洞村于咸丰初年村堡中南北堡门顶上建"三灵侯"庙与"福财神"庙，岁有祭祀，后乡绅百姓虑及"过路财神，财不能聚"，遂于光绪二十四年（1898年）五月，将"福财神"庙与"三灵侯"庙一起移置于镇国寺中，遂形成现存东殿供"三灵侯"、西殿供"福财神"的格局。"三灵侯"为西周时期三位谏官孚灵侯唐洪、威灵侯葛雍、浃灵侯周武，传说他们死后成神，成为"三官"（天官、地官、水官），后人敬仰而立庙祀之。"福财神"属民间俗神。

此外，在平遥古城中能够矗立起高高的天主教堂和基督教堂，融入普通百姓生活，这本身就是多种宗教共同发展的具体表现。

宗教信仰的民俗化

——平遥民间俗节文化

在平遥，保留了许许多多的民俗，这些风俗习惯中，最具代表性的便是民间俗节。甚至可以毫不夸张地说，俗节本身就是儒家文化对各种宗教、习俗的高度凝结与固化。兹按照农历时序述之于下：

正月初一。春节。家家户户所有门框等处都贴有"春联"，街门外挂"宝纸"，窗户贴"剪纸窗花"，屋门上贴"门神"。一般街门上贴春联与横批，内容往往与当年十二属相相关，其他屋门均只贴横批。屋墙都要贴"抬头见喜"、

"出门见喜"、"开门见喜"等墙贴；鸡、猪、羊等六畜家禽窝棚也要贴上"养鸡成群"、"肥猪满圈"、"六畜兴旺"等竖贴。窗户外、当院的炭块上还要贴上"春色满院"、"万紫千红"、"春意盎然"等窗贴、炭贴。街门外的宝纸一般由黄、红、绿、桂四色四张彩色麻纸制作，每纸当中一字，构成"普天同庆"等四字吉祥词语。每块宝纸下面两角还拖有三角形折皱纸絮。早上起床后，每人要喝上几口红糖水，并开门放炮，当院、门前、窗台、灶台供上"花则"、"供儿"、"枣山"、"如意"、"顺意"等各类面塑。饺子煮好后，第一锅要捞出若干供奉设于中堂的神则（神主牌位）与本族老神龛，神龛前供有马蹄儿、炉食、柿饼、核桃等，男丁分别烧香、上供，行四叩首礼。早餐后本族之间相互拜年，抱拳互道"过年好"、"恭喜发财"等吉祥语。晚辈对长辈行二叩首礼，12岁以下孩童还可得到长辈的压岁钱。

大年初一禁忌有五：一忌早上穿衣呼"起"字，要说"穿"，以防带起不干净的虱子、跳蚤等污秽之物；二忌粪堆倒水，传姜子牙封神忘掉自己，大年初一无处可去，只能蹲在粪堆上凑合；三忌动用针线、扫帚；四忌话语不吉；五忌与嫁出去的姑娘、外甥见面，即便平时住在娘家的姑娘、外甥，是日也要借宿他家。春节当天，村社都会敲锣打鼓，搞一些众人参与的社火活动，富裕人家还会在当院用炭块垒起旺火。

正月初二。已婚青年男女要到女方父母家拜年，未婚男女则到娘舅家拜年。

正月初五。俗称"破五"。传说赵公元帅及其部将招宝天尊、纳珍天尊、招财使者、利市仙官等"五路财神"相聚，是日忌出行，以免阻挡财路。同时当日午餐后放鞭炮打搅神则，移去供品、灯盏，置于中堂背后墙柜，或用纸、布包裹置于墙眉之上。

正月初八。"祭星节"。由主妇叩拜祭星。用黄纸写"供奉九曜星君、南斗六郎、北斗七星、普天众星之神位"牌位贴于墙上，用蒸糕面捏成九盏糕灯，排列成"卐"字形，倒麻油燃着，焚香，焚神锞，倒酒三尊。

正月初十。俗称"石不动"。传是日老鼠嫁女，"虧日嫁女虧日婆[ʦˈʌʔ]，虧日舅舅当完八"。"虧日"即老鼠的俗称，"完八"即吹鼓手，意思是老鼠嫁女老鼠娶，老鼠的舅爷当吹鼓手吹吹打打迎娶。当地盛传一则民谣，"老鼠嫁闺女，嫁给太阳哇，太阳说不行，乌云过来遮住了；嫁给乌云哇，乌云说不行，风过来就吹散了；嫁给风哇，风说不行，墙墙前面挡住了；嫁给墙哇，墙说不行，戬日过来穿下窟窿了。那就还是嫁了戬日吧！"所供供品为核桃、柿饼、馍馍，并放饺子三两个于瓮间旮旯。人们祈盼"供奉戬日一天，期盼不搅害一年"，祈求老鼠嘴下留情。

正月十三。俗称"寒鸦糊嘴"。以少量米面抛撒在自家屋顶，招引鸦雀，祈求来年少糟害庄稼五谷。

正月十五。俗称"元宵节"。为"天官"生日，称"上元日"。为祈天官赐福，张灯结彩祭"三官"（天官、地官、水官），并敲锣打鼓闹红火，舞龙灯、跑旱船、踩高跷、扭秧歌、掮背棍等，还要猜谜语、食元宵。传说还有所谓为新婚之家的"送孩孩"习俗。

正月二十。俗称"小添仓"。

正月二十五。俗称"老添仓"。

"小添仓"、"老添仓"都要供拜仓神面塑"布袋袋"与"元宝"，以求五谷丰登，粮食满仓。

二月初二。俗称"龙抬头"。二月二为土地爷生日，供土地爷面塑的"寿桃、米面黄日（小米面蒸的发糕）按上枣日"。还要供院中水口。人们要理发剃头，登高远望，食绿豆面蒸饼以驱疫疾，庆祝大地回春，万物复苏。

清明节。家家户户扫墓祭祖，在外游子也要"千里赶上坟"。所供供品为：男性蒸"蛇盘儿"（头里尾外），要带到祖坟上抛滚、供献。主妇蒸"水牛(蜗牛)"（头外尾里），闺女蒸"三叠飞燕"，均不带入坟地供献。上坟祭扫必须先祭"后土"神祇，然后从坟地中最早的列祖开始，以辈分挨个供献。是日，孩童胸前肩头戴五色布币、蒜瓣、麦芒节拴成的"魂拦拦"，以驱邪趋吉。一些有难以出闺大姑娘的家庭，还会在早上举行"撵燕子"的巫术活动。即，将代表该闺女的"三叠飞燕"置于房屋明间的门槛上，由家中男孩大呼小叫向外象征性撵、赶，反复两三次后，家中主妇会配合着说上一声"燕子飞走了"，"撵燕子"巫术活动方宣告结束。这一巫术活动一般都是私下进行的，在上了年纪的家庭主妇中一般坚信笃守。

"寒食节"。即清明节前一日，纪念春秋时烧死于邻县介休绵山的晋国大夫介子推，全天不生灶火，食冷食。是日为上年冬至后第一百零五日，称为"一百五日"，演绎为"一百无（忌）日"，百姓往往会在这一日动工修房盖屋，此日动工后，再续干无须择日。

四月初一。家家门贴剪纸"牛拖鬼"，窗角立杆草（谷杆）打鬼，供门神、土地、灶家爷面塑"鸡驮葫芦"。孩童还要将雕印的红、黑牛黄帘纸叠成折扇状别到头上以避瘟驱疫。

四月初八。无有儿女的妇女到娘娘庙上求子嗣。

五月初五。俗称"端午节"、"端阳节"，纪念屈原。是日食苇叶包软米（黄米）、红枣的粽子，饮雄黄酒，门上插艾叶，窗台摆艾叶。孩童要系五色线扭成"百线线（避邪邪）"，方言"百线"与"避邪"谐音。五色百线线有若干戴法，一是系于脖颈；二是系于手腕足腕；三是系于手腕并十字套于中指；四是用一根五色线将系在脖颈与臂部的五色线串通，谓之"搂启绳"。此外，也有的用五色线缠绕硬纸作成的"粽子"戴在扣襻上避邪。

六月初六。是日为水母娘娘生日，以新麦面祭天地。"六"与"留"谐音，是日为"六月六"，为男孩蒸"圞圙"，女孩蒸"套圈"，祈求"留"得子孙，消灾免难。也有"六月六"乃回娘家节日之说，源自春秋晋卿狐偃过寿，化解翁婿误解的故事。

七月初七。旧时此日田禾上挂花红纸条，以避雹灾，夜放河灯以济鬼。此俗已渐渐消失。

过唱。是日，嫁出去的姑娘回到娘家，村落要演戏酬神，但不唱大戏，"白天木疙瘩，晚上皮人则"，即白天木偶戏，晚上皮影戏，在正对关帝庙的戏台上演出，所演多为"封神榜"剧目。此节各村日期不同，如城东北汪湛为六月二十六，洪堡为七月初一，细窑（现龙跃）、东庄（现香庄）均为七月初二，沿村堡八月初二等。

七月十五。地官生日，称"中元日"，俗间是日也为"鬼节"。家中主妇在门外十字路口供亡故亲人水果、馍馍，焚烧冥币"大洋票"，对着亲人坟墓方向跪拜磕头，振振有词倾吐哀思，并呼唤亲人收取冥币，还要泼洒一碗清水，将焚烧冥币的纸灰画圈罩之，以防游魂野鬼抢去。一年中有四大鬼节，分别是清明、七月十五、十月初一与过冬。

八月十五。中秋节。家家户户打月饼，月饼模具多用枣木等硬木刻成，图案中间多为"广寒宫、桂树、玉兔"，旁边围饰为"八仙神器"。月饼种类有"大团圆"、"二团圆"、"月牙儿"、"月葫芦"、"孙猴子"、"玉兔"、"篮篮"等。"大团圆"、"二团圆"在压塑中往往要压进若干莁荽，月牙儿以家中男性多少为量，月葫芦以家中女性多少为量，"孙猴子"等则由不夹心实面制成。明月升起之时，家中主妇迎月摆供，供各类月饼、瓜果，点燃香烛三叩拜。供毕，合家分食"大、小团圆"月饼，用刀将其分瓣切开，分瓣多少依家中成员多少决定。未归家庭成员同样留下一份待归，或托人捎去，以示合家团圆，节前一日，娘家还要为当年出嫁的儿女送去月饼，以示思念。

九月初九。重阳节。蒸食"年糕"庆丰收。

十月初一。四大鬼节之一的寒衣节，家中主妇到门外十字路口为亡故亲人烧纸送寒衣。

十月十五。水官生日，又称"下元日"。但乡俗以是日为"土家生日"。晨起以木制粮"升〔ʂɹ˼〕则"为器，外刨一小窖取土一升，用高粱秸秆上部之"秸秸"劈开夹黄纸土神牌位，插于"升则"土中，上书"奉供土公土母、土子土孙、合土家一户之神位"。供品为面塑小猪头、小雄鸡、小鲤鱼等"小三牲"，外加去皮后用线勒成四瓣之熟鸡蛋，焚香燃灯供拜，入夜时原土送回原处，焚烧牌位。供品、麻油"灯瓜瓜"一同埋入土中。乡间孩童往往在此日找寻是处，并刨出供品食之。据传食之吉祥，消灾避难。

过冬。即冬至日，为四大鬼节之一。是日寒冬极至，食羊肉饺以欢庆否极泰来，大地即将回春。

腊月初一。用炒米花等供门神土地灶家爷。食炒花等避瘟。

腊月初八。实为祭祀八蜡神日，亦为佛祖成道之日，食以五谷杂粮熬制而成的腊八粥。是日还是敬树神日，家中男女孩童要在食粥前用粥犒劳各种果实类树木。男童持棍轻击树身，并向树发问："结枣儿（或杏儿、核桃等）不

伍
平遥古城宗教文化与民俗文化

- - - - - - - - - - - - - - -365

结？"女童端碗持筷，一边将腊八粥（方言呼入声 [tsuʌʔ] 儿）糊于树干，一边应答："结咧，想吃你家疙瘩粥儿咧！"也是在这一天，家家都会醋腌腊八蒜，据说只有是日这腊八蒜才会腌绿。

腊月二十三。送灶王爷爷升天，供麻糖粞瓜，以求灶王爷爷"上天言好事，回宫降吉祥"。是日以后，家家户户才可以翻箱倒柜大扫除。有民谣详述腊月特别是二十三以后的民俗活动：

"得病的炒花，加病的粥，要命的粞瓜，救命的角儿。"

"腊月二十三，供献了粞瓜烧了香；

腊月二十四，割下对子写下字；

腊月二十五，打扫了房子出了土；

腊月二十六，割下疙瘩肥羊肉；

腊月二十七，提了盆盆洗了老娘的好小足；

腊月二十八，黑的白的蒸下两笸箩；

腊月二十九，提出瓶瓶打下酒；

三十日，捏下两个扁食日，包下两个包袱日；

初一日，东一头、西一头，孩们的髑脑磕成孢子头。"

年除夕。为农历年最后一日，白天贴春联，挂宝纸，院中摆炭块，垒旺火。是日前还要为当年嫁出去的姑娘送去"如意、顺意"等面塑"花则"。中午食长面条与饺子，取"钱串套元宝，一年更比一年好"之意，企盼来年好运。而且还要留少许面条，大年初一到初五煮在稀饭中食之，谓"隔年面"，寓意来年不闹春荒。午饭后，家长虔诚沐浴洗面，放鞭炮接神。从中堂后的神龛柜或墙眉上请出或请下祖宗神主牌位，布灯、烧香、摆置供品供奉。晚餐后一家人围坐包饺子，拉家常、叙节俗。包罢饺子，到当院放鞭炮后休息。睡前家中主妇会在每人枕下悄悄压上压岁钱。平遥有"参正拜年，商正割田"古谚，除夕夜参星当空于中天。

平遥各俗节供品多为面塑、果实、供菜，俗节不同所供面塑形制各异。其中供菜有着特别的禁忌，白菜、土豆、豆腐、山药等不得入供菜，茭瓜（西葫芦）、番瓜、豆角、金针、木耳、胡萝卜、粉条等可入，而且每一道供菜都必须达到五种花样。

以上这些俗节，在平遥广大的乡村仍在传承，但有些已经简化。综合审视这些俗节，既不是简单的儒家文化，也不是释家文化或道家文化，而是融合所有文化现象之后的"和"文化。时时节节都体现出万物有灵、天人合一的中华文化传统。探讨中华习俗决不能简单地以"迷信"、"科学"定调，应该探索蕴含其中的种种中华文明现象与信息。一种习俗所以能在祖祖辈辈中传承延续，保持几千年的生命力，就在于其中蕴含的民族文化内涵。比如，从清明节所供"蛇盘儿"、"水牛"等我们可以隐约看出"陶寺龙"的身影，说明我们的共祖是尧帝，我们是龙的传人。正月初八祭星节，乃至那一句"参正拜年、商正割田"的古谚，透视的除了宏观的天人合一思想外，也直接反映出平遥一带古来确为"启以夏政"之地，反证出夏代所以以寅月为正，商代所以以未月为正的历法。寒食节除了祭祀介子推的内涵外，"一百五日"的说法、做法又包含了深刻的风水和历法思想。平遥古来为尧帝所居之地，有着丰厚的文化传统，又是历代商业都会，其民间俗节本身就是中华文明融合的结果，对于中国的民俗研究，意义十分重大。

儒家思想直接影响了宗教与民俗文化

综观平遥古城种种宗教与民俗文化现象，不论何种宗教，或者风俗习惯，也不论其源自哪里，处处可以看到儒家思想对于宗教与民俗文化的影响。以财神庙建筑小品藻井为例，中间所绘八卦图案内涵深邃，乃先后天八卦的组合，不仅如此，中心还绘以河图洛书，处处透露出儒家群经之首《周易》的思想主线。概而括之，即遵从儒家"礼"文化与"孝"文化，是"礼"与"孝"在丧葬习俗中的具体化；融佛、道二教文化于生育、婚嫁、丧葬、民俗图案等习俗中，甚至固化为行为规范；保留继承了诸多术数或方术文化，并将其与儒、道、释文化相融为一体，构成各自独立的生育、婚嫁、丧葬等文化理论体系。

一是"礼"与"孝"融合的儒家文化。在儒家经籍中有《周礼》、《仪礼》与《礼记》三礼，有《孝经》，儒家所谓八德即"孝、悌、忠、信、礼、义、廉、耻"，且以"孝"为先。平遥古城的生日习俗，充分体现了儒家孝文化的传宗接代思想，"不孝有三，无后为大"，生儿育女被视为头等大事，尽管存在迷信与重男轻女封建思想，但也体现出对生命的重视。充分体现了儒家礼仪文化内涵，尽管已不是儒家"冠礼"的形式，但内涵相同，一脉相承。"蟾蟾吹笙笙"原始内涵，"五毒"图案原始内涵，在平遥婚嫁、丧葬习俗中，处处都彰显"礼"与"孝"的伦理规范。婚嫁、丧礼程序所尊为《礼仪》规范，如丧服制度，斩衰、齐衰、大功、小功、缌麻皆出自《礼仪·丧服篇·五服》制度，虽有形式小变，但内涵根本未改。特别难得的是，平遥婚嫁、丧葬习俗直接保留了明清时期的婚嫁、丧葬礼俗，直接注解了《明史·礼十四》与《清史稿·礼十二》等相关记述，方方面面都体现出明清时代的礼俗。丧葬中体现"孝"文化内容更加普遍，几乎整个丧葬过程与丧祭活动都处处渗透着"孝"文化，丧葬过程是孝，丧服制度是孝，丧祭制度是孝，可以说整个丧葬文化就是对"孝"文化的注释。甚至平时忤逆长辈的子孙，尽管他们将长辈冻、饿，逼死，但丧事也要极尽大肆铺张之能事，在众人的骂声中自家戴上带引号的"孝"字。

二是融合体现的儒、释、道文化。在平遥，佛道文化从来就不仅仅局限于寺观宫庵，往往世俗化为一种行为规范，在生育、婚嫁、丧葬等习俗中都得到保存。不仅仅体现在祭七请僧道念经超度亡魂，更体现在佛教"六道轮回"的直接植入。所谓人死后灵魂要进入"六道轮回"、之前要先到"望乡台"回眸阳间，三日后即入"鬼门关"，进入"六道轮回"。故而要有行魂礼仪式。丧服中齐衰服中男子孝帽前所贴小红布"卍"，无不显示出佛教文化的影响。在生日习俗中，不论送子娘娘，还是寿星、麻姑等，生日礼俗所体现的这众神众家的集合，充分体现了儒道释重视生命的人本思想。民俗图案中的卐、卍图案，既传承着亘古以来中国传统的太极本土文化，又弘扬着西来之佛教文化。此外孝文化中，其实已不仅仅包含儒家"八德"之孝，也内涵了佛教文化因果报应、报恩思想之孝，或者说是儒、佛孝文化之集合。道教文化一个最为鲜明的体现即是祀后土神，是道教"后土皇地祇"主司人间后代生殖繁衍文化的具体体现，这一点从祀祭中所焚烧锞儿与所供馍馍，所叩头数上均有体现，軍字本意即后土崇拜。祀神者焚烧神锞，馍馍供顶红，叩三头；祭鬼者焚烧鬼锞冥币，供不顶红馍馍，叩四头。

三是方术文化。平遥的丧葬习惯讲究甚多，保留了许许多多神秘色彩，其中尤以出殃、点主等为最。总的来看，其所依所据除历朝历代礼制、孝道等儒家正统，以及佛道二教外，方术文化甚可为主流，也可以说是方术文化粘合了儒、道、释三家文化，凝练而成丧葬文化。而平遥丧葬文化的方术内容几乎尽出《三元总录》之"茔元论"中，《三元总录》的方术思想不仅在阴阳中广为流行，在平民百姓中也广为传播，成为人们趋吉避凶共同遵循的习俗。平遥丧葬文化中大殓时忌属相的讲究，其推算依据即《三元总录》"茔元论"中"大殓吉日吉时的厶，四相生人临时暂避，但服孝亲人不论也。"平遥丧葬文化中"殃状"确定亡人"大限"口诀，可在《三元总录》"茔元论"、"知死时"中找到，只是表述语言略有不同而已。曰："子午卯酉恰中指，辰戌丑未手掌舒，寅申巳亥握定拳，亡人死去必不差。"同样"殃"之行状等都可以找到，什么"殃杀出日时"、"殃杀出方化气"、"殃起尺数"、"禳殃不出"、"殃杀占处"云云。笔者所据《三元总录》乃锦章图书局印行石印本《阴阳秘传真言三元总录》，为明万历四十六年六月二十四日本。由此可论，《三元总录》之"茔元论"可以说是指导中国古代丧祭文化的纲目，而平遥代代相袭的丧葬文化习俗，则是一个具体的实证，由此可见，平遥丧葬习俗作为一种文化现象的可贵，既是《三元总录》的注解，又在小变中有所发展。可以毫不夸张地讲，平遥丧葬习俗沿袭至今，称其为汉民族丧葬文化的活化石一点都不为过。甚至可以这样说，平遥丧葬习俗已远远超越了迷信的范畴，应该作为一种文化现象或者说非物质文化遗产加以保护。

后记……

母亲已年过八旬，记得她老人家 70 岁那年，曾一本正经地说了这样一句话："人过七十古来稀，人过七十，神鬼不怪！"也就是打此以后，一般性的民间俗节在母亲这儿也便简化了，而且她有这样一种信念，祖辈留下的习俗，她始终笃信坚守，没有失传在自己手上，至于儿孙是否能够按照祖辈的习俗身体力行，那是儿孙后代的事情。听着母亲的教诲，自觉作为一个平遥人的责任重大。自己没能像仍生活在老家农村的姐弟身体力行各种风俗，但把这些风俗记录下来，并探究其中的文化内涵，也算是更进一步的文化传承吧。因为当今科技飞速发展的时代，世界面貌日新月异，同时也摧毁了许许多多传统的文化元素与载体。作为一个平遥人，不仅仅要寻找母亲的平遥，而且要捍卫母亲的平遥，使有形的、无形的文化遗产代代相传，脉络不断。本书对平遥历史文化进行了初步的研究与探索，仅仅是推开了古城的门缝，还需要打将开来，走将进去，深入细致地研究探索。

平遥古城以她的历史与文化内涵受到全人类的关注与呵护，无愧于国家历史文化名城称号，是当之无愧的世界文化遗产，理应得到进一步的保护性研究开发。保护的目的是延续历史，研究的意义是弘扬传统，开发的效果是展现历史，三者的关系是辨证的，只有不断研究、开发古城的历史文化，才可能真正达到保护的目的。宋代张择端留下一幅"清明上河图"，其价值早已超出了水墨丹青的范畴，研究者都会根据自己的研究需要而从中寻找一些历史信息与佐证，研究中国建筑文化历史的学者们几乎深入研究了画中的所有建筑，其原因就在于这张"清明上河图"完整写实地描绘记录了当时的京都汴梁。而平遥古城，虽仅为一县级城池，但由于她比较完整地保留了明清城池的原貌，保存了大量建筑实物与文化习俗，又是明清以来商业中心腹地，孕育了现代银行鼻祖的票号，始终延续着一座县级城池的历史，可以说是立体的、放大了的、鲜活的"清明上河图"，开发她就是要展示其丰富的历史文化内涵，这就需要从以下几个方面进行保护性开发。

第一，从礼制的角度开发。"三礼"是经学领域的重中之重，在"十三经"中占有了非常重要的位置。历史上诸多经学大家也正是在这一领域多有突破而载入史册。平遥古城作为唯一一座全面保存古代建筑的城池，不仅其左祖右社的建筑礼制，其城池规模、街道规制、庙宇布局等等都值得从礼的角度深入研究，进而保护性开发。

第二，从教育角度开发。中国第一位教育家是孔子，被尊奉为"万世师表"。近年来一些研究者把对晋商的研究绝对化，甚至以清代山西未出状元而断言晋省一等子弟经商、二等子弟才读书入仕。这实际是一大误区。有清一代，山西不仅商业繁荣，而且文化同样发达。在清代的学术中，从清初的祁县"丹枫阁"，到清末的"令德堂"、"山西大学堂"；从清初傅青主、戴廷栻、阎若璩、陈廷敬、毕振姬（包括客居、集聚山西的顾炎武、李因笃、阎尔梅、朱彝尊、申涵光）等，乾隆间留寓山西的戴震、段玉裁等，到道光、光绪间祁韵士、祁隽藻、王筠、张穆、徐继畬、杨深秀、王轩、杨笃等；从《双红龛集》、《古文尚书疏证》、《佩文韵府》等，到乾隆年间的《汾州府志》、《藩部西陲诸要略》、《文字蒙求》、《说文释例》、《说文句读》、《蒙古游牧记》、《瀛寰志略》、光绪《山西通志》等。所有这些都无不体现着儒家的治学精神。山西文人虽没有商人那样有名，但在清代中国学术上同样有着浓浓的一笔。中国的学术，自汉武帝以来，儒学始终是正统，特别是隋代科举制度确立之后，尊孔作为重要的制度被确立下来。到目前为止，中国现存历史最早的文庙大成殿便是平遥古城的文庙大成殿，重建于金大定三年（1163年），保存基本完好，而且还保留了其他相关的建筑。城东10里的金庄文庙，庙中的孔子坐像为元代泥塑，而且规模为全国之最。明清两代，书院有卿士书院、西河书院、古陶书院、超山书院、鸣凤书院等五处，其中以道光十九年（1839年）续修扩建的超山书院影响最为深远，历代留存的碑石也得到保存，历任山长均为进士身份，曾吸引官至福建巡抚、《瀛寰志略》的作者，被誉为第一个放眼看世界的徐继畬在书院中讲习十年。现在文庙和超山书院已基本保护性开发，设立了儒学、书院博物馆,意义重大。但需要进一步规范,加强管理,深入开发。

第三，从宗教角度开发。作为精神需求，宗教信仰是古代社会所必需的，同时又必须符合封建礼制。平遥古城庙宇林立，而且各种信仰共生共处，在百姓中，各种信仰也没有多少界限，是佛教、道教和祖宗、自然崇拜的混合。这一点可以从前述城池东道西佛统一于儒家表征的城墙得到印证。再就全国而言，儒道佛合流的建筑很少，仅见于山西北部的恒山悬空寺"三教殿"，将孔子、老子和释迦牟尼供于一室。其实在平遥古城墙尹吉甫将台的高真庙中，也内供孔子、老子和释迦牟尼。这一点很值得重视和研究。对平遥城内现存的寺庙建筑等应全部维护维修，同时对已经废毁的古寺庙建筑等也要本着修旧如旧的原则进行复修复建。所有建筑都各有其功用，对平遥古城的一切建筑群体，不应该仅仅局限于建筑学和历史年代的视角，而应该从古代城池的地位、城池整体功能等多角度立体研究看待平遥古城及其每一处建筑。比如对一些大型庙宇要改变单纯由文物管理部门管理的格局，还原寺庙宗教场所的本位。

第四，从民俗的角度开发。民俗学现在已经成为一门学科受到重视，平遥古城在旅游开发中也辟出多处民俗博物馆，但平遥古城不是一般意义上的文物，如果仅仅从化石的角度视同一般馆藏性文物来保护开发，势必将失去她应有的意义。现代社会日新月异，人们的习俗在变，语言在变，生活的方式也在变。作为文化传承的民俗如何得到保护和传承？平遥方言已经由邑人侯精一用国际音标记录下来，但方言背后的文化现象如何保留。平遥鼓书（盲书）、皮影都是非常久远的民俗艺术形式，我们不能等到她消失以后再研究保留一些化石性的器具。平遥古城是平遥人的骄傲，也是全人类的骄傲，平遥是平遥的更是世界的，平遥古城作为世界文化遗产，民俗文化也是重要的组成部分，应该得到充分重视、保护和开发。

第五，从晋商文化的角度开发。晋商在中国商业史、金融史乃至整个经济史上都有十分重要的地位，它与政治的、军事的、地缘的关系十分密切，历朝历代著名商家山西都不乏代表。但最能代表晋商的还是以盐商和票号为代表的明清晋商，而明清晋商的中心就是平遥这座具有 2700 余年历史的古城，平遥曾一度成为中国的金融和商业中心。上世纪九十年代，伴随着市场经济体制的确立和运转，现代企业制度成为改革的关键环节，由此，平遥票号商及其股份制等成为经济界研究的一个重点，第一家票号——日升昌旧址办起了"票号博物馆"。但仅此还远远不够，现代意义上银行的前身票号为什么会产生在平遥而不是别的地方？在由城池向城市的演变中为什么平遥能实现自觉意义上的过渡？既无资源又不是政治文化中心的平遥何以成为天下闻名的商业金融中心？所有这些都应该成为研究开发的重点。

第六，从军事、城防的角度开发。城池起源于战争、防御，从堡寨、城池到长城，一脉相承，都是冷兵器时代的产物。到现在，平遥古城墙、垛口、敌楼、城门、城楼、街巷等虽说已经成为一种战争文化的凝固，但研究价值或研究的实物价值巨大，应该在保护中开发。

第七，从风水、建筑的角度开发。现在风水已不再是封建迷信的代名词，已经为当今社会普遍认可，并被批判地吸收于现代建筑科学中。对于平遥古城有关风水方面的研究与探讨，目前还处于起步阶段，或者说还没有引起足够的重视。在这一领域开发研究的余地非常广泛，理应得到重视、研究和开发。

平遥古城是一个奇迹，保存至今更是一个奇迹。她用土木砖石组合成一座丰碑，她用几千年的文化习俗延续古城的生命。透过凝固的古城，可以展现出一段持续的历史，透过古城中那些操着一口浓重方言的平遥人，让人感到平遥古城并不是一般意义上的博物馆，而是活生生的"清明上河图"，是再现的历史或历史的延续。深厚的文化历史底蕴需要研究、开发，更需要保护，这是现在平遥人的历史重任。

书稿即将付印，十几年的写作生活历历在目，感受多多，感言多多，而最能表达内心的词汇即是感动二字。

衷心感谢对平遥的文化、历史进行过研究的先贤和前辈们，是你们的铺垫，才使我能够更加从容地研究和探讨；

感谢始终关注本书写作及出版进展的同道、同事与朋友，你们的关心是我不断深入研究的直接动力。

感谢韩烈火、徐建春两位先生在百忙中为本书作序，题写书名；

感谢武正祥、冀立正、赵培范以及许许多多甚至记不上姓名的老乡，你们的帮助使我对平遥的理解又多了许多乡土风俗的印证；

感谢郝新喜和魏全海，与你们的交往为我打开了另一扇门；

感谢小强，是你的辛苦使数十万字的书稿即将变成精致的图与书；

感谢妻子谭补凤，没有你的支持不会有我十多年的写作，你承担了太多的家庭责任，这本书同样凝结了你的辛劳！感谢小女贞明，你透亮的眼睛总给我未来的希望，爸爸爱你；

感谢父亲、母亲，从小到大的潜移默化、耳濡目染，是你们给了我研究与写作的灵感，这本书源自你们，也献给你们，儿子爱你们。

感谢平遥。

2010 年 8 月于太原古陶风书斋

壹　平遥与平遥古城附表

附表 1　平遥村落沿袭对照表

光绪八年乡、里	序号	光绪八年村名	(代管村)	康熙四十六年村名	1984 年年底村名	1984 年年底所属公社
东南乡	1	尹会邨		[11]尹回村	尹回	岳壁公社
八里： 和顺里 永安里 嘉庆里 吉昌里 长泰里 永泉里 泉乐里 和同里	2	岳壁邨		[14]岳壁村	岳北	岳壁公社
					岳中	
					岳南	
	3	黎基邨		[12]黎基村	黎基	岳壁公社
	4	西泉邨		[19]西泉村	南西泉	梁坡底公社
					北西泉	
	5	梁家坡底		[26]坡底	梁坡底	梁坡底公社
			(1)九龙沟		东九龙	梁坡底公社
					西九龙	
			(2)半邨			
			(3)下沟西		下沟西	梁坡底公社
					上沟西	
	6	偏城邨		[49]偏城梁家寨	偏城（北圪垛）	梁坡底公社
			(4)牛郎沟		牛郎沟	果子沟公社
			(5)梁家滩		梁家滩	卜宜公社
			(6)梁家寨		梁家寨	

光绪八年乡、里	序号	光绪八年村名	(代管村)	康熙四十六年村名	1984年年底村名	1984年年底所属公社
	7	果则沟		[183]果则沟	果子沟	果子沟公社
			(7)西坡邨		西坡	果子沟公社
					东坡	
			(8)寨则邨			
	8	双井邨			双井	东泉公社
	9	南北石渠头		[48]南北石渠头	南石渠	卜宜公社
					北石渠	
	10	卜宜邨		[5]薄泥村	西卜宜	卜宜公社
					东卜宜	
	11	干坑邨		[13]干坑村	干坑	岳壁公社
	12	城南堡		[16]城南堡	城南堡	岳壁公社
	13	梁邨		[146]梁村	梁村	岳壁公社
	14	西源寺		[23]西源寺	西源祠	岳壁公社
	15	东源寺		[32]东源寺	东源祠	东泉公社
	16	赵壁邨		[25]赵壁村	赵壁	东泉公社
	17	东泉邨		[27]东泉村	东泉	东泉公社
			(9)天池邨			
			(10)双庙上			
			(11)南庄儿			
			(12)西庄儿			
			(13)南沟儿			
			(14)胡四角			
	18	圪塔邨		[29]圪塔村	圪塔	东泉公社
	19	西坡邨		[24]西坡村	龙坡	东泉公社
			(15)云家寨			

光绪八年乡、里	序号	光绪八年村名	(代管村)	康熙四十六年村名	1984年年底村名	1984年年底所属公社
	20	水磨头		[28]水磨头	水磨头（坦底）	东泉公社
	21	上千庄			千 庄	千庄公社
			(16)瓜庄			
			(17)山崖底			
	22	任家庄		[15]任家庄	任家庄	东泉公社
	23	坡头邨		[31]坡头村	彭坡头	东泉公社
	24	木瓜邨		[30]木瓜村	木 瓜	东泉公社
	25	遮胡邨		[21]遮胡村	遮 胡	东泉公社
	26	南胡邨		[20]南胡村	南 湖	东泉公社
	27	东坡河西凹		[46]东坡河西凹	河西凹	辛村公社
			(18)龙峪儿		龙 峪	
			(19)赵家庄		赵家庄	
	28	上店镇		[84]上店村	上 店	南依涧公社
	29	东戈山		[50]东戈山	东戈山	东泉公社
	30	西戈山		[51]西戈山	西戈山	东泉公社
	31	梅回落羌头		[56]梅回落羌头	梅槐头	东泉公社
	32	源神庙		[62]源神庙	源神庙	辛村公社
	33	大小郭家坡		[63]大小郭家坡	郭家坡	辛村公社
	34	郭休邨		[65]郭休村	郭休（郭休堡）	辛村公社
					东郭休	南依涧公社
	35	辛 邨		[60]辛村	辛 村（后堡）	辛村公社

光绪八年乡、里	序号	光绪八年村名	(代管村)	康熙四十六年村名	1984年年底村名	1984年年底所属公社
	36	乔家山		[55]乔家山	乔家山	辛村公社
	37	东青邨		[52]东西青村	东青（南堡）	辛村公社
	38	西青邨			西青	辛村公社
	39	侯壁邨		[54]侯壁村	东侯壁	辛村公社
					西侯壁	
	40	修马邨		[53]修得村	修德	东泉公社
	41	飞沿邨		[22]飞沿村	飞沿村	东泉公社
	42	长邨		[145]常村	常村	东泉公社
	43	东赵邨			东赵村	东泉公社
	44	西赵邨		[144]赵村	西赵村	东泉公社
					北堡	辛村公社
	45	邢邨		[147]邢村	喜村	辛村公社
	46	小汪邨		[150]小王村	小汪村	朱坑公社
			(20)董家庄			
	47	朱坑邨		[34]朱坑村	朱坑	朱坑公社
	48	苏雷程家庄		[42]苏雷程家庄	程家庄	南依涧公社
					（木瓜旺）	南依涧公社
					雷家庄	南依涧公社
			(21)温家底		温家底	
			(22)胡四角			
	49	坡底邨		[35]坡底村		
	50	韩石黑堡邨		[43]韩石黑堡庄		
			(23)瓜河底			

光绪八年乡、里	序号	光绪八年村名	(代管村)	康熙四十六年村名	1984年年底村名	1984年年底所属公社
	51	黄仓邨		[47]黄仓村	黄仓	辛村公社
			(24)庄和沟			
			(25)果子庄			孟山公社
	52	侯贾庄		[41]侯贾庄	侯家庄	南依涧公社
	53	南婴涧		[45]南依涧村	南依涧	南依涧公社
			(26)许家庄		许家庄	南依涧公社
	54	北婴涧		[44]北婴涧村	北依涧	南依涧公社
	55	东西崖窑邨		[36]东西崖窑村	东崖窑	南依涧公社
					西崖窑	朱坑公社
	56	细腰邨		[61]细窑村	龙跃	朱坑公社
			(27)南坡上		南坡	朱坑公社
			(28)大王邨		大汪村	朱坑公社
	57	东郭邨			东郭村	岳壁公社
			(29)细堡上		洪堡	朱坑公社
	58	西郭邨		[59]西郭村	西郭村	岳壁公社
			(30)小城邨		小城	岳壁公社
	59	金庄邨		[66]金庄村	金庄	岳壁公社
	60	南庞庄			庞庄(与北庞庄合并)	朱坑公社
	61	汪湛邨		[148]汪湛村	北汪湛	朱坑公社
					南汪湛	
	62	庄则邨		[149]庄则村	庄则	朱坑公社
	63	阴沟邨		[37]阴沟村	婴溪	南依涧公社

光绪八年乡、里	序号	光绪八年村名	(代管村)	康熙四十六年村名	1984年年底村名	1984年年底所属公社
	63		(31)圪塔邨		圪塔村	南依涧公社
			(32)吹雅庄			
			(33)大虎里		大虎岭	辛村公社
	64	宋家岭		[40]宋家岭	宋家岭	南依涧公社
	65	山坡头		[64]山坡头	山坡头	南依涧公社
	66	曹壁邨		[38]曹壁村	曹壁	襄垣公社
					中汪村	襄垣公社
			(34)青沙邨		青沙	襄垣公社
	67	上汪邨		[39]上王村	上汪	襄垣公社
	68	东善信			东善信	襄垣公社
	69	西善信		[33]西善信村	西善信	朱坑公社
	70	东坡邨			东坡	果子沟公社
					西坡(堡子上)	果子沟公社
	71	路牛邨			路牛	果子沟公社
	72	石城邨			石城	果子沟公社
	73	东堡邨			东堡	果子沟公社
	74	西堡邨			西堡	果子沟公社
西南乡	75	南姚邨		[190]南北姚村	南姚	达蒲公社
七里:靖乐里仁和里自半里襄城里行善里明信里庞公里	76	北姚邨			北姚(东姚)	达蒲公社
	77	南三狼邨		[188]南三狼村	南三狼	达蒲公社
	78	梁周邨		[194]梁周村	梁周	达蒲公社
	79	北三狼邨		[187]北三狼村	北三狼	达蒲公社
	80	东丰依邨		[196]东西丰依村	丰依	净化公社
	81	西丰依邨				

光绪八年乡、里	序号	光绪八年村名	(代管村)	康熙四十六年村名	1984年年底村名	1984年年底所属公社
	82	魏乐邨		[191]魏乐村	魏乐	净化公社
	83	王智邨		[176]王智村	王智	净化公社
	84	南官地		[157]南官地村	南官地	西王智公社
	85	净化邨		[181]净化村	净化	净化公社
	86	鱼市邨		[162]鱼市村	鱼市	净化公社
	87	芦邨		[172]芦村	芦村	净化公社
	88	北庄邨		[171]北庄村	新建	净化公社
	89	曹家堡则邨			曹家堡	净化公社
	90	曹邨		[189]曹村	曹村	达蒲公社
	91	李世邨		[175]李世村	李世村	介休万户堡公社
	92	北良如壁		[186]北良如壁	北良如	达蒲公社
	93	桥头邨		[199]桥头村	桥头	达蒲公社
					下桥头	
					冀壁堡	
	94	安宁邨		[198]安宁村		
		杜邨		[197]杜村	杜村	达蒲公社
			(35)平道头		平道头	普洞公社
	95		(36)下神南		下神南	果子沟公社
			(37)四十亩		四十亩	普洞公社
			(38)水策凹		水策洼	普洞公社
	96	侯冀邨		[201]侯冀村	侯冀	达蒲公社
	97	弓村		[205]弓村	弓村	段村公社
	98	堡和邨		[204]堡和村	堡和	段村公社

光绪八年乡、里	序号	光绪八年村 名	（代管村）	康熙四十六年村名	1984年底年村名	1984年年底所属公社
	99	南羌邨		[124]南羌村	南 羌	段村公社
	100	南良如壁		[185]南良如壁	南良如	达蒲公社
	101	普 洞			普 洞	普洞公社
					贾家庄	
					旧 堡	
					石 庵	
					新 堡	
					赵家山	
	102	陈西庄		[6]陈西庄	陈 西	段村公社
			（39）希贤庄		希 贤	段村公社
	103	阮廉庄		[4]阮廉庄	阮廉庄	段村公社
			（40）枣令令		枣 林	段村公社
	104	段 邨		[123]段村	段 村	段村公社
			（41）斜坡儿		横 坡	段村公社
			（42）细腰儿		希 尧	段村公社
	105	常堡邨		[126]常堡村	北 常	段村公社
					南 常	
			（43）上雨后		上永厚	普洞公社
			（44）下雨后		下永厚	普洞公社
			（45）邢家庄		邢家庄	普洞公社
			（46）青沙儿		上青沙	果子沟公社
					下青沙	
	106	安社邨		[127]安社村	东安社	段村公社
					西安社	

続表

光緒八年乡、里	序号	光緒八年村名	(代管村)	康熙四十六年村名	1984年年底村名	1984年年底所属公社
			(47)门四神		文祠神	普洞公社
	107	七洞邨		[203]七同村	七洞	段村公社
	108	梁赵邨		[202]梁赵村	梁赵	达蒲公社
	109	大胡邨		[206]东西胡村	东胡	卜宜公社
					西胡	达蒲公社
	110	小胡邨		[182]小胡村	小胡	卜宜公社
			(48)杜家庄		南杜家庄	
	111	阎壁邨		[195]阎壁村	阎壁	达蒲公社
	112	道虎壁		[18]道虎壁	道虎壁	达蒲公社
			(49)南王庄		南王庄	卜宜公社
	113	高林邨		[17]高林村	高林	岳壁公社
	114	靳邨		[152]靳村	靳村	卜宜公社
	115	范邨		[8]范村	范村	卜宜公社
	116	军寨邨		[9]军寨村	军寨	卜宜公社
			(50)枣树坪		枣树坪	卜宜公社
			(51)董庄			
			(52)尚庄			
	117	永城邨		[7]永城村	永城	卜宜公社
	118	林泉邨		[3]林泉村	林泉	卜宜公社
	119	落武邨		[10]武村	武村	卜宜公社
	120	落依邨		[151]落依村	落邑	卜宜公社
东北乡	121	五里庄		[58]五里庄	五里庄	沿村堡公社
	122	尹邨		[103]尹村	尹村	沿村堡公社

光绪八年乡、里	序号	光绪八年村名	(代管村)	康熙四十六年村名	1984年年底村名	1984年年底所属公社
八里：独半里兆康里丰盛里居仁里由义里嘉瑞里臻祥里集福里	123	金陵邨		[102]京陵城	京　陵	沿村堡公社
	124	东游驾		[100]东游驾村	东游驾	王家庄公社
	125	西游驾		[101]西游驾村	西游驾	王家庄公社
	126	南政邨		[106]南政村	南　政	南政公社
					新南堡	
	127	侯郭邨		[104]侯郭村	侯　郭	南政公社
			(53)新庄邨		新　庄	南政公社
	128	道备邨		[105]道备村	道　备	王家庄公社
	129	王家庄		[92]王家庄	王家庄	王家庄公社
					小王家庄	
	130	白家庄		[99]白家庄	白家庄	洪善公社
	131	郝　邨		[97]郝村	郝　村	洪善公社
	132	宋家堡		[109]宋家堡	宋家堡	洪善公社
	133	门世邨		[107]门世村	门世村	文水县上曲公社
	134	长寿邨		[108]长寿村	北长寿	洪善公社
					南长寿	
	135	西堡邨		[93]西堡村	西　堡	王家庄公社
	136	李家桥		[95]李家桥	李家桥	王家庄公社
	137	东堡邨		[98]曹家堡	东　堡	洪善公社
	138	贾家庄		[96]贾家庄	贾家庄	王家庄公社
	139	梁官邨		[89]梁官村	梁　官	襄垣公社
	140	东西山胡		[94]东山胡村	东山湖	洪善公社
					西山湖	洪善公社
	141	桑曹冀邨		[86]桑冀村	桑　冀	襄垣公社
					曹　冀	襄垣公社

光绪八年乡、里	序号	光绪八年村名	(代管村)	康熙四十六年村名	1984年年底村名	1984年年底所属公社
	142	柏生邨		[88]柏生村	柏桑	襄垣公社
			(54)坑塔邨			
	143	郝开邨		[81]郝开村	郝开	襄垣公社
	144	白城邨		[73]白城村	白城	襄垣公社
	145	桑阎邨		[83]桑阎村		
	146	郝洞邨		[87]郝同村	郝同	襄垣公社
	147	郝家堡		[91]郝家堡	郝家堡	襄垣公社
	148	洪善邨		[85]洪善村	洪善	洪善公社
	149	小阎邨		[71]小阎村	小沿	沿村堡公社
	150	大阎邨		[70]大阎村	东大沿	沿村堡公社
					西大沿	沿村堡公社
					沿村铺	沿村堡公社
	151	兴盛邨		[75]新盛村	新盛	沿村堡公社
	152	钦贤邨		[72]钦贤村	钦贤	沿村堡公社
	153	冀郭邨		[117]冀郭村	冀郭	沿村堡公社
	154	府底邨		[74]府底村	府底	襄垣公社
	155	西良黑		[67]西良黑村	西良鹤	襄垣公社
	156	东良黑		[78]东良黑村	东良鹤	襄垣公社
	157	郝乔邨		[90]郝乔村	郝桥	襄垣公社
	158	郝温邨			郝温	襄垣公社
	159	长则邨		[82]长则村	长则 / 窑头	襄垣公社
	160	下汪邨		[80]下王村	下汪	襄垣公社
	161	桃园堡		[79]桃园堡	桃园堡	襄垣公社
	162	罗鸣后		[77]罗鸣后	罗鸣	襄垣公社

光绪八年乡、里	序号	光绪八年村名	(代管村)	康熙四十六年村名	1984年年底村名	1984年年底所属公社
	163	东庄邨		[153]东庄村	香 庄	沿村堡公社
	164	阎良庄		[57]阎良庄	阎良庄	岳壁公社
			(55)饮马邨		(合入阎良庄)	
	165	北庞庄		[118]庞庄村	(与南庞庄合称现庞庄)	朱坑公社
	166	桑城邨		[69]桑城村	桑 城	襄垣公社
	167	阎邨堡		[76]阎村堡	沿村堡	沿村堡公社
	168	襄垣邨		[68]襄垣村	襄垣村	襄垣公社
西北乡	169	娃留邨		[129]凹流村	娃 留	南政公社
七里：普净里东安里遵化里正道里北清里西宁里康阜里	170	李 邨		[121]李村	里 村	南政公社
	171	阎家庄		[122]阎家庄	阎家庄	南政公社
	172	蒋家堡			蒋家堡	王家庄公社
	173	刘家庄		[111]刘家庄	东刘	南政公社
					西刘	南政公社
					小刘	
			(56)任家庄		南北庄	南政公社
	174	达蒲邨		[128]达蒲村	东达蒲	达蒲公社
					西达蒲	达蒲公社
	175	东庄邨		[130]东庄村	东庄	达蒲公社
	176	西庄邨		[193]西庄村	西庄(腰庄)	达蒲公社
	177	王郭邨		[192]王郭村	王 郭	净化公社
	178	岳封邨		[173]岳封村	岳 封	净化公社
	179	苏封邨		[174]苏封村	苏 封	净化公社
	180	三家邨		[178]三家村	三家村	西王智公社
	181	三家堡则邨		[179]堡则村	大 堡	西王智公社

光绪八年 乡、里	序号	光绪八年 村　名	（代管村）	康熙四十六年 村名	1984年 年底村名	1984年年底 所属公社
	182	西王智		[160]西王智	西王智	西王智公社
	183	北官地		[154]北官地村	北官地	西王智公社
	184	中官地		[164]中官地村	中官地	西王智公社
	185	薛贤邨			薛　贤	西王智公社
	186	郝家堡		[156]郝家堡	郝家庄	西王智公社
	187	来城邨		[159]罗城村	罗　城	西王智公社
	188	武坊邨		[200]武房村	武　坊	香乐公社
	189	香乐邨		[180]香乐村	香　乐	香乐公社
	190	羌城邨		[158]羌城村	大　羌	西王智公社
					西　羌	西王智公社
	191	银固阜		[142]宁固阜	宁　固	宁固公社
	192	南堡邨		[169]南堡村	南　堡	宁固公社
	193	油房堡		[166]油房堡	油房堡	净化公社
	194	左家堡		[131]左家堡	左家堡	宁固公社
	195	梁家堡		[168]梁家堡	梁家堡	宁固公社
	196	任家堡		[134]任家堡	任家堡	宁固公社
	197	滩头邨		[141]滩头村	滩　头	宁固公社
	198	薛家庄		[138]薛家庄	南薛靳	香乐公社
	199	靳家庄		[2]靳家庄	北薛靳	香乐公社
	200	青乐邨		[139]青乐村	青　乐	香乐公社
	201	安国邨		[165]安国村	安　国	香乐公社
	202	云家庄		[163]云家庄	云家庄	香乐公社
	203	郝庄邨		[170]郝庄村	郝　庄	香乐公社
	204	赵坦邨		[167]赵坦村	赵　坦	香乐公社
	205	桃洞邨		[177]桃同村	陶　屯	香乐公社

光绪八年 乡、里	序号	光绪八年 村 名	(代管村)	康熙四十六年 村 名	1984年 年底村名	1984年年底 所属公社
	206	西凤落		[140]西范落村	西凤落	杜家庄公社
	207	东凤落		[1]范落村	东凤落	杜家庄公社
	208	西张赵		[143]西张赵村	西张赵	宁固公社
	209	东张赵		[136]东张赵村	东张赵	宁固公社
	210	南侯邨		[132]南侯村	南 侯	宁固公社
	211	苏家堡		[133]苏家堡	苏家堡	杜家庄公社
	212	西北侯邨		[135]北侯村	北 侯	宁固公社
	213	东北侯邨				
	214	阎长头		[114]盐长头	阎长头	杜家庄公社
	215	杜家庄		[110]杜家庄	杜家庄	杜家庄公社
	216	新 邨		[120]辛村	梧 桐	杜家庄公社
	217	任 庄		[119]任庄村	仁 庄	杜家庄公社
	218	回回堡		[113]回回堡	回回堡	杜家庄公社
	219	东良庄		[116]东良庄	东良庄	杜家庄公社
	220	西良庄		[112]西良庄	西良庄	杜家庄公社
	221	东南良庄		[115]南良庄	南良庄	杜家庄公社
	222	西南良庄				
	223	薛家堡		[155]薛家堡		杜家庄公社
	224	招贤邨		[161]招贤村	招 贤	(汾阳县演 武公社)

附表 2 1955 年平遥地图乡村一览表

序　号	乡　名	所　辖　村　落
1	庄　则	前大滩、后大滩、前庄、后庄、俊家山、庞家怀、石圈圙、石门、彭家山、武家山（10 村）
2	花　沟	石家坡、果子庄、大坪、南岭、石庄、杨岭、邓岩上、枢榆沟、石堆沟、青江岭（10 村）
3	张家庄	贾封、石佛、沫子沟、杨寺沟、郭家沟、郭家庄、阮家庄、安凹、斜坡、窑沟底（10 村）
4	炉则底	宣堡沟、石宝、南村、五封、康家庄、郭家沟、蛇道沟、孔则岭、寨上、虎峪（10 村）
5	双　庙	南沟、天池、照四角、小庄则、黑神头、池家占、洪江村、任家沟、石莄、官庄、下石莄（11 村）
6	九龙沟	原家庄、小马凹、赵家庄、大马凹、岭儿上（5 村）
7	上　庄	左道沟、坦居、后寺儿、黄西沟、崎岖头、松榆沟（6 村）
8	三岔口	麦荞沟、宋家庄、姚沟、北岭底、五斗沟、南岭底、油房沟、艾荷坪、李家庄、千庄、林坡（11 村）
9	二郎堂	南沟庄、南庄、西庄、杨家寺、郭家庄、孔家庄、魏家庄、西沟庄、石圪咀、黑城村、磨斧沟（11 村）
10	黄　仓	红岩底、十里窑、乱村岭、贾背、张货沟、黄土坡、东沟、西沟、梁庄、寒岭、高头、樱巧沟（12 村）
11	苏家庄	杏园坡、程家庄、唐河底村、木瓜凹、圪塔村、田家庄、上店村、百草坡、董家庄、雷家庄、兴旺村、东郭休（12 村）
12	朱　坑	小汪村、大汪村、南汪湛（3 村）
13	郭　休	郭休堡、辛村、源神庙、东青村、西青村（5 村）
14	曹　壁	郝桥、上汪村、中汪村、下汪村、青沙村、宋家岭、山坡头（7 村）
15	北汪湛	北庞庄、南庞庄、东庄、西善信、庄则村（5 村）
16	侯家庄	花堡村、霍家庄、张家庄、韩家庄、盘石、温家底、南头村、郭家河底、新窑上、郝岭村、贾家坡（11 村）
17	北依涧	东善信、长则村、窑头村（3 村）
18	南依涧	婴溪、圪塔头、许家庄、东崖窊、西崖窊（5 村）
19	坡　底	梁家村、杨庄、大虎岭、小坡、大坡（5 村）
20	乔家山	西侯壁、东侯壁、东坡、赵家庄（4 村）

序 号	乡 名	所 辖 村 落
21	梅槐头	修德村、龙峪、河西凹、彭坡头、花庄、胭脂沟、六庄头（7村）
22	长寿镇	郝村、宋家堡、门世村（3村）
23	王家庄	田家堡、小王家庄、蒋家堡（3村）
24	西堡村	东堡村、贾家庄、李家桥（3村）
25	梁官村	柏森村、郝洞村、曹冀、桑冀（4村）
26	洪 善	郝家堡、新营、南营村、白家庄（4村）
27	西游驾	东游驾（1村）
28	道备村	侯郭村（1村）
29	东大阎	西大阎、沿村铺、小沿村、钦贤、冀郭村、兴盛村、阎村堡（7村）
30	郝 开	郝温村、白城村、桑城村、桃园堡（4村）
31	北营村	兰村、东山湖、西山湖（3村）
32	襄垣村	西良黑、罗鹤村、罗鸣后、府底（4村）
33	南政村	新庄、新南堡（2村）
34	五里庄	京陵城、尹村、阎良庄（3村）
35	下神南	上青沙、下青沙、尚庄、董庄、上神南、文祠神（6村）
36	北石渠	南石渠、西卜宜、东卜宜（3村）
37	平道头	上永厚、下永厚、水策洼、四十亩、下庄（5村）
38	北常堡	南常堡、北羌村、南羌村（3村）
39	西 坡	东坡、明子村、西官寺、堡子、南庄、北庄（6村）
40	段村镇	希尧村（1村）
41	张 庄	枣林、廉庄、希贤村、横坡、西庄、元庄（6村）
42	普洞村	石菴、新堡、旧堡、赵家山、邢家庄、贾家庄（6村）
43	林泉村	武村、杜家庄（2村）

序　号	乡　名	所　辖　村　落
44	石　城	牛郎沟、果子沟、路牛（3村）
45	永　城	枣树坪、军寨、范村（3村）
46	梁家寨	偏城、敖坡、退角、梁家滩（4村）
47	岳　中	岳北、岳南、黎基（3村）
48	梁家坡底	上沟西、下沟西（2村）
49	东泉镇	木瓜、赵壁（2村）
50	西源祠	东源祠、梁村（2村）
51	东郭村	西郭村、金庄村、细窑、洪堡寨、南坡上（5村）
52	南西泉	北西泉、车洞上（2村）
53	南胡村	东戈山、西戈山、遮胡、飞沿村（4村）
54	邢　村	东赵村、西赵村、常村（3村）
55	干　坑	尹回、小城、十九街、城南堡（4村）
56	圪塔村	双井村、任家庄、西坡、水磨头（4村）
57	南良如壁	北良如壁、阎壁村、道虎壁、桥头（4村）
58	刘家庄	北庄、南庄、里村、小刘家庄、娃留村、阎家庄（6村）
59	杜　村	侯冀、弓村、堡和村（3村）
60	梁赵村	东胡村、西胡村、南王家庄（3村）
61	七　洞	东安社、西安社（2村）
62	靳　村	高林村、小胡村、落邑村（3村）
63	曹　村	北三狼、南三狼、梁周村（3村）
64	东达蒲	西达蒲、东庄、西庄、南姚村、北姚村、东姚村（6村）
65	西张赵	东张赵、东凤落、西凤落（3村）
66	薛靳村	郝庄、青落村、武坊村（3村）
67	岳　封	苏封、大堡村、赵家堡（3村）
68	中官地	北官地、南官地、郝家堡、薛贤村、宋仁堡（5村）
69	南侯村	北侯村、苏家堡、阎长头、东南良庄、西南良庄（5村）
70	净化村	王智村、菅里村、芦村、鱼市、北庄（5村）

序 号	乡 名	所 辖 村 落
71	西王智	大羌城、小羌城、三家村、罗城（4村）
72	梁家堡	左家堡、任家堡、油房堡（3村）
73	仁 庄	辛村、回回堡（2村）
74	王郭村	魏乐村、西丰依、东丰依、曹村堡（4村）
75	杜家庄	东良庄、西良庄（2村）
76	宁固阜	南堡、滩头村（2村）
77	香乐镇	安固村、陶屯村、赵坦村、云家庄（4村）

附表3 1984 年平遥行政村、自然村一览表

序 号	1984 年公社名	大村（行政村）	代管自然村
1	岳壁公社	16	
2	达蒲公社	19	4
3	南政公社	11	
4	王家庄公社	11	
5	洪善公社	13	
6	沿村堡公社	11	1
7	襄垣公社	25	
8	南依涧公社	28	3
9	朱坑公社	12	
10	辛村公社	22	11
11	孟山公社	12	44
12	千庄公社	13	5
13	东泉公社	20	1
14	梁坡底公社	10	3
15	卜宜公社	20	
16	果子沟公社	17	1
17	普洞公社	10	5
18	段村公社	19	
19	宁固公社	11	
20	香乐公社	10	
21	杜家庄公社	11	
22	西王智公社	12	
23	净化公社	13	
合计		346	78